北京
베이징

역이
사야
지기
리

저 자 | 탄례페이(譚烈飛) 名銜
옮긴이 | 박연옥(朴連玉) · 이경민(李京珉)
감 수 | 김승일(金勝一)

🌳 경지출판사 **B&R Book Program**
Korea Wisdom China

베이징의 역사지리
이야기

초 판 1쇄 인쇄 2024년 01월 08일
초 판 1쇄 발행 2024년 01월 15일
발 행 인 김승일
디 자 인 김학현
출 판 사 경지출판사
출판등록 제 2015-000026호

잘못된 책은 바꿔드립니다.
가격은 표지 뒷면에 있습니다.

ISBN 979-11-90159-96-8(03910)

판매 및 공급처 경지출판사

주소 : 서울시 도봉구 도봉로117길 5-14 **Tel :** 02-2268-9410 **Fax :** 0520-989-9415
블로그 : https://blog.naver.com/jojojo4

※ 이 도서의 국립중앙도서관 출판사 도서목록(CIP)은 서지정보유통지원시스템 홈페이지(http://seoji.nl.go.kr)와 국가자료공동목록시스템에서
  이용하실 수 있습니다.

목 차

서 언

이 책의 제목은 "나의 베이징지리지(地理志) 이야기"[1]로, 이것은 내가 정한 것이 아니다. 그렇지만 나는 이 제목을 흔쾌히 받아들였고, 들을수록 괜찮다는 생각이 든다.

베이징

이 단어는 공간적 위치를 말하는 것일까? 그래서

> "호랑이가 웅크리고 앉은 듯, 용의 자태가 서려 있는 듯, 그 지세가 웅
> 장하다. 작금에 그것을 고증해 보니, 이는 나라의 도읍지라 아니할 수 없
> 는 지역이다, 왼쪽으로는 창해(滄海를 끼고 돌고, 오른쪽으로는 태항산
> (太行山)을 끌어안고 있으며, 북으로는 거용관(居庸關)을 베고서 남으로
> 는 황하(黃河)와 제수(濟水)가 옷깃처럼 둘러싸고 있다. 이렇듯 그 형세가
> 천하에 으뜸이니 진실로 천부의 나라로다. 虎踞竜盤, 形勢雄偉. 以今考之, 是邦
> 之地, 左環滄海, 右擁太行, 北枕居庸, 南襟河済, 形勝甲於天下, 誠天府之国也."

라고 했던 것일까? 상전벽해의 역사적 변천을 의미하는 것일까? 주
구점(周口店)의 원시인류가 "동굴을 파고서 불을 피워 음식을 익혀

---

1) 한글 번역본에서는 『베이징(北京)의 역사지리 이야기』로 제목을 바꿈.

먹고(鑽燧取火以化腥臊)” “나무에 집을 짓고서 각종 해를 피하기(構木為巢以避群害)” 시작한 후로부터 지금까지 이어져 온 것일까? 사실은 전탑골목(塼塔胡同)에 우뚝 솟아 600여 년의 세월을 견뎌 온 만송노인탑(万松老人塔)과 베이징 기차역에서 울리는 낭랑한 종소리가 그것이며, 기억 속 이갑(二閘)의 빙희(冰嬉)와 냐오차오(鸟巢, 베이징 올림픽 운동장)의 “비할 수 없는” 웅건한 자태가 그것이며, 문두구(門頭溝)는 “요나라 금나라 이전에 나타났으며, 원나라 명나라 이후에 발원하였다(発軔于遼金以前, 濫觴于元明以後)”는 광업과 석경산(石景山) 용광로, 그리고 저장소(筒倉)를 차지한 문화혁신 기지가 그것이고, 시내 중심의 휘황찬란한 자금성(紫禁城)과 서산(西山)의 아궁이에서 모락모락 피어오르는 밥 짓는 연기가 바로 그것이다. 또 여러 산의 험준한 준령을 휘감고서 웅장하게 우뚝 솟아있는 장성과 노구교(盧溝橋), 팔리교(八里橋), 후문교(後門橋)에서 물을 다스리는 진수수(鎮水獸)가 그것이며, 서산(西山) 황실 원림의 고요함과 물이 불어난 영정하(永定河)의 요란스러움이 바로 그것이다. “삼천 여섯 개의 이름 있는 후퉁(胡同, 골목)과 셀 수도 없는 이름 없는 후퉁”, 그리고 1.64 ㎡에 펴져 있는 924개의 사합원(四合院, 베이징의 전통 주택양식)이다. 장안가(長安街)를 끊임없이 오가는 차량들과 희희낙락하며 끊임없이 오가는 시장 통의 남녀노소가 그것이며, 적수담(積水潭)에서 “꼬리에 꼬리를 물고” 뻗어나가는 대운하가 그것이고, 한 바퀴 한 바퀴 베이징을 감싸고도는 고속도로가 바로 그것이다. 또 '밀다(推)'로 쓸 것인지, '두드리다(敲)'로 쓸 것인지를 고민하는 시인의 신묘한 필치가 그것이며, 《홍루몽(紅楼夢)》, 《사세동당(四世同堂)》이 우리에게 보여준 역사적 절창(絶唱)이 바로 그것이다. 또 도시를 에둘러 싸고 있다가 허물어져 지금은 사라져버린 성벽과 중심축의 세계문화유산 신청을 위한 바쁜 걸음이 그것이며, 또한 베이징 대학 훙루(紅楼) 앞에서 외쳐대던 민주와 과학이며, 중관촌(中関村) 과학원의 수학연구소에서 쏟아져 나와 게를 먹는 사람들(처음으로 새로운 일을 하는 사람들)이 바로 그것이다. ……

불후의 인물들일까? 3천 년 전 "소공 석을 연나라 제후에 책봉한(封召公奭于燕)" 후 얼마나 많은 제왕들이 수도로 삼고, 얼마나 많은 성현들이 이곳에서 찬란한 역사의 한 쪽들을 장식하였으며, 얼마나 많은 영웅들이 "국가에 충성하고자 하는 마음을 역사에 남겨놓았으며", 또 얼마나 많은 평범한 사람들이 또는 평범하지 않은 사람들이 분주함에 지친 그림자들을 남겨놓았을까? 우리는 쿠빌라이(원세조), 주체(朱棣)[2]등의 인물을 기억하고 있고, 또한 곽수경(郭守敬, 원[元]나라 때의 과학자)을 기억하고 있고, 관한경(関漢卿), 조설근(曹雪芹), 메이란팡(梅蘭芳), 라오서(老舍) 등을 기억하고 있다. 뿐만 아니라 이 도시에는 류병충(劉秉忠, 원나라 과학자·문학가), "양식뢰(様式雷, 청나라 궁전과 정원의 조영을 담당한 궁정건축설계부국에서 200여 년간 뢰[雷] 가문이 주지해왔던 데서 이름지어짐, 양방뢰[様房雷]라고도 불림)", 량스청(梁思成, 중국 근대의 유명한 건축가) 등의 인물들이 이 도시와 함께 살아갔으며, 스촨샹(時佺祥, 인분 치우는 사람으로 모범노동자로 선정됨), 장빙꿰이(張秉貴, 백화점에서 물건 팔던 사람으로 모범노동자로 선정됨), 리루이환(李瑞環, 중국인민정치협상회의 주석), 장바이파(張百発, 베이징시 부시장을 역임) 등의 이름도 우리에겐 너무나 익숙하다.

우리들의 유감일까? 만약 성벽이 무너지지 않았다면 이곳은 세계에

---

2) 주체 : 주원장의 넷째 아들로 태어나, 제2대 황제인 조카 건문제에 반란을 일으켜 정권을 잡고 제3대 황제에 오른 영락제이다. 이후 강력한 통치를 펼쳐 명의 제도를 정비하고 팽창주의적 외교로 주변 국가들과의 관계를 강화했다.

서 가장 위대한 고성(古城) 박물관이었을 것이다. 만약 왕빠러우즈 (王八楼子) 감옥이 철거되지 않았다면 중국의 고대와 현대가 결합된 가장 대표적인 감옥이 되었을 것이다. 만약 경항(京杭)대운하가 끊어지지 않았다면, 그렇게나 많았던 성루들이 모두 남아 있었다면, 그 많았던 패루(牌楼)³⁾들이 남아 있었다면 ……

우리들의 동경일까? 우리는 새로운 도시계획에서 베이징을 "하나의 기능 핵심구역, 하나의 도심지역과 부도심지역, 두 개의 축, 여러 곳의 평지 신도시와 하나의 생태보존구역(一核一主一副両軸多点一区)"의 명확한 도시 공간 분포를 만듦으로써 도심과 부도심이 결합된 안과 밖이 서로 연동하고 남과 북이 균형을 맞춘 발전, 산지와 평지가 상호 보완적인 발전을 이룬 도시로 만들었을 것이다. 도시 전략은 "네 가지 서비스(四個服務)"에 초점을 맞추어 안전과 안정 유지, 중국 공산당과 정부의 핵심 기관들의 효율적인 업무 전개를 보장하도록 했을 것이다. 고도(古都)의 면모를 보호하면서 역사적 문화의 맥을 이어 나갔을 것이다. 비 수도적 기능을 차례대로 해제하고 환경관리를 강화하여 수도적 기능을 향상시키고 최적화해 나갔을 것이다. 인민의 주거환경을 개선하고 도시의 기본 서비스 기능을 보완·개선함으로써 조화롭고 살기 좋은 세계 일류의 수도로 건설해 나갔을 것 이다.

나의 것(我的)

이 말은 '소아(小我)'를 말하려는 것일까? 베이징에서 태어난 한 아이의 할아버지, 외할아버지는 모두 문화인이었는데, 그 중 한 분의 집 영벽(影壁, 사합원의 중문이나 대문 안에 설치되어 있는 가림벽)에는

---

3) 패루(중국어로 '파이러우' : 중국 전통건축 양식으로 문(門)의 일종. 위에 망대가 있고 문짝이 없는 대문 모양의 중국 특유의 건축물로 2~6개의 기둥에 지붕을 여러 층으로 얹기도 함.

영문시가 적혀 있었는데, 당시에 몇 사람이나 그 영문시를 이해했을까? 많은 사람들의 인기를 누리며 손에는 "해가 세 발이나 떴어도 스님은 아직 일어나지도 않았고, 명리를 따져보나 한가로움만 못하다네(日上三竿僧未起, 算来名利不知閑)"라는 구절이 적힌 부채를 흔들고 있었다. 다른 한 분은 관직을 하찮게 여기며, 중학교 교장에서 초등학교 교장으로 내려가시더니 아예 교편을 잡고 아이들 가르치는 일을 즐기셨던 '명사(名士)'이셨다. 유일하게 힘쓰신 일은 왜구가 침입했을 때 목이 쉬도록 항일을 외치셨던 일이었다. 유감스럽게도 나는 신비롭게까지 여겨졌던 이 두 할아버지를 직접 뵙지는 못했기 때문에 나의 파일에는 어쩔 수 없이 "뵙지 못했다"라고 적을 수밖에 없었다. 그러나 가족들은 모두 내가 할아버지들의 유전자를 많이 물려받았다고들 말한다. 부모님들은 나를 위해 판상천(潘相臣)이라는 이름의 '우파(右派)' 선생님을 모셔서 역사를 가르치시게 하셨는데, 그 선생님은 런민(人民)대학을 졸업하신 분으로 내가 역사를 좋아하게 해 주셨고, 또한 베이징의 역사를 사랑하게 해 주신 분이시기도 하다. 하늘의 도움이 있었는지 대학입시가 회복된 후 나는 대학에서 역사를 배우게 되었고, 졸업 후에도 역사를 기술하는 일을 맡게 되었는데, 그것도 베이징의 역사와 관련된 베이징 지리지 편집 일을 하게 되어 정말로 하늘의 보살핌으로 역사를 좋아하게 되었고, 좋아하는 역사를 공부하게 되었으며, 역사와 관련된 일을 하게 되었던 것 같다.

사실 '나의 것'이라고 한 것은 여기서는 '대아(大我)'와 '무아(無我)'를 말했던 것이다. 베이징이라는 이 생명의 주체로써 베이징이라는 도시의 산과 물, 도시, 교외의 드넓은 땅들을 굽어본다는 말이다. 얼마나 오랜 역사와 얼마나 풍성한 인문을 가진 도시인가! 얼마나 많은 애정이 이 '나의 것'이라는 단어의 의미 속에 포함되어 있을 것인가?

　베이징은 신 중국의 수도로서 국가박물관은 이전엔 역사박물관과 중국 혁명박물관으로 불렸으며, 중화민족이 걸어온 역사의 발자취들을 전시해 놓고 있다. 베이징에는 수도박물관도 있는데, 여기에는 베이징이 걸어온 여정들이 전시되어 있으며, 그것들은 우리에게 베이징과 중국이 하나이며, 또한 베이징은 많은 경우에 중국을 대표하고 있음을 말해주고 있다. 우리는 항상 베이징은 중국의 심장이며, 베이징의 천안문(天安門)은 중국의 상징이라고 말하곤 한다. 이처럼 '나의 것' 이라는 의미는 960만㎡ 중의 높은 곳에 서서 이 광활한 천지를 굽어본다는 의미이다.

지리지(地理誌)의 편찬

　영국의 유명한 과학기술사 전문가인 조지프 니덤(Joseph Needhan, 1900.12.09.~1995.03.24.)은 "고대 로마, 근대 중국에는 모두 중국의 지리지와 같은 유사한 문헌이 없었다."라고 말한 적이 있었다. 그러나 과거의 모든 현령이나 부윤이 관리로서 해야 할일로 세 가지가 있었는데, 그것은 바로 사건을 심리하고, 세금을 징수하며, 지리지를 편찬하는 일이었다. 이로써 우리는 지방지의 편찬이 얼마나 중요한 일인지를 알 수가 있다. 중국역사에는 역사와 함께 이름을 드날린 무수한 사관(史官)들이 있고, 그들의 손에 의해 사실 그대로 서술된 이야기들이 대대손손 전해져 내려오고 있다. 이는 공(功)이 있는 사람이라면, 누구도 죽고 난 후에 자신을 "역사의 원흉"으로 불리어지는 것을 원하지 않았기 때문에, 역사서나 지리지의 편찬이라는 중대한 임무를 짊어지게 되면 사람들의 경외감을 불러일으키게 되었다. 이 또한 중화문명을 전승시키는데 필요한 것으로 역사서나 지리지는 권선징악의 작용을 하기 때문에, 고금의 역사 속에서 위정자들의 경외를, 심지어는 두려움의 대상이 되었기에, 역사서나 지리지에 대한 경외감은 중국 전통문화의 정화라고 할 수 있다.

지리지 편찬은 베이징에서 오랫동안 전승되어 오고 있는데, 그 연원은 한나라와 당나라 때까지 거슬러 올라가게 된다. 과거의 지리지는 "백종천권(百種千卷)"이라고 일컬어지며, 새로 편찬된 지리지 또한 700종을 넘는다. 내가 아는 범위에서 베이징 최초의 지리지 편찬자는 웅몽상(熊夢祥)으로, 원나라 때 편찬된《석진지(析津誌)》의 저자이기도 하다. 내 머리 속에서는 불현 듯 그가 삐쩍 마른 나귀에 자료들을 가득 싣고서 대도(大都, 즉 베이징)에서 출발하여 굽이굽이 깊은 산 속으로 걸어가는 장면이 떠오르곤 한다. 그는 서쪽의 깊은 숲속에 위치한 한 도관(道觀) 전당의 등잔불 아래서 베이징 지역의 첫 번째 '도시(市) 지리지'를 남겼다. 나는 수많은 지리지 편찬자들의 현장조사에 존경을 표하고 싶다. 그들은 방방곡곡을 직접 돌아다니면서 원천자료를 수집하였다. 나는 외지(外誌)를 기술한 대가 베이징 창평(昌平)의 마조경(麻兆慶, 청나라 사람)에게 감복했는데, 그는 새로운《창평주지昌平州誌》를 편찬하면서 연혁을 고찰하고 오류를 수정하고, 수로를 변별(辨別, 옳고 그름을 구별)하고, 금석(金石)을 기록하고, 신 지리지의 잘못을 교정하고, 신 지리지에서 빠진 부분들을 정리하였다.《창평외지(昌平外誌)》에서 그는 "외지는 옛 지리지와 신 지리지의 다른 점들을 표방하고자 하는 것이 아니라 단지 이 땅에서 일어난 일들을 있는 그대로 기록한 것이다"라고 말했다. 그는 문서기록의 전설에 얽매이지 않고 실제로 발로 뛰어 답사를 하고 그것들을 대조심의함으로써 가짜를 없애고 진짜만을 남겼다. 10년의 세월이 흘러서야 《창평외지》는 비로소 인쇄에 들어갔으니, 그 치학(治学) 정신은 역사서나 지리지를 기술하는 후세인에게 귀감이 되었다.

나는 진심으로 나와 동시대를 살고 있는 지리지 편찬 대가들에게 존경하는 마음을 표하는 바이다. 돤빙런(段柄仁)은 (중국 공산당) 시 당 위원회의 사무총장직을 벗어던지고서 《베이징 지리지(北京誌)》 편찬에 매진하였다. 그는 총지휘관이면서도 실제로 현지조사를 진행했던 편집장으로서 한 편 한 편이 그의 손을 거쳐 완성되었고, 그는 또 문장의 서술 구조까지 연구함으로써 역사적 사실의 정확성을 담보하고자 했는데, 이는 '수도(首善)' 베이징의 수준을 보여주고자 심혈을 기울인 결과였다. 그는 지리지 편찬에 있어서 "존진구실(存真求実, 진실을 추구한다), 상금명고(詳今明古, 오늘날의 것을 상세하게 기록하고 예전의 것을 밝힌다), 생불립전(生不立伝, 살아 있는 사람은 인물전에 수록하지 않는다), 술이불론(述而不論, 있는 그대로만 말할 뿐 더 이상은 말하지 않는다), 횡분종술(横分縦述, 편찬 시 사물에 근거하여 평판하는 방법)" 등 일련의 역사기술의 원칙들을 어떻게 지킬 수 있는 지에 대해 제시하고 있으며, 그 중 가장 모범적인 것은 역사적 인물과 정치적 인물을 어떻게 파악하여 복잡하게 얽힌 관계 속에서 독창적 인물로 묘사하느냐는 것이었다. 《신편 베이징지리지》는 모두 그의 심혈을 쏟아 부어서 지은 저술이다. 《베이징지·건축권(建築巻)·건축지(建築誌)》 편찬을 위해 당대의 걸출한 건축가들과 건축사학자들이 한자리에 모일 수 있었던 것은, 바로 제1편의 논리 관계에 문제점이 발견되어 최종 심사에 통과하지 못했기 때문이었으며, 또한 그의 진지함이 있었기에 후세 사람들이 뛰어넘기 어려운 《건축지》가 탄생하게 되었던 것이다. 나는 당시 이 지리지의 원고를 심사하는 책임자였기 때문에, 그 뜻을 마음에 깊이 새기고서 살얼음 위를 걷

듯이 신중하게 원고 하나 하나를 검토하였다. 그가 쓴 원고의 분량이 얼마나 될까? 수많은 자료를 읽고서 온 정성으로 믿을 만한 역사서를 편찬하고, 빼어난 문장을 저술했다는 점에서 딴빙린이라는 이름은 이전에도 없었고 앞으로도 나오기 어려울 것이며, 베이징 지리지 편찬사에 있어서, 심지어는 중국의 지리지 편찬사에 있어서도 독보적이라 할 수 있을 것이다. 자오경치(趙庚奇)는 베이징 사회과학원 역사연구소 소장을 역임했으며, 자리를 옮겨 신편 지리지의 주요 개척자의 한 사람으로 《신편 베이징 지리지》의 주요 목차(篇目)·구성, 구조 및 편찬 방법 등을 구상하는데 큰 공헌을 하였기에, 베이징 지리지 편찬의 중요 대표가 되었던 것이다. 왕테펑(王鉄鵬)은 베이징시 지리지 사무실 주임으로, 지리지의 법률 문건과 지리지를 발전시키는 계획을 초안하고, 베이징만의 특징적 지리지 편찬과 수정·출판 등의 제도적 메커니즘을 만들고 정비함으로써 베이징시의 1차 지리지 편찬 작업과 2차 편찬계획을 높은 수준에서 완성하는 데 큰 공헌을 하였다.

지리지에는 어떤 내용들이 기록되어 있나? 지(誌)는 기록한다는 의미다. 위로는 하늘 아래로는 땅, 그리고 중간에는 대기에 관해 기록한다는 말이다. 규범적 정의로는 특정 지역 내의 자연과 정치·경제·문화·사회의 역사와 현황을 기술하는 것이다. 사실 이것은 한 지방의 향토사인 셈이다. 오늘날에는 각종 전문지가 있어서 공원이나 가·산·강·체육대회 등이 모두 이 지리지의 형식으로 세상에 소개되고 있기도 하다. 나는 1990년부터 베이징 지리지 사무실에서 업무를 시작하면서 첫 번째 지리지 172부와 두 번째 지리지 102부를 편찬했고, 그리고 그 밖의 더 큰 규모의 전문 지리지와 수백 편의 베이징 지리지의 편집과 수정·기술 등에 참여하게 되었다. 하지만 이러한 이루 다 헤아릴 수도 없는 인쇄 전 최종 검수까지의 과정에서 엄숙함과 냉정함, 즐거움과 고통, 감탄과 사색, 그리고 어쩔 수 없이 느껴야 했던 많은 감정들을 알아주는 사람은 아마도 별로 없을 것이라 여겨진다.

이야기

베이징 3000년의 역사는 찬란한 무수한 이야기들로 가득하다. "고량이 용왕의 물주머니를 터뜨리다(高亮赶海)"는 이야기의 내용을 소개해보면, 다음과 같다.

전하는 바에 의하면 명나라 초기 연왕(燕王) 주체(朱棣)와 유백온(劉伯溫)[4] 이 수도를 베이징으로 정하게 되었는데, 당시 베이징은 곳곳에 물로 가득 차 있었다고 한다. 이에 유백온은 베이징 지역의 수원지를 관리하는 용왕에게 물을 다른 곳으로 옮기라고 명령했다. 그렇지 않으면 합달문(哈達門, 숭문문[崇文門]의 속칭)을 설치하여 용왕을 그 아래에 가둬버리겠다고 하였다. 용왕은 어쩔 수 없이 그의 말을 따를 수밖에 없었다. 베이징 도시건설이 완성되고 난 후 용왕은 유백온을 원망하며 베이징성 안의 우물 펌푸의 손잡이를 훔쳐다 물주머니 안에 넣고서 자신의 어머니를 모시고 작은 수레를 끌고서 서직문西直門으로 빠져 나갔다. 유백온은 장군 고량(高亮)을 보내 좇아가도록 했는데, 서직문을 나와 용왕을 따라잡은 고량은 수레의 물주머니를 창으로 찔렀다. 그러자 곧바로 산이 무너져 내리는 듯한 큰 소리가 울려 나왔고, 그 소리에 놀란 말에서 떨어진 고량은 뛰어서 좇아가 말이 성문에 다다랐을 때, 갑자기 홍수가 밀려와 새하얀 파

---

4) 유백온(劉伯溫1311 - 1375) : 유기(劉基)가 본 이름으로 중국의 과거와 미래를 내다본 예언자로 유명하다. 유기(劉基)는 명나라 개국공신의 한 사람으로 명나라 건국 후 어사중승과 태사령을 역임했다. 그는 원나라 말기인 1311년 절강성 처주(處州)에서 태어났고, 자는 백온(伯溫), 시호는 문성(文成)이다. 뛰어난 모사가로 '과거 500년을 알았고 미래 500년을 알았던 인물'로 평해지며, 중국 민간에서는 그에 관한 다양한 전설적인 일화가 전해 내려온다. 천문, 지리, 역법, 군사 등 많은 분야에서 탁월한 능력을 보여 제갈량에 비견되는 인물이기도 하다. 제갈량이 후한 말 천하를 셋으로 나누어 다스리는 삼국 구도를 정립했다면, 유기는 원나라 말기의 혼란을 잠재우고 천하를 하나로 통일했다고 여겨진다.

도가 하늘을 뒤덮었다. 고량은 파도에 휩쓸렸고, 거느리고 갔던 군사들도 강물에 휩쓸리고 말았다. 그 후 물살이 가라앉으면서 강물은 동으로 흘러 갔다. 고량의 공으로 베이징은 수원지를 지킬 수 있게 되었고, 그래서 사람들은 그를 기리기 위해 그가 강물에 휩쓸린 곳에 자그마한 하얀 돌다리를 만들어 '고량다리高亮橋'라고 이름을 붙였다. 그 후 다리의 이름이 '고량다리'로 바뀌게 되었고, 다리 밑으로 흘러가는 강을 '고량하(高粱河)'라고 했다.

또 용맥(竜脈)과 관련된 이야기도 있는데, 풍수지리설을 믿었던 사람들은 용맥이 부귀를 품고 있는 땅이라고 믿었으며, 심지어는 국가의 운명에까지 영향을 미친다고 믿었기 때문에, 역대 왕조의 황실이 반드시 차지해야 하는 땅으로 여겼다. 베이징에는 용맥이 두 줄기가 있는데, 그 중 하나는 토룡(土竜)의 맥으로 베이징의 중축선을 따라 뻗어 있으며, 역대 황제들에게 독점되었다. 다른 한 줄기는 수룡(水竜)의 맥으로 지금의 스차하이(什刹海), 베이하이(北海), 중난하이(中南海)로 이어진다. 어떤 사람은 허신(和珅)의 관저이기도 했던 공왕부(恭王府)가 이 용맥의 흐름 위에 있다고 하기도 한다.

이러한 이야기들은 오늘날까지 전해져 내려오고 있다.

천단(天壇) 앞에 서면 국가의 대사를 느껴볼 수가 있다. 천단과 관련해서는 천단공원의 원장인 양샤오동(楊曉東)이 들려준 이야기가 생각난다. 2008년 8월 28일 오전 베이징 장애인 올림픽 성화를 채화하는 의식이 천단 기년전(祈年殿) 앞에서 거행되었는데, 이날 먹구름이 짙게 깔리고 비까지 부슬부슬 내렸다. 성화의 불씨를 채화하는 시간은 오전 10시 정각으로 누구도 정상적으로 의식을 거행할 수 있을지 장담하기 어려운 상황이었다. 그때 갑자기 불가사의한 일이 일어났다. 부슬부슬 내리던 비가 갑자기 멎더니 먹구름 사이로 햇살이 비치면서 성화를 채화하기 좋게 오목 렌즈에 내리비쳤다. 그 덕에 순조롭게 성화 채화가 이루어지자 온자바오(溫家宝) 총리는 쏟아지는 햇살을 맞으며 성화 점화가 성공적으로 이루어졌음을 선언했고, 이어서 성화 봉송이 시작되었다고 한다.

이 때, 여기서의 '고사(故事, 이야기)'의 '고(故)'자는 "원래의, 이전의, 옛 것의"라는 의미이다. '사(事)'는 일어난 사건을 말한다. 이러한 이야기들을 기록해 놓은 것이 지리지이다. 한 권의 지리지에는 수천, 수백 개의 이야기가 기록되어 있다. 크게는 원시인류의 발견이나 베이징의 출현에서부터 작게는 일반 백성들의 의식주와 관련된 것 까지. 크게는 조정의 정책 방침의 등장 과정에서부터 작게는 땔감이나 곡식, 기름, 소금과 같은 생필품의 가격 변동에 이르기까지. 또 크게는 거시적 도시계획에서부터 작게는 작은 골목의 건설이나 가로등의 설치에 이르기 까지. 크게는 봉화가 연일 피어오르는 전란의 풍운에서부터 작게는 평화로운 세월의 서정을 느끼게 하는 소곡(小曲)에 이르기까지. 크게는 무정한 천재지변이나 인재에서부터 작게는 사람과 동물이 화목하게 노니는 화폭에 이르기까지……지리지의 명칭은 중앙기구지(中央機構誌), 정부지(政府誌), 노동지(勞動誌), 부동산지(房地産誌), 원림녹화지(園林綠化誌), 화학공업지(化学工業誌) 등 각양각색이다.

지리지에 실려 있는 많은 이야기들 중에 때로는 무거운 역사 이야기도 있는데, 사실 "천하를 다스리는 사람은 사서를 본보기로 삼고, 군국을 다스리는 사람은 지리지를 본보기로 삼는다.(治天下在史為鑑, 治郡国在誌為鑑)."라고 했으니, 이 말에서 지리지의 역할을 잘 알 수 있다. 지리지에 기록된 이야기들은 나라를 다스리는 데 참고가 될 뿐만 아니라, 또한 백성들을 교화하는 역할까지 한다. 전해져오는 많은 이야기들은 특정지역 내의 - 어쩌면 당신의 고향일 수도 있고, 또는 생활하고 일하는 지역의 풍토와 인정일 수도 있다. 그래서 우리는 그런 이야기들을 알게 되고 또 사랑하게 된다. 그렇기 때문에 지리지의 편찬은 베이징의 이야기를 들려주고 중국의 이야기를 들려주는 임무를 짊어지고 있는 것이라고도 할 수 있는 것이다.

제1장

베이징의 시작과 관련된
수많은 이야기

머리말

베이징 역사의 시작점은 어디일까? 베이징은 언제 건설되기 시작했을까? 베이징이 도읍지가 된 것은 언제부터일까?…… 베이징의 발전 과정에서 시대를 구분하는 역할을 하는 시기가 있을 것이다. 이러한 시기에 대해 우리가 기억해야 할 이야기와 인물들은 얼마나 될까? 이러한 이야기는 또 복잡한 시대적 변화 속에서 서로 다른 결론을 도출하기도 하는데, 일부는 오랜 시간을 지나서야 일반화되기도 하지만, 반드시 사람들에게 받아들여지는 것만은 아니다. 또 일부는 어진 사람은 어질게 보이고, 지혜로운 사람은 지혜롭게 보이듯이 사람마다 제각각인데, 나는 이성적이고 지리지의 기록방식으로 보여줄 수 있기를 희망한다. 혹자는 이를 자료로써 보존해야 한다고 명확하게 말하기도 한다.

주구점(周口店) 유적은 가장 먼저 선정된 중국의 세계문화유산으로, 베이징의 역사는 여기서부터 기록되어 오고 있다. 주구점에서 아주 가까운 곳에 유리하(琉璃河)라고 불리는 전통마을이 있는데, 이곳은 베이징의 뿌리로 연(燕)나라의 도읍지였다. 동시에 그곳도 같은 시대의 계성(薊城, 사람이 살던 베이징의 가장 오래된 지역)을 자유롭게 상상해 보면 아마도 부지불식간에 "연나라 땅, 조나라 땅에는 비분강

개한 선비들이 많았다(燕趙多慷慨悲歌之士)"라는 것을 떠올리게 된다. 당나라 시인 진자앙(陳子昂)은 《유주대에 올라 부른 노래(登幽州台歌)》라는 작품에서 "앞서 살아간 옛 사람 보이지 않고, 뒤에 올 사람도 보이지 않네. 대지의 유구함을 생각하자니, 홀로 슬픔에 겨워 눈물이 흐른다.(前不見古人, 後不見来者. 念大地之悠悠, 独愴然而涕下!)"라고 노래했다. 거란이 세운 요나라의 남경(南京, 지금의 베이징), 여진족이 세운 금나라의 중도(中都)에서부터, 유주(幽州)는 북방의 군사적 요충지에서 북방의 정치 중심지로 탈바꿈했고, 전국의 통일된 다민족의 정치 중심이 되기 위해 탄탄한 기초를 다지기 시작했다. 원나라 대도(大都)의 건설은 "그 훌륭함의 극치는 굳이 말하지 않더라도(其美善之極, 未可宣言.)" 유병충(劉秉忠, 1216-1274 원나라 정치가·유학가) 같은 위대한 도시 설계자나 곽수경(郭守敬, 1231年&-1316年 원나라 천문학가, 수학가, 수리학가) 같은 위대한 과학자나 수리 기사가 탄생하게 되기도 했다. 관한경(関漢卿, 생몰연대가 미확인된 금나라 말에서 원나라 초기에 활동한 원곡[元曲]의 작가)으로 대표되는 문화의 거장들도 두각을 나타내기 시작하면서, 그 시대의 베이징에 더욱 다양한 빛깔을 더해 주었다.

베이징의 가장 위대한 획기적인 변화는 바로 중화인민공화국의 수도로 결정되었을 때였다. 왜냐하면 오래된 도시가 새로운 생기를 얻게 되었고, 소비도시에서 생산도시로, 생산도시에서 정치의 중심, 문화의 중심, 국제교류의 중심이자 과학기술 혁신의 중심 도시로 변모하게 되었기 때문이다.

이처럼 베이징의 모든 첫 걸음은 모두 깊은 인상을 남겼기에 되돌아 볼 가치가 있는 것이다.

주구점(周口店)의 "베이징인"
- 베이징 역사의 시작점 -

1980년대로 접어들면서 중국에서는 세계문화유산의 보호에 관심을 가지기 시작했고, 1987년에는 유네스코에 세계문화유산을 신청하게 되었는데, 여기에는, 고궁(故宮), 장성(長城), 돈황(敦煌), 태산(泰山), 진시황릉병마용(秦始皇陵兵馬俑) 등 5곳이 포함되었다. 당시에는 주구점의 중요성에 대해서는 인지하지 못하였기 때문에, 당시의 세계문화유산 신청 대상에는 포함되질 못했다. 이 다섯 곳의 자료가 제출된 후 유네스코 세계유산위원회의 관계자는 주구점이 세계문화유산이 되지 못한다면, 다른 지역도 신청자격이 없다고까지 말하기도 했다. 중국과학원에서 주구점의 세계유산 신청 초안 작성을 책임졌는데, 당시 주구점 박물관 관장을 맡고 있던 원전(袁振)은 7장 분량의 신청 자료를 직접 손으로 작성하였다. 비록 아주 간략한 몇 장의 서류이기는 했지만, 그 신청서가 제출된 후 주구점유적은 곧바로 세계문화유산에 등재되면서 이 이야기는 주구점 세계문화유산 신청의 미담으로 전해지고 있다.

주구점 유적은 1987년에 중국에서 첫 번째로 《세계문화유산 목록》에 올라간 중국 문화유산 중의 하나이다. 이 7장 분량의 자필원고가 주구점유적박물관에 보존되어 있는지는 알 수 없지만, 《베이징지 · 세계문화유산권 · 주구점지(北京誌 · 世界文化遺産卷 · 周口店誌)》에 기록된 내용에 의하면 이 자필신청서에서 보이는 주구점 세계문화유산 신청 사유는 아주 간단하다. 주구점유적은 세계에 잘 알려진 초기 인류의 유적으로, 동시대 유적지 중에서 자료가 가장 풍부하고 가장 전체적이고 가장 대표할만한 곳으로, 초기 인류의 역사연구와 복원에 중요한 가치가 있다는 점이었다.

우리가 베이징 역사를 서술할 때면 자연스럽게 주구점에서 시작하게 되는데, 여기에는 '베이징인'이 활동했던 유적과 진실된 기록이 남아있기 때문이다.

1929년 12월 2일 고고학자이며 고생물학자 이재기도 한 페이원중(裵文中)은 중국 원인(猿人)의 첫 번째 두개골을 발견하게 되었는데, 이는 고고인류학사의 획기적인 사건이었다. 그는 이리저리 쌓여있는 유물들 사이에서 당시 불을 사용했던 증거로 유색 뼈 조각들을 발견하여 중국원인의 문화연구에 대한 서막을 열기도 하였다. 1936년 주구점의 발굴 책임자였던 자란퍼(賈蘭坡)는 11월 15일 하루 동안 2개의 원인 두개골을 발견하였다. 11월 26일에도 또 하나를 발견하였다. 과학자들은 주구점 원인 유적에서 23년 동안 발굴을 진행하였는데, 모두 40명 203개의 중국 원인 화석을 출토했다. 이와 동시에 문화연구 방면에서도 획기적인 진전이 있었는데 그중 중요한 지표는 바로 불을 사용한 흔적이었다. 고고학 자료의 증가와 그로 인한 더욱 심도 있는 연구 작업이 진행되면서 중국 원인이 불을 사용할 줄 알았다는 사실을 증명하게 되었다. 발굴과정에서는 대량의 인공제작 석제품(石製品)들이 발굴되었는데, 석제품의 유형으로는 돌 조각, 긁게, 찍게, 조각편, 부스러기 등이 있었다. 이러한 유물들의 발견으로 중국 원인은 동북아 지역에서 석기를 제작했던 가장 빠른 고인류가 되었으며, 세계에서 가장 먼저 불을 사용한 인류가 되었다.

우리의 지리지에서는 유적의 발굴에 공을 세운 사람들과 최초의 그 어려웠던 과정들을 잊지 않고 기록하였다. 주구점 원인의 문화유적은 인류의 화석을 발견하면서부터 그 과학적 가치를 인식하기 시작했던 것이 아니라 퇴적물 속에 외래의 석영 조각들이 있었고, 스웨덴의 지질학자인 안데르손(Johan Gunnar Andersson, 1874-1960)이 진실을 알아보는 지혜로운 안목과 탁월한 식견으로 "여기에 고인류가 있다"고 말함으로써 2년간의 시범 발굴을 통해 마침내 고인류의 화석을 발견하게 된 것이다.

▷ 원런동猿人洞

지리서에서 말하고 싶은 것은 이곳의 고인류가 지금으로부터 얼마나 오래되었나 하는 것이었다. 지리서에서는 "50~60만 년 전"이라고 했는데, 최근 몇 년 동안 새로운 과학기술의 응용을 통해 새로이 측정한 결과 "70만 년 전"인 것으로 밝혀졌다.

지리서에서 우리에게 남겨 준 가장 중요한 공헌은 다음과 같이 기록되어 있다. 첨단 과학적 가치를 가지고 있는 고인류의 문화유적에 대해 발굴은 더 깊이 있는 연구와 전시의 필요에 적응하기 위해 여지를 남겨두어야 한다는 것이었다. 이러한 측면의 전형적인 사례가 산정동인(山頂洞人) 유적의 발굴이라 할 수 있다. 1933년 남겨진 지층 절단면의 기둥 이외에 퇴적층이 모두 발굴된 후 보호가 제대로 진행되지 못함으로 인해 결국 기둥도 무너지고 말았고, 이후 정리하기는 하였으나 동굴 안에는 원래의 퇴적층이 사라지고 말았다. 관람객이 참관하면서 볼 수 있었던 동굴의 환경이 기후로 인해 많이 훼손되어 식생대를 연구할 때, 꽃가루 샘플을 채취할 수 없게 되어 연대학 연구

▷ 산정동(山頂洞)

틀 하는데 어려움이 많았고, 획득한 연대도 차이가 너무 많이 났다. 이러한 원인은 샘플로 사용할 수 있는 모든 것들의 원래 잿더미가 없어졌기 때문이었다.

주구점 유적의 재 발굴을 통해 원인의 두개골을 다시 찾을 수 있기틀 많은 사람들이 기대하고 있다. 현재 상황을 보면, 중국 원인의 유적과 문화적 유물이 퇴적되어 있었던 제15 지점과 제4 지점은 다시 발굴을 재개하기에 적절치 않으므로 왕릉처럼 보호해야 할 필요가 있다. 이러한 측면에서는 이미 나름의 교훈을 얻은 바가 있다. 1978년 동쪽 언덕에서 발굴이 시작되었는데, 당시 억지로 발굴을 진행하면서 큰 구멍을 파내기는 하였으나 아무것도 나오지 않았던 것은 심히 유감이었다. 동쪽 언덕의 발굴이든 현재의 구석기 고고학 기술이든 여전히 기본적으로 "괭이고고학"의 수준에 머물러 있기 때문에, 경도가 높은 각력암(2mm 이상의 모가 난 암편[岩片]으로 구성된 퇴적암[堆積岩])이 포함되어 있는 동굴 퇴적층에서 고인류의 정보를 캐낼 수 있는 방법이 그리 많지는 않은 것이 현실이다. 고고학 발굴의 이중성인 건설성 · 파괴성에서 보면, 선진적인 발굴 기술이 부족한 상황에서는 파괴성이 건설성보다 더 클 수밖에 없다. 바꿔 말하면 정보 채집이 온전하지 못하게 됨으로써 유적의 퇴적층이 발굴된 후에는 다시 만들어 낼 수 없다는 것이다. 이를 본보기 삼아 주구점 유적에 대해서는 반드시 보호를 위주로 하면서 관리를 강화하는 방침을 반드시 엄격하게 관철시켜 나가야 할 것이다.

주구점 유적이 고고학에서 차지하고 있는 독특한 지위가 보호되게 하기 위해서는 우선 현재 이미 발견된 퇴적층이 남아 있는 유적과 지점이 다시는 자연적으로 침식되지 않도록 잘 보호해야 할 것이다.

연(燕)과 계(薊)
- 베이징의 도시건설 시작 -

베이징은 3000여 년이라는 도시건설 역사를 가지고 있는데, 역사서의 기록에 따르면 베이징 지역에 도시가 출현하기 시작한 것은 약 3000여 년 전의 계성(薊城)과 연성(燕城)에서 부터였다. 사실 계성은 문자 기록에서만 존재할 뿐이며, 당시 도시의 윤곽을 제대로 알 수 있는 것은 연성이었다. 고고학적으로 북연(北燕, 연나라)의 최초 봉지는 지금의 방산구(房山區) 유리하(琉璃河) 동자린(董家林) 일대로, 나의 집에서 매우 가까운 곳이었다. 그래서 호기심에 자전거를 타고 고고학 발굴현장을 구경하러 간 적도 있었다. 이 고대 문화유적은 1960년대 국가 유관 기간에서 정식으로 발굴하기 시작하면서 많은 유물자료들이 출토되었다. 유적지는 주거지, 성곽 유적, 매장지 등 세부분으로 나누어진다. 이미 발굴된 주거지 유적 중에서는 당시 사람들이 살았던 가옥의 기초가 발견되었는데, 여기서는 사용한 흔적이 있는 교혈(窖穴)과 생활도구와 생산도구 등이 발견되었다. 그 중에는 도기(陶器), 석기(石器), 골기(骨器), 방기(蚌器) 등이 있다. 서주(西周)시기의 유물이나 유적 이외에 사용한 적이 있는 재 구덩이 중에서는 상나라 때 유물이 발견되기도 했다. 이러한 고고학 발굴에 있어서 가장 중요한 곳은 고성古城유적의 발굴이었다. 고성유적은 동자린 마을에 위치해 있는데, 오래 전부터 이곳 성벽의 일부 구간은 지면에서 1m 정도 높이의 유적이 남아있기도 했었지만, 이후에 농지로 개간되면서 평지로 바뀌어 버리고 말았다. 발굴을 통해 이 성의 북쪽 성벽은 그 길이가 829m였음을 알게 되었고, 북쪽 성벽 이외에 일부 지역은 대부분의 성벽 기초가 남아 있는데, 동쪽, 서쪽, 북쪽 삼면의 성벽 이외에 또 2m 깊이의 수로가 발견되었는데, 이는 아마도 해자로 생각된다. 전체 고성의 평면도는 아마도 사각형이거나 직사각형이었을 것으로 추정되며, 비록 지금은 허물어져 버렸지만, 고고학 발굴을 통해 성벽의 축조방식, 건축기술, 성벽의 구조 그리고 사용도구 등에 대해 어느 정도 이해를 할 수 있게 되었다. 이 고성의 축조 연대에 대해서는 성벽 안쪽의 '축대(護坡)', 상나라 말기에서 주나라 초기의 고분, 서주시기의 재 구덩이와 파괴된 가옥 유적 등을 통해 아무리 늦어도 서주 초기 이전에 축조된 것으로 판단되었다.

이후의 계속된 발굴과정에서 상나라·주나라 시대의 고분 300여 기가 발굴되었고, 수레나 전차(戰車) 등의 부장품 구덩이도 30여 기가 발견되었다. 당시 내가 보았던 것은 바로 한창 발굴 중이었던 고분이었다. 고분과 많은 출토품, 그리고 고성 유적의 존재, 거기에 유적지 자체의 범위를 더하여 종합적으로 분석 연구해 보면 3000년 보다 더

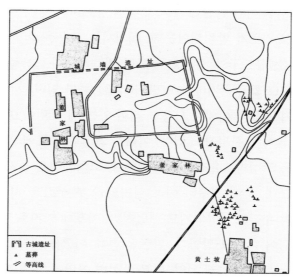

▷ 유리허의 상, 서주시기의 유적 및 고분 설명도

이전에 고성 유적을 중심으로 한 이 일대가 일반적인 촌락이 아니라 찬란한 역사를 가진 장소였을 것으로 추정된다. 1996년 연나라 도읍 유적 발굴과정에서 수십 개의 점을 쳤던 귀갑(龜甲)이 발견되었고, 그 중 세 조각에는 문자도 새겨져 있었는데, '성주(成周)', '용정(用貞)' 등의 글자가 식별되었는데, 이러한 갑골문의 출토는 서주시기 고고학의 중요한 수확으로, 서주시기의 갑골 연구에 새로운 자료를 제공해 주었다. 고대 문헌자료를 종합해 보면, 이곳이 바로 서주 초기의 연나라 봉지(封地)였으며, 고성 유적지가 바로 당시 연나라의 도성으로, 연나라의 정치, 경제, 문화의 중심지였던 것임을 알 수 있었다. 고고학 발견을 통해 사마천(司馬遷)이 쓴《사기 · 연소공세가(史記 · 燕召公世家)》중의 "주나라 무왕이 상나라 걸왕을 궤멸시키고 소공을 북연의 제후로 봉했다.(周武王之滅紂, 封召公於北燕)"라는 기록이 믿을 만한 것임을 알 수 있었다. 전문가들은 이 도읍이 소공 석(奭)이 연의 제후로 책봉 된 후, 이곳에 도읍을 정하고 도시를 건설했던 것으로 추

베이징의 역사지리 이야기

론하고 있기도 하다.

1997년 유적지의 발굴과 연구 작업을 '하·상·주의 시대구분 프로젝트(夏商周斷代工程)'에 포함시키고 "유리하(琉璃河) 서주 연나라 도읍 유적지의 시기구분과 연대 측정" 과제를 수립하고, 최종적으로 중요한 결론을 도출하게 되었다. 1995년부터 1998년까지 성곽 유적지와 주거지 유적지에 대한 발굴 결과로 볼 때, 유적지 내에는 세 종류의 문화, 즉 상나라 문화, 주나라 문화, 그리고 토착문화가 공존했었다는 것이다. 그중 상나라 문화계통의 도기는 이르면 은허(殷墟) 시기까지 거슬러 올라가 서주 초기까지 이어졌다. 그러나 서주시기 연의 도읍 주거지 유적에서 발굴된 도기 조각에서는 단독으로 존재했던 상나라 문화체계를 증명하는 도기 조각 유적은 보이지 않았으며, 기본적으로 서주 문화체계의 도기 조각이 동시에 출토되었고, 일부는 토착문화의 도기 조각도 있었다. 이러한 현상은 하나의 문제, 즉 서주 연나라 도읍의 성곽 유적지 내의 문화유산과 문화 퇴적이 모두 소공이 연나라 제후로 책봉된 이후에 만들어진 것이라는 문제만을 설명해줄 뿐이다. 성벽의 기초와 성 바깥 해자에서 출토된 유물을 종합해 보면 연나라 도읍의 성곽 유적은 소공이 연 나라 제후에 책봉된 후에 만들어지기 시작한 것으로, 절대로 상나라 말기 이전으로 거슬러 올라가지 않는다는 것을 알 수 있다. 그리하여 고고학적으로 상나라와 주나라 사이의 구분하기 어려웠던 갈등을 철저하게 피함으로써 초기 연나라 문화와 무왕의 주왕 토벌 연대에 정확한 하한 연대의 기준을 확정할 수 있게 되었다. 이와 동시대에 있던 계성의 위치는 지금의 베이징 광안문(広安門) 부근으로, 역사적으로 수재와 전쟁, 왕조 교체 등을 겪으면서 그 어떤 남겨진 흔적들도 찾아보기 어렵다. 그리하여 연나라 도읍이 자연스럽게 베이징 도시건설의 시작으로 여겨지는 것이다. 이는 베이징의 도시건설이 언제 시작되었느냐 하는 문제와 연계된다.

  첫 번째 관점은 기원전 1042년이라는 주장이다. 2001년 관련 기관에서 "주우(九五)" 중국 국가 중점 과학기술 프로젝트 하·상·주 시대구분 프로젝트 성과인 《하상주연표(夏商周年表)》와 방산(房山) 유하의 서주시기 연나라 도읍 유적지 고증을 근거로 베이징의 도시건설 역사는 서주의 성왕(成王)시기, 즉 기원전 1042년까지 거슬러 올라간다고 발표하였다. 결론적으로 당시 무왕이 상나라를 멸망시킨 후 소공 석(奭)을 연의 제후에 책봉하였고, 당시 무왕은 상 왕조의 도읍인 안양(安陽)만을 점령하였기 때문에, 베이징 지역은 상 왕조의 세력 범위 안에 있었을 것으로 추측되며, 그렇기 때문에 연나라 도읍은 당시에는 건설될 수 없었고, 유리하 동자린의 상나라·주나라 유적에서 출토된 명문이 새겨져 있는 청동기의 예기(礼器)와 역사문헌의 분석을 종합하면, 성왕시기에 주나라 사람들이 연나라로 오게 되었다는

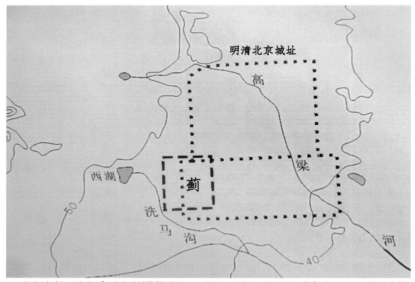

▷ 계성 위치도, 원래 《후인지연원문학집(侯仁之燕圓文學集)》, (상하이교육출판사, 1991년)에 수록

것이다. 따라서 하·상·주의 시대구분 프로젝트《하·상·주 연표》를 근거로 베이징 도시건설의 기점을 기원전 1042년으로 보는 것이다.

두 번째 관점은 기원전 1045년으로 보는 주장이다. 1995년 베이징 도시건설 3040 주년을 기념하여 일련의 학술활동들이 거행되었다. 그 중 하나가 서주시기 연 제후국 최초의 책봉과 최초의 책봉 연대, 그리고 그 찬란했던 문명이란 주제였는데, 다시 말해 이로써 베이징의 도시 건설시기와 고대 베이징의 찬란했던 문명을 확인하고자 했던 것이다. 중국 내 120여 명의 전문가와 학자들이 유리하 동자린의 상나라·주나라 유적에서 출토된 명문이 새겨진 청동 예기(礼器)와 역사문헌 분석을 종합하여 "상나라 주왕을 멸망시키고 연 제후국을 책봉한 것"이 기원전 1045년으로 보는 시각이 더욱 역사적 사실에 근접하는 것이며, 이로써 연나라의 최초 책봉 연대를 확정하고, 나아가 베이징 도시건설이 기원전 1045년임을 확인할 수 있다고 보았다.

세 번째 관점은 기원전 1046년으로 보는 주장이다. 1996년 5월 16일 중국 '주우(九五)' 계획의 중대 과학연구 프로젝트였던 "하·상·주 시대 구분 프로젝트"가 정식으로 시작되었다. 이 프로젝트는 고고학과 문헌학, 천문 역법, C14 측정 등 사회과학과 자연과학을 결합한 방법으로써 종합적 연구를 진행한 것으로, 2000년 11월 중간성과 보고가 발표되었다. 그 가운데에는 무왕의 상나라 토벌(무왕의 상나라 주왕 토벌)의 연대를 확정함으로써 은나라와 주나라의 역사시기를 구분하는 선으로 삼음으로서 최종적으로 주나라 무왕의 상나라 주왕 토벌이 기원전 1046년에 이루어졌다고 확정하였다. 이로써 기원전 1046년은 베이징의 도시건설 원년이 된다는 것이었다. 본 지리서에서도 이 관점을 채택하고 있다.

연나라는 당시 남북 교통로로서의 중요성은 계(薊)나라에 훨씬 미치지 못했지만, 그 내지가 광활했으며, 또한 문화수준이 선진적이었던 중원지역에 가까웠기 때문에, 그 세력은 계 나라 보다 먼저 발전하기 시작했다. 서주 중기에 접어들면서 연나라의 세력은 영정하(永定河)를 넘어 베이징 서쪽의 창평(昌平) 아래까지 이르렀다.(창평 백부촌[白浮村], 서주시기 묘지 발굴이 이 점을 증명해 준다.) 대략 서주 말기에 이르러 연나라는 마침내 북진하여 대도를 따라 북방으로 발전해가 '계' 나라를 병합하였을 뿐만 아니라 수도를 계성으로 옮기게 되었다. 계성(지금의 베이징)을 상도(上都)로 삼고, 무양(武陽, 지금의 허뻬이[河北] 이현[易景[경내)을 하도(下都)로 삼았던 것이다. 계성은 남북교통의 중추로써 우위적 위치를 점하고 있었으므로 중원문화와 북방문화의 교류, 다민족 경제무역 왕래의 군사적 요충지가 되었고, 연나라는 '전국 칠웅'의 하나가 되어 북방의 강국으로서, 연나라 수도 계성의 명성도 널리 알려지게 되었다. 계 나라의 지위와 영향은 줄곧 이어져 왔으며, 계성은 한나라의 도성으로서나 북방의 중요한 군사 요충지로서 서주 초기부터 당나라 때의 유주(幽州)에 이르기까지 연·계(燕·薊)의 경영과 발전은 모두 베이징 도시발전 초기의 찬란한 역사의 한 쪽를 장식하고 있었으며, 또한 그 이후의 베이징 발전의 기초를 다졌던 것이라고 할 수 있다.

요나라 남경(南京)과 금나라 중도(中都)

베이징은 언제부터 수도로서의 역할을 하였는지에 대해서는 몇 가지 견해가 있다. 이와 관련된 논쟁은 2003년 '사스' 이후 베이징 사람들의 사기를 북돋우기 위해 일부 학자들이 금나라 중도 건립 850주년 겸 베이징 도읍 지정 850주년 기념활동을 제의하였는데, 이 제의가 당시 베이징 시장이었던 왕치산(王岐山)에게까지 보고가 되었고, 이에 왕치산은 금나라 중도 이전에 요나라 남경도 있었는데, 왜 베이징의 도읍 지정을 금나라 중도에서부터 계산하는지 알 수 없다고 의문을 제기하면서 부터였다. 이에 전문가들을 초청하여 논의를 하게 되었고, 그 결과 많은 사람들이 금나라 중도 건립이 베이징 도시건설의 시작으로 보는 주장에 동의하게 되었다.

당시 《베이징지(北京誌)》의 주편(主編)과 부주편(副主編)이 모두 이 심의회에 참가하지 않았는데, 부주편 중에는 《베이징통사(北京通史)》의 주편이었던 차오즈시(曹子西) 선생도 포함되어 있었다. 도읍 지정의 시초 문제에 대해 주편 회의에서는 토론이 이어졌고, 많은 주편들이 서로 다른 의견을 주장하였는데, 그 중 많은 의견이 베이징이 요나라, 금나라, 원나라, 명나라, 청나라 이 다섯 왕조에서 수도 역할을 하였으며, 베이징 지역에 남아 있는 옛 지리지에서 베이징의 역사를 언급 할 때도 일반적으로 "요나라·금나라의 옛 도읍(遼金故都)"으로 표현하고 있는데, 예를 들어 《 (광서(光緒)순천부지(順天府誌)》에서는 "(베이징의) 도읍 지정은 요나라·금나라로 거슬러 올라가 당나라 번진(藩鎭)의 옛 성으로 이어졌으며, 원나라·명나라 이후로는 규모와 체계가 넓어 졌다. 지금은 비록 부(府)의 소재지에 불과하지만 실제로는 제왕의 도읍이었다.(溯遼金肇都, 猶沿唐藩実為城, 元明以降, 規体增廓, 今雖府治, 実為帝都.)"[5]라고 하였다. 전 베이징사회과학원 역사연구소 소장이었던 자오경치趙庚奇 선생은 금나라의 중도가 통일국가의 수도가 아니었으니 그에 상응하는 기념활동은 적절치 않다

---

5) (청) 쩌우쟈메이周家楣, 머우첸쑨 《(광서)순천부지·경사지(光緒)順天府誌·京師誌》 1, "성지城池", 베이징고적출판사, 1987년, 1쪽.

▷ 베이징 방지관方志館 테마벽의 글자

고 분명하게 말했으며, 이 회의에서 《베이징지》 주편인 돤빙런(段柄仁) 선생은 "우리의 지리지 체계는 전통적인 표현법을 따르는 것이 낫다."고 강조하였다. 그는 직접 심의를 거쳐 베이징 지리지관의 대형 부조인 테마벽에, 옛 지리지의 "요나라·금나라를 거슬러 올라가 도읍으로서의 역할이 시작되었다."고 글자를 새기기도 하였다.

베이징이 도성으로서의 이름이 세상에 알려진 것은 베이징 역사학자 옌충녠(閻崇年) 선생은 베이징은 일찍이 12번이나 도읍으로 지정되었던 역사를 가지고 있다고 언급하였다. 요나라 남경 이전에 할거 정권이 베이징을 수도로 지정한 바가 있다. 동진시기에 조정의 혼란으로 진나라 황실이 쇠락하게 되자 군웅들이 할거하게 되었고, 원래 동북지역에 거주하고 있던 선비족의 일파인 모용부(慕容部)가 그 기회를 틈타 남하하였다. 모용준(慕容儁)은 정권을 장악한 후에 후조(後趙)의 내란을 틈타 황허유역을 점령하고 계성을 함락시켰다. 영화(永和) 8년(352년) 모용준은 황제에 등극하고서 연호를 원쇄(元璽)로 고치고, 국호를 대연(大燕, 역사적으로는 전연[前燕])으로 하고 계성에 도읍을 정했다. 계성에 궁궐을 짓고 태묘(太廟)를 세웠다. 그 궁전은 전국시대 연나라의 옛 명칭을 따라 갈석궁(碣石宮)이라고 지었다. 건국 대업의 어려움을 추념(追念, 지나간 일을 돌이켜 생각함)하기 유하여 모용준은 자신의 애마 '자백(光緖)'을 위해 동상을 주조하여 계성

동액문(東掖門)에 두었다. 살아 있는 듯 생동감 넘치는 동상이 주조
된 후 동액문에 두었기 때문에 동액문은 훗날 사람들에게 동마문(銅
馬門)으로 불리게 되었고, 동상이 놓였던 골목도 동마방(銅馬坊)으로
불렸다. 모용준은 계성을 도읍으로 정하기까지는 8년이 걸렸다. 당나
라 천보(天宝 14년[755년]) 범양(范陽), 평로(平盧), 하동(河東) 이 삼
진(三鎮)의 절도사를 겸직하고 있던 안록산(安禄山)이 양국충(楊国忠
) 토벌을 명분으로 유주(幽州)에서 반란을 일으켰다. 그 다음 해에 안
록산은 자신이 황제의 자리에 올라 연호를 성무(聖武)로 고치고 국호
를 대연(大燕)이라 정한 후 수도를 범양(지금의 베이징)으로 옮겨 이
곳을 대도(大都)라고 불렀는데, 이것이 베이징이 첫 번째로 대도라는
이름을 가지게 된 배경이다. 당 건원乾元 2년(759년)에 사사명(史思
明)이 대연의 황제 자리에 오르면서 연호를 순천(順天)으로 고치고 범
양을 연경(燕京)으로 바꾸어 도성으로 삼았다. 후량(後梁) 건화(乾化)
원년(911년)에는 유수광(劉守光)이 황제에 올라 국호를 대연으로, 연
호를 응천(応天)으로 고치고 유주성을 도읍으로 정했다. 후당(後唐)
의 청태(清泰) 3년(936년)에는 석경당(石敬瑭)이 유주와 계성 등 16개
주와 거란을 차지하고서 신하국을 자청하면서 거란의 왕을 "어버이
황제(父皇帝)"로 받들자 거란이 석경당을 "대진(大晉) 황제"로 세우
며 "아들 황제(児皇帝)"라고 불렀다. 일부 전문가들은 반쪽짜리 중국
조대의 도읍 결정을 도성으로 인정하면 중국의 5분의 1, 10분의 1 밖에
안 되는 왕조의 도읍도 모두 도성으로 인정해야 하는 것이냐고 냉소적
으로 말하기도 하였다.

이는 당연히 일률적으로 논할 수 없는 것이다. 도성이 되기 위해서
는 건축 규모와 이에 상응하는 영향력 등도 따져봐야 하는 것이다.

거란이 남경을 건설하고 금나라의 완안량(完顔亮)은 연경으로 천도

하여 중도라고 하였으며, 요나라의 남경도 모두 도성으로 발전해 가는 과도기적 시기로, 요나라 태종 야율덕광(耶律德光)은 유주성을 제2의 수도인 남경으로 승격시켰는데, 이는 거란이 유목국가에서 농목국가로 나아갔음을 의미하는 것이기도 하다. 이로써 거란의 봉건국가화가 촉진되었고, 베이징은 수도로서의 역사적 서막을 열게 되었다. 유주성은 비록 고대 연나라 등 도읍으로서의 역할을 하기도 하였으나 당나라 말기 이후에 안록산, 사사명, 유수광 등이 또 이곳을 차지하고 왕 노릇을 하기도 했지만, 어쨌든 일부 지역의 작은 정권에 불과하였기 때문에 전국적인 영향은 크지 않았다. 요나라 이후에 요나라 남경은 도성으로 자리매김하면서 이곳에서 궁궐과 관청들이 세워지게 되었고, 이로써 그 지위도 더욱 중요해졌다. 요나라 말기에 요의 남경은 요나라 남방의 정치 중심지였으며, 이는 중국의 정치 중심이 시안에서 뤄양(洛陽), 카이펑(開封)을 거쳐 베이징으로 전이되었음을 의미하는 것이다.

도시 발전사의 시각에서 금나라의 중도 기획과 건설은 분명한 도성으로서의 특징을 가지고 있었으며, 도성으로서의 규격을 기획하고 제왕의 도시로 건설되었다고 할 수 있다. 첫째로 황성을 도시의 중앙에 배치했다는 것이다. 새로 건설된 중도성은 주위 둘레가 18.7km로 중앙 앞쪽에 황성을 두고 황성 내부에 궁궐을 배치했다. 요나라 남경의 황성은 서남방에 편중되어 있는데, 금나라 중도는 요나라 남경(연경)의 구 성곽을 이용하여 서쪽과 남쪽 양면 성벽을 밖으로 확장시킴으로써 중도성의 황성이 도성의 중심부에 위치한, 가장 두드러진 위치에 놓이도록 했다. 황성 내의 궁성은 약간 동쪽으로 치우쳐 자리를 잡고 있는데, 처음으로 베이징 지역에서 지고무상한 황권사상을 보여준다. 두 번째로는 중축선을 중심으로 도성의 기능을 분리시켰다는 점이다. 황성 사면의 성벽에는 각각 하나씩 문을 두고 있는데, 남쪽은 선양문(宣陽門)이라 하는데, 남향 정면 건너편에는 풍의문(豊宜門)을 두었고, 북문은 공진문(拱振門)이라 하고 북향의 정면 맞은편에 통현문(通玄門)을 두었다. 이 네 문이 하나로 이어지는 남북선이 중도성의 중축선으로 주로 궁궐의 전각이 이 중축선을 따라서 건축되었다. 선양문 안쪽 정 중앙은 어도(御道, 황제가 다니는 길)이고, 어도 양측이 동서 천보랑(千步廊)이다. 서랑의 서쪽은 금나라 조정의 중앙 수뇌 기관인 상서성과 육부(이, 호, 예, 병, 형, 공부)가 위치해 있다. 동랑의 동쪽에는 태묘(太廟)가 있고, 태묘의 남쪽에는 작은 광장이 있는데, 격구장이다. 동 · 서 주랑의 남쪽 끝에는 각각 문루(文楼)와 무루(武楼)가 선양문 안의 양측에 높게 자리 잡고 있다. 긴 주랑의 정북향 동서로 광장을 향하고 있고, 어도와 'T'자 형을 이루고 있으며, 광장의 정북 방향에 궁성이, 그 안에는 궁궐 전각들이 자리해 있다. 궁성의 동쪽 선화문의 안쪽에서 남쪽 부분은 동원(東苑)이고, 북쪽 부분은 내성(內省)이다. 궁성의 서쪽, 옥화문의 안쪽에 펼쳐져 있는 호수와 동산은 어원(御苑)인 동락원(同楽園) 자리이며, 호수는 태액지(太液池) 또는 서화담(西華潭)으로 불린다. 'T'자형 광장의 서쪽에는 등문고원(登聞鼓院) · 등문검원(登聞検院)이 설치되어 있는데, 이곳들은 백성들이 조정에 올린 상소를 처리하는 기관이다. 황성 남쪽의 선양문 안쪽에서 동쪽 편, 태묘와 광장의 남쪽에는 내녕관(来寧館)이, 서쪽 편 상서성의 남쪽에는 회동관(会同館)이 설치되어 있다. 내녕관과 회동관은 모두 외국사절을 맞이하는 장소이다. 세 번째는 궁궐 전각들을 크게 지었다는 점이다. 금나라의 궁성은 둘레가 4,500여 m나 된다. 궁성 안에는 많은 '궁'들이 있는데, 황제가 기거하는 소명궁(昭明宮)과 황후가 기거하는 융휘궁(隆徽宮), 태후가 기거하는 수강궁(寿康宮),

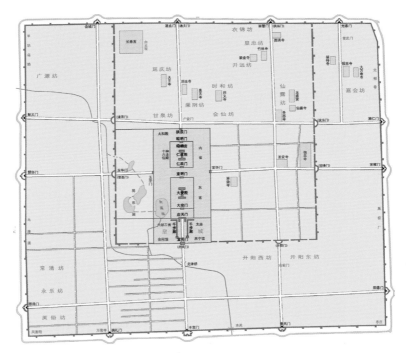

▷ 금나라 중도성 안내도(허우런즈侯仁之 주편, 《베이징역사지도집》 행정구역 도시 권)

태자가 기거하는 동궁(東宮), 비빈이 기거하는 서궁(십팔주[十八住]라고도 한다), 황제가 업무를 보는 태화궁(泰和宮) 등이 자리하고 있다. 각 궁에는 모두 많은 전(殿), 각(閣), 루(楼), 정(亭) 등이 있다. 금나라 궁성 내에는 많은 '궁전'이 있는데, 총 46좌에 이른다. 궁전의 숫자는 궁성 규모를 반영하고 있는 것으로, 이 숫자는 베이징 지역에서는 유례를 찾아보기 힘든 큰 규모이다. 대안전(大安殿)은 금나라 중도 궁성 내에서 가장 중요한 궁전으로 황제가 중요한 의식이나 축전을 거행하던 곳으로, 1990년대 고고학 발굴 작업을 통해 지금의 베이징시 시청구(西城區) 빈하(賓河)로 331호 건물 앞에 있었던 것으로 밝혀졌다. 2003년 9월 20일 베이징 수도 건립 850주년을 맞이하여 빈하공원(바이즈방교[白紙坊橋] 북쪽)에서 베이징 수도 지정 기념궐(記念闕, 궁궐 지붕 모양의 조각상) 제막식이 거행되었는데, 청동기념궐의 네 기둥은 높이가 8.5m에 이르는 수도 건립 850주년을 대표하는 기념물로, 네 개의 청동용 좌대는 몇 해 전 대안전 유적에서 출토된 문물의 확대 복제품이기도 하다. 기념궐 사방 주위에는 놓여 있는 네 개의 금나라 궁전의 모조 주춧돌은 궐 중앙에 높이 솟아 있는 지붕 받침과 함께 금나라 중도의 웅장한 궁전 건축군의 상징이기도 하다.

현재 우리가 홍보 매체에서 왕왕 베이징 수도 건립 800주년, 심지어는 860주년이라고 이야기를 하는데, 그러나 알아야 할 사실은 2017년 5월 14일 중국 국가주석인 시진핑(習近平)은 '일대일로(一帶一路)' 국제협력 정상회의 환영 만찬 축사에서 "베이징은 천년 고도로, 역사의 우여곡절과 변천을 보여 주고 있다."고 했다. 시진핑 주석이 말한 '천년 고도'의 개념은 요나라 남경에서부터, 즉 서기 938년(요나라 회동[会同] 원년)에 유주(幽州)를 남경으로 승격되었고, 연경(燕京)으로도 불리기 시작한 것에서부터 계산한 것이다.

▷ 금나라 중도 대안 유적지 발굴 현장

　요나라 남경의 상황은 우리가 알고 있는 사실이 매우 적은데, 거란의 회동 원년(서기 938년)은 후당(後唐)시기 하동(河東)절도사 석경당(石敬瑭)이 거란에게 신하를 청하면서 연운16주를 거란에게 내주었는데, 그 중에는 유주도 포함이 되었다. 그 해에 요나라 태종 야율덕광은 유주를 남경으로 승격시키고 연경으로 부르며 제2의 수도로 건립하였다.[6]

　요나라 남경은 당나라 때 유주성의 기본적 설계와 배치를 계승하면서 대성(大城)과 황성(皇城)의 이중적 설계구조를 실행하면서 성 전체의 배치가 정연하고 엄밀했다.

　《요사(遼史)·지리지(地理志)》에는 남경의 대성에 대해 "둘레가 36리"라고 되어 있다. 동쪽 성벽은 지금의 난만골목(爛縵胡同) 편서 쪽

---

6) 요나라 때에는 상경上京 임황부(臨潢府, 지금의 내몽고 바린좌기[巴林左旗]), 동경[東京 요양부[遼陽府]지금의 랴오양], 중경(中京) 대정부(大定府, 지금의 내몽고 츠펑시[赤峯市] 닌청현[寧城縣]), 남경(南京) 유도부[幽都府, 이후에 연경 석진부[析津府]로 변경, 지금의 베이징 서남부], 서경(西京) 대동부(大同府, 지금의 산시[山西]따통[大同])의 오경(五京)제도를 실시하였다.

▷ 금나라 중도 기념궐記念闕

▷ 요나라 남경 궁궐 각루角楼 터
(광안문広安門 안쪽)

에 남북으로 뻗어 있는데, 청나라 때 이전의 난만골목의 옛 도랑이 바로 동쪽 편의 해자 유적터 이다. 서쪽 성벽은 회성문(会城門) 동쪽으로, 지금의 광안문(広安門) 밖의 연화하(蓮花河)를 따라 일직선으로 이어져 있는데, 이곳이 서쪽 성벽의 해자 유적이다. 북쪽 성벽은 선화문(宣化門) 안쪽의 수서하골목(受水河胡同) 편남(偏南)쪽의 동서 방향에 위치해 있으며, 수서하는 원래는 취수하(臭水河)로, 요나라 남경 북쪽 성벽의 해자 유적이다. 남쪽 성벽은 오늘날 바이즈팡(白紙坊) 동서따가(東西大街)의 편북(偏北)쪽 일대에 있었다. 요나라 남경의 구조형식은 기본적으로 정방형으로, 전체성의 구획 배치가 매우 규격에 맞았으며, 점유 면적은 9㎢를 넘지 않았다. 남경성의 주위 사방에는 성문이 설치되어 있었는데, 동쪽 성문은 안동(安東)·영춘(迎春), 남쪽 성문을 개양(開陽)·단봉(丹鳳), 서쪽 성문을 현서(顕西)·청진(清晉), 북쪽 성문을 통천(通天)·공진(拱辰)이라고 하였다.

요나라 남경의 황궁성은 원래는 유주성의 자성(子城)을 기초로 하여 개조하고 확장하여 만들어졌으며, 도시의 서남쪽 모퉁이에 위치해 있었다. 그 중 일설에는 직접적으로 안록산의 궁성을 수리하고 확장한 것이라고도 한다. 대략 전체성의 1/4에 해당하는 면적을 차지하고 있다. 4대문이 설치되어 있는데, 동문은 선화문(宣化門), 남문을 단봉문(丹鳳門), 서문을 현서문(顯西門), 북문을 자북문(子北門)이라고 한다. 평소에는 내성의 세 문은 열지 않고 선화문을 통해서만 출입이 가능했으며, 황궁이 본성의 중심에 위치해 있지 않아서 전체 성의 교통적인 측면에서는 그렇게 좋지는 않다.

요나라 남경성은 대규모의 토목공사가 없이 원래의 당과 오대시기 유주성의 도시를 기초로 성벽 역시도 원래 성벽의 위치에 새로 보수공사를 했을 뿐 대규모의 개축은 없었다. 《요사(遼史) · 지리지》에는 남경성의 성벽은 "높이가 3장이고, 가로 폭이 1장 5척이다. 적루(敵楼)와 전노(戰櫓, 정탐 혹은 방어용의 높은 대)가 갖추어져 있다.(崇三丈, 衡広一丈五尺. 敵楼、戰櫓具.)"고 기록되어 있다. 도시 내부의 구조 역시도 바꾸지 않아서 사가를 골격으로 하여 주성의 이방제(里坊制) 구조를 고수하였다.[7]

남경성의 건축 이외에도 우리는 도시 속에 격구장과 량전(凉殿), 연각루(燕角樓), 과원(果園), 저수지 등 거란의 제왕을 위한 휴식과 오락을 위한 장소가 있었음을 알게 되었다. 또 성 바깥에는 장춘궁(長春宮)이나 연방정(延芳淀), 화림(華林), 그리고 천주이장(天柱二莊) 및 요지전(瑤池殿) 등과 같은 많은 숫자의 황제의 피서와 사냥을 위한 동산과 이궁(離宮)이 건설되어 있었다. 이러한 것들은 거란인들이 오랜 세월 동안의 유목생활을 통해 양성된 습관과 매우 밀접한 관계가

---

7) 송웨이종(宋衛忠), 《요나라 남경 건축 문화의 특색과 가치(遼南京建築文化特色与価値)》, 《베이징과기대학학보(사회과학판)》, 2013.06, 제29권 제3기

있다.

 현재의 건축으로 볼 때, 언급할만한 점은 거란인들은 태양을 숭상하는 풍습이 있어서 게르(파오)의 대부분이 동쪽을 바라보게 설치했다는 것이다. 사서에서는 "거란은 귀신을 좋아하고 태양을 숭상하여, 매월 음력 초하루에는 동쪽을 바라보면서 태양을 향해 절을 한다. 많은 사람들이 모여 나라 일을 살필 때에도 동쪽을 바라보고 하며, 네 망루의 일주문도 모두 동쪽을 향하고 있다.(契丹好鬼二貴日, 毎月朔日, 東向而拜日. 其大会聚, 視国事皆以東向, 四楼門屋皆東向.)"[8]고 기록하고 있다. 남경의 궁성은 당, 오대의 옛 격식의 제한과 한족의 "천자는 남쪽을 바라보고 선다.(天子南面而立)"는 문화적 관념의 영향을 받아 궁궐 전각들이 모두 남쪽을 향하고 있으며, 또한 남문을 정문으로 하고 있다. 그러나 궁궐은 평소에는 동문인 선화문만을 사용하였다. 이는 거란인들이 동쪽을 숭상하는 풍습과 관련이 있다. 그리

▷ 대각사

8) (송) 어우양시우(欧陽修), 《신오대사(新五代史)》 72권, 《사이부록(四夷附録)·거란契丹》

▷ 천녕사탑天寧寺塔

고 일부 건축물들은 서쪽에 앉아 동쪽을 바라보는 구조를 채택하고 있는데, 오늘날 양타이산(陽台山)의 대각사(大覚寺)가 대표적인 요나라 때의 동향 사찰이다.

오늘날 남경성 유적을 이해할 수 있는 것으로는 광안문 바깥 서북방 모퉁이에 자리하고 있는 요나라 때의 전형적인 불탑인 천녕사탑(天寧寺塔)이 있다. 천녕사는 요나라 때엔 천왕사天王寺로 불렸으나 명나라 선덕(宣德) 연간에 천녕사로 개명되었다. 천녕사탑은 13층 8각 탑으로 높이가 57.8m에 이르고, 내부에는 계단이 있어 꼭대기까지 올라갈 수 있다. 아래에는 수미좌(須弥座)가 있고, 그 위에 투조(透彫) 방식으로 부조한 중대가 있으며, 그 위에는 두공 난간의 평좌와 3층의 앙련(仰蓮)이 있고, 높은 탑신이 이 앙련좌대에 얹혀 있다. 좌대 위에는 사면에 아치형 문과 금강역사 부조가 있다. 다시 그 위에는 13층의 밀첨(密檐)이 있는데, 각 층마다 풍경이 걸려 있어 산들바람이 불면 맑은 풍경소리기 울려 퍼진다. 1992년 천녕사탑을 보수하고 탑 꼭대기를 청소하면서 《대요연경천왕사건사리탑기(大遼燕京天王寺建舎利塔記)》 석판이 발견되었는데, 이 석판에는 "천경 9년 5월 23일 성지를 받들어 천왕사 벽돌 탑을 지으니, 높이가 203척으로 모두 10개월의 시간을 들어 완성하였다."라고 적혀 있었다. 이로써 천녕사탑이 천경 9년(1119년)에 공사가 시작하여 천경 10년(1120년)에 완성되었음을 알 수 있다.

천녕사 고가교가 건설되고, 주변에 높은 고층빌딩들이 들어서면서 이러한 도시의 건축물들 속에서 천녕사탑의 높이 솟은 아름다운 탑신은 더 이상은 그것만의 독특한 매력을 드러내 보일 수 없게 되었다.

원나라의 대도(大都)는 나타성(哪吒城)인가?

베이징에는 전설이 하나 있는데, 그것은 베이징성이 팔이 여덟 개라는 나타(哪吒, 용의 적수)를 본떠서 만들어 "고해유주(苦海幽州)"의 사악한 용(孽竜)을 항복시키기 위해 건설된 "팔비나타성(八臂哪吒城)"이라는 말이다. 그렇다면 이 나타성은 도대체 어느 시대의 베이징성이라는 말일까? 원나라 대도시대로, 이 전설은 100년이 지난 후인 명나라 때까지도 전해지고 있었다.

전설에 따르면 당시 명나라 성조(成祖) 주디(朱棣)가 베이징성을 보수할 때, "베이징 이 지역은 원래는 고해유주였는데, 이곳에 사나운 용이 있었다."는 이야기를 알게 되었다고 한다. 황제는 베이징성 보수의 임무를 대군수(大軍帥) 류버원(劉伯温)과 이군수(二軍帥) 야오광샤오(姚広孝)에게 맡겼고, 이 두 사람이 베이징성을 '팔비나타성'으로 건설하였다는 것이다. 도시의 정남향 중앙은 정양문(正陽門)으로, 나타의 머리에 해당하며, 정양문의 옹성은 동쪽과 서쪽으로 문을 두었는데, 이것은 나타의 귀가 된다. 정양문 안쪽에 두 개의 우물이 있는데 이것은 나타의 눈이다. 정양문 동쪽 끝의 숭문문(崇文門)과 동편문(東便門), 그리고 동쪽 면의 성문인 조양문(朝陽門), 동선문(東宣門)은 나타의 한 쪽의 네 개의 팔이고 정양문 서쪽 끝의 선무문(宣武門)과 서편문(西便門), 그리고 동쪽 면의 부성문(阜城門)과 서직문(西

直門)은 나타의 다른 한쪽의 네 팔로, 이렇게 여덟 개의 문을 두었다. 북쪽 면의 안정문(安定門)과 덕승문(德胜门)은 나타의 두 다리로, 이렇게 하여 '팔비나타성'이 완성된다.

사실 최초의 전설은 원나라 대도성(大都城)과 관계가 있는데, 그것은 새로 계획 건설된 도시로, 나타는 "머리가 세 개에 팔이 여섯 개(三頭六臂)"인데, 원나라 대도성은 총 11개의 성문이 있는데, 남쪽의 세 개의 성문은 나타의 세 개의 머리이고, 북쪽의 두 성문은 나타의 두 다리이며, 동쪽과 서쪽에 있는 세 개의 성문은 나타의 여섯 개의 팔이다. 나타는 신화 속의 인물로, 베이징은 역사의 무수한 비바람을 견뎌오면서 많은 이야기들이 생겨나게 되었고, 오늘날 우리가 볼 수 있는 베이징 고성 건축의 역사는 원나라 대도시기까지 거슬러 올라가게 된다.

원나라의 대도는 베이징의 도시 발전사에 있어서 특별한 지위와 영향력을 가지고 있다. 원나라의 대도는 처음으로 도시의 계획과 건축을 진지하게 추진한 제국의 도읍으로, 그 영향력이 사방에 널리 전해졌다고 할 수 있을 뿐만 아니라 거대한 영향력을 지니고 있던 세계적인 도시였다.

원나라 대도에 대한 우리의 관심은 다음의 몇 가지로 요약된다.

1. 원나라 대도의 도시계획과 건설의 핵심이념은 "천인합일(天人合一)", "도법자연(道法自然)"이다.

원나라 시기는 특수한 왕조로서 궁전 건축에서부터 이러한 특징들이 잘 나타난다. 몽고 민족이 중원으로 들어와 중원의 문화와 융합하면서 독특하고 특색 있는 원나라의 궁정과 도시 구조가 형성되었다.

원나라 대도의 건설은 원나라 지원至元 4년(1267년)부터 시작되었는데, 중서성 관원이었던 유병충(劉秉忠)이 도성 건설의 총 책임을 맡았다. 유병충은 도가학설에 정통했던 인물로, 전체 대도성의 도시계획에 "도는 자연을 본받는다.(道法自然)"는 도가의 이념을 충분히 반영시켰다.

새로운 도성의 위치 선택에 있어서는 과거의 계성과 요나라의 남경, 금나라의 중도 시기의 옛 성을 버리고 동북방으로 옮겨 아직 개간되지 않은 새로운 처녀지를 선택한 것은 이 새로운 땅이 "너무나 아름다워 말로 표현할 수 없다(美善之極, 未可宣言)"[9]는 위대한 도시를 마음껏 펼쳐보이고자 했던 것이다.

1). 도시의 핵심을 덮어놓고 '왕성(王城)' 이라는 고정된 모델을 추구하는 것은 아니었다. 오늘의 북해(北海), 중해(中海), 그리고 경화도(瓊華島)를 핵심으로 원나라 대도의 궁전들을 건설하는 것이었다. 산과 강의 자연 풍광을 정자와 누대, 누각 건축 군 속에 용화시키고, 산수의 동쪽 면에 대명궁(大明宮), 연춘각(延春閣)를 핵심으로 하는 황궁을 건축하였다. 서북방에는 흥성궁(興聖宮)을 지었다. 경화도에는 만수산(万寿山)이 있는데, 일찍이 원나라 세조 쿠빌라이가 잠시 머물렀던 장소여서 더욱 중시되었으며, 이곳에다 대규모 궁전을 건립하였는데, 원나라 때의 도종의(陶宗儀)는 《철경록(輟耕録)》에서 "그 산은 모두 영롱석을 첩첩이 쌓아놓은 듯 했다. 산봉우리들은 서로 가리면서 어울려 돋보이고, 소나무와 노송나무가 울창하여 수려하기가 마치 하늘이 꾸며놓은 듯, 산에는 광한전 일곱 칸이 있었다.(其山皆以玲

9) (프랑스)Joseph Charignon 주석, 사리 펑청쥔馮承均 번역, 《마르코 폴로 여행기》, 중화서국, 2004

瓏石疊堥. 峰巒隱映, 松桧隆郁, 秀若天成. 山上有広寒殿七間.)"라고
기록하였다.

이상 이러한 건축물들은 모두 원나라 대도의 대내(大內)로 불렸으
며, 높은 담에 둘러싸여 가려져 있는 궁성은 '동내(東內)'로 불렸다.
왕강(王崗) 선생은 《원나라 대도 궁전 건축과 기능 약술
(元大都宮殿営建及功能略述)》[10]이란 글에서 주요한 건축물들에 대해
언급한 바 있는데, 여기에는 대명문 7칸, 대명전 11칸, 침전 4칸, 향각
(香閣) 3칸, 양익실(両翼室) 각 3칸, 주변 가옥 120칸 등이 포함되어
있다.

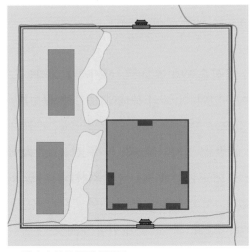

▷ 원나라 황성 궁궐 설명도

그 다음에 또 문사전(文思殿), 자단전(紫檀殿), 보운전(宝雲殿) 등의
건축물이 추가로 지어졌다. 대명전의 뒤편에는 매우 중요한 건축물이
있었는데, 바로 연춘각(延春閣)이 그것이다. 몇 차례의 확장을 거치면

10) 왕강,《원나라 대도 궁전 건축과 기능 약술 元大都宮殿営建及功能略述 》,《베이징사회과학》 2013년 03기

서 연춘각의 부속 건물로 문헌에 기록되어 있는 자복전(慈福殿), 명인전(明仁殿), 옥덕전(玉德殿), 함녕전(咸寧殿), 신경전(宸慶殿), 동향전(東香殿), 서향전(西香殿), 동갱의전(東更衣殿), 서갱의전(西更衣殿) 등이 지어졌다. 경화도와 서쪽 측면의 궁전 건축군은 '서내(西内)'라고 부르는데, 이곳의 주요한 건축물로는 융복궁(隆福宮)을 주체로 하는 건축군과 광천문(広天門) 5칸, 광천전(広天殿) 7칸, 침전(寢殿) 5칸, 양익실(両翼室) 각 2칸, 향각(香閣) 3칸 등이 포함되어 있다. 이 밖에도 또 전침전(前寢殿) 3칸, 후침전(後寢殿) 3칸이 있다. 기타 부속 건축물로는 수창전(寿昌殿), 가희전(嘉禧殿), 문덕전(文德殿), 녹정전(盝頂殿), 침선전(針線殿) 등이 있다. 용복궁 서쪽에는 또 어원(御苑)이 있는데, 어원 한 복판에 향전(香殿), 원전(圓殿), 헐산전(歇山殿), 종모전(棕毛殿), 녹정전(盝頂殿)과 태자알이타하엽전(太子斡耳塔荷葉殿) 등의 건축물이 있다. 용복궁 북측의 흥성궁 건축군은 그 규모 면에서는 용복궁과 거의 대등하였는데, 부속 건물로는 가덕전(嘉德殿), 보자전(宝慈殿), 곤덕전(坤德殿) 등이 있었다. 흥성궁 뒤편에는 또 연화각(延華閣)이 있었는데, 정화각 주변에 동서전(東西殿), 동록정전(東盝頂殿), 서록정전(西盝頂殿)과 외오아전(畏吾児殿) 등이 있었다.

앞에서 언급한 전체 건축군은 대체로 원나라 대도 성 건축의 10분의 1을 차지하고 있으며, '서내'의 건축 면적과 부지면적은 '동내'보다 넓다. 여기에 수역 면적과 만수산을 더하면 그 규모는 더욱 넓어져 웅장함이 더해진다.

일반적으로 원나라 대도의 기획과 건설을 거론할 때면 반드시 《주례(周礼) · 고공기(考工記)》를 언급하게 되는데, 중국의 도성 설계의 본원이 이 책에 있다고 해도 과언이 아니다. 《주례》의 서두 편에서는

"임금이 나라(의 수도)를 세울 때에는 방위를 분별하여 위치를 바르게 하며, 국도를 분간하고 들판에 경계를 정하며, 관직을 두고 직무를 나누어 백성의 표준을 표준을 삼는다.(惟王建国, 辨方正位, 体国経野, 設官分職, 以為民極.)"라고 하였다. 이러한 방위 관념에 의해 "왕은 남쪽을 바라보고 앉는다."는 말은 도성 건설의 불문율이 되었다. 이는 바로 중국의 예제(礼制)에서 규정하고 있는 것으로 반드시 따라야 하는 것이었다. 동시에 원나라 대도의 도시 계획에도 예를 들어, 방위나 택지 선택에 있어서나 도시의 기능적 배치에 있어서 이러한 관념을 그대로 보여주었다. 그러나 원나라 대도의 도시계획과 건설의 전체적인 상황을 진지하게 들여다보면, 대도 성의 기획자인 유병충이 도가의 "천인합일(天人合一, 하늘과 사람이 하나가 된다)" 및 "도법자연 道法自然, 도는 자연을 따른다)"의 이념에 따라 특유의 이념을 체현하고 있음을 알 수 있다.《원사(元史)·유병충전(劉秉忠伝)》의 기록에 의하면, 유병충은 "책이란 책은 다 읽었는데, 특히《주역》과 소씨의 경세서에 대한 이해가 깊었고, 천문과 지리, 율력, 삼식, 육임. 둔갑술 등에도 정통하지 않은 분야가 없었다.(於書無所不読, 尤邃於《易》及 邵氏経世書, 至於天文、地理、律歴、三式六壬遁甲之属, 無不精通)"고 기록하고 있으며, 실제로《역경(易経)》을 대도성의 도시 계획과 건설 곳곳에 운용하였다. 그러나《고공기》의 구체적인 내용과는 맞지 않은 부분이 많은데, 예를 들어《고공기》에서는 "사방 9리의 땅을 성벽으로 두른다.(方九里)", "9개의 종 방향 대로와 9개의 횡 방향 대로로 바둑판처럼 나눈다.(九経九緯)"고 하였으나 대도성은 그 규모가 훨씬 컸으며, 원나라 대도는 평면적으로 동-서가 짧고 남-북이 긴 직사각형 모양으로, 성벽의 전체 길이가 60리 240보(28.6킬로m)에 달했고, 면적은 대략 50㎢였고, 도시의 도로는 종과 횡으로 9개의 도로에 미치지 못했다. 또《고공기》에서는 "각 변에 세 개의 문들 둔다(旁三門)"고 하였는데, 원나라 대도성은 남쪽과 동쪽, 서쪽에 각각 세 개의 문과 북쪽의 2개의 문 총 11개의 문을 설치해 놓았다. 또《고공기》에서는 "좌측에는 종묘를 우측에는 사직단을 두고, 앞쪽에는 조정을 뒤에는 시장을 두어(左祖右社, 前朝後市)" 동-서, 남-북을 대칭적 구도를 중시하였으나 원나라 대도성의 종묘와 사직단은 각각 동과 서 양측에 나누어 두고 있지만 명나라나 청나라 때의 베이징성처럼 평행적 대칭구조는 아니다. 태묘(太廟) 제도로 보면,《원사》의 제사 기록에서 "지원 17년 새로이 대도성을 짓다. 종묘를 앞에, 침궁을 뒤에 두었다.⋯⋯궁궐 성벽을 빙 둘러 동쪽과 서쪽과 남쪽에 세 개의 영성문을 설치하고 문 밖의 치도가 제화문의 사가까지 이어져 있었다.(至元十七年, 新作于大都. 前廟后寢⋯⋯环以宮城, 東西南開櫺星門三, 門外馳道抵斉化門之通衢.)"라고 적혀 있다. 원나라 때의 제화문은 명·청 시기의 조양문(朝陽門)으로, 조양문 안쪽 큰 길의 북쪽에 대자연복궁(大慈延福宮)이 있었는데, 전하는 바에 의하면 원나라 태묘 유적이라고도 한다. 사직단(社稷壇)은《원사》제례지에 따르면, 화의문(和義門) 안쪽에서 약간 남쪽에 위치하고 있었는데, 원나라 때의 화의문은 명·청 시기의 서직문(西直門)으로, 정확한 위치는 고증할 방법이 없다. 그러나 가나 위치로 볼 때 모두 일직선상에 있지 않았으며, 오히려 궁성의 중축선까지의 가도 서로 다르다.《고공기》에서는 "면조후시(面朝後市)"라고 하였으나 원나라 대도의 '후시'는 도시 계획과 건설의 공은 아닌 듯 하다. 원나라 대도의 '시장'은 일실된《석진지(析津志)》를 보면 가장 번화했던 지역은 종고루(鐘鼓楼)와 오늘날의 동사(東四), 서사(西四)의 패루(牌楼) 부근이었다.

위의 내용들을 종합해보면, 원나라 대도성의 중심은 산도 있고 물도 있는 '동내'와 '서내'의 건축 군이었으며, 자연의 산수 경관이 궁전 건축군 속에 충분히 표현되어져 있으며, 또한 하나로 용화되어 원나라 대도성 전체의 중심을 구성하고 있다. 바로 그렇기 때문에 몽고문화와 한족문화의 결합을 보여주고 있다고 할 수 있다. 즉 도성으로서의 예제에 대한 요구를 고려하면서도 통치자 및 대도성의 도시계획과 설계자의 도시 이념에 대한 이해를 체현하고 있으며, 예제의 '도(道)'를 '자연(自然)'에 대한 깨달음에 발현시키고 있는 것이다.

2) 도시의 중심과 중축선. 문병(門屛) 안쪽의 이처럼 방대한 도시의 중심은 필연적으로 도시의 중축선에 영향을 줄 수밖에 없다. 중국의 전통문화에서는 중축선을 매우 중요하게 여기는데, 작게는 주택의 정원에서부터 크게는 도시의 전체적인 구획에 이르기까지, 사찰이나 도관, 궁전, 심지어는 제단이나 궁궐의 동산에 이르기까지 모두 분명한 중축선이 있는데, 이것은 중국 전통문화의 중요한 체현으로, 여기에는 "천인합일", "변방정위(辨方正位, 사방을 구별하여 임금과 신하의 자리를 정한다.)"의 관념이 포함되어 있으며, 또한 "중정화해(中正和諧, 치우침이 없이 조화를 이룬다.)", '중용(中庸)' 등의 핵심 이념들이 포함되어 있다. 원나라 대도의 도시계획과 건설에서 중심축이 있는데,《석진지》에 따르면, "세조(쿠빌라이)가 도읍을 건설할 때, 태보 병충에게 물어 대내의 방향을 정하였는데, 유병충이 지금의 여정문 밖의 세 번째 다리 남쪽의 나무 한 그루를 기점으로 마주할 것을 권하자 세조가 인가하여 마침내 (그 나무)를 독수장군에 봉하고 금패를 하사하였다. 매년 원회나 성절, 원소절, 삼석절이 되면 나무에 갖가지 색의 꽃등을 다니, 높고 낮은 불빛들이 빛났는데, 멀리서 바라보면 마치 화룡이 내려오는 것 같았다.(世祖建都之時, 問於劉太保秉忠定大內方向,忠以今麗正

門外第三橋南一樹為向以対,　上制可,　遂封為独樹将軍, 賜以金牌. 每元会、聖節及元宵、三夕, 於樹身諸色花灯於上, 高低照耀,　遠望若火竜下降.)"[11]라고 하였다. 고대 중국에서는 제왕의 자리는 천하의 중심이 되어야 했기 때문에, 중축선은 천상의 자오선(子午線)에 대응해야 하늘과 사람이 소통하는 천인합일에 이를 수 있다고 생각했다.

원나라 대도의 건축 구도를 보면 도시 전체의 중축선이 그다지 명확하지는 않았으며, 주로 궁전 건축군의 배치는 도시의 대칭적 구도를 깨뜨렸다. 도시의 동쪽보다 서쪽으로 치우쳐 있는데, 중심축의 설계에서 보면 한마디로 이 중축선은 원나라 대도의 중축선이 아니라 황궁의 중축선이라 할 수 있다. 그렇기 때문에 원나라 대도의 중축선에 대한 학자들의 다른 인식들이 나타나게 된 것이다. 이 중축선의 남단이 '독수장군'으로 봉해졌던 그 나무이고, 이를 기점으로 북쪽으로는 바로 궁성의 북문인 후재문(厚載門)에까지 이르게 되는데, 이것이 이 축은 도시의 방향이 아니라 바로 《석진지》에서 말한 "대내의 방향"이며, 이 중축선을 따라가면 해자교(海子橋), 즉 오늘날의 후문교(後門橋)에까지 이르게 된다. 해자교의 북측에는 상징적인 건축물이 없으며, 그 북쪽의 중심대(中心台)는 원나라 대도의 중심점이기는 하나 이 중심점과 해자교는 일직선상에 놓여있지는 않다. 전체 원나라 대도의 도시계획에서 중심대는 도시의 중심점 역할을 하고 있다는 점에서 중축선보다 중요성이 컸다고 해야 할 것이다. 이로써 이 중축선과 명·청 시대 베이징의 중축선은 같이 언급해서는 안 된다는 사실을 명확히 알 수 있다.

---

11) (원) 송몽상(熊夢祥) 편찬, 베이징도서관선본팀 편집, 《석진지일실·세기》, 베이징고적출판사, 1983, 213쪽

2. 간접적으로 도시의 식수문제를 해결한 원나라 대도의 수리 사업

일반적으로 원나라 대도의 건설이 원래의 연화하(蓮花河) 수계를 주요 급수원으로 하는 광안문(廣安門) 부근에서 고량하(高粱河) 수계를 위주로 하는 동북쪽으로 이동하게 된 주요한 원인이 롄화하 수계가 도시발전을 만족시킬 수 없었을 뿐만 아니라 도시 주민들의 급수 수요를 만족시킬 수 없었기 때문이라고 이야기한다. 사실 현재의 자료로 볼 때 요나라 남경이든 금나라 중도든 도시의 음용수는 모두 우물이 중심이었다. 금나라 중도 유적의 범위 내에서 대량의 도자기 우물이 발견되었다. 베이징 문물국에서는 원래 쉔우구(宣武区) 지역의 범위에서 많은 기와 우물을 발견한 바도 있는데, 조사 보고서에 따르면 그것들은 도연정(陶然亭)의 요가정(姚家井), 광내대가(壙内大街)의 북선각(北線閣), 백운관(白雲観), 선무문 내의 난 난쉰청가(南順城街)와 허핑문(和平門) 밖의 하이왕톤(海王村) 등지에 분포해 있다. 내성 서남쪽 모퉁이에서 쉔우문을 거쳐 허핑문으로 이어지는 곳에 비교적 밀집해 있다.[12] 베이징 내, 외성 여러 골목의 우물은 전체 개수가 1,258개에 달하며, 그 중 내성에 701개, 외성에 557개가 있다.[13] 이렇게 보면, 곽수경(郭守敬)이 주관한 일련의 수리사업은 통혜하(通惠河) 공사를 포함하여, 특히 북부지역의 수자원을 원나라 대도로 끌어들인 것이 직접적으로 대도 주민의 식수문제를 해결하기 위한 것은 아니었다고 할 수 있다.

만약 중요도에 따라 분석해 보면, 첫째로는 풍부한 수원을 공급해

---

12) 베이징시 문물관리처의 집필 모임, 《베이징 지역의 기와 우물(北京地区的古瓦井)》, 《문물》 1972년 제 2기, 39쪽.

13) 뚜안톈순(段天順), 《연수고금(燕水古今談)》, 베이징연산출판사, 1989년.

줌으로써 적수담(積水潭)이 남북 대운하의 부두가 되어 남방의 곡식들이 끊임없이 원나라 대도로 운송되어 올 수 있게 함으로써 대도성의 물자공급 문제를 해결해주었다는 것이다. 베이징 지역은 기후의 영향으로 연 강수량의 70%~76%가 여름에 집중되는 반면, 겨울 강수량이 가장 적어 2%에 불과했고, 가을철이 12%~16%, 봄철의 강우량은 9%~14%를 차지하고 있었다.[14] 도시의 호수나 저수지의 경우 갈수기에는 말라버릴 위험에 직면해 있었다. 두 번째는 풍부한 수원으로 조운 문제를 해결하였다는 점이다. 원나라 대도의 새로운 수원지 개척을 위해 백부옹산하(白浮甕山河) 사업을 전개했다. 일찍이 중통(中統) 3년(1262년) 곽수경은 옥천수(玉泉水)를 개발하여 조운 수로를 개통하였으나, 옥천수의 수량이 제한적이어서 조운의 규모는 그다지 크지 못했고 그로 인해 조운이 원활하지는 못했다. 대도성이 완공된 후 곽수경은 창평(昌平)의 백부천(白浮泉)에서부터 옥천(玉泉)까지 샘물과 그 상류의 많은 계곡물들을 끌어 조운수로의 수원을 보충함으로써 조운의 역할을 충분히 할 수 있도록 하였다. 세 번째는 충분한 수원지를 조성하여 대도성에 조경을 하여 꾸밈으로써 대도성을 거주하기 좋은 도시로 만들었다는 점이다. 곽수경은 고량량하에 대해, 특히 풍부한 수원에 대해 치수 정리 사업을 통해 자연환경 개선을 진행하였는데, 당시 문인들의 시에도 나타나 있다. 원나라 시인 마조상(馬祖常)은 고량하에 대해 "천상의 명산이 이 땅을 비호하고, 수경에서는 일찍이 까오량을 주석하였네. 한 잔의 맑은 시냇물 창읍에서 나와, 몇 굽이 휘돌아 제왕의 고향으로 흘러가네. 황제의 수레 지나는 길 화의문 주변을 지나, 광한궁 밖의 은하수로 이어지네. 작은 배는 남훈리를 가장 좋아하니, 수양버들 부용이 저녁의 서늘함을 즐기네.(天上名山護此邦, 水経曾見注高梁. 一艥清浅出昌邑, 幾折縈回朝帝郷.

14) 베이징 지방지 편찬위원회, 《베이징지 · 지질광산 · 수리 · 기상권 · 기상지》, 베이징출판사, 1999년 판 14쪽

▷회통사(匯通祠) 궈쇼우징(郭守敬) 기념관

)"라고 노래하였다. 아름다운 풍경에 쾌적한 환경이 사람이 살기에 더없이 좋아 보인다. 네 번째는 지하수를 보충함으로써 간접적으로 대도성의 도시 음용수 문제를 해결하였다는 점이다. 옹산박(甕山泊, 곤명호)에서부터 고량하를 거쳐 지금의 자죽원(紫竹院) 호수까지 두 갈래 지류가 흘러든다. 하나는 북쪽에서 시작하여 호북성하(護北城河), 패하(壩河)를 지나 마지막에 온유하(溫楡河)로 흘러든다. 남쪽 지류는 적수담(積水潭), 십찰해(十刹海), 북해(北海), 중해(中海), 용담호(竜潭湖)를 지나 북운하(北運河)로 흘러든다. 대도성의 모든 지면의 수계는 이와 관련이 있으며, 모두 수원이 보충되는 효과를 얻었다. 물줄기가 흘러 지나가는 범위 내에서 지하수 또한 그에 상응하여 보충됨으로써 원나라 대도성의 우물물은 지하 2m~3m에서 물이 솟아나게 되었다. 그렇기 때문에 원나라 대도의 수리사업은 간접적으로 음용수를 보충해주는 역할을 했던 것이다.

3. 원나라 대도의 연료 중에 석탄이 매우 큰 비중을 차지하 였다.

대도성과 같은 대규모의 도시에 있어서 연료문제는 매우 중요한데, 원나라 대도의 도시건설과 인구규모의 확대는 서부지역의 탄광업 발전을 촉진시켰고, 또한 탄광업의 발전으로 말미암아 대도성의 연료 수요를 만족시켜주는 상호 보완적 작용을 하였다.

베이징 지역 석탄 채굴의 역사는 매우 오래되었다. 베이징 서부 광구는 일찍이 10세기 요나라 이전 이미 석탄 채굴업이 출현하고 있었다. 민국시기의《방산현지(房山県志)》에는 "방산의 석탄업은 요, 금 이전에 처음 출현하여, 원·명시기 이후에 본격적으로 시작되었다."고 기록되어 있다. 요나라 때 세워진 방산의 목암사(木巖寺) 승려들은 이미 "동굴 속에서 석탄을 채취"하였으며, 문두구(門頭溝)의 관청에서 세운 용천무자요(竜泉務瓷 窯)에서는 이미 석탄을 연료로 하여 도자기를 굽고 있었다. 원나라 때로 접어들면서 대도성은 전국을 통치하는 정치문화의 중심지로, 사람들이 날이 갈수록 모여들었고, 그로 인해 연료에 대한 수요도 날이 갈수록 증가해 갔고, 이는 석탄산업의 발전을 더욱 촉진시키게 되었다. 원나라 조정에서는 서산에 전문적인 탄갱을 개발하여 직접 석탄채굴 사업을 경영하기도 하였다.《원일통지(元一統志)》의 기록에 따르면 대도 관할 완평현(宛平県)의 대욕산(大峪山)에는 흑탄 채굴장 30여 굴이, 서남지역의 도화구(桃花溝)에는 백탄 채굴장 10여 굴이 있었다고 한다. 이곳들에서는 매일 수백 광차(鑛車)를 나르는 속도로 도성으로 끊임없이 석탄을 공급하였다.

당시 이탈리아 여행가인 마르코 폴로는 자신의 여행기에 "일종의 검은 돌로 산 속에서 캐내는데, 맥락이 있는 것 같았으며 장작처럼 태웠다. 그 불의 세기는 장작보다도 뛰어났다. 대개 밤에 불을 붙이면 다음 날 새벽까지도 꺼지지 않았다. 그 품질이 우수하여 전역에서 석탄만을 사용하기에까지 이르렀다. 생산되는 목재가 많기는 하였으나 연료로 사용하지 않았는데, 석탄은 화력이 뛰어났을 뿐만 아니라 가격 또한 나무보다 저렴하였다."[15]라고 석탄 사용 관련 기록을 적어놓

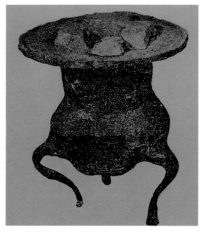
▷ 원나라 대도에서 사용된 화로

고 있다. 당시엔 궁정이든 민간이든 모두 일상생활에서 많은 석탄을 사용하고 있었다는 말이다. 원나라의 웅몽상(熊夢祥)은 "도시 안팎에서 장사치들은 매년 9월이 되면 소달구지를 사들여 서산의 탄광에서 석탄을 싣고서 도시로 실어 날랐다. 신안에서 성에 도착하여 물건을 내리고 팔았는데, 모두 나귀나 말 등에 가시나무 광주리에 석탄을 가득 담아 시장으로 들어오는데, 무릇 그 시기를 잘 따라야 한다. 왜냐하면 겨울에는 물이 얼고 얼음이 견고하여 달구지가 갱도 앞까지 도착할 수 있었지만, 봄이 되면 얼음이 녹고 강물이 넘쳐 이동하기가 어렵기 때문이다. 왕년에는 관아에서 세금을 징수하였으니, 매일 수백 수레의 석탄을 생산하니 오고가는 수레들로 북적댔다."[16] 라고 하였다. 석탄이 어떻게 대도성으로 운송되었는지는 이상의 기록에서 매우 중요한 내용으로 다음의 두 가지 문제에 대해 설명하고 있다. 첫째는 대도성으로 운송된 석탄은 영정하가 얼어붙어야 수송할 수 있었는데, 수백 대의 수레가 끊임없이 얼어붙은 영정하를 지나다녔다는 것이다. 그렇다면 직접 탄광 앞까지 가서 운송했던 석탄은 문두구 채굴장의 석탄이었으며, 겨울 이외에는 주로 노구교를 이용하였고, 방산 지역의 석탄들은 노구교를 통해 대도성으로 운송되었다는 결론을 얻을 수 있다. 둘째는 석탄 운송도구는 소달구지였으며, 대도성에 도착한 이후에 다시 나귀나 말의 등의 "가시나무 광주리"에

15) (프랑스)Joseph Charignon 주석, 펑청쥔(馬承均) 번역, 《마르코 폴로 여행기》, 중화서국, 2004, 407쪽.
16) (원) 웅몽상(熊夢祥), 베이징도서관 선본팀 편찬, 《석진지집일(析津志輯佚)》, 베이징고적출판사, 1983, 209쪽.

베이징의 역사지리 이야기

담아 도심으로 운송하였고, 낙타를 이용했다는 기록은 그 어떤 문헌에도 나와 있지 않기 때문에 언제부터 석탄 운송에 낙타를 사용하였는지는 전혀 알 수가 없다는 것이다.

원나라 대도성의 석탄 사용은 매우 완벽했는데, 대도성 내에는 전문적인 석탄시장과 저탄장이 설치되어 있었다. 1960년대 이후에 원나라 때 병영의 거주유적 발굴과정에서 당시의 가정용 석탄화로가 출토되었는데, 화로 자체뿐만 아니라 원형의 화로 받침대와 화로의 굽은 세 발 다리도 있었다. 이것들은 1950, 60년대 베이징의 가정에서 사용하고 있던 화로와 크게 다르지 않은 모양이었다. 이는 당시 석탄 사용이 상당히 고도화 되어 있었고, 그 범위도 넓었음을 보여주는 것으로 석탄이 당시 대도성의 주요한 연료였음을 충분히 보여주는 것이라 할 수 있다.

원나라는 지금으로부터 800여 년 전으로, 대도성 100년의 역사는 너무나도 많은 연구 가치가 있는 대상들을 남겨주었으며, 베이징의 역사, 더 나아가서는 중국의 역사에 있어서 매우 중요한 지위와 영향력을 가지고 있다. 유감스러운 점은 전해지는 문헌이 너무 적다는 것이다. 문물의 고고학적 발굴 역시도 부족한 편이어서 이 시기 역사의 지혜를 섭취하기 위해서는 더 많은 관심이 필요하다.

어떤 베이징을 건설할 것인가?

1949년 1월 31일은 베이징이 해방된 날이고, 1949년 10월 1일은 베이징에서 중화인민공화국 수립 선언식이 열린 날이다. 베이징은 새로운 역사시기로 접어든 후 어떻게 발전해 왔으며, 지리서에서는 베이징의 도시개발을 어떻게 기록하고 있을까?

　손가락을 꼽아 보면, 베이징은 7차에 걸친 도시발전 계획이 시행되었다.

1953년《베이징시 개선 및 확장 계획 초안이 요점
　　　（改進与拡建北京市規劃草案的要点 》갑, 을 방안
1957년《베이징 도시 건설 총 계획 초보 방안
　　　（北京城市建設総体規劃初歩方案 》
1973년《베이징 지역의 총체적 개발계획 (北京地区総体規劃》
1982년《베이징 도시 건설의 총체적 개발계획 방안
　　　（北京城市建設総体規劃方案 》
1992년《베이징 도식개발 총 계획(1991년~2010년)
　　　（北京城市総体規劃, 1991年~2010年)》
2005년《베이징 도식개발 총 계획(2004년~2020년)
　　　（北京城市総体規劃, 2004年~2020年)》
2017년《베이징 도시개발 총 계획(2016년~2035년
　　　（北京城市総体規劃, 2016年~2035年)》

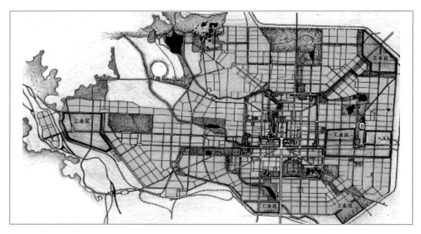

▷ 베이징의 총체적 개발계획 갑 방안(1953년)

명칭이 비슷할 뿐만 아니라 일부는 문자기록으로만 남아있기는 하지만, 그 의미와 지위는 무시할 수 없다.

1953년 베이징시는 첫 번째 도시발전 계획 -《베이징시 개선 및 확장 계획 초안이 요점》을 제정하고 중국공산당 중앙정부에 보고했지만, 무슨 이유에서인지 인가가 나지 않았다. 당시 베이징의 많은 대규모 건설 사업들에 대해서는 이견이 분분하였다. 당시 창안졔(長安街)가 확장되었으나 '대마로주의(大馬路主義)'라는 비판을 받았고, 공원과 녹지도 확대되었으나 '대공원주의(大公園主義)'라고 비판받았다. 1955년 4월 베이징지는 도시계획위원회를 설립하고 베이징시 인민정부에서 초빙한 소련의 전문가들과 함께 베이징 도시건설의 총체적 계획에 대한 연구와 편제작업을 진행하였다. 1957년 초에는 「베이징 도시 건설 총 계획 초보 방안」(이하 「초보 방안」이라 한다.)을 제시하였고, 같은 해 3월에 중국공산당 베이징시위원회에서 토론을 거쳐 통과되었다. 1958년 6월에 다시 수정 보완을 거쳐 중앙정부와 국무원에 보고되었고 동시에 베이징시 각 부문에 배포되어 집행되었다. 「초보 방

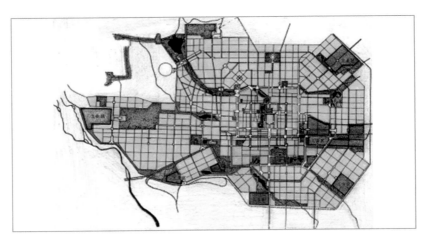

▷ 베이징의 총체적 개발계획 을 방안(1953년)

안」에서는 베이징시는 중국의 정치와 문화, 교육의 중심지일 뿐만 아니라, 또한 신속하게 현대화된 공업기지와 과하기술의 중심지로 건설할 것을 제기하였다. 「초보 방안」 중에는 20년 이내에 베이징을 인구 500만, 시 면적 600㎢ 규모의 도시로 발전시키고, 또한 사방에 확장을 위한 배후지를 두고 도로와 녹지 등을 위한 여지를 남겨둘 것을 제시하였다.

《초보 방안》에서는 도시 건설의 총체적 배치를 결정하였다. 공간 배치는 "집단 분산 식"으로, "제1차 경제개발 5개년 계획(一五計劃)" 시기에 개발이 진행되었다. 베이징 구도심을 중심으로 행정구역을 편성하고, 사방의 외곽에 대규모 농업기지(잡지와 논밭)와 녹지를 개간하며 수대(樹帶, 나무가 띠처럼 산기슭을 둘러싸고 있는 지대)와 삼림 공원을 조성하는 것이었다. 시내 주위에는 '위성도시(子母城)' 발전 방식을 활용하여 도시의 규모를 통제하고 시내의 인구를 분산시켰다. 구도심의 개선에 중점을 두며, 주요 고층 건축물들을 주요 간선도로, 우선은 푸싱문(復興門)에서부터 젠궈문(建國門)까지, 그리고 정양문(正陽門)과 톈차오(天橋)에서 부터 영정문(永定門)까지의 주요 간선도로에 집중시켰다. 시 정부의 건설은 우선 공업지구에 치중하여 진행하고 그 다음으로 주택이 가장 많고 개선이 가장 절박하면서도 발전 가능성이 있는 지역 순으로 개발을 진행하였다.

「초보 방안」에서는 도시 전체의 중심지역에 중앙정부의 주요 기관들을 배치했다. 동서 창안가(長安街)와 푸싱문 외곽, 부성문(阜城門) 외곽 및 허핑리(和平里) 지역에 국가 및 중앙기관의 행정구로 설정하였다. 서북쪽 교외에는 중점 고등교육기관과 과학원의 여러 연구기구들을 중심으로 한 교육구를 건설했다. 도시 계획 중에는 정치 문화 관련 기관을 오염이 없고 청정한 환경에 교통이 편리한 지역에 배치하

▷ 1950년대의 창안가長安街

고 있는데, 이는 정치 · 문화 중심 도시로서의 베이징의 수요에 부합하는 것이었다. 이 시기 도시 개발계획에서는 공업지역의 전체 배치를 완료하였다. 동쪽 교외지역은 경공업과 방직업, 그리고 소형의 중공업 지역으로, 남부지역은 "인화성이 높은(高易燃性)" 공업을 위주로 한 공업지역으로, 동북 교외는 정밀 계측기와 기계공업 위주의 공업지역으로 건설했다. 베이징 공업지역은 대부분 지세가 평탄하고 홍수 발생 우려가 적으며 교통이 편리한 지역에 배치하였다. 도시민 거주지역의 배치는 발전상황과 긴밀히 연결하여 생산과 학습, 업무 결합을 원칙으로 한 주택으로 거주민 대부분은 각 공업구, 교육구, 행정구 부근에 건설함으로써 출퇴근이 편리하고 업무와 생산 활동에 유리하도록 안배하였다.

도시행정 사업의 총체적 구상도 제기하였으며, 수리건설 계획도 제정하였는데, 베이징 시의 용수는 지하수 이외에도 관청(官廳)저수지를 충분히 활용하면서 또한 차오백하(潮白河)의 강물을 끌어들여 사

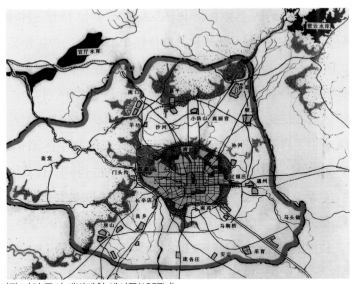
▷ 베이징 지역 도시 개발계획 예시도(1957년)

용하였다. 동시에 기존 호수의 수면을 확장하고 저지대 웅덩이들을 새로 인공호수로 개발하였으며, 강의 폭을 넓히고 수로를 깊게 정비하였다. 또한 통혜하(通惠河)를 기초로 베이징-톈진 운하 및 도심 운하를 개통하였다. 「초보 방안」에서는 또 베이징의 물 부족 문제 해결을 위한 3단계 구상도 제시하였는데, 첫 번째 단계는 영정하의 강물을 통혜하로 끌어들여 수도 베이징의 주요 수로를 만드는 것이다. 두 번째 단계는 차오백하의 강물과 루안하(灤河)의 강물을 끌어들여 베이징과 톈진 두 도시의 용수 문제를 해결하는 것이다. 세 번째 단계는 황하의 물을 상간하(桑干河)를 거쳐 베이징으로 끌어들여 베이징과 톈진 일대의 용수문제를 확실하게 해결한다는 것이다. 녹지조경 계획에 있어서는 잔디밭과 원림, 그리고 풍경구 조성을 통해 다차원적이고 다중 조합적인 도시조경시스템을 만들었다.

개축과 확장 과정에서의 고건축에 대한 원칙도 제시하였다. 「초보 방안」에서는 베이징 도심 건축물을 개축·확장 할 때 도시 형성의 역사에서 출발하여 시민들의 수요에 부합하는 풍격과 장점들을 보류, 발전시키고, 또한 낡은 구조의 한계와 속박을 벗어나야 하기에 베이징 성의 고건축에 대해 "계성과 개축, 발전"이라는 원칙을 취하여 베이징의 전통적 풍격의 유지와 발전이라는 시각에서 출발하여 일부 고건축들을 보존하였다. 동시에 철거할 수밖에 없는, 그러나 귀중한 고건축들은 다른 곳으로 이전하여 적절한 보호 조치를 취하였다. 도시 건설에 엄중한 영향을 미치는, 특별한 의미가 없는 고건축들은 모두 철거하였다. 당시 성벽과 성문을 철거해야 하느냐 마느냐를 놓고 격렬한 논쟁이 일기도 했는데, 성벽이 도시의 내외적 연결을 방해한다고 보아 마지막엔 결국 철거를 결정하였다. 고궁을 중심으로 한 일련의 고건축들에 대해서는 보호정책을 명확히 견지하였고, 텐탄(天壇), 베이해(北海), 징산(景山), 이화원(頤和園) 등의 공원에 대해서는 원래의 면적을 유지하면서 점유를 금지하였다. 광지사(広済寺), 용허궁(雍和宮), 징쩐사(清真寺), 바이윈관(白雲観) 등에 대해서도 보호 방침을 취하였다. 일부 중국 정원 설계와 건축의 예술적 측면에서 매우 주요한 왕부(王府)나 사합원(四合院) 역시도 보호 방침을 취하였다.

개발계획의 요구에 따라 베이징의 도시 개조와 건설은 대규모로 진행되었다.

천안문 광장 및 창안가 건설 : 우선 많은 인력을 동원하여 광장의 모든 쓰레기들을 치우고 천안문 성루를 보수하고, 국기 게양대와 진수이하(金水河) 양 둑에 관람대를 설치하였다. 진수이하 남쪽 둑의 한 쌍의 돌사자와 화표(華表, 중국의 전통적인 양식에서 사용하는 기동), 북쪽 둑의 한 쌍의 돌사자를 적당한 위치로 옮겼다. 동쪽과 서쪽의 세 문과 패루(牌楼, 차양이 있고, 둘 또는 네 개의 기동이 있는 장식용의 건축물)는 철거하였다. 광장 중앙에는 인민영웅기념비를 세웠다. 그리고 중화문(中華門) 이북의 남단 붉은 벽과 중화문 앞 동서(東西) 조방(朝房, 예전에 조정의 신하들이 조회 시간을 기다리며 쉬는 방)도 철거하였다. 1958년 8월 신 중국 수립 10주년을 맞이하여 천안문 광장에 대해 증개축이 진행되었다. 인민대회당과 중국혁명박물관, 중국역사박물관 등의 새로운 건축물이 들어섰고, 진수이허 북쪽면의 관람대를 개축하였다. 동, 서 창안가의 동쪽 끝에서 난창가(南長街) 사이에는 수목을 심어 가로수 길을 조성하였다. 1959년 동서 창안가의 폭을 넓혀 베이징의 동서를 가로지르는 주요 간선도로로 확장하여 이 도로와 베이징의 남북으로 이어진 중축선이 천안문 광장에서 교차되도록 함으로서 베이징 도시건설의 새로운 좌표가 되었다.

행정센터 건설 : 우선 중난하이(中南海)를 보수하여 중국공산당 중앙과 정무원으로 조성하였다. 향산(香山)과 위췐산(玉泉山) 등지의

▷ 민국시기의 천안문(天安門)

중앙기관 사무실을 보수하고, 국무원 산하 부처와 위원회, 사무처, 그리고 중국공산당 중앙과 중앙군사위원회 산하기관들의 업무시설을 새로 지었다. 1955년 젠궈문(建国門) 바깥의 르탄(日壇) 공원 일대에 첫 번째 대사관 거리 - 젠궈문 외국 대사관 거리를 조성하였으며, 1958년 최초의 대사관 가 남측인 슈수이베이가(秀水北街)와 슈수이난가(秀水南街) 사이에다 두 번째 대사관 가를 조성하였다.

과학교육 집중구 건설 : 1950년부터 1951년 동안 서북 교외에 고등교육 기관들이 집중적으로 건립되었는데, 이후에 서북 교외에 건립된 대학들이 동서남북 사방의 교외와 시내에 분산 건립되었다. 중관촌(中関村)에 과학기지가 건설되기 시작했고, 중국과학원 부속의 자동화, 전산기술 및 역학연구소 등이 연이어 들어서면서 중관촌 '과학단지' 의 원형이 만들어졌다.

공업구와 주택지 및 서비스시설 건설 : 이 시기에 두 곳의 새로운 공업구가 만들어졌으며, 동시에 기계, 건축자재, 경공업 공장들이 새로 건립되었다. 석경산(石経山), 청하(清河), 창신점(長辛店) 등지의 오래된 공장들에 대해 증개축이 이루어졌고, 일부 도시 위생과 도시 안전에 방해가 되던 공장들은 도시 외곽으로 이전되었다. 공업구와 행정구 부근에는 동쪽 교외의 빠리좡(八里庄), 스리바오(十里堡), 바이쟈좡(白家庄) 등과, 동북의 교외의 지우셴교(酒仙橋), 서쪽 교외의 삼리하(三里河), 바이완장(百万庄), 북쪽 교외의 베이타이핑장(北太平庄), 허핑리(和平里), 그리고 도심지역의 바이즈팡(白紙坊), 후팡교(虎坊橋), 판쟈골목(範家胡同) 등의 주택지구가 건설되었다. 문화시설과 공공 서비스시설도 건설되었는데, 예를 들면 왕푸징(王府井)

백화점을 대표로 하는 상가와 수도, 인민·톈교 등의 영화관과 극장, 적수담과 쉔우, 조양 등지의 종합병원과 산부인과 및 감염병 전문 병원, 그리고 우의호텔(友誼賓館), 신교호텔(新僑飯店), 쳰문호텔(前門飯店)과 베이징전시관(北京展覽館) 등이 새로 건설되었으며, 또한 베이징호텔(北京飯店)은 증축되었고, 이로써 수도에 걸맞게 서비스 기능을 더욱 강화하게 되었다.

베이징의 기초 시설의 핵심 프로젝트 사업 : "1·5(1차 5개년 개발계획)" 기간 동안 베이징의 중요 수리사업 - 관정 저수지와 영정하 유역 개발 프로젝트가 순조롭게 완공되었다. 1950년대부터 도시행정 개조사업이 시작되었고, 1953년부터는 외성의 성벽 철거사업이, 1960년대 중후반부터는 베이징 구시가지 성벽에 대한 대규모 철거사업이 진행되었다. 베이징 성벽은 쩡양문(正陽門)과 망루, 덕승문(德胜门)의 망루, 그리고 내성 동남쪽 모퉁이의 망루인 쟈오루(角楼)와 이어진 일부분만이 보존되었다. 성벽이 철거된 후 사회적 현실생활에서 볼 때 도심의 폐쇄문제가 해결되었고 이로써 도시발전에 적응할 수 있게 되었다. 그러나 문물과 고적의 보호라는 측면에서 보면 유감스러운 부분도 야기되었다.

지금에 와서 보면 베이징이 해방된 후 첫 번째 도시 개발계획은 도시의 발전에 있어서 청사진을 그려준 것이었으며, 또한 이후 도시 개발계획의 기초가 되었다고 할 수 있다. 그러나 또한 일부 부족한 부분도 없지 않아 있기도 했다. 예를 들어 공장들이 시내 중심과 그 주변에 지나치게 밀집되어 용지 부족이 초래되었고, 오염이 가중되면서 거주지의 배치기 흐트러지고 말았다. 적지 않은 거주지에서 서비스시설이 부족했고, 불법 건축물들이 대량으로 출현하게 되었으며 환경도 매우 어지러워졌다. 분산 건설로 말미암아 제멋대로 행정을 처리하면서 배치가 혼란스러워지고 면모가 나빠졌다. 전체 구도심의 도시행정 조건이 뒤떨어지게 되었고, 많은 지역의 수압이 현저히 낮아 오염수가 배출되지 못했으며, 가스나 열에너지가 공급되지 못했다. 도시 내부의 잔여 공간들이 기본적으로 부족해지면서 도시개조 지역의 철거량이 갈수록 늘어났다. 도시의 기초 설비의 건설투자가 전체 기초설비의 총투자에서 차지하는 비중이 지나치게 적었다. 역사문화로 이름난 베이징과 보존된 문물이나 고적에 대해 충분한 인식과 응당의 보호가 부족했다. 1966년 '문화대혁명'이 시작된 후 베이징시의 도시 전체 개발계획은 뒷전으로 밀려났고, 도시건설은 계획이 없는 극도로 혼란스러운 상태에 처하게 되었으며, 역사 문화유산이 파괴되고, 도시경관과 시민생활을 방해하는 건축시설들이 만연해졌다. 베이징 도시건설에 적합하지 않은 많은 공업기업들이 무분별하게 발전해갔고, 불에 타기 쉽고, 폭발하기 쉬운 환경오염이 심각한 공장들이 주택가에 출현하게 되면서 녹지들을 점거하게 되었고, 강이나 호수는 수면이 좁아졌으며, 시민들의 주거문제는 등한시 되게 되었다.

제2장

베이징의 수많은 의문에
숨겨진 이야기들

머리말

사회적으로 약속된 많은 것들에 대해서는 그다지 의문은 없다. 그러나 만약 지방지 형식으로 보존하고자 한다면 그 신뢰도가 보장되어야 한다. 많은 것들은 의문이 풀리는 과정에서 그 해답을 찾고자 한다면, 그 지리지의 완정성과 신뢰성을 풍부하게 해야 한다. 의문을 해결하는 과정에는 사람들을 황홀하게 하는 많은 이야기들이 있고 사건들이 일어나게 된다. 물론 모든 의문들이 모두 해답을 가지고 있다고 말할 수는 없으며, 이 세상에는 무수한 풀리지 않는 수수께끼들이 있지만, 그러나 이러한 수수께끼들의 해답을 찾지 못하는 원인 자체 역시도 새로운 이야기이고 특별한 기록으로 전승될 것이다.

지금은 톈탄(天壇)의 지녠전(祈年殿)이 베이징의 상징이지만, 과거에는 이화원의 불향각(仏香閣)이 베이징의 상징이었던 것을 누가 알 수 있을까? 그리도 또 이화원의 전신이 청의원(清漪園)이며, 청의원의 불향각은 오늘날의 불향각이 아니라는 사실을 누가 알 것인가?

베이징의 대표적 건축인 자금성과 사합원은 또 어떤 관계가 있는 것일까? 20세기 베이징성 안에서 뜻밖에도 조설근(曹雪芹)의 진짜 고택이 발견되었지만, 이 고택은 도시 현대화 과정에서 어쩔 수 없이 다른 곳으로 이전해서 기념관 형식으로 사람들에게 공개하기로 하였으나 이 이전 사업이 20년이나 걸렸다. 베이징이 막 해방 되고 나서 발생했던 전차공장의 대형 화재 사건은 아직도 사람들의 기억 속에 생생한데, 지방지에는 왜 관련된 상세한 기록이 없는 것일까?

사실 지리지에 기술된 내용은 자료의 한계로 인해, 권위 있는 자료의 부재로 인해, 원자료에 대한 조사의 어려움으로 인해 누구라도 함부로 기술하기 어려운 것이다. 무수한 '왜?' 라는 의문을 해결하는 것은 사실 지방지와 지방지 편찬자들의 책임이기도 하다. 지금 우리가 이야기 하려고 하는 중국의 이야기, 베이징의 이야기들은 대부분이 지방지에서 가져 온 것들이다.

불향각(仏香閣)은 원형대로 중건된 것인가?

불향각은 이화원의 상징적 건축물로, 완서우산(万寿山) 자락 위에 자리하고 있는, 이화원 전체의 중심이기도 하다. 오랜 시간 동안 불향각의 역사에 관해서는 많은 이야기들이 있어 왔다. 청의원(清漪園) 시기 지금의 불향각은 9층 높이의 불탑으로, 연수탑(延寿塔)이라고 불렸었다. 역사학자들의 연구를 통해 연수탑은 8층으로 지어진 후 붕괴되어 어쩔 수 없이 연수탑의 탑신을 철거할 수밖에 없었는데, 원래 '탑대' 가 있던 곳에 불향각을 지었다는 결론을 얻을 수 있었다.

청나라 함풍(咸豊) 10년(1860년) 영국과 프랑스 연합군이 청의원의 건물들을 불사르면서 불향각 등의 주요 건축들 또한 모두 불타고 말았다. 청나라 광서(光緒) 연간에 청의원을 중수하면서 원래의 모든 건축물들을 복구하지는 못하고 일부에 한하여 개축과 신축을 진행하였다. 전문가들은 모두 복구되거나 개축된 건축물들이 원래의 구토와 풍격을 유지했다고 보았다. 그 중에《베이징지 · 세계유산권 · 이화원지(北京志 · 世界遺産卷 · 頤和園志)》에서 복원된 불향각에 대한 평가에서는 "청의원에서 가장 큰 목조구조 건축인 불향각은 높이가 41m에 달하고 매우 아름답고 돈후한 조형을 갖추고 있다."[17]고 하였다.

　2016년 9월 필자가 에든버러 대학교를 시찰 할 당시에 대학 도서관에 소장되어 있는 희귀본 중국도서 자료를 열람하는 행운을 얻었다. 그 중에는 "RECA" 문건이 있었는데, 표제에 "중국"이라는 글자가 적혀 있는 초기 영국 사진가의 작품집으로, 베이징을 찍은 사진이 몇 장 보존되어 있었다. 여기에는 영국 · 프랑스 연합군의 사진사였던 펠리체 베아토(Felice Beato)가 찍은 흑백사진과 이후에 채색처리를 한 컬러 사진, 또 사실적 수채화 등 모두 50여 폭이 포함되어 있었고, 그 속에는 1860년 영국 · 프랑스 연합군이 훼손하기 전의 청의원 사진이 포함되어 있었다.

▷ 청의원 불향각

---

17) 베이징 지리지 편찬위원회, 《베이징지 · 세계유산권 · 이화원지 北京志·世界遺産卷·頤和園志 》, 베이징출판사, 2004, 104쪽.

사진 속의 불향각은 지금의 불향각의 외형적 측면에서 차이가 아주 커서 공통점을 찾아보기가 힘들지만 주변의 배경이나 건축은 우리에게 매우 익숙한 것을 알 수 있다. 사진으로 볼 때 처향각은 통상적으로 말하는 8면이 아니라 4면으로 되어 있으며, 지금의 4중 처마가 아니라 3중 처마인 것을 분명하게 알 수 있었다. 1층은 폭이 넓은 단층 처마로 네 방향의 등마루가 있고, 그 위에 도드라진 것이 2층이며, 가장 높은 곳에 솟아 있는 곳이 3층으로, 이 층의 4방의 복도 기동이 분명하게 복도 마루도 확연히 보인다. 꼭대기 층은 4각 찬첨정(攢尖頂)이고, 첨정은 지금의 불향각과 비교해 보면 조금 가늘고 길어 보인다.

▷ 이화원 불향각

왜 이런 상황이 발생하게 된 것일까? 이는 응당 불향각의 최초 건축에서부터 이야기를 시작해야 할 것이다. 처음에 이 위치에 있던 건물은 불향각이 아니라 불탑으로, 대보은 연수사에 속해 있던 9층으로 세워진 불탑으로 연수탑이라고 불렸다. 건륭(乾용) 15년(1750년)에 강남의 유명한 고탑인 항저우(杭州) 개화사(開化寺)의 육화탑(六和塔)

을 모방하여 건축되었다. 항저우의 육화탑은 8면에 13층 높이의 벽돌 목재 구조로, 건륭 황제가 남순 때 직접 이곳에 올라 경치를 감상하고 서는 더욱 좋아하게 되어 대보은 연수사 경내에 육화탑의 모습을 본 떠 짓게 하였다. 공사 기간 중에 건륭 황제는 수시로 와서 살피기도 하면서 시를 지어 노래하기도 하였다. 당시 연수탑의 6층까지 완성되 었을 때 건륭 황제가 지은 시에서는 "탑의 그림자 점차 산마루를 뚫고 나오네.(塔影漸高出岭上)"[18]라고 하였으며, 8층까지 완성되고 난 후 에는 "보이는 탑마다 탑 그림자가 서서히 구름과 나란히 한다 네.(閱時塔影漸橫雲)."[19]라고 노래하기도 했다. 건륭 23년(1758년) 탑 이 거의 완공되어갈 즈음에 갑자기 붕괴현상이 나타나 어쩔 수 없이 공사를 멈추고 전체를 철거할 수밖에 없었다. 그리고 이 자리에 세울 건축물에 대해 전면적으로 재고한 결과 탑이 아니라 누각을 세우기고 하였다. 원래 자리에 새로이 원래의 육화탑과는 전혀 다른 모습의 불 향각을 세우게 된 것이다. 그 양식은 위의 그림에서 보듯이 육화탑과 는 전혀 다른 형태로 바뀌어 진 사건에 대해 건륭 황제는 《지고(志 過)》라는 시에서 "연수탑을 육화탑을 모방하여 세우려 했으나, 저절 로 무너져 버렸네.……이는 너무 높아서 무너진 것이 아니라, 하늘이 그 뜻을 나에게 분명히 보인 것이구나.……탑을 버리고 다시는 짓지 않으니, 마침내 허물이 늘어나지 않게 되었다. 능히 마음을 고쳐먹음 을 이에 적으니, 어찌 군자라 하지 않겠는가, (延寿仿六合, 将成自頹堕 此非九仞虧, 天意明示我 罷塔永弗为, 遂非益增過. 志兹能改心, 詎云君子 可)"[20]라고 하였다. 건륭제의 이 시에서 ""육화(탑)을 모방하지 않고 "탑을 버리고 다시는 짓지 않기"로 한 것이 "하늘의 뜻"임을 "분명하

---

18) 이화원 관리처 《이화원지 頤和園志 》, 중국임업출판사, 2006년, 288쪽
19) 이화원 관리처 《이화원지 頤和園志 》, 중국임업출판사, 2006년, 290쪽
20) 이화원 관리처 《이화원지 頤和園志 》, 중국임업출판사, 2006년, 292쪽

게 보여" 주었다. 또한 하늘의 뜻으로 인해 탑을 포기하게 되었으며, 더욱이 리어허탑의 형식을 모방하지 않게 되었음을 이해할 수 있다. 그 이후 새로 세운 불향각은 어떤 모양인지에 대해서는 관련 지리서 편찬 과정에서 그 어떤 당시의 자료들도 찾을 수 없었으며, 관련 서류도 전혀 없었다. 청나라 광서 연간에 복원되면서 비로소 명확한 역사 기록이 나타나게 되는데, 광서 17년(1891년) 자희(慈禧) 태후가 불향각의 빈터에 "원래 모습대로 새로이 지었는데"[21], 이때의 양식이 바로 현재 우리가 볼 수 있는(위의 그림에 나타나 있는) 팔면의 아름다운 자태를 가지게 되었는데, 이는 뜻 밖에도 항저우 육화탑의 변형체로, 외형적 조형이나 내적인 의경에 있어서는 모두 매우 비슷한 점을 가지고 있다는 측면에서 복잡다단한 관계가 있다고 할 수 있다.(항저우 육화탑의 사진 참고) 이러한 형태는 건륭 황제가 말했던 것과는 현저한 차이가 있다.

▷ 항저우 육화탑

---

21) 베이징지방지 편찬위원회, 《베이징지 · 세계유산권 · 이화원지》, 베이징출판사, 2004. 161쪽.

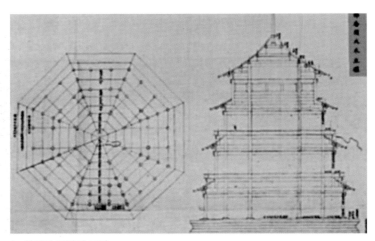

▷ 청의원 불향각 도면

　이러한 현상이 외 출현하게 되었는지에 대해서는 대담하게 추론해
볼 수밖에 없다. 첫째, 영국·프랑스 연합군에게 파괴되기 전의 불향
각 건축과 관련된 자료가 전혀 없고, 단지 연수탑과 관련된 자료만 있
기 때문에 당시의 건설 설계자들은 찾을 수 있는 자료에 근거하여 디
자인을 할 수 밖에 없었을 것이다. 대 연수사 탑 관련 자료는 완벽했
기 때문에 이를 근거로 육화탑과 유사한 형태로 불향각을 복원하게
되었고, 이는 당시 불향각의 복원을 주관했던 "양식뢰(樣式雷)"의 목
조형식과 지반형식의 불향각 건축도면에서 그 증거를 찾을 수 있
다.[22] 광서 연간에 양식뢰가 그린《근의건불향각원구식지반화양
(謹擬建仏香閣原旧式地盤畫樣)》은 채색화로 틀이 29.4x26.5 센티 크
기이다. 그림 형식에 네모난 붉은 색 종이가 붙여져 있는데, 각각 "삼
가 원래의 양식에 따라 불향각 팔방전을 재건함에, 팔면에는 각각 세
칸의 방을 두며, 안쪽 방과 바깥으로 연결된 방은 폭을 1장 1척 5촌으
로 하며, 두 번째 방의 폭은 1장으로 하며, 대의 높이는 4척 5촌으로
한다."라고 사여 있다. 그렇다면 이것이 "원래 양식대로 재건"한 것이

---

22) 2004년 청나라 때 양식뢰 건축도면 문서

베이징의 역사지리 이야기

아니라는 것이다. 이 양식은 이화원의 중건 과정에서 여러 차례 보이는 양식으로, 전형적인 예가 바로 곤명호(昆明湖) 동편 북쪽 끝의 원래 3층의 합각 십자마루 형식의 원창각(文昌閣)을 2층짜리로 재건한 사례이다. 둘째는 자희 태후 또한 항저우의 육화탑의 형식을 매우 좋아하여 육화탑을 닮은 불향각을 짓도록 했다는 것이다. 《이화원공정청단(頤和園工程清單)》에는 "불향각 4층 팔모지붕의 정자 한 동 중수, 상하 처마에 8개의 들보, 12개의 등마루가 있는 뾰족 지붕, 4층 처마의 두 곁채, 상층의 위쪽 처마의 단교단앙 두공, 아래층 작체, 중간층 상층의 경첨염농절주화반, 아래층 주변 주랑 내의 정자형 천정, 내부의 연 천정 두정방원연, 안동 보정, 조각적 박척 안문수사마, 다섯 모양 기와의 황금색 황유리 중심과 비취색 변척기와 도료(仏香閣四層檐八方楼亭一座, 上下檐八檁十二脊攢尖. 四層檐二廡座. 下中上 層単翹単昂斗科, 廡座重翹斗科, 上層上檐単翹重昂斗科, 下層雀替, 中層上 層擎檐簾籠折柱花板, 下層周囲廊内隔井天花, 内里軟天花. 頭停方圓椽, 安銅宝頂, 調角脊博脊安吻獸獅馬, 瓦五様黄琉璃中心翠色邊脊瓦料.)[23]라고 기록되어있는데, 이 내용을 보면 현재의 불향각의 모습과 똑같다.

이런 두 가지 대담한 결론에 대해서는 현전하는 문헌에는 이를 뒷받침해 줄 증거가 없다 그러나 1860년 이전의 육안으로 명확히 구분할 수 있는 불향각 도편이 존재하고 있고, 비록 그것이 그린 것이기는 하나 외형적으로 볼 때 지금 우리가 볼 수 있는 불향각과는 닮은 구석이 전혀 없고 그 이유를 찾아보려 해도 끝없는 회상만 떠오를 뿐이어서, 관련 연구자들에게 새로운 숙제로 남겨져 있다.

---

23) 베이징 지방지 편찬위원회, 《베이징지·세계유산권·이화원지》, 베이징출판사, 2004, 161쪽.

왜 노구교(盧溝橋)의 돌사자는 정확하게 셀 수 없다는 것인가?

사회의 각계각층에서 노구교에 대한 연구는 멈췄던 적이 없는데, 특히 관련 부문에서는 노구교 돌사자의 제작 연대에 대한 연구를 시작했다. 금나라 대정大定 29년(1189년)에 처음 세워진 노구교는 11공(孔)의 아치형 연결다리로, 현재의 주체(主體)는 212.75m이고, 전체 길이(다릿목까지 포함)는 268m, 폭이 9.4m에 달한다. 북측의 돌난간에는 난간기둥이 141개가 있고, 남측의 돌난간 기둥은 140개로, 난간 전체는 청석(靑石)을 조각하여 만든 것이며, 기둥 윗부분에는 서로 다른 형태와 서로 다른 숫자의 돌사자가 조각되어 있는데, 가장 많은 기둥은 4~5 마리의 돌사자가 숨어 있기도 하다. 민간의 속담에서는 "노구교의 돌사자는 정확하게 셀 수가 없다"고 말할 정도로, 돌사자는 노구교의 가장 중요한 상징이기도 하다. 명나라의 쟝이퀘이(張一葵)의 《장안객화(長安客話)》에서는 노구교의 "좌우 돌난간에는 사자가 조각되어 있는데, 대체로 백 개 정도인데, 세어보면 그 중 하나가 숨어 있다.(左右石欄刻為獅形, 凡一百狀, 数之輒隱其一.)"고 기록되어 있다. 명나라 때의 유동(劉侗)은 《제경경물략(帝京景物略)》이란 책에서 "(그 숫자를) 세어보면 번번이 다 셀 수가 없다.(数之輒不尽)"라고 했다. 이러한 기록들에는 전설적 요소가 들어있는데, 그것은 이곳의 돌사자들이 살아 있어서 조화를 부린다는 것이다. 사실은 노구교는 세월의 풍파 속에서 침식되어 왔고, 역사 속에서 훼손이 되기도 했고 또 복구가 되기도 하면서 돌사자의 모습과 숫자에 변화가 생겨난 것이다.

역사 기록에 따르면, 노구교는 역대로 10여 차례의 보수작업이 있었다. 특히 명나라 청나라 시기의 기록들이 상세한데, 명나라 영락(永樂) 10년(1412년)에 처음으로 대규모의 보수작업이 진행되었다.《명회요(明会要)》의 기록을 보면, "영락 10년 7월에 루꺼우하의 강물이 범람하여 다리와 제방이 부서져서 공부에 명하여 보수를 하도록 하였다(永樂十年七月, 盧溝河水漲, 壞橋及堤, 下令工部修築..)."라고 적혀 있다. 명나라 정통(正統) 9년(1444년)에도 노구교를 중건하였다.[24] 홍치(弘治) 3년(1490년)의《명실록(明実録)》에서는 "홍치 3년 5월에 노구교의 건설이 완료되었다.(弘治三年五月修築盧溝橋成)"라고 했으며, 가정(嘉靖) 20년(1541년)에 또 한 번 노구교에 대한 보수작업이 있었으며, 그 후에《명실록》에는 "가정 24년 4월 갑자일에 노구교의 공사와 관련한 조서가 내려졌다.嘉靖二十四年四月甲子, 詔止盧溝橋工."라는 기록이 보이고, 가정 34년(1555년)의《명실록》에도 "가정 34년 7월 임술일에 노구교가 완공되었다.(嘉靖三十四年七月壬戌 盧溝橋工完.)"라는 기록이 있고, 가정 35년(1556년)의《명실록》에도 "가정 35년 4월 기묘일에 노구교를 수리하였다.(嘉靖三十五年四月己卯, 修盧溝橋.)"라고 기록되어 있다. 청나라 때에는 보수 기록뿐만 아니라 심지어는 대대적인 재건공사도 진행이 되었다. 강희(康熙) 원년(1662년)《(광서)순천부지(光緒)順天府志》에는 청나라 강희 원년에 노구교를 수리했다는 기록이 있다. 그리고 강희 7년(1668년)과 강희 8년 11월 27일의 노구교 비문에는 대규모 보수와 중건에 대한 기록도 적혀있다. 이 대규모 보수 공사는 "물살의 흐름을 원활하게 하기 위해 강을 준설하고 사람들의 통행을 위해 토목공사를 하였으며, 그런 후 용석을 교량으로 하여 옛 모습으로 정돈하는 것.(挑濬以疏水勢, 復架木以通行人, 然後竜石為梁, 整頓如旧.)"이었다. 기록 내용으로 볼 때 대

---

24)《명일통지(明一統志)》: "(노구교는) 금나라 명창 초기에 건설되었다가 본 왕조 정통 9년에 중건되었다.(盧溝橋, 金明昌初建, 本朝正統九年重修.)"

▷ 노구교의 돌사자

규모 중건 공사를 진행했다고 보아야 할 것이다. 건륭 17년(1752년)에
는 돌사자 기둥의 돌난간에 대한 보수공사를 진행하였다.[25] 전하는
바에 의하면 청나라 광서(光緖) 황제가 죽고 난 후 시링(西陵)에 안장
하려고 했는데, 장례 행렬이 노구교를 지나갈 때 다리의 폭이 너무 좁
아서 양쪽의 돌난간을 임시로 철거하고 그 자리에 나무로 다리를 만
들고 황토를 깔아 연결한 후에야 관곽(瓘樟)이 지나갈 수 있었는데,
그 후 다시 돌난간을 옛날 모습을 복구하였다는 것이다.

민국시기에는 1920년대와 30년대에 비각과 난간, 다리 상판, 제방
과 선면을 보수하였다. 다리 난간의 일부 망주(望柱)와 가로로 놓인
돌널이 풍화로 인해 균열이 심각하여 교체하게 되었는데, 교체 과정
에서 일정 정도의 임의성이 있었고 교환된 일부 석재의 조각이 조악
하였으며, 석재 또한 검은 색을 띄게 되었다. 지금까지 17개의 망주가
남아있는데, 그 교체 시기는 다리 바닥의 빗방울 떨어진 것 같은 풀색

---

25) 《(광서)순천부지》 : "건륭 17년에 바닥과 돌사자 기둥, 돌난간을 중수하였다.乾용十七年重修券面' 獅柱石蘭."

▷ 노구교 돌난간과 돌사자 망주

시멘트를 깐 것과 같은 시기이다. 신 중국 건국 이후 1950년 이전에 노구교는 허베이성 관할이었으나 1950년 9월부터 베이징시의 교량 정비 범위에 포함되었다. 그 가운데 비교적 큰 규모의 보수 공사는 교량 바닥면의 확장 공사로, 1967년 9월에 시작하여 1968년 12월에 준공되었다. 당시 교량의 폭은 7.1m로, 교통적 수요를 만족시킬 수 없었기 때문에 먼저 난간 가로로 놓인 돌널과 망주를 철거하고 교량의 폭을 확장하여 바깥쪽 공중에 떠 있는 교량 위에 철근콘크리트 판을 깔아 인도로 만들고 그 위에 다시 옛 돌난간을 설치하였다. 시공 과정에서 풍화로 인해 훼손이 심각한 망주는 새로이 교체하였는데, 총 91개의 망주가 교체되

▷ 노구교

었고, 그 중에서 돌사자 1마리가 있는 망주가 34개, 두 마리가 있는 망주가 43개, 세 마리가 있는 망주가 12개, 네 마리가 있던 망주가 2개였다. 원래의 돌사자의 숫자를 유지하기 위해 우선 전체 돌사자의 숫자를 확인해야 했으며, 당시 최소한 480마리가 확인되었으며, 11마리는 돌사자인지 분간이 어려운 상태였다. 이번 공사 과정을 통해 망주의 교체 후 돌사자의 총 숫자는 484마리 이상으로 확인되었다. 1986년 다시 노구교에 대한 보수공사가 이루어졌다. 옛 모습 보존을 기본 원칙으로 하고 역대 보수공사의 기록을 존중하면서 기본적으로 석재들의 원래 위치를 변동하지 않으면서 교체가 필요한 경우엔 원 석재와 동일한 석재를 사용하였다. 그렇기 때문에 보수공사 과정에서 가장 어려웠던 것이 청석(青石:푸릇 빛깔을 띤 응회암)을 찾는 것이었고, 마침내 석경산(石経山) 자락의 스푸동산(石府東山)의 석재를 사용하였다. 1986년 12월 5일에 공사를 시작하여, 1987년 6월 30일에 완성하였다. 보수 후의 노구교는 차량이 통행할 수 있는 교통로로써의 사명을 다하고 문화재로 관람객들에게 공개되었다.

800여 년의 역사를 지닌 노구교는 역대 여러 왕조의 끊임없는 보수를 거치면서 석재와 조각 양식의 보존이 어려웠고, 난간 돌사자의 형상과 숫자도 원래의 면모를 유지하기 어려웠기 때문에 돌사자 역사도 숫자에 변화가 생기게 된 것이다.

사합원(四合院)과 자금성(紫禁城)은
어떤 관계가 있나?

사합원 양식으로 대표되는 베이징 지역의 전통 가옥은 중국 전통 건축 중에서도 전형적인 지역적 특색을 가지고 있는 주거용 건축이다. 고고학 자료에 의하면 원나라 대도성 시대에 이미 사합원 가옥이 기본적으로 만들어졌다고 한다. 이후에 명나라와 청나라 두 왕조를 거치면서 부단히 혁신과 변화와 발전을 거치면서 더욱 강해지고 정교해지고 완벽해졌다. 특히 청대에는 전면적으로 발전하면서 마침내 건축 규범과 기능의 완비, 명확한 주요 건축과 부차적 건축의 구분과 내외의 구별, 엄정한 예제(禮制)를 갖춘 베이징의 사합원이 만들어짐으로써 중국의 독특한 주거형 건축의 대표가 되었다. 특히 고도 베이징이라는 특수한 위치에서 이 도시의 전체적인 배치와 그리고 황성의 궁궐과 정원과 매우 밀접하게 연결되어 상호 보완적인 특수 관계가 형성되었다.

만약 도시의 구성에서 본다면 고도 베이징을 역사의 무게를 견디고 있는 큰 무대에 비유할 수 있을 것이다. 이 무대는 궁전과 민가의 주택, 사원과 상업적 건축 등으로 구성되어 있는데, 이러한 건축의 주인공은 응당 도시 한 복판에 자리 잡고 있는 자금성일 것이다. 72만㎡에 불과한, 전체 도시의 제2 순환도로 안쪽의 62㎢ 중의 10%가 조금 넘는 면적에 불과하지만, 그 특유의 건축물 높이와 색조로 보면 그 특별한 지위와 역할을 잘 보여준다.

베이징 사합원은 주거용 건축이기 때문에 시민들이 도시의 주체임은 의심의 여지가 없다. 청나라 건륭(乾隆) 때의 《경성전도(京城全圖)》에는 26만 채가 넘는 주거 주택들이 빽빽하게 표시되어 있는 모습이 매우 두드러진다.

중국의 건축 계획에서 중요한 특징은 그 전체성이 두드러진다는 점이다. 전체 도시든 원림이든, 심지어는 정원에서 조차도 전체를 고려해야 하며, 미시와 거시의 관련성을 적절하게 처리해야 한다. 원림의 디자인에서 특히 차경(借景)의 처리에 매우 주의를 해야 하는데, 베이 징이라는 이 천년 고도에서는 차경의 문제뿐만 아니라 건축형식에 있어서도 황성, 궁성, 제왕의 '유아독존(唯我独尊)'의 위엄을 보여주어야 한다. 이로 인해 많은 사합원 건축이 가장 중요한 조연 역할을 하게 하였으며, 그 청회색의 색조를 엄격하게 규정함으로써 자금성의 찬란한 황금빛을 더욱 두드러지게 하였다. 이러한 강렬한 색조의 대비는 주인공의 특수한 지위를 더욱 도드라지게 해 주었다. 또한 사합원의 건축 고도를 엄격하게 규정하고 있는데, 이 또한 봉건적 계급제도를 보여주는 것으로,《예기 · 예기(礼記 · 礼器)》편에서는 "높은 것을 존귀함으로 삼는다. 천자의 당은 9척이며, 제후는 7척, 대부는 5척, 사인은 3척이다.(以高為貴者. 天子之堂九尺, 諸侯七尺, 大夫五尺, 士三尺.)"라고 하였다. 많은 조대에서 가옥의 양과 높이에 대해서는 명확하게 규정해 놓고서 일반 백성의 가옥의 높이를 직접적으로 제한하고 있다. 또한 그렇기 때문에 황실 궁전의 높고 웅대함이 더욱 두드러져 보이는 것이다.

사합원의 "건축 규범이나 기능의 완비, 주요 건축과 부차적 건축의 분명한 구분과 내외의 구별, 엄격한 예제"로 베이징의 황실 궁궐과 정원 역시도 똑같이 적용한다면, 자금성과 사합원을 비교해서 본다면 이러한 특징을 더욱 분명하게 알 수 있다.

1. 건축적 시각에서 보기

자금성과 사합원은 완전히 동일한 구조를 가지고 있다. 자금성은 사합원을 확대시켜 놓은 것이라고 할 수 있으며, 또한 하나하나의 사

▷ 사합원 내부

합원들이 모여서 더 큰 사합원을 구성하고 있으며, 하나하나의 포위 체가 모여서 큰 포위 체를 이루고 있는 것이라고 할 수 있다. 이는 궁 성을 정원의 벽으로 삼고 있기 때문에 궁성의 핵심은 타아허전(太和 殿)이고, 궁성 속의 각각의 정원은 남쪽을 바라보고 있는 본채가 또한 모든 각 정원들의 핵심이며, 이는 사합원의 본체와도 일치한다.

자금성의 전체 황궁 배치는 매우 엄격하고 기세가 웅장하며, 찬란 한 금빛에 화려한 장식들로 이루어져 있다. 건축은 "중축선의 배치, 좌우대칭"을 중시하는데, 톈안문(천안문)에서부터 선우문(神武門)까 지 중축선이 남북을 관통하고 있으며, 주요 건축들은 모두 이 중축선 상에 배치되어 있다.

사합원에도 명확한 중축선의 특징이 있는데, 도좌방(倒座房, 남쪽 에서 북쪽을 바라보는 방, 남방[南房]이라고도 함)과 수화문(垂花門, 중국의 옛날 저택의 이문[二門]으로 위를 아치형으로 만들어 조각이 나 단청을 한 문), 정방(正房, 본채로 북쪽에 위치하여 남쪽을 향하고 있다.), 후조문(後罩門, 정방 뒤에 나란히 지은 가옥으로, 보통 노인이

나 아이들이 거주함)이 중축선을 형성하고 있으며, 상방(廂房, 정방의 양쪽에 있는 건물로, 동편을 동상[東廂], 서편을 서상[西廂]이라고 함, 이방[耳房, 정방 양쪽의 작은 방) 등은 중축선을 중심으로 대칭적으로 배열된다.

자금성에서 가장 중요한 건축적 요소에는 '문(門)'이 포함되는데, 양식이 다양할 뿐만 아니라 위치 또한 두드러진, 궁전 다음가는 건축물이다. 천안문은 명·청시기 황성의 정문으로, 5개의 통로에 9개의 기둥으로 된 2층 누각이 있고, 그 높이는 33.87m(1970년 중수 후에 높이가 34.7m로 바뀌었다.)에 달한다. 가장 아래층은 한백옥석(漢白玉石)의 수미좌(須彌座), 절의 불전 안에 불상을 모셔 두는 단으로 수미산을 본 뜬 것가 있고, 수미좌 위에 높이 10여 m의 붉은 색 돈대(墩台), 망루가, 돈대 위에는 성루(城樓)의 대전(大殿)이 있는데, 규모가 동서 9칸, 남북으로 5칸의 넓이로, 숫자 "9, 5"는 제왕을 일컫는 "구오지존(九五之尊, 주역[周易]에서 구오[九五]는 임금의 자리에 해당하는 상이므로 천자의 지위를 나타냄)"서 따온 것으로 지고무상(至高無上)을 상징한다. 우문(午門)은 자금성의 정문으로, 동, 서, 북 삼면의 망대가 서로 연결되어 사각형의 광장을 에워싸고 있다. 북쪽의 문루는 넓이가 9칸으로, 겹처마 지붕에 황기와를 얹은 무전정(廡殿頂)으로 높이가 37.95m에 달하며, 아래는 벽돌로 높이 쌓은 돈대이며, 망대의 정면은 탑장(塔牆, 공격과 방어를 위해 요철[凹凸]모양으로 성 위에 쌓은 담장)으로 둘러 있고, 북쪽은 우장(宇牆)이 쌓여 있다. 동서의 성대 위에는 무방(廡房) 13칸이 있는데, 문루 양측에서부터 남쪽으로 배열되어 있어 그 형상이 마치 기러기의 날개 모양 같다고 해서 연시루(雁翅楼)라고도 한다. 동서의 연시루 남북 쪽에는 각각 이중 처마로 된 찬첨정(攢尖頂)의 궐정(闕亭)이 있다. 위엄 있는 우문은 삼면에 산이 에워싸고 다섯 봉우리가 우뚝 솟아 오른 듯 기세가 웅장하여 옛날에는 오봉루(五鳳樓)라고 불리기도 했다. 타이허문은 외조 삼대전의 정남문으로, 3m 높이의 1층 수미좌 위에 자리를 틀고 앉아 있다. 넓이가 아홉 칸, 폭이 네 칸이며, 높이가 23.8m로, 중국에서 현존하는 고건축 중에서 가장 높고 가장 큰 문이다. 지붕의 형식은 이중 처마의 헐산식(歇山式)으로, 문 앞에는 청동사자 한 쌍이 지키고 있다. 모든 문에는 존귀함을 나타내는 장식용 청동 못이 가로세로 9개씩 박혀 있다.

자금성과 사합원의 문은 질적인 차이가 있기는 하지만, 문을 중시했던 정도에 있어서 동공이곡(同工異曲), 재주나 솜씨는 같지만 표현된 내용이나 맛이 다름을 이르는 말의 묘미를 보여주고 있다고 할 수 있다. 베이징 사합원의 대문은 주인의 신분을 상징한다. 서로 다른 역사시기에 대문의 등급 규정이 매우 엄격했다. 대문의 형식이나 규모, 장식, 문의 부속물을 포함하여, 예를 들어 가림 벽(影壁), 문돈(門墩), 상마석(上馬石), 하마석(下馬石) 등이 모두 서로 조화를 이룬다.

민가인 사합원은 건축형식의 차이에 따라 광량대문(広亮大門), 금주대문(金柱大門), 만자대문(蛮子大門), 여의문(如意門), 착대문(窄大門), 서양식 대문, 수장문(随牆門) 등으로 나뉜다. 광량대문은 사합원 건축에서 등급이 가장 높은 저택의 문으로, 독립적인 기초와 몸체, 지붕이 있는 문으로, 문짝은 중간 기동에 설치되어 대문이 넓어 보이고 밝아 보인다. 이것이 아마도 광량대문이란 이름의 유래일 것이다. 금주대문의 문짝은 광량대문에 비해 앞으로 나와 금주의 위치가 달라지기 때문에 금주대문이라고 부르며, 광량대문 다음 등급이다. 만자대문은 가장 많이 사용하는 문으로 일반적으로 부호들이 사용하며, 내성과 외성, 교외 지역에도도 모두 보편적으로 사용된다. '만(蛮)' 자는 폄하의 의미가 있는데, 북방에서는 남방 사람을 지칭할 때 남만자(南蠻子)라고 하는데, 일설에는 남방에서 북방으로 온 장사치들이 금주대문과 광량대문의 문짝을 앞 처마 위치까지 내어 달았기 때문에 만자문이라고 부르게 되었다고 하기도 한다. 여의문은 많은 일반백성들이 사용하는 문의 형식으로, 여의문은 앞 처마 기둥 사이에 벽돌을 쌓고 문 통로 위쪽의 양 모서리에 벽돌로 여의문 장식을 조각하였기 때문에 여의문이라고 한다. 일설에는 여의문의 양쪽 문잠에 '여의'라는 두 글자를 조각해 놓았기 때문에 붙여진 이름이라고 하기도 한다. 착대문 역시 일반 평민들이 많이 사용하는 대문 형식이다. 앞의 대문 형식들이 한 칸의 면적을 차지하는 것과는 달리 착대문은 반 칸의 공간만을 차지하기 때문에, 점유하는 공간이 적어서 착대문이란 이름이 붙여진 것이다. 문짝의 형식은 만자대문과 비슷한데, 양쪽의 여닫이 판을 제거하였기 때문에 훨씬 홀쭉해 보인다.

2. 기능적 시각에서 보기

자금성의 기능은 그 구분이 매우 명확하다. 건청문(乾淸門)을 경계로 하여 남쪽은 외조(外朝)에 속하며 황제의 업무처리 공간이고, 북쪽은 황제의 침실과 생활공간이다. 생활공간에는 중앙의 어화원(御花院)과 서쪽 길의 건복궁(建福宮) 화원, 바깥 동쪽 길의 영수궁(寧壽宮) 화원과 자녕궁(紫寧宮) 남쪽의 자녕화원 이렇게 4개의 화원이 있다.

사합원은 수화문을 경계로 기능적 공간이 구분된다. 수화문 안쪽은 내원으로 가족들의 생활공간이고 수화문 바깥쪽은 손님을 맞이하는 공간이다.

▷ 어화원

▷ 사합원 내부 풍경

궁성에서 타아허전은 등급이 가장 높은 전각으로, 황제의 즉위식을 거행하거나 각종 경축 행사나 문무백관의 조회를 진행하는 공간으로, 군대의 출정식 또한 타아허전에서 거행한다. 사합원의 정방은 마찬가지로 가족이 한데 모이는 공간이며, 그에 상응하는 경사스러운 활동을 하는 공간이다.

3. 주요 건물과 부차적 건물의 구분으로 보기

자금성의 건축은 분명이 주된 것과 그 다음 것으로 구분되어 있는데, 주요한 건축물들은 중축선 사이에 배치해 놓고 있다. 건청문(乾淸門) 앞 광장을 경계로 남쪽의 외조外朝와 북쪽의 내정內庭으로 양분된다. 외조는 태화전, 중화전, 보화전 등 3대 전각을 중심으로, 앞쪽에는 타이허문이 있고 양 측면에는 문화전(文華殿)과 무영전(武英殿) 두 전각이 있다. 여기에서 중대한 의전 행사들을 진행하거나 신하들을 접견하거나 중요한 어명을 발표하는 공간이다. 내정은 건청궁 (乾青宮), 고태전, 곤녕궁(坤寧宮)이 중심이 되는데, 이를 후삼궁(後三宮)이라고 한다. 그 뒤쪽으로는 어화원이 있고, 양측에는 각각 동서의 육궁과 건수궁, 자녕궁 등이 있다. 내정에는 정원이 많고 건물이 밀집되어 있는 황제와 황실 황족들의 생활공간이다. 이밖에 궁성 안에는 금군의 당직실과 일련의 서비스 기구, 궁녀와 태감들이 거주하는 낮은 건물들도 있다. 건물들의 사용 기능의 차이에 따라 외조와 내정의 건축물 풍격도 현저하게 차이가 나는데, 외조의 건축들은 대부분 산뜻하고 웅장하며 양강의 미가 강하고, 반면에 내정의 건물들은 엄정하면서도 화려하며 생활의 활기가 충만해 있다.

또한 자금성의 전체 배치에 있어서도 역시 분명한 주요 건물과 부차적 건물의 구분이라는 특징을 보여준다. 자금성의 내정과 외조를 비교해 보면, 내정은 외조에 종속되어 보인다. 그렇기 때문에 내정의 배치는 상대적으로 밀집되어 있고 전각의 규모나 장식 역시도 상대적으로 급이 한 단계 낮다. 전삼전(前三殿)은 고궁 전체에서 가장 중요한 공간을 차지하고 있으며, 황제의 권위를 상징하는 태화전은 세 대전(大殿) 중에서 규모가 가장 크고 웅장하며 장식도 가장 화려한 건축이다. 측량 데이터로 보면 그 차이가 더욱 분명하다. 측량 수치로 보면 후삼궁 구역의 길이는 전삼전 구역 길이의 절반에 불과하고, 전삼전 구역의 면적은 후삼궁 구역의 4배에 달한다. 전삼전과 후삼궁 정원의 사각 모서리는 각각 대각선을 이루고 있는데 타아허전과 첸칭궁 두 전각은 각각 전삼전, 후삼궁 구역의 기하학적 중심으로, 황제가 국가와 황실의 중심임을 나타낸다.

베이징 사합원은 중국의 전통 건축과 마찬가지로 명확한 중축선을 가지고 있다. 사합원 내의 주요 건축은 모두 중축선 상에 배치되어 있으며, 이 중축선을 핵심으로 좌우 대칭 구조를 갖추고 있다. 정방(正房)은 상방(上房)으로도 불리는데, 모든 사합원에서 가장 크고 등급도 가장 높은 건물로, 중축선 상에서 가장 두드러지는 핵심이며, 사합원의 기타 건축들은 이 정방을 기준으로 전개된다. 전체 주택의 중심인 정방의 한 가운데 한 칸은 당옥(堂屋)으로 불리는데, 지위가 가장 높으며, 통상적으로 가정의 의례를 거행하거나 손님을 접대하는 등의 가정 내 중요 대소사의 활동 공간이다. 정방의 트러스 구조를 보면 칠름전후랑(七檁前後廊, 들보 7개에 앞 뒤로 주랑이 있는 구조), 오름전랑(五檁前廊, 들보 5개에 앞에 주랑이 있는 구조), 육름후랑(六檁後廊, 들보 6개에 뒤쪽에 주랑이 있는 구조) 형식이 많으며, 3칸 또는 5칸 면적이 가장 흔하다. 기타 상방(廂房)이나 이방(耳房), 도좌방(倒座房) 등이 적절한 위치에 자리한다. 중축선 상의 주요 건물 이외에 정원 안의 부속 건물들은 중축선 양쪽으로 배치된다. 이러한 건물들은 주로 침실, 주방, 식당, 화장실 등으로 사용되는 건물들이다. 전체 사합원의 건축들은 대칭적이고 주요 건물과 부차적 건물의 구분이 분명하며 질서정연하게 배치되어 있다.

4. 안과 밖의 구분으로 보기

자금성의 안과 밖의 구분은 주로 외조와 내정의 건축물의 구성에서 나타난다. 자금성 외조의 장엄하고도 경건한 건축들은 황권의 지고무상 함과 유아독존적 분위기를 조성하여 사람으로 하여금 무형의 중압감을 느끼게 함으로써 언제나 엎드려 머리를 조아리게 하는 것 같다. 그러나 내정은 황제의 생활 구역으로 삶을 누리는 분위기를 만들어내고 엄숙함 속에 화원과 시내, 정자와 누각, 기암괴석과 기이한 풀들이 더해졌고, 어화원의 세밀함과 정교함은 외조와 다른 강렬한 대비를 만들어 낸다.

사합원의 안과 밖의 구별은 첫 번째로는 건축에서 나타나는 '구별' 이다. "(여성들은) 대문으로 나가지 않고 작은 문으로도 나가지 않는 다.(大門不出, 二門不邁.)"라는 말이 있다. 여기서 '대문'은 사합원의 대문을 말하며, '이문'은 수화문(垂花門)과 월량문(月亮門), 병문(屛門) 등의 형식을 포함하는 작은 문이다. 이 중에서 '수화문'의 지위가 가장 두드러지는데, 그 이유는 한 쌍의 짧은 기둥과 두 개로 겹쳐져 들보 밖으로 툭 튀어나온 처마가 더해진 수화문의 '모양새'가 다른 문들과는 확연히 다르기 때문이다. 이 문은 경계를 나타낸다. 사합원에서 정방과 대응되는 건물은 도좌방(倒坐房)으로 대부분은 하인들의 숙소로 사용되기 때문에 외원(外院)으로 불리기도 한다. 이 작

▷ 수화문

은 문은 간단하게 말하면 주인과 하인 사이의 경계이며, 여성들에게 있어서는 이 문 밖으로는 나갈 수가 없다. 손님을 맞이하거나 친구를 배웅할 때도 여기까지만 나갈 수 있다. 이것이 규칙이었다.

두 번째는 환경적인 '구별'이다. 사합원의 배치로 볼 때 진정 공을 들이는 곳은 내부 공간이다. 베이징 사합원의 정원 안쪽은 정원 바깥에 비해 상대적으로 녹화가 잘 되어 있고, 그 품종도 더 다양하며 각종 나무뿐만 아니라 덩굴식물과 화훼 분재들이 놓여 있다. 베이징 토박이들은 항상 뜰에 해당화를 심고 어항을 배치하는데, 진귀한 보배가 방안 가득하다는 '금옥만당(金玉満堂)'의 의미를 가지고 있다.

5. 예의제도의 엄격함으로 보기

봉건적 정치 체제 하에서는 이른바 '예'와 '법'으로써 사회질서를 유지하였다. 이른바 '예'란 "임금은 임금답고, 신하는 신하다우며, 어버이는 어버이답고 자식은 자식다워야 한다.(君君, 臣臣, 父父, 子子.)"라는 봉건질서를 말하며, 실질적으로는 특유의 등급제도를 말하는 것이다. 중국 전통 건축에서 삼엄한 등급의 요구는 건축의 방위, 규모의 크고 작음, 구조적 부품에서부터 장식 디자인에 이르기까지 함부로 선을 넘어서는 안 된다는 것으로, 이를 통해 상하관계나 존비의 예를 드러낸다. 궁전 건축에서 "왕을 받듦으로써 위엄을 무겁게 하고, 윤리를 밝힘으로써 예를 드러낸다.(尊王以重威, 明倫以示礼.)"는 원칙은 시종일관 이러한 주제를 구현하고 있다. 건축물 규모의 크고 작음 역시도 등급을 구별하는 지표 중의 하나이다. 궁전 건축에서 황제가 정무를 처리하는 곳은 '전(殿)'이라고 하고 가족들과 생활하는 주거 공간을 '궁(宮)'이라고 한다. 그래서 '전'의 면적과 부속재료들은 큰 것을 숭상하기 때문에 웅대한 규모와 충만한 기세로 황권의 존귀함을 드러낸다. '궁'의 건축규모는 그 주인의 신분에 따라 결정되는데, 황제가 거주하는 궁이 가장 크고, 그 다음은 황후나 귀빈이 거주하는 궁이 크다. 자금성의 3대 대전(태화전, 중화전, 보화전)은 전체 건축물 중에서 가장 웅대하고 휘황찬란한 건물로 황제 권력의 지고무상을 상징한다. 후궁 중에서는 황제가 기거하는 건청궁이 규모가 가장 크고 그 다음이 황후가 기거하는 곤녕궁이, 또 그 다음으로는 귀빈이 기거하는 동쪽과 서쪽의 여섯 궁의 순서로, 황실 내부의 존비와 귀천이 이를 통해 확연히 드러나게 된다.

▷ 사합원 내부

사합원의 등급 제한은 더욱 엄격한데, 각 왕조의 통치자들은 심지어 법률로 엄격하게 규정해 놓고 있다. 《당육전(唐六典)》에서는 "왕공(王公) 이하의 가옥에 겹공포(重拱)]과 우물천장(藻井)을 설치하지 못하며, 3품 이하의 당사(堂舍)는 다섯 칸에 도리가 아홉 개(五間九架)를 넘을 수 없고, 양면 처마의 제일 바깥쪽 문옥(門屋)은 세 칸에 도리 다섯 개를 넘을 수 없으며, 5품 이하는 당옥은 다섯 칸에 도리가 7개를 넘어서는 안 되며, 양면 처마의 제일 바깥쪽 문옥은 세 칸에 도리 두 개를 넘을 수 없는데, 아직도 통칭 오문(烏門)이라고 한다. 6품과 7품 이하의 당사는 세 칸에 도리 다섯 개를 넘어서는 안 되며, 제일 바깥쪽 문옥은 한 칸에 도리 두 개를 넘어서는 안 된다. 서민들의 가옥은 세 칸에 도리가 다섯 개를 넘을 수 없으며, 장식을 꾸며서도 안 된다."라고 규정해 놓고 있다.

　송대의 건축 등급과 관련된 규정은 심지어 건축재료에 제한을 둘 정도로 발전하였다. 《영조법식(營造法式)》에서는 건축재료를 여덟 등급으로 나누어 놓고 서로 다른 등급의 건축물에는 서로 다른 건축 재료를 사용하도록 규정해 놓았는데, 예를 들어 큰 재료를 작은 건축에 사용하거나 작은 재료를 큰 건축물에 사용하는 것이 모두 예의 제도에 어긋나는 행위라고 규정해 놓고 있다. 《명회전(明會典)》에서도 건축의 등급과 관련된 규정이 있다. 관리가 집을 짓고자 할 땐 헐산식(歇山式) 지붕(팔작지붕)과 모퉁이, 이중 처마, 겹공포, 회화, 우물천정을 사용해선 안 된다. 공후(公侯)가 집을 지을 때에는 전청(前庁)은 다섯 칸에서 일곱 칸으로 제한하며, 양쪽 행랑은 아홉 개 도리 크기로 짓고, 중당(中堂)은 일곱 칸 아홉 개도리 크기로 지으며, 후당은 일곱 칸에 일곱 개 도리 크기로, 문옥은 세 칸에 다섯 개 도리 크기로 지으며 용마루는 검은색 평기와를 올릴 수 있는데, 용마루에는 여러 모양의 잡상을 사용할 수 있다. 1품에서 2품 관리의 청과 당은 다섯 칸 아홉 개 도리 크기로 지으며, 용마루에는 잡상과 들보와 기둥, 두공(斗供, 전통적인 목조건축에서 처마를 받들기 위해 기둥 위에 복잡하게 엮은 까치발의 목조구조[木組構造])을 사용할 수 있으며, 처마 모서리에는 청록색으로 채색할 수 있다. 3품에서 5품의 관리가 지을 수 있는 청과 당은 다섯 칸에 일곱 개 도리의 크기로, 들보와 기동 사이에는 청록색 채색을 할 수 있고, 용마루에는 잡상도 허용된다. 6품에서 9품까지의 관리는 청과 당의 크기는 세 칸에 다섯 개 도리이며, 들보와 기동 사이의 두공에 채색이 허용되지 않는다.

청대에는 건축물을 크게 세 부류로 나누는데, 첫 번째로는 황제와 황실 가족이 기거하는 전각식 건축으로, 웅장하고 화려하며, 황색 유리와 지붕과 두공, 겹처마, 우물천정, 그리고 각종 채색 도안이 사용된다. 두 번째는 각급 관리와 부유한 상인이나 세습 관리들이 기거하는 대식건축으로, 이러한 건축물들은 비록 정교한 장식들이 있기는 하지만 황색 유리기와를 사용할 수 없고, 용이나 봉황 문양을 사용할 수 없다. 세 번째는 일반 백성들이 기거하는 소형 건축으로 이러한 건축물들은 실용성을 위주로 하며, 장식은 거의 하지 않으며, 두공이나 겹처마도 금지된다.

이러한 봉건적 등급제도는 교량이나 돌사자, 면적이나 규모, 문의 장식용 못, 그림이나 채색, 지붕, 계단, 숫자 등에서도 나타난다. 망주두(望柱頭)를 예로 들면, 서로 다른 도안의 망주두를 통해 봉건사회의 등급제도를 보여주는데, 가장 대표적인 것이 고궁 우문(午門)의 내금수하(内金水河) 다리이다. 내금수하 위에는 다리가 다섯 개 있는데, 중간의 다리가 주교로, 황제가 건너는 어교(御橋)이다. 다리 양측에는 용 문양의 망주두가 있다. 주교의 좌우에는 네 개의 빈교(賓橋)가 있고, 이 빈교의 망주두에는 불꽃 문양 도안으로 장식되어 있는데, 이는 행인들의 길을 밝혀준다는 의미이다. 또 문의 장식용 못을 예로 들어보면, 우문, 선우문, 시화문 등 이 세 문에는 모두 가로 세로 9줄로 전체 81개의 장식용 못이 박혀 있는 데, 동화문에는 가로 8줄, 세로 9줄, 총 72개의 장식용 못이 박혀 있다. 그러면 왜 동화문(東華門)에만 홀수(양의 수)가 아니라 짝수(음의 수)이 못을 사용하였는지에 대해서는 지금까지도 자세히 알려져 있지 않다. 숫자 9는 양의 숫자 중에서 가장 큰 숫자이기 때문에, 가로 세로 9줄의 장식용 못은 최고 등급의 배열을 의미하는 것이다. 또 지붕의 경우에도 세 등급으로 나뉘는데, 첫 번째가 겹처마의 무전정(廡殿頂)으로 고궁의 우문이나 태허전이 대표적이다. 두 번째 등급은 겹처마의 헐산정(歇山頂)으로 톈안문과 각각의 성문이 대표적이다. 세 번째 등급은 경산정(硬山頂)으로 베이징의 사합원의 건물들이 모두 이 지붕으로 되어 있다. 잡상의 경우, 하나에서부터 셋, 다섯, 일곱, 아홉으로 나누어지는데, 특별히 태허전의 경우 10개로 이는 황실의 지고무상 함을 보여주는 것이다.

　베이징 사합원은 명·청대부터 전해져 내려온 전통 건축으로, 필연적으로 등급제도의 엄격한 제한을 받을 수밖에 없었다. 모든 것이 천자의 손아귀에 있었기 때문에 그 어떤 선을 넘는 행위라도 최고 통치자의 눈을 피할 수는 없었으며, 왕부(王府) 또한 예외가 없었다. 예를 들어 청대의 정친왕(鄭親王) 지르하란(済儿哈朗)이 왕부를 지을 때 정전(正殿)의 기초를 약간 높게 했고 또 황궁에서만 사용할 수 있는 청동사자와 거북, 학 등의 장식품을 사용했다가 이로 인해 '파직' 당하고 은 2000 냥의 벌금까지 물어야 했다. 그렇기 때문에 일반인은 감히 이러한 위험을 무릅쓰려고 하지 않았으며, 기준에 못 미치는 한이 있더라도 기준을 초과하려 하지 않았다. 통치자의 등급에 대한 제한은 지붕과 저택의 대문, 담벼락, 계단, 노둣돌, 기름칠, 도색 등 다방면에서 진행되었다. 많은 제한들로 인해 베이징 사합원은 천편일률적인 형태를 피할 수 없었기 때문에 조금은 융통성이나 창의성이 부족해

보이기도 한다.

　결론 : 사합원은 고도 베이징에서 없어서는 안 될 조연배우와 같은
건축구조이다.

자금성은 정말로 물바다로 변하지 않을까?

　찬란했던 베이징 600년의 역사 속에서 아무리 큰 비가 오더라도 신
속하게 배출하는 자금성의 배수 시스템을 보면서 선조들의 지혜와 뛰
어난 건축예술에 감탄하지 않을 수 없다고 자랑하곤 한다. 2016년
'7.20' 폭우가 지난 후 비 내리는 고궁에서는 "천룡출수(千竜出水, 자
금성 벽에 달린 돌 조각 용의 입에서 배수하는 기묘한 광경)"의 장관
이 펼쳐졌고, 자금성에서는 물난리의 흔적이라곤 전혀 찾아볼 수가
없었다. 그러나 당시 시내 곳곳에서는 폭우로 인한 침수가 발생하면
서 온통 바다처럼 변해버린 홍수피해가 나타났다. 근 600년의 역사를
지니고 있는 고궁의 고대 건축 군 중에서 최고의 배수 능력을 보여주
는 기적을 보여주었다. 우리는 이런 완벽한 배수시스템과 강력한 배
수 능력에 자부심을 느낌과 동시에 또한 위기가 닥쳤을 때 고궁에 배
수와 관련된 우려가 존재하고 있음도 알게 되었다.

　자금성 자체로 볼 때 전체 배수시스템은 총괄적 계획을 거쳐 명확
한 본말의 구분과 명암이 결합된 방대한 인공 배수 망을 만들어냈으
며, 각 궁전과 정원의 배수시스템에는 중심 배수구와 측면 배수구, 오
픈된 배수구와 숨겨진 배수구, 지하 배수구, 유수 수챗구멍 등 많은
배수 시설이 있다. 그러나 이러한 배수구의 귀착점은 자금성 해자와

주변의 와이진수이하(外金水河), 중난해(中南海) 등의 수계이다.

만약 해자와 와이진수이하가 고궁의 배수를 처리하지 못하게 되면 어떻게 될까? 또 해자와 와이진수이하, 북해, 중난하이의 전체 배수의 귀착점은 통혜하(通惠河)인데, 통혜하가 막히게 되면 어떻게 될까?

그 해답은 바로 고궁이 바다로 변해버리는 것이라고밖에 할 수 없을 것이다.

사실 이 말이 황당무계한 말은 아니다. 고궁이 바다로 변하게 될 수 있는 요인은 다음의 방식들이 있는데, 일부는 지금 진행이 되고 있는 상태이다.

첫째, 고궁의 배수를 받아들이는 귀착점인 통즈하(筒子河)에 새로운 기능들이 늘어나는 것이다. 통즈하는 명나라 영락(永樂) 연간에 만들어진 자금성의 해자 황궁의 배수하도로, 전체 길이가 3.5㎞이며, 넓이가 52m이다. 자금성 내의 빗물은 먼저 여기로 흘러든다. 모든 자금성 내의 배수는 우문과 선우문을 남북의 축으로 하고, 동화문(東華門)과 시화문(西華門)을 동서의 축으로 해서 남북, 동북, 서남, 동남의 네 부분으로 나누어진다. 동화문, 시화문, 그리고 선우문의 노면 아래에는 각각 작은 배수로로 연결되어 있는데, 그 단면은 0.5m × 0.6m이다. 북해 공원 후문 동쪽에서 물을 끌어들여 찬탄(蚕壇)과 하오푸젠(濠濮間)을 거쳐 지금의 북해 공원으로 흘러 나와 징산(景山) 서쪽 벽 밖의 지하수로를 통해 서북쪽의 통즈하로 유입된다. 이 물은 두 곳으로 빠져 나오게 되는데, 첫 번째는 서남쪽 통즈하의 남쪽 강둑의 서쪽 끝에서 나와 0.8m × 0.6m의 석조 지하수로와 즈뉘하織女河로 통하게 되는 데, 지하수로의 길이는 207m이다. 두 번째는 서남쪽 통즈하의 동쪽 끝단에 있는 소형 지하수로로, 우문 광장 아래를 지나 타이먀오太廟(지금의 라오동런민원화궁勞動人民文化宮)으로 흘러들어 비

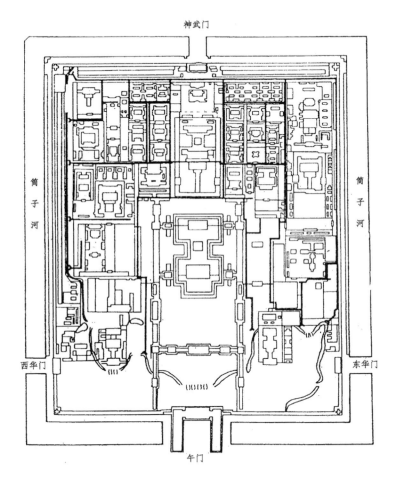

神武门

筒子河

筒子河

西华门

东华门

午门

▷ 고궁 퉁즈하 안내도

스듬히 동남쪽으로 흐른 뒤 작은 갑문을 지나 통즈하 동남쪽의 퇴수거로 유입되는 데, 그 중간의 지하수로의 길이가 497m이고, 개방 수로의 길이는 214.5m이다.

통즈하의 기능을 볼 때, 건설 초기의 우선적 기능은 방어기능이었다. 폭 25m의 수역은 얼음이 어느 시기에는 건너기가 쉽지 않았다. 그 다음이 배수기능이며, 오늘날 우리가 아름다운 경관의 기능을 부여하고 있는 것을 당시는 생각을 못했던 것이다. 1999년 보수과정에서 통즈하(筒子河)의 바닥을 강제 포장공사를 진행하였고, 이로써 방수기능을 추가함으로써 통즈하의 수려한 경관을 위한 수위 유지 시책을 취하게 되었다. 그래서 베이징시 중심 지역에서 단시간의 폭우가 내려 자금성의 배수구 말단의 수위가 쯔친청 내부의 수위에까지 가까워질 때 발생하게 되어 자금성이 물바다로 변해버리는 상황을 생각해 볼 수 있는 것이다.

두 번째, 고궁 안의 진수이하(金水河), 즈뉘하(織女河) 위따이하(玉帶河), 창푸하(菖蒲河)에 새로운 기능이 생겼다. 고궁의 내금수하는 돌로 제방을 쌓아 만든 개방형 수로로, 위로는 서북 통즈하와 이어지고, 서쪽에서 동쪽으로 흘러 우잉전(武英殿), 타이허문(太和門), 원화전(文華殿), 동허문(東和門) 등의 서쪽에서 동남쪽 모퉁이의 서쪽 편에 이르러 동남 통즈하로 유입되는 자금성 내의 총괄 배수구로, 명나라 때 자금성을 건설할 때 만들어진 것이다. 중난해(中南海)의 퇴수는 르즈각(日知閣)에서부터 흘러나온 물은 즈뉘하를 이루어 오늘날의 중산공원(中山公園)으로 유입된 후 물가에 세운 정자를 거처 공원의 동쪽 벽으로 나와 천안문 앞의 위따이하로 흘러들어간다. 그리고 오늘날의 인민원화궁 남문 동측의 창푸하 수문을 거쳐 창푸하로 유입되어 난허연(南河沿)에서 유하(御河) 지하수로로 유입되는데, 중간에 통즈하 동, 서편의 배수로로 유입된다. 이 수계는 또한 와이진수하로 불리는 자금성 배수구의 말단 중 하나이다.

　이러한 하류의 기능으로 볼 때, 경관으로서의 기능, 배수 기능, 급수 및 소방 기능, 지하수의 보완 기능 등이 포함되어 있는데, 오늘날 우리가 사용함에 있어서는 임의대로 이러한 기능들을 확대 또는 축소해서는 안 될 것이며, 응당 종합적으로 고려해야 할 것이다. 창푸하의 복구 공사 중 우리는 창푸하가 역사적으로 개방수로로, 창안가 북쪽에 위치해 있었고, 서쪽으로는 톈안문 앞의 위따이하, 동쪽으로는 유하와 연결되는 전체 길이 496m의 수로였다는 사실을 알게 되었다.

　중난하이의 퇴수는 르즈각 갑문에서부터 흘러 나와 중산공원으로 유입되어, 강변 정자를 지나 공원 동쪽 벽에서 천안문의 위따이하로 유입된 후 창푸하 갑문을 거쳐 창푸하로 흘러들었다가 마지막에 동쪽으로 유하 지하수로로 유입되는 내성 수계의 말단에 속한다. 1973년과 1982년, 연이어 창푸하 개방 수로를 폭 3m, 높이 2m의 빗물 지하

▷ 창푸허

수로로 개조하였고, 동쪽으로 난허옌대가(南河沿大街)를 지나 지금의 유하 지하수로로 이어지는데, 총 길이가 505m이다. 2002년 5월에 창푸하 복구공사가 시작되었고, 수리공정의 주요한 내용으로는 위따이허의 출수 갑문에서 난허옌대가의 배수로 앞까지, 길이 193.17m의 현재 지하수로 부분을 개방 수로로 복구하고 개방수로 상류에 새로 길이 14.93m의 지하수로와 위따이허 출구 갑문을 연결하는 공사와 난베이츠즈대가 측의 배수로를 개보수하고 하류지역의 홍수 통제 갑문 1개, 연결 우물 1개를 새로 건설하는 내용이 포함되어 있다. 창푸하의 배수기준과 유량을 유지하게 하는 수로는 원래는 매 초당 10.7㎥로 설계되었다. 강 상류의 입구가 폭 12m이고 상수면의 폭이 9m인 기준에 따라 강의 횡단면을 설계하고 횡단면 형식은 복식 사다리꼴 단면을 채택하였다. 강바닥에는 콘크리트 포장 공사를 진행하였고, 댐을 설치하여 경관 수위를 유지하도록 하였다. 이러한 개보수는 새로운 도시 미관을 추가해주는 것이었음은 의심의 여지가 없지만, 그러나 일단 단시간 동안의 폭우가 쏟아질 경위 제때 갑문을 열어 빗물을 흘려보내 유량을 조절하지 못할 시에는 배수에 문제가 생길 수밖에 없고, 단시간에 빠져 나가지 못한 강물이 자금성의 빗물을 역류시키는 상황이 초래될 수밖에 없는 것이다.

세 번째, 통혜하에도 항로로서의 기능 등이 부여되었다는 점이다. 통혜하는 베이징의 주요한 배수로로, 고궁 전삼문(前三問)의 해자는 통즈하의 강물을 받아들여 톈안문의 위따이하, 유하 지하수로 등을 거쳐 유입된 물의 중요한 귀착점으로 마지막에는 통혜하로 유입된다. 다시 말해 도심 중심지역과 동쪽의 빗물이 모두 통혜하의 수계로 유입된다는 말이다. 통혜하의 빗물시스템은 도시 전체 빗물의 배수면적이 가장 크고, 파이프라인의 숫자도 가장 많다. 대부분의 빗물은 이

파이프라인을 거쳐 영정하의 배수로, 징미京密 배수로, 장하長河, 해자, 얼따오구(二道溝), 동 빤삐점(半壁店) 등의 지류를 거쳐 마지막으로 통혜하로 유입되는데, 파이프라인 통제구역의 면적은 237.06㎢이다.

1949년 이후 통혜하에 대해서 여러 차례의 토목공사가 진행되었다. 1958년에는 까오베이점高碑店 란하攔河 갑문이 만들어졌고, 1965~1970년에는 준설작업을 통해 동삐엔문에서부터 칭평 갑문까지의 폭을 넓혔고, 1984년에는 까오베이점 갑문을, 1985년에는 푸지 갑문을 개축하였고, 1989년에는 동삐엔문 러버 댐(Rubber dam)를 완성하였다.

1999년~2000년 사이에는 남쪽 해자에 대한 종합 보수공사가 진행되었다. 공사는 3구간으로 나누어 진행되었는데, 첫 번째 구간는 시삐엔문西便門에서부터 여우안문右安門 러버 댐까지의 공사로, 서쪽 해자 구간을 불리는 3.7㎞에 이르는 구간으로, 사다리꼴 단면에 강바닥 폭은 23~25m에 이르렀다. 두 번째 구간은 여우안문의 러버 댐에서부터 룽탄(竜潭) 갑문에 이르는 남쪽 해자 구간으로, 전체 길이가 8.9km, 직사각형 단면에 벽의 높이가 2.4~4.2m, 강바닥 폭은 32m~38m에 달하는 구간이다. 세 번째 구간은 룽탄 갑문에서부터 동삐엔문 러버 댐까지로 동쪽 해자 구간으로 불리며, 전체 길이 약 2.9㎞로, 복식 단면에 둑 높이가 3m, 강바닥 폭이 40m이다. 공사는 주로 하도에 대한 전면적인 준설작업과 강바닥에 복공이 되어 있지 않은 부분에 대한 콘크리트 복공 작업, 선박 운항 조건에 부합하지 않는 구간에 대한 추가 준설과 복공 작업, 선박 접안 부두 보완 공사 등이 포함되며, 이러한 공사들 역시도 통혜하의 기능이 요구하는 다방면의 조건, 최소한 하도의 안전한 흐름과 홍수 통제, 그리고 선박 운항의 요구 조건에 부합할 수 있도록 해 주었다. 그러나 그 가운데 일부 기능에 대해서는 동시에 고려되기 어려운 것으로, 홍수 조절과 선박 운행 같은 경우엔 서로 모순될 수밖에 없는 것으로, 일단 폭우가 습격하게 되면 수문을 열고 물을 방류하기까지는 긴박한 시간 싸움이기 때문이다. 하도의 강제 포장은 갑하수의 공급에 영향을 미칠 수밖에 없으며, 더 중요한 것은 자연스러운 삼투가 이루어지지 않기 때문에 강바닥 포장공사 후 유속은 더 빨라질 수밖에 없고, 그로 인해 필연적으로 배수의 역류현상이 나타날 수밖에 없다는 것이다.

네 번째는 베이징의 배수시스템 현황이 매우 심각하다는 것이다. 베이징 도시 전체의 배수는 하나로 통일되어 있어야 하는데, 만약 전체 도시의 홍수 통제기능을 철두철미하게 해결하지 못하게 되면 군계일학으로서의 자금성도 보장하기 어렵다는 말이다. 1985년 베이징시의 빗물 배수계획에서는 지형적 조건, 유역의 면적, 지역의 중요도에 따라 서로 다른 설계기준을 채택할 것을 건의하였다. 1986년에도 베이징시 지역 빗물 배수계획에서도 빗물 관리계획 기준이 여전히 1958년의 기준치를 채택하고 있음을 제기하였으며, 1987년에 중국정부가 반포한 《실외 배수 설계 규범》(GB50014-1987)에서는 실외 배수공정의 재현 기간이 일반적으로 0.5~3년에 한 번이지만, 중요 간선이나 중요 지역, 또는 단기적인 빗물 고임은 심각한 결과를 초래할 수도 있는 지역들의 경우 재현기간을 2~5년에 한 번으로 하고, 도로 설계와도 협조해야 한다. 특별한 중요지역과 그 다음 중요지역의 경우 상황에 따라 증감해야 한다. 베이징시의 우수 관리계획에서는 설계기준의 재현 기간을 일반적으로 0.5~2년에 한 번으로 정해놓고 있다. 2000년 도시의 발전과 함께 중국정부에서 반포한 《도시 배수공정 계획 규범》(GB 50318-2000)에서는 빗물 배수 계획 설계의 재현기간에 대해 중요 간선과 중요 지역, 짧은 시간의 빗물고임으로 심각한 결과를 초래할 수 있는 지역의 경우 재현기간을 3~5년에 한 번, 기타 지역은 1~3년에 한 번으로 정했다. 특별 중요 지역과 그 다음 중요 지역, 배수조건이 비교적 양호한 지역의 계획은 재현 기간을 상황에 따라 증감할 수 있도록 했다. 2004년 수정된《베이징시 전체 계획》(2004년~2020년)에서는 도시의 우수 계획의 재현기간을 일반적인 경우는 1~3년에 한 번, 중요 간선과 중요지역 및 단시간의 빗물고임으로 심각한 결과가 초래될 수 있는 지역의 경우엔 3~5년에 한 번, 특별히 중요한 지역은 5~10년에 한 번으로 채택하였다. 2006년 중국정부에서 반포한《실외 배수 설계 규범》(GB 5001402006)에서는 1987년판 관로설계 재현기간을 조정하면서 우수 관로설계 재현기간을 중요 관로와 중요 지역 또는 단시간의 빗물고임으로 심각한 결과가 초대될 수 있는 지역에 대해 재현기간을 3~5년에 한 번, 기타 지역의 재현기간은 0.5년~3년에 한 번으로 규정했다. 특별히 중요 지역과 그 다음 중요 지역 또는 배수 조건이 양호한 지역의 재현기간은 상황에 맞게 증감하도록 했다. 이러한 기준은 베이징의 2004년 수정한《베이징 전체 계획(2004년~2020년)》의 기준과 일치하며, 다만 베이징에서는 특별히 중요한 지역에 대해 5~10년에 한번이란 기준을 하나 더 두고 있다. 이 규정을 실제 집행하는 과정에서 일반적으로는 그 하한선을 우수 관로계획 설계의 기준으로 삼는데, 일반 지역의 우수 계획 재현기간은 1년에 한 번(강우 강도를 시간당 36㎜)으로 하고, 중요 지역의 경우 3년에 한 번(강우 강도 시간당 50㎜)으로 채택하고 있는데, 실제 운용 상황으로 볼 때 설계 기준이 다소 낮은 편이긴 하다.

아래는 우수 관로 설계 재현기간 기준의 대조표이다.

도시건설 기준과 공공환경에 대한 요구가 지속적으로 높아지면서

기준 지역	1987년판 국가 실외배수설계규범	200년판 국가도시 배수공정계획 규범	2006년판 국가 실외 배수 설계 규범	2004년판 베이징 도시 전체 계획 채택 기준
일반지역	0.5년~3년	1년~3년	0.5년~3년	1년~3년
중요 간선, 중요지역 및 단시간 빗물 고임으로 심각한 결과가 예상 되는 지역	2년~5년	3년~5년	3년~5년	3년~5년 특별중요지구 5년~10년

위에서 언급한 빗물 배수 계획과 기준에 따라 완성된 베이징지역 우수 파이프라인 시스템은 점차 기준이 대체로 낮다는 문제점을 드러내고 있다. 2010년까지 도시지역 범위 안에서 천안문 광장 동, 서쪽 해자만이 10년에 한 번의 강우에 대응하고 있는 상황이다. 첸산문대가 (前三門大街), 올림픽센터구 등의 지역은 5년에 1번의 강우에 대응하고 있다. 도시의 주요 간선 도로나 순환도로, CBD, 중관촌 등의 지역은 2-3년에 한 번의 강우, 기타 간선의 배수능력은 1년에 한 번의 수준으로 대응하고 있다. 빗물 배수장의 건설 또한 올림픽 센터 지역과 동즈문(東直門) 교통거점의 빗물 배수장은 5년에 한 번, 일부 몇 몇 곳은 3년에 한 번, 대부분의 빗물 배수장은 2년에 한 번, 그리고 소수의 배수장은 1년에 한 번 수준이다.

도시의 폭우에 의한 재해, 도로 침수, 교통 혼잡 등의 문제를 해결하기 위해 2010년 도시계획 관련 부서에서 이미 빗물 배수시스템 향상을 위한 설계기준에 대한 연구를 시작하였으며, 새로 빗물 배수시스템을 건설할 때 그 기준을 일반지역은 3년에 한 번(강우 강도 시간당 50mm), 중점지역은 5년에 한 번(강우 강도 시간당 56mm), 특별 중점지역은 10년에 한 번(강우 강도 시간당 67mm)으로 국가 규범기준의 상한선으로 정해놓고 있고, 입체교차 교 배수장의 재현 기한을 5년에 한 번(강수 강도 시간 당 56mm)보다 낮게 설정하지 못하도록하고 있다. 현실적으로 우수시스템의 개선은 실제 상황에 따라 위에 서술한 기준을 종합적으로 실시하고 있으며, 우수의 저장 및 활용시설 건설을 종합적으로 고려하고 있다.

다섯 번째, 도시 하천의 하류지역은 톈진, 허뻬이(河北) 두 지역과의 협업이 필요하다.

화베이(華北)의 지리적 환경과, 기후적 특징을 고려하여, 베이징-톈진-허뻬이(京津翼) 세 지역은 역사적으로 여러 차례 동시에 홍수의 피해를 받았던 경험이 있으며, 베이징의 홍수 통제 하천은 톈진과 허뻬이지역을 거쳐야만 한다. 그렇지 않으면 물길이 막히게 되기 때문에 긴밀한 협업이 필요하며, 역사적으로도 여러 차례 자연적 혹은 인위적인 원인으로 홍수통제를 방해하는 요소들이 출현하여 베이징시의 홍수예방에 난관을 안겨 주기도 했다. 시진핑 총서기는 최근 여러 차례 베이징-톈진-허뻬이지역의 통합 발전과 관련된 중요한 지시들을 하달하였는데, 베이징의 발전문제 해결을 위해서는 반드시 베이징-톈

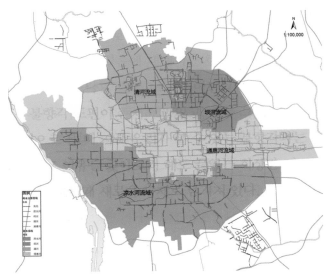

▷ 베이징 중심지역 주요 빗물관로 안내도

진-허뻬이를 경제구역의 전략적 공간에 포함시킬 것을 고려해야 하고, 또한 텐진, 허뻬이를 더욱 발전하기 위해서는 베이징의 발전과 함께 고려해야 할 것을 언급하였다. 베이징-텐진-허뻬이지역 일체화 추진과 통합발전에 발맞춰 주력점의 포커스는 이미 공통인식이 형성되었기 때문에 실행에 옮겨 빠른 시간 내에 성과를 내는 것이 중요하다.

위에서 언급한 사전 예방책이 제대로 실행되어, 정말로 고궁이 바다로 변하는 일이, 베이징이 바다로 변하는 일이 일어나지 않길 바라는 바이다.

베이징은 왜 배수가 어려운가?

도시의 현대화 수준을 평가하는 것은 고층빌딩의 많고 적음이나 높이가 아니라 편리한 교통과 생활시설에 있다. 또 어떤 사람은 비가 내릴 때 도시에 침수가 일어나지 않는 것이라고 말하기도 한다.

역사를 거슬러 올라가 보면, 베이징은 3000여 년의 도시건설 역사를 가지고 있으며, 최초의 배수로는 서주시기까지 거슬러 올라가는데, 지금의 리우리하(琉璃河) 동쟈린촌(董家林村) 동쪽에 있었다. 또 연나라의 도성 성벽 밖에는 석축 배수구가 있었다. 금나라 중도시기에는 "치도(황제가 다니는 길)가 매우 넓었고, 양쪽에는 도랑이 있었다.(馳道甚闊, 両旁有溝)"라고 했으며, 원나라 때 철저하게 계획된 대도에는 주요한 도로 양측에 석축 개방 수로가 있었다. 명나라 때부터 개방 수로에 돌로 뚜껑을 덮었는데, 이를 판구(板溝)라고 했다. 그 중에 자금성 내부의 판구는 배수 수로의 걸작이라고 할만 했는데, 이 수로가 만들어지고 500여 년 동안 폭우에 침수된 적이 한 번도 없었다.

청나라 때에 이르러 판구는 점차 지하수로(하수도)로 바뀌게 되었다. 명·청시기 베이징 내성의 대로나 작은 도로, 그리고 대부분 골목의 배수로들이 모두 지하수로로 바뀌었다. 큰 배수로는 이미 완전한 시스템을 갖추게 되었는데, 해자나 통혜하는 전체 도시의 홍수 조절 및 오수 배출의 총 귀결점이었다. 건륭 연간에는 배수로시스템에 대한 보수작업이 진행되었는데, 건륭 51년(1786년)의 통계에 따르면 베이징성에 429개의 개방수로와 지하수로가 있었다고 한다. 민국시기 이후에는 1917년부터 1931년까지 십여 년 동안 지속적인 대규모 지하수로들, 예를 들어 베이신화가(北新華街), 룽쉬구(竜須溝) 상류의 후팡교(虎坊橋), 남북 배수로 둑과 유하(御河) 하단이 지하수로로 바뀌었다. 그러나 계속되는 전란 속에서 베이징의 지하수로는 장기간 보수가 이루어지지 못함으로써 여러 지하수로에 침전물이 쌓여 막혀버리거나 무너지게 되었는데, 베이징이 해방될 당시 도심 지역에는 총 220.7km 길이의 하수도가 있었으며, 그 중 배수 기능으로 사용되고 있는 수로는 겨우 20여 km에 불과했다. 주민 대부분은 침출수 우물을 이용한 배수를 사용하였다. 1955년 조사에 따르면 도시 전체에 침출수 우물이 2.7만 개 이상이었다고 한다.

1949년 신 중국 건국 이후에 도시의 배수문제를 해결하기 위해 우선적으로 도심지역의 강과 호수 수계와 근교의 하도에 대해 대규모 준설작업이 진행되었다. 이때 삼해(三海: 북해[北海], 중하이[中海], 난하이[南海])와 스차해(十刹海), 진수이해(金水河), 장하(長河), 그리고 동, 서, 남쪽의 해자, 전삼문(前三門)의 해자, 통즈하, 위따이하, 창푸하 등이 준설되었고, 외곽의 주요 홍수 방지용 하도들에 대해서도 정비작업이 진행되었다. 도심 내부에서는 옛 수로에 대한 대규모 정비작업과 지하수로의 준설이 이루어지면서 대부분의 하수도의 홍수배

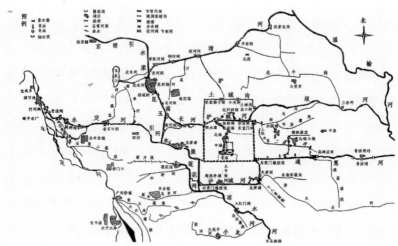

▷ 베이징 수로망 안내도

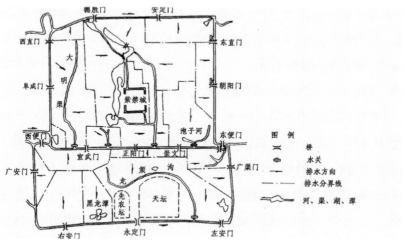

▷ 베이징 배수로 안내도

베이징의 역사지리 이야기

수 기능이 회복되었다. 당시 룽쉬구는 남쪽 도심의 악취를 풍기는 배수로 중의 하나였는데, 정비작업이 진행되었다. 1953년 베이징시는 우수와 오수를 구분하는 하수 분리 처리제에 따라 하수도를 건설한다는 원칙을 세우고 하수 분리 처리제에 맞춘 하수도 건설을 시작하였다. 1953년부터 1957년까지 새로 건설된 하수도의 길이는 251㎞에 달했으며, 지금 사용하고 있는 일부 주요 하수관은 기본적으로 모두 이 시기에 만들어진 것이다.

1965년 베이징에서는 지하도 건설이 시작되면서 해자에 대한 대규모 개조가 이루어졌다. 우선, 전삼문의 해자와 서쪽 해자의 하류 유역을 지하로 만들고, 여기서부터 전삼문 해자를 도시 주요 하도로 만드는 도심 수계 배치가 시작되어 명나라 초기부터 만들어지기 시작하여 540여 년간 이어져 온 도시 내, 외곽의 홍수 조절 및 배수용 하도의 역사가 끝나게 되었다.

배수를 책임지는 4대 수계

베이징의 우수 배수는 4대 수계를 중심으로 하는데, 우수관(雨水管) 역시도 이 수계에 따라, 그리고 규모와 기능에 따라 구분된다. 통혜하와 량수이하(涼水河), 청하(淸河), 베이하(琪河)는 총 간선 관로(水系)로 삼아 각 하계(河系) 상류의 주요한 지류와 수로를 주 간선 관로(구계[溝系])로 하며, 직접 수계로 유입되는 배수관을 간선 관로(자계[子系]) 혹은 지선관로로 삼아 공동으로 우수관 라인을 구성하게 했다. 도시 중심지역과 동부의 우수는 통혜하 수계로 유입되고, 북부 지역의 우수는 청하 수계로 유입된다. 동북 지역의 우수는 베이하로 유입되고, 남부지역의 우수는 량수이하 수계로 유입되며, 창신점(長辛店)과 석경산(石景山) 일부지역의 우수는 영정하의 수계로 유입된다. 도시가 확장해 감에 따라 도심지역 서북쪽(베이칭루[北清路], 과기원 지역)과 동부지역(창잉常营 지역 등)에 지어진 우수관 라인은 각각 난사하[南沙河]와 창잉구[常营溝]로 유입 되여 최종적으로 원유하[温楡河]로 흘러들어간다.

통혜하 수계의 우수시스템은 지역 우수 배수면적이 가장 넓고, 파이프라인 수량이 가장 많은 시스템이다. 대부분의 빗물은 관을 통과하게 되는데, 영정하 도수(道水)로, 징미(京密) 도수로, 장하, 해자, 얼따오구, 반피전구 등의 지류를 거쳐 최종적으로 통혜하로 흘러들어가는데, 관망의 통제유역 면적은 237.6㎢ 달한다.

량수이하 수계의 우수시스템은 주로 도로망의 발전에 의지하면서 발전했는데, 파이프라인도 빠른 속도로 증가되어, 지역 수계 중 배수시스템과 간선 수로 증가 속도가 가장 빠른 수계이다. 관을 통해 모여든 빗물은 새로 개설된 수로와 펑초하(豊草河), 마교하(馬草河), 샤오룽하(小竜河), 따양팡구(大羊房溝), 통훼이 배수 간선 수로 등 지류를 거쳐 최종적으로 량수이하로 유입되며, 파이프라인 통제유역 범위는 216.01㎢다.

베이하 수계의 빗물 파이프라인시스템은 왕징(望京)지역과 중관촌(中関村) 전자상가(酒仙橋) 개발구가 건설되면서 신 개발구 건설의 하수분리 처리제의 배수시스템 원칙을 따르고 있어서 지역 내 새로 건설된 관망은 모두 하수와 빗물을 분리하여 처리하고 있다. 파이프라인을 통해 모여든 빗물은 량마하, 베이샤오하, 동투청구(東土城溝), 왕징구 등 수로를 통해 최종적으로 베이에 유입되며, 수계 내 파이프라인의 길이는 319.5㎞에 달하고 통제유역의 면적은 61.61㎢에 이른

다

청하 수계의 파이프라인은 지역의 확장, 특히 2008년 베이징올림픽의 거행과 함께 빠르게 증가하였다. 올림픽경기장과 선수촌, 그리고 올림픽 삼림공원의 파이프라인 설계와 건설 기준은 일반 지역보다 높은데, 1~5년의 재현기간에 맞춰 건설되었다. 수계 내 파이프라인의 길이는 375㎞에 이른다. 파이프라인의 통제유역 면적은 88.13㎢이다.

온위허로 유입되는 일부 빗물의 파이프라인은 200년 이후 서북과 동부지역의 오환로 바깥까지 확장되면서 빗물 파이프라인 건설도 이와 함께 진행되었다. 베이칭로(北清路)가 건설되면서 베이칭루 온양로(溫陽路)에서부터 저우쟈강구(周家巷口)까지, 베이칭로 저우쟈강구부터 타오샹후동로(稻香湖東路)까지의 빗물 간선 수로가 만들어졌다. 2001년 동북의 왕뻬이로(旺北路) 간선 수로가 건설되었으며, 2003년에는 용평루 북단의 간선 수로가 건설되었고, 2005녀에는 허우창촌로(後廠村路)가 빗물 간선 수로로 건설되었다. 하이텐구(海淀溝)의 베이칭로 연선과 과기원 일대의 빗물은 난사하로 흘러들어 최종적으로 원유하로 유입되는 조건이 만들어 졌다. 파이프라인의 통제구역 면적은 26.82㎢에 이른다.

배수기준 상향.

2010년 베이징시 경계 범위에는 톈안문광장, 동서 해자만이 10년에 한 번 정도의 폭우에 대응할 수 있다. 쳰산문대가와 올림픽센터 등의 지역은 5년에 한 번 정도의 폭우에 대응할 수 있으며, 도시의 주요 간선도로나 순환도로, 중심가의 상업지역(CBD), 중관촌 등의 지역은

2~3년에 한번 정도의 폭우에 대응할 수 있으며, 기타 간선의 배수능력은 1년에 한 번 내릴 수 있는 정도의 폭우 배수능력을 갖추고 있다. 빗물 펌프장의 건설 역시도 올림픽센터와 둥즈문 교통중추의 빗물펌프장은 5년에 한 번 정도의 폭우에 대한 대응능력을 갖추고 있으며, 소수의 일부분은 3년에 한번 정도의 폭우에 대응할 수 있는 능력을, 대부분의 펌프장은 2년에 한 번, 그리고 소수의 펌프장은 1년에 한번 내릴 수 있는 폭우에 대응할 수 있는 수준에 불과하다.

도시의 폭우로 인해 생기는 도로 침수·교통 혼잡 등의 문제를 해결하기 위해 2010년부터 빗물시스템에 대한 설계기준의 향상을 연구하기 시작하여, 빗물처리 시스템을 새로 건설할 때에는 국가 규범의 기준까지 상한선 - 일반지역의 3년에 한 번(강우 강도 시간 당 50mm)로, 중점지역은 5년에 한 번(강우 강도 시간 당 56mm), 특별 중점지역의 경우엔 10년에 한 번(강우 강도 시간 당 67mm)의 입체 교차로의 펌프장의 재현기간은 5년에 한 번(강우 강도 시간 당 56mm)으로 상한선까지 끌어올리도록 하였다. 빗물시스템 체계는 실제상황에 근거하여 종합적으로 앞에서 언급한 기준에 도달할 수 있게 실시하도록 했으며, 빗물 저장 및 이용 설비의 건설 계획을 통합적으로 고려하도록 하였다.

침수가 일어나는 원인.

지리서의 생명은 자치통감에 있으며, 관련 지리서에는 침수가 일어나는 원인에 대해서도 분석해 놓고 있어서 매우 귀중한 자료가 된다. 매번 강물이 불어날 시기가 되면 베이징시와 외곽의 저지대에서는 저

▷ 1950년대 지하 배수관 시공 공사

수(貯水) 현상이 수시로 나타나 도로교통이나 시민들의 생활에 불편을 초래하곤 했다. 저수현상의 출현은 극단적인 기후로 인한 강한 폭우와 집중호우라는 자연적 원인 이외에도 도시 배수시설의 폭우 대응능력의 부족 등 다방면의 원인이 존재하고 있었는데, 다음의 몇 가지 측면으로 개괄할 수 있다.

1) 강우 강도가 배수시설의 능력을 초과하는 경우

베이징의 우수 파이프라인은 올림픽센터 지역이 5년에 한 번의 재현기간으로 설계된 것에 비해 대부분은 1년에 한 번이고, 소수의 일부지역만 2년에 한 번의 재현기간으로 설계되어 배수기준이 비교적 낮은 편이다. 폭우가 발생하게 되면 일부지역에서는 배수능력 부족으로 인해 저수가 발생하게 되는 것이다. 그리고 배수환경의 변화로 인해 원래의 배수능력이 그에 상응하여 제고되지 못함으로 인해 저수가 나타나게 된다. 이러한 상황이 베이징시의 저수 발생현상의 가장 중요한 원인이라고 할 수 있다.

2) 유기적이지 못한 공사와 배수시설 건설 지연으로 야기된 저수.

빠르게 발전해가는 도시건설은 베이징의 중심지역이 지속적으로 확장되고 있고, 확장된 지역에서는 기본적으로 배수시설이 부족하기 때문이다. 투자 주체가 다원화됨으로 인해 건설공사가 유기적으로 진행되지 못하는 문제가 발생하게 되고, 그로 인해 배수시설 공사가 도로나 지역개발을 따라가지 못하기도 하고, 일부지역에서는 지형 조건 등에 따른 자연배수 현상이 지속되면서 새로운 지역적 저수현상이 계속해서 나타나고 있는 것이다.

3) 하도나 배수구가 토사로 막혀서 나타나는 저수.

베이징시에서 홍수 방출기능을 하는 배수관이나 관개수로가 메워지거나 점유 당하는 등의 현상으로 인해 일부지역의 배수에 영향을 주었다는 것이다. 비록 배수관에 대한 지속적인 정지나 준설작업들이 진행되어 오기는 했으나 하도나 배수관의 토사 등으로 인한 적수현상은 수시로 나타나고 있다.

4) 갈수록 늘어나는 도시 지면의 경화와 포장.

그로 인해 우수가 땅으로 스며들지 못하고 지하수의 보충이 이루어지지 못하고 있으며, 더 중요한 것은 지표의 배수량이 증가하게 되었다는 것이다.

5) 관리부문의 예측성과 규범성 부족.

때로는 하도 관리 부분에서 폭우 이전에 하도의 수위를 낮추거나 하지 못하여 국부적인 우수 배수가 원활히 이루어지지 못하기도 한다. 배수관에 대한 일상적인 관리가 이루어지지 못함으로 인해 심각한 토사의 퇴적으로 배수가 원활하게 이루어지지 못하기도 한다. 또 우수 배수관이 오수 배수관으로 사용되는 경우 등도 있다.

6) 일부 시민들의 부문별한 사레기 투척.

일부 시민들의 부문별한 사레기 투척 등으로 인해 저수가 발생하거나 저수 정도가 가중되기도 한다. 예를 들어 빗물 배수구 격자가 사람들에 의해 유실되어 사레기 등 부유물로 인해 막히게 되는 것이다.

　이전에는 물 관리의 중복 문제가 있었는데, 수자원 관리기관 설립, 직능의 명확한 구분 등을 통해 해소가 되었기 때문에 이 문제는 앞에 열거한 문제들에 포함시키지 않았다. 《베이징 전체 도시계획(2016년 ~2035년)》에서는 유역에 대한 조정, 지역별 방어, 홍수와 오수의 동시 처리, 불리한 조건을 유리한 조건으로 변화시키는 등의 홍수 및 빗물 관리대책을 실시함으로써 저수지와 하도, 유수지 등의 공사와 비공사 홍수 방제와 오수 처리 개선을 통한 재난 방제시스템을 더욱 명확히 했다.

　적절한 진전과 녹색환경, 도심-외곽 일체라는 원칙에 따라, 기술혁신과 메카니즘의 혁신을 수단으로 기초시설 계획기준과 건설의 질을 제고함으로써 도시의 안전을 보장해 나가야 한다. 도심지역의 홍수 방제 기준은 200년에 한 번의 재현기간을 달성하고, 베이징시의 부도심은 100년에 한 번, 신도시는 50년~100년에 한 번의 개현기간 목표를 달성하였다. 도심지역과 베이징시의 부도심 지역의 수해 방지 기준은 50년에 한 번, 일부의 특별 중요지역은 100년에 한번, 신도시 지역은 20년~30년에 한 번의 개현기간 기준을 달성하였다. 도시의 빗물 파이프라인 건설 기준을 중요지역 또는 특별 중요지역에서 5년~10년에 한 번으로 강우 재현기간 기준을 상향시켰다. 만약 정말로 도시계획의 요구를 충족시키기 위해서는 도시의 배수 문제를 해결해야 한다.

영정문(永定門)은 어떻게 복원되었는가?

　복원된 용멍문(영정문)을 지날 때 마다 만들어졌을 당시의 영정문은 어떤 모습이었을까 라는 의문이 들곤 한다. 다시 말하면 영정문 원래의 모양대로 복원이 되었는가 하는 것이다

　영정문은 외성 남쪽 성벽 정중앙의 성문, 즉 외성의 정문으로, 명나라 가정(嘉靖) 32년(1553년) 윤 3월에 착공하여 그 해 10월까지 아주 짧은 기간에 준공되었다. 처음 공사를 할 때에는 이중 처마의 헐산식(歇山式) 지붕으로, 지붕에 회색 반원통형 기와를 얹고, 회색 기와로 용마루와 잡상을 장식하였다. 당시에는 성문만 만들어졌다가 가정 43년(1564년)이 되어서야 비로소 옹성이 만들어지기는 했지만, 그 당시에도 전루(箭楼, 화살을 쏘기 위해 구멍이 있는 성루)는 없었다. 청나라가 베이징으로 진주(進駐)해 온 이후 옛 명나라의 제도들을 그대로 답습하였다. 청나라 강희(康熙) 32년(1693년)에 완성된 《강희남순도康熙南巡図》 제 1권에 영정문의 전경이 그려져 있어서 당시 영정문의 전경을 명확하게 알 수 있다. 건륭(乾隆) 15년(1750년) 그려진 《건륭경성전도(乾隆京城全図)》에는 영정문(영정문)이 이중처마의 헐산식 지붕으로 되어 있고, 옹성은 있었으나 전루의 모습은 보이지 않는다. 사료에서는 건륭 15년 이후 증축을 하면서 전루가 만들어졌으며, 이때 옹성도 중건되었다고 나와 있다. 건륭 31년(1766년) 영정문 성루에 대한 개보수 공사가 진행되면서 영정문 성루의 규격과 제도가 제고되었으나, 이때 전루는 개축하지 않았다. 그러므로 영정문과 성루와 전루의 비율 차이가 비교적 컸다. 영정문 성루 누대의 기초는 폭이 28.30m, 깊이가 13.70m, 높이가 7.80m로, 누대 안쪽에는 한 쌍의 대로가 있고, 성루는 삼중 처마의 헐산 격식의 건축으로, 지붕에는 회색

원통형 기와를 올리고 회색 용마루 잡상으로 장식하였으며, 붉은 색 들보와 기둥과 처마 아래의 오채두공(五踩斗拱)이, 대들보와 보는 선자채화(旋子彩画, 고대 건축의 색채 방법)를 칠했다. 1층의 주랑(走廊)은 붉은 색과 흰 색의 벽돌을 쌓아 만든 벽으로 되어 있으며, 명간(明間, 바깥과 직접 통하는 방) 앞뒤와 동서 양쪽의 벽에는 각각 목재로 만든 사각문을 만들기도 했으며, 2층에는 회랑(回廊)이 있는데, 세 칸의 명간 앞 뒤로 마름꽃 격자 문양의 장지문 14개가 있고, 동쪽과 서쪽의 차간(次間)은 붉은 색과 흰색 벽돌로 쌓은 벽이 있으며, 동과 서 양측에는 사각문이 열려 있다. 성루의 연랑(連廊, 건물과 건물을 연결하는 지붕이 있는 복도)의 면적은 7칸으로, 폭이 24m이다. 더 안쪽의 연랑 세 칸은 깊이가 10.89m, 높이가 18.2m로, 성루와 망대를 합친 높이는 26m에 이른다.

　영정문은 베이징 도성 중축선 최남단의 중요한 건축물로, 1949년 베이핑(北平: 지금의 북경)이 평화롭게 해방되었는데, 1949년 2월 3일 중국 인민해방군의 입성식 노선을 보면 영정문으로 들어와 영정문내대가(永定門内大街)와 톈차오(天橋), 정양문(正陽門)을 지나 정양문 전루 앞에서 사열을 받았다. 영정문은 1950년 옹성이 철거되었고, 같은 해 성루 동쪽에 통로를 만들고, 1053년에는 성루 서쪽에 통로를 만들었으며, 1957년에는 성루와 전루, 그리고 옹성을 완전히 철거하게 되었다. 영정문은 외성의 여러 성문 중에서 규모가 가장 큰 문으로 유일하게 내성의 성문 규모와 맞먹는 외성 성문이었다. 명나라 베이징성 중축선의 남쪽 기점이 이 영정문이며, 정양문, 고궁(故宮), 경산(景山)을 거쳐 북쪽으로는 종고루(鐘鼓楼)까지 이어지는 완전한 도시의 중축선이다. 영정문 성루가 철거되면서 7.8kmm의 베이징 구도심의 전통적 중축선에서 그 시발점이 사라지게 된 것이다.

역사문화도시로서의 베이징 도성의 완정성을 회복하고 보존하기 위해, 2000년에 중국 사회과학원 및 중국 공정원의 원사인 우량용(吳良鏞)과 중국 전국역사문화명성보호위원회 부주임 위원 쩡샤오셰(鄭孝燮), 중국 고고학회 회장 쉬핑팡(徐苹芳), 베이징시 문물고적보호위원회 위원 왕스런(王世仁) 등의 전문가들은 영정문의 복원을 건의하였다. 이 건의에는 영정문의 복원 뿐만 아니라 도시의 상징적 건물로 지정해야 한다는 내용도 포함되어 있었다. 2001년 5월 베이징시 정부는 영정문의 복원을 전적으로 허가하였다.

2003년부터 시작해서 베이징시의 관련 기관들은 남단의 중축선에 대해 체계적인 계획을 수립하였을 뿐만 아니라, 먼저 육교를 영정문 일선의 중심대로까지 연결하는 대규모 도시정비 사업을 시작하여, 천단(天壇) 기년문(祈年門) 이남의 영정문 내 대가 양측에서부터 양단의 담벼락 사이 지역 내 거주하는 주민들을 이주시키고, 건물을 철거하여 영정문 성루 보수를 위한 준비 작업을 선행하였다. 3월 21일 남 중축선 대로 정비 사업의 중요 부부분인 영정문 성루 복원 사업의 입

▷ 1950년대의 영정문 내 대가

찰이 시작되었고, 베이징시문물고건공정공사(北京市文物古建工程公司)에 낙찰되었다.

원위치에 복원할 것이냐가 사업의 관건이었다. 영정문의 전루와 옹성의 위치는 도시의 도로와 하도 준설을 위해 직선으로 해야 하는데, 현재는 각각 난얼환로(南二環路)와 난후청하도(南護城河道)로 되어 있는데, 당시에 보기에는 복원할 수 있는 조건이 되질 못했다. 그러나 원래의 영정문 성루는 난방하로(南浜河路)와 영정문 옛 다리가 교차하는 입구의 남쪽에 위치해 있어서 복원할 수 있는 조건이 충족되기는 하지만, 영정문 성루와 연이은 남쪽은 이미 직선으로 바꾼 해자(垓字)이고, 북쪽은 언더컷(under cut) 형식의 베이방하로(北浜河路)에서 0.3m밖에 떨어져 있지 않아서 전체적인 상황이 복원하기에는 상당한 난이도가 있었다.

2004년 1월 16일 영정문 구교의 교통을 차단하고 정식으로 복원을 위한 준비 작업에 착수하여 2월 14일에 경사면 굴착 및 말뚝 박기 등의 지반 공고화 작업을 시작하였다. 성루의 원위치 복원을 위해 관련

▷ 복원 후의 영정문과 도로(출처: 《베이징지 · 교통지(北京志 · 交通志)》)

부서와 전문가들의 수차례 토론을 거쳐 성루의 기초는 새로운 기술을 적용하여 보강처리 하고, 최종적으로 영정문 성루는 원래 자리에다 역사 속의 원형대로 복원하기로 결정되었다.

3월 10일 영정문 성루 복원공사가 정식으로 시작되었고, 이날 베이징시의 간부들과 문물고건축 전문가들이 정초식에 참여하였다. 9월에 영정문 성루 주체의 복원공사가 마무리되면서 성루와 망대, 그리고 63m에 이르는 동서 성벽의 전체 공사에 여러 모양의 벽돌 300만 장, 목재 1100㎥, 기와 4만장이 소모되었다. 복원된 영정문 성루의 망루는 동서 길이가 31.41m이고 성루의 높이는 25.20m였다.

영정문 복원에 대한 의문을 제기하는 글을 본 적이 있는데, 어떤 사람은 원래의 전루 위치에 성루가 복원되었다고 하기도 하고, 또 어떤 사람은 전체가 북쪽으로 40m 정도 이동되었다고 하기도 한다. 이러한 말들은 모두 잘못된 것이다. 그러나 현재 복원된 성루의 전체 높이가 25.20m가 원래보다 약 80㎝ 차이가 나는 것이 높이의 오차인지, 아니면 문자기록의 착오인지 명확하게 설명하기는 어렵다. 다만 지리지를 작성하는 우리는 이 모든 것을 기록해 놓을 뿐이다.

중축선의 세계유산 등재 신청과 함께 영정문은 관심의 중심에 놓이게 되었다. 《문물보호법》에서는 "옮길 수 없는 문물을 훼손하거나 개축, 증축 또는 철거해서는 안된다."고 규정해 놓고 있다. 또한 옮길 수 없는 문물이 완전히 부서졌을 경우에도 그 유적지를 보호해야 하며, 원래의 유적지에 함부로 재건해서는 안 되며, 특수한 상황에서 원래 자리에 복원을 해야 하는 경우에는 문화재 관련 행정부서에 신고하여 시 인민정부의 허가를 받아야 한다고 명확히 규정해 놓고 있다. 영정문 복원이 '특수 상황'에 속하는 지에 대해서는 논쟁의 여지가 있다. '세계 문화유산' 등재 신청을 위해 '진실성'과 '완전성'에 대한 검증의 문제에 직면해 있다. 물론 "이렇게 될 줄 알았다면 애당초 왜 그렇게 했겠는가?"하고 후회를 해서도 안 된다. 그러나 지금 더 많은 사람들은 영정문을 베이징시의 랜드마크로 여겨야 한다면서 '복원'에 대한 설명을 회피하고 있다.

베이핑(北平) 전차공장의 초대형 화재사건의 전말은 밝혀졌는가?

2019년 11월 4일 베이징《교통지》의 부 주편인 창징쵠(常静泉) 선생이 "첫 번째 지리지의 공공 교통지에서 전차공장의 이번 화재가 돌발적인 대형화재에 불과한데, 도를 넘어서 서술하는 것은 아닌지, 아니면 다른 원인이 있는지, 왜 그렇게 큰 피해가 나게 되었는데도 명확히 서술하지 못했는지 나는 항상 의문이 들었다."라고 글을 보내왔다. 이와 함께《기밀 해제! 1949년 베이핑 전차창 초대형 방화사건의 전말(解密! 1949年北平電車廠特大縱火案始末)》(이하《전말》로 칭함)이라는 원고를 투고해 왔다.

이는 1949년 베이징 해방 초기의 초대형 사건으로, 내가 지금까지도 손을 놓지 못하고 있는 사건이다. 왜냐하면 이 사건은 저우언라이(周恩来) 부주석의 관심을 불러일으켰을 뿐만 아니라 지금까지도 영향을 미치고 있다. 구체적 상황에 대해서는 "중국공산당 신문망(中国共产党新聞網)" 2013년 7월 29일자 문장을 인용해 보면,《저우언라이 부주석이 직접 현장을 답사했던 초대형 방화사건에 대한 폭로》라는 제목의 글에서 다음과 같이 적고 있다.

"1949년 4월 25일, 해방된 지 몇 달이 되지 않은 베이핑시(지금의 베이징시로, 당시엔 베이핑이라 불렸다.)에서 인민폐 2억 원의 경제적 손실이 발생한 초대형 방화사건이 발생했다고 적혀 있다. 이 사건의 발생은 당시 중국공상당 부주석이었던 저우언라이가 큰 관심을 보였던 사건으로 저우 부주석은 소식을 접한 후 즉시 주최하고 있던 회의를 중단시키고 현장으로 달려가 시찰하였으며, 또한 조사에 중요한 지시를 하달하였다. 우여곡절 끝에 경찰 조사가 끝나고 마침내 사건이 해결되었다. ……

사건의 개요는 다음과 같다. 1949년 4월 25일 새벽 2시 경에 베이핑 전차회사 난창(南廠) 주차장 중간의 생산구역에서 초대형 화재기 발생하여, 수리가 끝난 차량 29량과 견인차 11량, 수리 중이던 차량 11량, 견인차 6량, 모두 합쳐서 59량이 불탔고, 철근콘크리트 구조의 공장 건물 104칸이 전소되었다.

▷ 해방 초기의 베이징 전차(출처:《베이징지 · 시정권(市政卷) · 공공교통지》

주차장의 위치는 베이핑시 공안국(公安局) 외삼분국(外三分局) 관할 지역으로, 방화사건 발생 후 주차장 측에서 즉시 외삼분국에 신고를 하였고, 외삼분국은 규정에 따라 베이핑시 공안국 제3처에 전화로 긴급히 보고했다. 시 공안국 제3처의 당직 책임자는 제2 부처장 허성까오(賀生高)는 보고를 받은 후 규정대로 상부에 보고를 하지 않았다. 이 실수로 인해 이 사건이 저우언라이에게까지 보고될 것이라고는 전혀 생각하지 못했다.

1949년 4월 25일 오전 베이핑시 공안국의 일부 분국 및 각처 책임자들은 회의를 열어 저우언라이에게 직접 보고를 하였다. 회의가 시작된 후 공안국 국장 탄쩡원(譚政文)이 먼저 저우언라이 부주석에게 베이핑시 공안국의 국민당 특무에 대한 소당과 사회 치안 안정 작업에 대한 상화웅ㄹ 보고하였다. 제3처의 제2 부 처장 허성가오(賀生高)가 당일 새벽에 발생한 베이핑 전차공사 난창 주차장 화재사건에 대해 언급하였다. 저우언라이 부주석은 어떻게 된 일인지 물었고, 탄쩡원은 이 사건에 대한 보고를 받지 못했기 때문에 아무런 대답도 하지 못했다. 그래서 치안을 담당하는 제3처의 제1 부처장 우창천(武創辰)에게 상황을 물었지만, 역시 아무것도 알지 못했다. 이에 저우언라이 부주석은 화가 나서 회의를 중단시켰다. 이렇게 큰 사건을 어떻게 아무도 모르냐면서, 당장 현장으로 가서 살펴볼 것을 지시하였다.

저우언라이 부주석은 탄쩡원 국장과 제1처 처장 류용(劉涌), 제3처 제2 부처장 우창천을 대동하고 즉시 총원문(崇文門) 밖의 현창을 시찰하였다. 운전기사를 포함하여 일행 모두가 사건현장이 어디인지를 몰랐다. 총원문에 도착하자 저우언라이가 탄쩡원을 시켜 도로에서 근무 중인 교통경찰을 불러 태우고 길을 안내하게 하였다. 그 경찰은 탑승한 후 자신도 막 해방구에서 이곳으로 왔기 때문에 그곳을 모른다고 말했다. 외삼분국에 도착하여, 부국장 무펑윈(慕豊韻)이 화재상황에 대해 보고를 하였고, 저우언라이는 언제 현장에 도착했느냐고 물었고, 돌아온 대답은 화재 당시 곧바로 현장에 도착한 것은 아니라는 것이었다.

이에 저우언라이 부주석은 "또 한명의 관료주의자로군! 당신은 응당 저녁에 바로 현장에 갔었어야지!'라고 비판했다.

저우언라이 부주석의 집요한 고집으로 일행들은 화재현장을 관찰하게 되었다. 현장에서 저우언라이 부주석은 엄중한 얼굴로 화재로 폐허가 되어버린 공장건물들을 바라보면서, "손실이 크군! 이것은 인민들의 손실이며, 또한 새 정부의 손실이다."라고 탄식했다.

저우언라이 부주석은 엄밀한 조사를 통해 결과를 명확히 밝혀 중앙정부 사회부 리커농(李克農) 부장(장관)과 자신에게 보고하라고 명령했다.

저우언라이 부주석 일행은 리커농의 사무실로 돌아오자 그곳에는 점심식사가 준비되어 있었다. 모두들 마음이 무거웠고, 특히 탄쩡원의 마음은 더 무거워서 점심을 거의 먹질 못했다. 오후에도 이어서 회의가 계속되었고, 저우언라이 부주석의 발언 가운데 베이핑시 공안국 간부들에게 관료주의 업무태도에 대해 "이처럼 중대한 사건이 발생했음에도 간부들이 현장에도 가보지 않고, 모두 잘 모른다고 말했다. 당신들은 (국민당의) 우궈쩐(吳国楨) 보다도 못하다. 우궈쩐이 상하이와 총칭에서 시장으로 있을 때, 총칭 대화재나 일본 비행기의 폭격 같은 중대한 사건이 발생하면 직접 현장으로 달려갔다. 국민당의 시장도 이렇게 했는데, 우리 공산당의 공안국장이 그것을 하지 못한다는 것이 말이 되는가?'라고 비판했다.

저우언라이 부주석은 이에 대해 "오늘 이후 베이핑에서 발생한 중대한 사건에 대해 공안국장과 처장은 현장에서 상황을 파악하고 문제를 처리 할 것"을 지시하였다. 그날 베이핑시 공안국은 저우언라이 부주석의 지시에 따라 이후에 발생하게 되는 중대 사고에 대해서는 베이핑시 공안국, 관련업무 부처, 분국의 간부들은 반드시 직접 현장에서 상황을 파악하고 작업을 지시하도록 규정을 마련하게 되었다.

이후에 저우언라이 부주석의 이번 지시는 전국 공안기관의 규정으로 자리매김하게 되었고, 각 급 정부 또한 이를 실행하여 지금에까지 이르고 있다. 이 사건은 중국공상당사와 중화인민공화국 역사에서 매우 큰 영향을 끼친 대 사건이었다.

《기밀해제(解密)》라는 이 글에서는 이 공장 노조 간부 및 노동자들의 증언과 공안국의 현장 상황에 대한 분석에 따르면, 공장 내의 (국민당) 특무(간첩)가 일으킨 파괴 공작으로 보인다고 결론을 내렸다. 공장 내의 노동자들은 격분하여 특무를 찾아 처벌할 것을 강력히 요구하였다. 시 공안국에서는 즉시 사건의 혐의자 쟈오쟈취(焦家駆)와 동위안(董元), 그리고 공장 내의 중통(中統, 중국 국민당 중앙집행위원회 조사 통계국의 약칭으로, 중통국이라도도 하며, 중국 국민당의 정보기관중 하나.) 조직의 일원이었던 까오수페이(高樹桂), 어쩐(鄂振) 등을 모두 체포함으로써 이 화재사건은 마무리되었다.

관련 기록 속에서 이 사건의 특수성을 이해할 수 있다. 20세기에 편찬된 베이징《공공교통지(公共交通志)》에서는 "1949년 3월 9일 전차 회사 수리공장 노동자들이 세상을 떠들썩하게 했던 '100량의 전차 수리운동'을 일으켰다. 전체 노동자들의 분투로 4월 19일에 전차 수리임무를 앞당겨 완수하였다. 불행하게도 4월 25일 수리공장에 화재가 발생하여 전차 59량이 전소되었다. 중국공산당 중앙정부 지도자 저우언라이가 직접 현장을 방문하였다."라고 기록하고 있다. 이 내용 중에서는 '방화'라는 단어가 없지만, 베이징《공안지(公安志)》에서도 이 사건을 기록하고 있는데, '소방편'에서는 다음과 같이 기록하고 있다.

"베이핑이 해방된 후 '1949년 베이핑 시 전체에서 184건의 화재가 발생하였고, 그 중 중대 화재는 5건으로, 37명이 부상을 입었으며, 2명이 사망하였고, 경제적 손실은 인민폐 2,332,793위안에 달했다. 같은 해에 전차회사 주차장 중대 화재사건이 발생하였는데, 건물 104칸, 전차 42량, 견인차 17량과 기타 물자들이 전소되었고, 한 해 화재로 인한 손실의 절반에 해당하는 100여 만 원의 경제적 손실이 발생하였다' "

「경제문화보위편」에서는 "1949년 4월 24일(25일이 맞음) 새벽 2시 베이징시 전차회사에서 중대 화재가 발생하여 48량의 전차가 전소되었다. 화재 발생 후 전화 통화가 되지 않았고, 수돗물이 나오지 않았으며, 그로 인해 공안기관에서는 제때 보고가 이루어지지 않아 화재 진화를 위한 시간을 허비했다. 이 엄중한 교훈은 인민정부 각급 간부들의 대대적인 주목을 끌었다."라고 기록하고 있다.

이 지리지에서는 중대사건 사례 「선별편」을 따로 마련하여 역사 속에서의 중대사건들을 선별 기록해 놓고 있는데, 그 중대성에 있어서 이번 사건도 수록 범위에 포함이 되지면 이 사건은 선정되지 않았다. 교정과정에서 이 지리지 편찬임무를 맡고 있던 베이징시 공안국의 한 인사는 이 사건이 해결되지 못하고 있기 때문에 선정되지 못했고, 그래서 이런 방식으로 기록하게 되었다고 토로하였다.

이 사건이 발생한 지 50년이 지난 시점에서 일련의 글들이, 그리고 TV 프로그램에서 이 사건의 조사과정에 대해 의문을 제기하였다. 예를 들면《진상(真相)》이란 프로에서는 사건발생 과정의 디테일, 인물의 역사적 배경, '중통' 특무의 조직체계, 사건 속의 사건, 인물의 자살 등에 관 파란만장한 이야기를 담고 있다고 평가하기도 했다.

베이핑이 해방 된 후 쟈오이싱(焦一星)은 전차회사 시스템에서 처음으로 인민정부에 자수를 한 사람이다. 그 범죄행위에 따라 '쟈오이싱' 이란 이 이름은 이후에 진행된 구속자 명단에 포함되어야 했지만, 그가 지하당원을 구출했다는 점을 감안하여 선처하고 인정을 베풀어 명단에 넣지 않았다. 그러나 재무과 같이 중요한 부서에서 계속 근무할 수는 없었기 때문에 재료창고 관리원으로 전보 발령을 내렸다.

4월 30일 오후 쟈오이싱은 주차장 노조로부터 즉시 외삼국으로 출석하라는 공안국의 통지서를 전해 받았다. 그곳에는 이미 2명의 수사관이 빈방에서 기다리고 있었다. 얼핏 보니 들어온 사람은 키가 160 정도의 마른 몸매의 나이 많은 사람으로, 주름진 얼굴에는 폐결핵 환자 특유의 창백함이 보였다. 수사관은 그를 자리에 앉히고 물도 한 잔 따라 주었다. 그런 후 4월 24일 저녁의 행적에 대해 물었다.

쟈오이싱의 얼굴에는 놀란 듯한 기색이 보였다.

"4월 24일, 저녁이요? 공장에 불이 난 그 날 저녁을 말씀하시는 건가요? 그날 저는 병원에 있었습니다."

"진찰하실 때 진찰기록을 남기셨나요?"

"남겼습니다. 제가 가지고 있는 걸요."

쟈오이싱은 말을 하면서 품에서 병력 카드를 꺼냈다.

수사관은 보고서 카드에 환자가 4월 24일 오전 10 반에 입원을 하여 포도당 링거주사를 맞고서 입원하여 24시간 동안 있은 후 다음 날 정오에 퇴원한 사실을 알 수 있었다.

수사관이 앞에서 언급한 상황에 대해 조사를 하고 있을 때, 사건 조사에 의외의 돌파구가 발생했다. 어떤 사람이 전담팀에 자수를 해 온 것이다.

자수자는 다음과 같이 진술했다.

그 사람은 이름이 뉴옌빈(牛言斌)이고, 36 세이며, 베이핑 출신으로, 1946년 친구의 소개로 '중통'의 베이핑-톈진 지역의 외곽 조직에 가입하게 되었고, 1년 후 정식으로 '중통'의 특무가 되었다고 한다.

뉴옌빈이 '중통'에서 활동한 내용들은 기밀사항이었기 때문에 베이핑 해방 전날 저녁 '중통'이 잠입 특무를 배정할 때 그의 이름은 당연히 명단 속에 포함되었다. '중통' 잠입 특무는 "단일 연락" 방식을 사용하고 있었기 때문에 뉴옌빈의 상관은 중통의 간부급으로, 중년 여성이며, 자신의 성이 위(喻) 씨라고 했으며, 그녀의 진짜 성이 무엇인지는 알 수가 없었지만, 그는 그 여성을 '위 여사'라고 불렀다.

1949년 4월 9일 위 여사가 갑자기 전화를 해서 뉴옌빈을 불러서 '방산재(仿善齋)'에서 식사를 했다. 그 자리에서 위 여사는 뉴옌빈에게 상부의 명령을 하달했다. 그 달 안으로 베이핑 전차회사 난창주차장에 방화사건을 일으키라는 것이었다. 반드시 "수단 방법 가리지 말고" 실질적인 손실이 발행하게 해야 하며, 화재는 크면 클수록 좋다는 것이었다. 위 여사는 또 금붙이 2개를 주면서 뉴옌빈의 공작 경비와 미리 지급하는 상금이라고 했다. 공작이 성공한 후 주차장의 손실 정도에 따라 그에 상응하는 상금이 지급될 것이라고도 했다.

뉴옌빙은 임무를 받은 후 4차례에 걸쳐 주차장에 잠입하여 지형을 시찰하였고, 또 밤에도 여러 차례 주차장 담벼락 밖에서 당직자들의 순찰 노선과 시간 등을 확인하였다. 모든 준비가 끝난 후 뉴옌빈은 4월 24일 밤에 주차장에 잠입하여 불을 질렀다.

뉴옌빈은 이 사건이 사회적으로 이렇게 큰 반향을 불러오리라고는 생각지도 못했기 때문에 마음속으로 공포감이 극에 달했고, 그래서 "자수하여 광명 찾는 길"을 택하기로 결심하였다고 한다.

수사관이 연이어 질문을 던지는 가운데 뉴옌빈은 사건발생의 구체적 과정들을 진술하였다. 뉴옌빈의 진술에 따르면 그는 불을 붙인 막대형 향을 폭죽에서 축출한 화약을 묻힌 면봉에 꽂아 기름을 묻힌 천 조각 위에 놓아두어 불이 나게 했다는 것이다. 사건발생 전에 이미 여러 차례 테스트를 했기 때문에 막대 향에 불을 붙인 후 조용히 현장을 떠날 수 있었다는 것이다. 그는 화재가 발생하기 대략 45분 전에 현장에 잠입하여 먼저 그곳에 화약과 기름을 뿌리고 그런 후 예정된 시간에 막대 향에 불을 붙였다.

사건 조사 규정에 따라, 이로써 이 사건은 종결시킬 수 있었다. 전담팀 팀장 마지스(馬及時)는 이 사건을 매우 중요하게 생각했기 때문에 직접 사건 종결 보고서를 작성하기고 결정했다. 종결 보고서를 작성하기 전에 마지스는 뉴옌빈을 다시 한 번 심문했다. 그런데 이 심문에서는 의외로 뉴옌빈이 사건의 범인일 가능성을 부정하게 되자 이 사건은 다시 한 번 미망 속으로 빠져 들게 되었다.

전담팀은 뉴옌빈은 가짜 자수자로, 범인이 아니었고, 오히려 어떤 사람이 거짓으로 자수를 하라고 시켰다는 것이다. 그러나 누가 알았겠는가, 뉴옌빈이 목을 메 자살했다는 소식을 구치소에서 전해 듣게 될 줄을!

뉴옌빈의 자살로 사건 조사의 단서가 사라지고 말았다. 그러나 동시에 그가 가짜로 자수한 것은 배후에서 누군가가 지시를 했으며, 그 지시자가 범인일 가능성이 높다는 또 다른 단서를 던져주었다.

5월 5일 정오에 전담팀은 긴급회의를 열고 뉴옌빈의 자살에 대해 분석한 후 뉴옌빈 사망 전의 사회관계에 대해 전방위적 조사를 진행한 그 다음 조사 방향을 도출해 냈다. 수사관은 뉴 씨의 아내에게서 얼마 전에 기개가 범상치 않은 남방 사람이 자기 집에 뉴옌빈을 찾아 와서 같이 식사를 했다는 사실을 알게 되었다

뉴 씨의 아내는 생각에 잠겨서 "그 사람 이름은 기억이 나지 않지만 뉴옌빈이 '모(莫) 선생'이라고 부르는 걸 들었다고 했다. 모 선생은 뚱뚱한 몸매로, 키도 컸고, 얼굴색은 하얬으며, 입가에는 팔자수염을 기르고 있었고, 검은색 모직 셔츠를 입고 검은색 중절모를 쓰고 있었습니다."라고 했다.

수사관은 또 많은 사람들이 '쑨씽미항(順興米行)'의 자(賈) 사장을 언급한 사실도 발견하였다. 그래서 수사관은 자 사장에 대해 은밀히 조사를 진행하였고, 이 사람이 장사꾼이긴 하지만 많은 다양한 분야의 사람들과 교류하길 좋아하지만, 공산당이나 인민정부에 적대적인 행위를 한 적은 없었으며, 1946년에는 그 사람은 친구관계를 이용하여 구속 중이던 중국 공산당 지하당 베이핑시 위원을 구출해낸 사실도 있다는 것을 알아냈다.

전담팀은 자 사장의 친구 중 한 명이 현 베이핑시 공안국 제2처에서 일하고 있으며, 이 사람은 중국공산당 지하당원으로, 자 사장과는 의형제를 맺은 사이라는 것을 알게 되었다. 그래서 전담팀에서는 시 공안국의 인가를 받아 그 당원 경찰을 찾아 쟈 사장 관련 업무를 처리하도록 하였다.

알고 보니 그 "모 선생"은 성이 모씨가 맞았다. 이름은 따졔(大竭)로, 자 사장의 상하이 친구가 소개했다고 했다. 모따졔는 3월 19일 베이핑으로 와서 3일을 머물다 떠났다. 베이핑에 머무는 동안 자 사장의 쌀가게를 방문했으며, 당시 2명의 손님이 왔고, 자 사장이 접대를 했다. 그 두 명의

손님 중 한 명은 뉴옌빈이었고, 다른 한 명은 자오이싱이었다. 전담팀은 이 두 사람의 이름을 듣고서는 모두 놀람을 금치 못했다. 수사업무를 전혀 해 보지 않은 사람이라도 이런 우연을 마주하게 되면 자연스럽게 연결시키게 되는 법이니, 하물며 전담팀의 수사관들은 말할 필요가 있겠는가. 수사관들은 별다른 분석도 필요 없이 뉴옌빈의 가짜 자수가 수사팀이 주시하기 시작한 자오이싱을 비호화기 위한 것이었다는 결론에 이르렀다.

전담팀은 곧장 보아이(博愛) 병원으로 사람을 보내 자오이싱이 말한 4월 24일 '입원' 사실에 대해 조사를 하도록 했으며, 그 결과 자오이싱의 속임수를 부린 사실을 밝혀냈다. 그는 입원하여 수액을 맞는 동안 몰래 병원을 빠져나왔고, 다른 사람에게 자신의 입원 사실을 증명하기 위해 간호사에게 금반지를 선물했던 것이다.

자오이싱은 다시 외삼국으로 소환되었다. 그 능구렁이는 여전히 폐병쟁이 모습으로 수사관들에게 "병원 입원" 타령을 하고 있었다. 그러나 수사관들이 증거를 들이밀자 곧바로 땅바닥에 납작 엎드려 다 털어놓겠다고 애원을 하였다.

원래 자오이싱은 중통에서 잠입한 특무로, 베이핑이 해방되기 전날 저녁에 상부의 "장기 잠입" 명령을 하달 받았다고 한다.

바로 그 때 어떤 사람이 자오이싱에게 그 체포된 지하당원을 구해달라고 부탁을 했고, 그래서 공산당의 호감을 사기 위해 상관에게 그 지하당원을 석방해 줄 것을 요청했으며, 그 요청이 받아들여졌던 것이다. 그래서 그는 오히려 공을 인정받아 베이핑이 해방된 후의 심사를 통과할 수 있었던 것이다. 그해 3월 자오이싱은 상관(바로 그 모 선생으로 불렸던 모따제)으로부터 비밀지령을 받았는데, 공산당 정권에 대해 방해공작을 벌이라는 것이었다. 그래서 그는 전차 수리창의 방화를 생각해 냈던 것이다. 상관은 자오이싱을 매우 중용하였는데, 그가 '장기 잠입'의 임무를 수행하고 있기 때문에 방화사건 후 공안기관의 의심을 받게 되지나 않을까 걱정스러워 다른 잠입 특무인 뉴옌빈에게 명령을 하달하여 만약 공안국에서 진짜로 자오이싱을 의심하게 되면 뉴옌빈이 나서서 '자수'를 하고 죄를 뒤집어쓰라는 것이었다.

4월 24일 밤 자오이싱은 주차장에서 일하는 다른 동료 한 명을 데리고 이 공장에 잠입하였고, 두 사람은 곳곳에 막대 향과 화약, 그리고 기름을 묻힌 천 조각들을 흩어 놓고서 막대 향에 불은 붙인 후 유유히 빠져 나온 것이다. 사건이 발생한 후 우리 수사관들은 자오이싱을 의심하게 되었고, 그래서 그는 뉴옌빈에게 "가짜로 자수할 것"을 시켰던 것이다. 그러나 그도 생각 못했던 것은 비록 이 사건을 사전에 주도면밀하게 계획을 했음에도 우리 수사관들 앞에서는 허점을 드러낼 수밖에 없었고, 결국 그의 음모는 백일하에 드러나게 되었던 것이다.

이로써 저우언라이 부주석을 놀라게 했던 초대형 화재사건 수사는 원만하게 해결이 되었던 것이다.

그 시초를 추적하고 지리서 서술의 엄정성을 보장하기 위해 나는 이 사건을 언급한 글들을 찾기 시작했다. 2005년 《베이징 파일(北京档案)》 제5기에 왕샤오팡(王曉芳)의 글 《신비의 베이징 전차회사 화재사건(神秘的北京電車公司火災)》이 실렸는데, 이 글의 결말에서는 "저우언라이 부주석의 지시에 따라 시 공안국에서는 이후 또 다시 이처럼 중대한 사건이 발생할 경우 시 공안국과 관련부처, 분국의 간부들은 반드시 직접 현장시찰을 통해 상황을 파악하고 업무를 지휘해야 한다는 규정을 제정하게 되었다. 이 제도는 영구적 규정으로, 지금까지도 적용이 되고 있다."고 서술하고 있다. 다만 사건이 해결되었는지에 대해서는 전혀 언급이 없다. 2002년 12월 1일 Old-BEIJING NET(老北京網)에는 익명의 《1949년 전차공장 화재사건 발생(電車廠火災發生在1949年)》이라는 글이 발표되었고, 2003년 《저장 소방(浙江消防)》 제12기에는 허징(何京)의 글 《1949년 전차공장 화재 발생(電車廠火災發生在1949年)》이 발표되었지만, 사건의 해결 상황에 대해서는 모두 명확하게 기술하고 있지는 않았다. 그러나 "펑쩐(彭真)은 '전차회사가 (국민당) 특무에 의해 불탔다. 우리는 반드시 더 높은 경각심을 가져야 하고, 각 방면에 대한 감시업무를 강화해야 한다. 특무를 소탕하기 위해 각 공장에서는 노동자 규찰대를 조직하고 또 믿을 만한 무장경찰을 조직해야 하며, 현재 체포된 특무 혐의자에 대해서는 지속적으로 배후의 음모를 밝혀내야 한다. 배후는 총살형을 내리고 절대로 관용을 베풀지 않음으로써 반혁명을 진압해야 한다.'고 언급하였다"라고 결론을 짓고 있다.

1949년 6월 9일 중국 공산당 베이핑시 위원회에서는 전차회사 화재사건을 중앙과 화뻬이공안국에 보고했다. 공장 내 노조책임자와 노동자들의 여론, 그리고 공안국에서 수집한 자료 등에 따르면 전차회사의 상황은 매우 복잡한데, 두 개의 '중통' 조직이 해체되지 않았다. 화재가 발생하기 하루 전에 전차회사의 중요 특무분자인 까오(高)○○가 흰색 보따리를 들고서 공장을 방문했는데, 나갈 때엔 보따리가 없었다고 한다. 화재 발생 당일 저녁에는 순찰을 맡은 자오 씨 등 6명 중 5명이 국민당 당원이었다. 이와 함께 불을 지른 동(董)○○은 까오○○의 '앞잡이'로, 그 사람은 오전반 근무였지만 밤에 잠들기 전에 전기선이 전차에 걸쳐져 있었고, 전차에서는 불꽃이 나기 시작했다고 말했다. 자오(焦)○○는 총소리 같은 소리를 들었고 전등이 꺼졌으며 전차에서 불꽃이 올라오기 시작했다고 말했다. 그러나 불이 붙기 시작했을 때 전차 주차장의 전등은 모두 켜져 있었으므로 전선에서 불이 나기 시작한 것이 아님이 밝혀졌다. 이상의 상황으로 보면 특무의 계획적인 방화임이 분명했다.

2019년 12월 나는 이 사건에 대해 관련 간부에게 감사의 편지를 보냈는데, 그 내용은 다음과 같다.

첫 번째 지리서 편찬과정에서 베이핑 해방 후의 첫 번째 중대 사건인 전차 공장 화재사건을 다루고 있습니다.…… 저우언라이는 베이핑시 공안국 간부들 사이에 존재하고 있는 관료주의 업무태도에 대해 비판하면서 중대사건이 발생하면 간부들이 반드시 직접 현장을 지휘하도록 하는 현재의 규정을 제정하도록 함으로써 각급 정부와 관련 부처의 간부들이 엄중히 실행하도록 하여 지금까지도 지속이 되고 있습니다. 이 사건은 또한 많은 관심을 불러일으켰고, 첫 번째 지리서 수정을 통해 출판 될 때까지도 인위적인 방화인지 일반적인 실화 사건인지에 대해 명확한 결론을 얻지 못했습니다. 그래서 지리서의 엄정성을 보장하기 위해 이 사건에 대해서는 결론 없는 결론으로 마무리를 하였습니다. 2016년 베이징 방송국의 '파일' 이란 프로그램에서는 《1949년 베이핑 전차공장 방화사건의 전말 (1943年北平電車廠縱火案始末)》 제목으로 방영하여 사건 해결의 과정을 반영하였고, 근래에는 또 다른 매체들의 상응하는 내용을 통해 이 사건이 완전히 해결되었다고 보도하였지만, 그 근거들이 사실인지, 권위 있는 관련 부처의 정식 결론인지는 알 수가 없습니다. 저는 또 시 공안국의 관련 간부들에게 문의를 하였지만 잘 알지 못한다는 통보를 해 와서 상당히 곤혹스러운 상황입니다. 정식으로 이 사건의 최종 결론을 확인 부탁드립니다. 만약 사건이 완전하게 해결되지 않아서 상응하는 조사를 진행해야 하는 것이라면, 헛소문이 꼬리에 꼬리를 물고 펴져서는 안 될 것이며 사실을 올바르게 이해해야 할 것입니다. 만약 사건이 해결되었다면 지리서 편찬 전통과 다음 지리서 편찬 문건에 따라 두 번째 《공안지》에 「보충편」을 마련하여 그 내용을 보충코자 합니다. 이상의 의견이 타당한 지는 모르겠지만, 많은 관심을 바랍니다.

이것이 내가 이 사건을 추적하고 있는 이유이며, 구체적인 해답은 아마도 두 번째 베이징 《공안지》에서 밝힐 수 있을 것 같다.[26]

"양식뢰(樣式雷)"는 어떻게 떠돌이 귀신이 되었나?

---

[26] 추신 : 《공안지》가 2020년에 출판되기 때문에 이 사건에 대한 사실 확인을 할 수 없어서 「보충편」을 수록하기는 힘들 것 같다.

아래의 사진은 그렇게 크지 않은 전선공장처럼 많은 전기선들이 방치되어 있고, 주변에는 그렇게 오래되 보이지 않는 벽돌 건물들이 있는 공장의 모습이다. 그러나 이곳이 과거 널리 알려졌던 '양식뢰' 조상의 무덤 터라고 하는 것은 아무도 생각지 못했을 것이다. 지금은 백송만이 남아 당시의 모습을 기억하고 있는 듯하다.

▷ 양식뢰 조상 무덤의 현재 상황

'양식뢰'는 중국 청나라 때의 유명한 건축가 집안이다. 1대 양식뢰 - 뢰발달(雷発達)는 강희(康熙) 연간에 강녕(江寧, 지금의 난징[南京]) 에서 베이징으로 옮겨왔고, 제7대 양식뢰 - 뢰정창(雷廷昌)이 광서 (光緒) 말년에 세상을 떠날 때까지, 뢰 씨 가족이 200여 년간 황실에서 궁전과 정원, 왕릉과 관아, 사당 등을 설계하고 건축하고 보수하는 일을 맡아 왔었다. 오늘날의 꾸궁(故宮)과 천단(天壇), 이화원(頤和園), 스산릉(十三陵), 북해(北海), 중해(中海), 남해(南海) 등 세상에 널리 알려진 인류문화유산은 모두 뢰 씨 가족과 연관이 있다. 레이 씨 가문은 몇 대에 걸쳐 청나라 조정의 양식방(樣式房, 청나라 때 황실 건축

양식의 설계기구)의 책임자였기 때문에 세상 사람들은 이를 '양식뢰'라고 부른다.

자료에 따르면, 뢰발달은 자가 명소(明所)로, 명나라 만력(万曆) 47년 2월 21일(1619년 4월 5일)에 태어나 청나라 강희 32년 8월 11일(1693년 9월 29일)에 세상을 떠났다. 본적은 쟝시(江西) 남강(南康)부 건창(建昌)현(지금의 용시우[永修]현)으로, 그의 증조부가 명나라 말기에 금릉(金陵, 지금의 난징)으로 옮겨왔고, 청나라 강희 22년(1683년)에 발달과 사촌동생 발의(発宜)가 수공예로 응모하여 베이징에 와서 황궁 건축공사에 참여하게 되었다. 당시 강희 황제가 태허전(강희 황제로부터 상을 받고 관직도 얻게 되었다.

주치첸(朱啓鈐) 선생은 《양식뢰고(樣式雷考)》라는 글에서 "명나라 타이화전에 큰 목재가 부족하여 창졸지 간에 명나라 왕릉의 녹나무 들보와 기둥을 가져다 충당하게 되었는데, 상량식이 있던 날 황제께서 친히 의식을 거행하셨다. 금색 들보를 들어 올려 구멍에 맞추었지만 내려가지 않자 공부(工部)의 시종관들은 서로 놀라 쳐다보면서 갈팡질팡했다. 소사(所司)가 개인적으로 뢰발달에게 관복을 주고서 소매 속에 도끼를 숨기고 위로 올라가 도끼로 내리치게 하자 홈에 쏙 들어갔다. 의례가 끝나고 나서 황제께서 크게 기뻐하며 공부 영조소 장반(長班) 직을 하사하였다. 당시 사람들이 이를 일러 '위로는 노반(춘추시대 노나라의 장인)이 있고 아래로는 장반(양식뢰)이 있네. 자미성이 운명을 비추니, 금빛 궁전이 관직을 내리네.' 라고 했다."고 기록하고 있다.

이 전설에 대해 양식뢰 연구자들 사이에는 이견이 있기는 하지만, 뢰발달이 황실 궁전건설 작업에 참여하였으며, 또한 황실 건축 과정에서 공을 세웠다는 사실에 대해서는 논쟁의 여지가 없다. 그리하여 뢰발달은 '양식뢰' 가문의 영광을 이끈 시조가 되었다.

청나라가 멸망하고 얼마 지나지 않아 청나라 조정의 공부와 내무부도 함께 망하고 말았고, 양식방 역시도 역사 속으로 사라지고 말았다. 그러나 양식뢰 가문에 대한 연구는 지금까지도 지속되고 있는데, 몇 세대에 걸쳐 양식뢰 가문에서 창조한 건축예술은 중국 전통문화의 중요한 부분으로 자리매김 했다. 현재 중국 국가 도서관에 잘 보존되어 있는 "양식뢰 건축 도문 문서"들은 2003년에《중국 문서 문헌유산 목록》으로 선정 되었고, 2006년에는 유네스코《세계기록유산목록》에도 등재되었다. 우리는 이에 대해 더욱 더 발굴하고 정리하고 계승해나감으로써 중국 현대건축 과학의 발전에 도움이 되고, 중국의 우수한 전통분화를 더욱 발전시켜나가야 할 것이다.

이같은 전설적인 가문임에도 불구하고 그 조상들의 무덤은 훼손되는 악운을 맞고 있다 2004년 3월 16일《북경만보(北京晚報)》에서《황실원림의 설계자 양식뢰의 무덤이 훼손되다(皇家園林設計者樣式雷墓被挖毀)》라는 내용의 기획 기사가 보도되었다. 太和殿)을 보수하고 있었는데, 뢰발달은 탁월한 기술로 황실 궁전공사에서 크게 공헌함으로써

"꾸궁, 천단, 이화원, 원명원(圓明園), 북해, 중하이, 난하이…… 이것들은 이 가문의 7대에 걸친 사람들이 청나라 왕조 200여 년 동안 설계하고 건축한 황실건축의 백미들로, 그 중 일부는 이미 세계문화유산에 등재되기도 했다. 그들은 바로 '양식뢰'의 집안사람들이다. 어제 뢰 씨 가문의 12대손이 하이텐구(海澱区) 쥐산촌(巨山村)의 묘소를 찾았을 때 눈앞에 펼쳐진 광경에 가슴이 너무나 비통했다. '평평해졌어. 모두 평평해졌어. 무덤이 하나도 없어져 버렸어!' 성묘를 하던 뢰 여사는 원래 오래된 백송 앞에 만들어져 있던 3기의 무덤이 이미 평지로 변해버렸음을 발견하였던 것이다. 백송에서 50m도 안 되는 거리에서 10여 명의 일꾼들과 불도저

가 매연을 내뿜으며 무언가를 파고 있었다. 레이 여사가 다가가 쳐다보니, 원래 무덤가의 한 모퉁이에 큰 구덩이가 파져 있었다. 뢰 여사가 작년에 성묘를 하러 왔을 때만 해도 백송 아래 있던 3기의 봉분 앞에서 옛 조상들을 기릴 수 있었다. 그러나 지금은 아무것도 없이 평지로 변해버렸으니 얼마나 비통하지 않을 수 있겠는가!'

지금은 그 어떤 무덤도 흔적도 없이 사라져버리고 한 회사가 임대하여 큰 저택을 지었고, 백송만이 이곳이 지난날의 양식뢰 집안의 조상 묘였음을 확인시켜주고 있을 뿐이었다.

나는 인터넷 바이두에서 톈진대학 건축학원이 왕치형(王其亨) 교수가 이 일에 대해 너무나 상심해 한다는 글을 찾았다. 그는 "건축학의 시각에서 볼 때 뢰 씨 가족은 청 왕조 전체 건축사를 관통하고 있는, 건축사에서 결정적인 역할을 한 집안이다. 비록 '양식뢰'가 이미 역사 속의 단어가 되어버리긴 했지만, 중국 고대건축사 및 그 관련 문물과 건축의 보호나 복원 등 여러 방면에서의 연구에서 그 역할은 무엇으로도 대체하는 것이 불가능하다."라고 했다. 이뿐만이 아니라 '양식뢰'에서 전해져 내려온 도면 서류들 속에는 아직도 서방국가들의 1980년대 건축 영역에서 연구했던 디지털 고층 모형의 정수를 찾아볼 수가 있다. 수천 년의 중국문명사에서 너무나도 많은 장인들이 있었지만, '양식뢰'와 같은 일가족의 사례는 찾아보기가 매우 어렵다. 우리가 선조들의 유적을 지켜나가지 못했기에 '양식뢰'는 역사 속에서 이름과 도록만 남겨지게 되었다. 이처럼 우리가 찾아가서 우러러볼 유적이 없어진다면 그것은 너무나 유감스러운 일이 될 것이다.

다행스러운 것은 중국 국가도서관과 중국제일 역사문서관(中国第一歷史档案館), 고궁박물원에서 '양식뢰'의 건축도면을 보존하고 있어서 고대건축의 투영도, 정입면, 측입면, 회전도, 등고선도 등과 공사기간 중의 세세한 과정들과 모든 구조의 길이 등이 모두 기록되어 있다. 이 밖에도 '양식뢰'는 '현장작업도', 즉 시공현장의 진행 과정을 그림으로 남겼는데, 이 그림들 속에서 황릉의 택지 선택에서 부터 기초 착공·기초 시공까지, 그리고 지하궁전과 지면, 기둥에서 부터 마지막 지붕의 완성에 이르기까지 양식뢰 건축 시공의 단계별 과정을 잘 볼 수 있다.

하이뎬구의 간부를 지냈고《하이뎬구지海淀区志》의 주편인 장바오 장(張宝章) 선생은 전문서적《건축세가양식뢰(建築世家樣式雷)》를 완성하였는데, 장바오장 선생은 고희의 나이에도 문헌을 뒤지고 현장 고찰을 하면서 '양식뢰' 가족의 흐름을 파악하게 되었고, '양식뢰'의 베이징 고건축에 대한 공헌을 체계적으로 연구하였으며, 또한 '양식 뢰' 선조들의 묘지도 상세하게 소개해 놓고 있다.

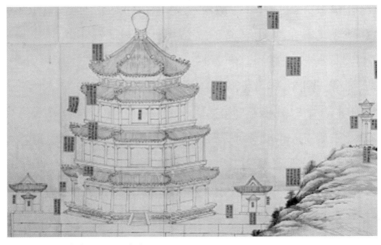

▷ 이화원 불향각(仏香閣) 입체도

왜 이곳을 가족 묘지로 선택하게 되었는지에 대해, 장보오장 선생 은 쥐산촌의 청뤄푸(程若富) 노인을 방문하게 되었는데, 그는 뢰 씨 집안에 판(範) 씨 성을 가진 친척이 쥐산촌에 살고 있어서 판 씨 집안의 도움으로 토지와 부동산을 구매하게 되었고, 이곳에 뢰 씨 집안 묘지를 만들게 되었다고 했다. 이 묘지는 5대 '양식뢰' 뢰경수(雷景修)가 동치(同治) 4년(1865년)에 재건한 것이다. 이곳에는 뢰경수가 직접 쓴 "뢰금옥과 그의 처 장씨의 공덕비(雷金玉及妻張氏德政碑)"의 비문을 통해서 증명되었다. 비문에는 "대청 동치 4년 기축년 2월 초 하루에 고손자 경수(景修)가 뢰 씨 집안 선영의 봉분을 보수하면서 제수를 차려놓고 축원을 올리니 공사가 원만하게 마무리 되었다. 증조 부모님의 공덕을 지어 이 비문을 적는다."라고 적혀 있다.

"양식뢰" 집안의 선영은 쥐산촌 동쪽의 두 갈래 작은 개울 사이의 평지에 위치해 있었으며, 전체 면적은 195무(畝)였다. 마을 쪽은 서쪽 선영으로 전체 면적 48무이며, 서쪽 둘레에 소나무를 심어 벽을 두르고, 북쪽과 동쪽, 서쪽 삼면에 백양나무 242그루를 열 지어 심었다. 유택 안에는 31그루의 백송 나무와 50그루의 미송 중간에 여덟 팔 자 모양으로 분묘 8기를 배열하였다. 그 중 3기의 비교적 큰 봉분에는 뢰 씨 가문의 선조들이 묻혀있다. 그 중 하나는 2대 "양식뢰"인 뢰금옥(雷金玉)의 의관총(衣冠塚)으로 그의 부인 장(張) 씨가 묻혀 있고, 뢰금옥의 묘비가 세워져 있는데, 묘비에는 '성지(聖旨)'라고 적혀 있고 비문의 마지막에는 "고하노니 봉정대부 벼슬을 하사 받은 고손 징수가 글을 올려 비를 세운다"라고 적혀 있다. 다른 한 기에는 4대 양식뢰 뢰가새(雷家璽)와 그의 부인의 무덤이다. 묘비 제목이 "유훈을 항상 밝힌다.(遺訓常昭)"라고 되어 있으며, 또 다른 비교적 큰 분묘에는 5대 "양식뢰"인 뢰징수가 묻혀있다. 묘비는 "징수와 그의 처 윤(尹) 씨 고봉비(誥封碑)"로, "황제의 명을 받들다(奉天誥命)"라는 제목에 마지막에는 "대청 동치 2년 7월 초8일 칙서"라고 적혀 있다. 서선영 남쪽 시내 건너편에는 양택(사람이 사는 집)을 하나 지어놓고 있다. 대문은 북향으로, 문 앞에는 가림벽을 세우고 홰나무를 줄지어 심었다. 어떤 사람은 이 묘지를 보고서 큰 배 같다고 하면서 '뱃머리'가 서쪽을 향하고 있다고 했다. 당시에 마을에는 그곳에는 우물을 파서는 안 된다는 전설이 전해져 내려오고 있었다. 그 이유는 우물을 파면 '배'에 구멍을 내는 것이어서 좋지 않다는 것이다. 양택의 면적은 5무이고, 남북으로 두 줄의 단층 건물 10칸을 지어 묘지를 관리하는 사람이 거주하고 또 영구를 잠시 안치하는 데에 사용했다. 뢰 씨 집안 선영의 남쪽과 서쪽과 북쪽 세 방향으로 물길에 둘러 싸여 있는데, 이 세 시냇가에는 높이 1m 정도, 길이 100여 m의 돌로 쌓은 둑이 만들어져 있으며, 강둑과 제방 밖에는 버드나무 468그루가 심어져 있다. 선영의 사방에는 길게 소나무가 심어져 있었고, 또 느릅나무, 홰나무, 수양버들 등도 심어져 있었다. 크고 작은 나무들은 모두 3,415그루나 되서, "소나무벽 수양버들성(松牆楊柳城)"으로 불렸다.

뢰씨 가문이 쇠락해지면서 자손들은 강둑의 석재 200여 개를 뽑아 팔아먹는 지경에까지 이르렀다. 선영의 울창했던 수양버들과 소나무들은 일본군의 침략으로 수백그루가 벌목되었고, 남겨진 것들도 뢰씨 후손들이 모두 팔아치워 버렸다. 그 후 앞에서 언급한 쥐산촌 주변의 묘지들은 20세기 후반에 모두 평지로 바뀌어져 버리고 지금은 뢰씨 선영의 백송 한 그루만이 덩그러니 남아 "08094"라는 번호가 붙어서 2급 보호목으로 지정되어 고독하게 마을 동쪽의 이미 메말라 버린 강을 바라보고 서서, 사람들에게 양식뢰 집안 선영의 방위를 알려주고 있다.

조설근(曹雪芹) 기념관은 왜 완성되는데
20년이나 걸렸는가?

2019년 1월 23일은 베이징에게 있어서 기억할 만한 날이다. 이 날은 조설근 고택과 기념관이 복원된 날로, 2020년 3월에 정식으로 낙성식을 갖게 됨으로써 20년을 기다려온 일이 현실이 되었기 때문이다.

1. 조설근 고택의 발견

1982년 10월 중국 제1역사문서관의 연구원 장수차이(張書才)는 청대 내무부 문서 속에서 용정(雍正) 연간의 《형부치내무부이회(海淀区志)》(이하 "형부이회"로 칭함)라는 문서가 발견되었는데, 이 책은 용정 7년(1729년) 7월 29일에 작성된 것으로, 그 구체적 내용은 다음과 같다.

> 용정 7년 5월 초 이레에 총관내무부에서 자문하여 이르길, '원래 장닝(江寧) 직조원(織造員)이었던 외랑(外郎) 조부(曹頫)는 포의좌령하인(包衣佐領下人)으로, 정백기만주도통(正白旗満洲都統)에서 내무부로 자문을 구하는 것이 인준되었습니다. 역참에서 소란을 일으킨 죄로 차오푸를 조사하여 지금 목에 칼을 차고 있습니다. 조부의 경성 재산 및 가솔과 강성(江省)의 재산과 가솔은 모두 황제의 명을 받들어 수혁덕(隋赫徳)에게 하사했습니다. 그 후 수이허더는 조인(曹寅)의 처가 과부가 되어 생활을 영위할 수가 없는 처지임을 알고서 그 재산과 가솔 일부를 상으로 주었습니다. 그리하여 경성 숭원문(崇文門) 내 산시구(蒜市口) 지역에 17.5칸짜리 방과 노비 세 쌍을 차오인의 미망인에게 주어 생활할 수 있도록 했습니다. 이 외에는 경성과 강성에는 의지할 곳이 없습니다. 상응하는 형부에

자문을 구하니 답변 기다리겠습니다.' 라고 하였습니다.

　　이 에 따라 답변드립니다. 내무부에서 자문한 조인의 아들 조부의 경성과 강성의 재산과 가솔을 모두 교지에 따라 수혁덕에게 상으로 준 것이기 때문에, 조세현(趙世顯)이 사무를 처리하는 왕대인 등에게 통지하면 됩니다.

　　이 문서의 발견은 홍루몽 연구계에서 큰 반향을 불러일으켰는데, 첫 번째로는 문헌의 형식으로 조설근 일가가 난징에서 베이징으로 옮겨온 후 숭원문 쏸스커우(蒜市口)에 거주했던 사실을 밝혀주는 것이라는 점이다. 한 걸음 더 나아가 좀 더 정확한 위치를 찾기 위해 장수차이(張書才)는 건륭《경성전도(京城全圖)》를 보고서 실제 지역을 시찰하여 쏸스커우 길이 숭원문 와이따가(外大街) 남쪽 끝단의 동편에 있었던 동서 방향의 작은 골목이었다는 사실을 알아냈다. 길 남쪽은 나란히 배열된 7개의 큰 저택이 있는데, 길에 인접해 있는 첫 번째 두 번째 건물 외에는 정원 안쪽 공간이 널찍한 것으로 보아 수레나 말을 위한 공간이거나 객잔 같은 것이었을 것으로 짐작되며, 길 북쪽 중간의 네 개의 정원은 모두 날 일(日)자 형, 눈 목(目)자 형 건축으로, 건물들의 배치가 모두 질서정연하다. 동쪽에서 서쪽으로 세었을 때 쏸스커우 16호(광취문[広渠門] 내대가[内大街] 207호) 저택은 (대문을 포함하여) 18칸의 방이 있으며, "형부이회"에서 기록한 17칸 반과 기본적으로 부합하며, 규모도 가장 비슷하다. 건륭 때의《경성전도》에 그려져 있는 이 저택은 칼자루 모양으로 길에 인접한 건물 6칸으로, 앞뜰 서쪽 편 남쪽 방이 세 칸, 중간 정원의 북쪽 방이 세 칸이고, 동서 상방廂房이 각 세 칸이며, 뒤뜰 공간이 널찍한, 모두 18칸으로 되어 있다. 현재 상태에서 길에 인접하여 점포 건물이 있는데, 대문으로 들어서면 좁고 기다란 담벼락 길을 따라가면 왼쪽으로는 앞뜰과 통하고, 북쪽으로는 후원으로 바로 통한다. 담벼락 길에서 약 10여 m 위치에 네 짝으로 된 중문이 있고, 문 위에 "단방정직(端方正直, 단정하고 정직하게)"라는 네 글자가 적혀 있다. 집 주인 마윈청(馬允升)의 소개에 따르면 고조 마야오둥(馬曜東)이 대략 가경(嘉慶)·도광(道光) 연간에 이 저택을 매입하였고, 증조 마중헝(馬仲衡)의 직계가 거주해 왔으며, 1980년대에 이미 180년의 역사를 자랑한다고 했다. 이 저택은 남향의 눈 목자 형이다. 앞뜰은 비교적 넓고, 가운데뜰은 내택(內宅)으로, 문루(門楼)가 있고, 네 짝의 중문(1926년 중문은 동쪽의 담벼락 길로 옮겨졌다.)이 있다. 세 칸의 본채와 동서 각각 세 칸의 상방이 있다. 중정 정방의 중간은 대청으로 후원으로 통한다.

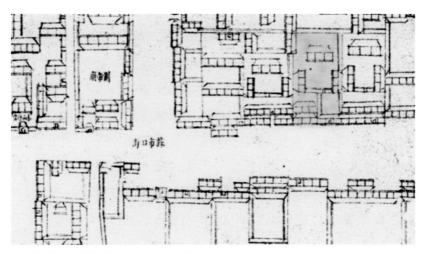

▷ 건륭 《경성전도》에 표시된 쏸스커우 저택

마 씨가 이 저택으로 들어 올 때, 앞뜰은 도로와 인접한 염색공방이었고, 뒤뜰 동쪽에는 우물이 있었다고 한다. 가운데뜰의 본채 들보 중간에는 "운옥회주(韞玉懷珠, 옥을 감추고 구슬을 품는다, 즉 '재능과 덕을 감춘다'는 의미)"라는 편액이 걸려 있고, 뜰 안의 각 건물의 문

위에는 크기가 다른 여러 편액들이 걸려있다. 이 저택에서 가장 두드러진 곳은 후원의 북방(北房, 사합원 후원 정면에 위치한 건물)으로 수리하거나 보재조한 적이 없는 건물이다. 아래는 네 짝 중문으로 건물은 정중앙 칸막이 위에는 "부귀영화(富貴榮華)" 네 글자 편액이 걸려 있고, 양쪽에는 대련이 걸려 있는 데, 앞 구절은 "계세윤현승조훈(允賢承祖訓)", 뒤 구절은 "전가유후계손모(伝家維厚啓孫謀)"라고 적혀 있다.[27] 1980년대 홍학(紅学) 전문가 저우루창(周汝昌), 펑치융(馮其庸), 딴무홍량(端木蕻良) 등은 이곳으로 현장조사를 하고서 일련의 연구 논문들을 연이어 발표했는데, 거의 모두가 쫜스커우가 쟈오 씨의 고택 유적지로 인정하는 일치된 결론이 나왔다.

(1) 쫜스커우 16호 저택은 건륭《경성전도》에 그려져 있는 그림과 쫜스커우 거리 북동쪽에서 세 번째 저택의 형상과 크기가 대체로 일치하며, 이 저택의 서북쪽 모퉁이 담벼락의 일부가 안쪽으로 오목하게 들어갔는데, 이것은《경성전도》의 그림과 완전히 일치한다는 것이다. 원래 그림에 그려져 있는 거리에 인접해 있는 건물 6칸은 중국의 풍습에서 "짝수는 음을 나타내며, 4, 6은 규격을 이루지 못한다."는 풍수적으로 기피하는 것이었기 때문에, 이를 일러 "다섯 칸 반"이라고 하는데, 대문이 그 반 칸을 차지하는 것이다. 그러므로 조설근의 고택은 전체가 17칸 반인 것이다. 이 저택은 마 씨 태조가 청나라 가경 연간에 매입하였으므로 용정, 건륭 연간에 지어진 건축일 가능성이 매우 크다.(이후에 정리과정에서 드러난 건물 기초가 이 점을 증명해 준다.)

(2) "형부이회" 문서에 따르면 조설근의 선조들이 쫜스커우 고택에 거주할 때 조설근은 당시 열 살 남짓이었기 때문에 베이징에 올라 온

---

27) 마윈청(馬允升),《조설근 고택 변천 회고(曹雪芹故居変遷之回憶)》, 베이징시 정협 문사자료위원회 편,《베이징문사자료정선 · 총원 편(北京文史資料精選 · 崇文篇)》, 베이징출판사, 2006년, 49쪽.

후 조모와 함께 쏸스커우에서 거주했을 것이다.

(3) 《강희회전 康熙会典》중 기인(旗人)의 외성 거주 규정에 따르면, 조 씨는 정백기(正白旗) 포의한군(包衣漢軍) 좌령하인(佐領下人)이므로, 외성 거주가 가능했다. 그러나 《팔기통지》, 《팔기문경》, 《팔기만주성씨족보》등의 문서자료에서는 조인(焦寅)이 강남직조(江南織造)를 역임했으며, 남경에 오래 동안 거주하였고, 원래는 기내(旗內) 주택에서 가족들과 함께 거주하고 있었다. 그렇기 때문에 조 씨 일가가 죄를 뒤집어쓰고 베이징으로 돌아갔었어도 성내에서는 거주할 수 없었다.

(4) 저택 내에 조 씨 집안의 고택의 특징이 남아 있는 "단방정직(端方正直)"이라고 적혀 있는 4짝 중문과 주위 환경은 《홍루몽》속에서도 그 흔적을 찾아볼 수 있다. 《홍루몽》제2회 "냉자흥연설영국부(冷子興演説栄国府)"편에서 가정이 "어려서부터 책읽기를 좋아했고 사람 됨됨이가 단정하고 정직하여 조부의 사랑을 듬뿍 받았다."라고 되어 있다.

(5) 조인이 남긴 글이나 시작에서도 주변 환경의 그림자를 찾아 볼 수 있다.

1990년대 연이어 많은 홍학 전문가와 애호가들, 그리고 문물과 고건축, 역사 등의 전문가와 학자들이 이곳에 와서 살펴보고는 대체로 쏸스커우 16호가 조설근이 베이징으로 올라온 후 처음 거주했던 곳이고 보았다.

2. 유적지 철거와 북원 준비과정

20세기 말 광안대가(広安大街) 확장 공사가 시작되었다. 조설근 고택 유적은 이 길이 뚫리는 경계선 범위 안에 포함되어 있어서 건물을 철거해야 했기 때문에 보호와 활용문제에 대한 긴급한 논의 일정이 제기되었다. 1995년 10월 24일 총원구(崇文區) 정협 부주석 왕진종(王金鐘)은 문사위원회(文史委員会) 위원단을 인솔하여 쏸스커우 조설근 고택 유적지를 시찰하고 현지 시찰 보고서《문화유산을 잘 보호하고 이용하여 두 문명건설 내용을 풍성하게 하기(保護利用好文化遺伝, 豊富両個文明建設内容)》를 제출하였다. 보고서에서는 "원래 쏸스커우 16호는 현재 광취문 내대가 207호로, 고증에 따르면 조설근이 난징에서 베이징으로 돌아온 후 처음 거주했던 곳이다. 그렇기 때문에 각 관련 부처 간부들은 건설과 보호의 관계에 대해 신중하고도 신중하게 처리해야 했다. 총원구에서 보존해 온 문화유산은 그 숫자가 비교적 적기 때문에 다시 놓쳐버리게 된다면 영원히 유감으로 남을 것이다."라고 지적하였다. 또 "이곳은 유일하게 역사적으로 고증할 수 있는 조설근의 고택으로, 도로 북쪽은 청나라 초기의 민가식에 따라 '조설근 고택'을 복원할지의 여부는《홍루몽》연구기관의 설립을 고려해야 하며, 또한 주변에 경제적 효용성이 있는 문화 인프라를 건설하는 것을 고려해야 한다."고 하였다.

1999년 6월 8일 총원구 정협에서는 베이징시 정협 문사위원회, 중국 홍학회 롱탄(竜潭)공원 롱인각(竜吟閣)에서 조설근 고택 유적 심포지엄을 개최하였다. 심포지엄을 통해 다음과 같은《조설근 고택 유적 관련 심포지엄 기요(関於曹雪芹旧居遺址研討会紀要)》만들었다.

1) 시의 두 정부와 관련 주관부처에서 조설근 고택 유적의 보호와 이용을 매우 중요시 해야 한다.
2) 기획 부문과 문화재 부문에서는 현지 조사를 철저히 해야 한다.

3) 조설근 고택유적박물관을 건립해야 한다.

4) 조설근 고택유적박물관을 "전통문화교육기지"로 건설하여 중국공산
   당 베이징시위원회와 시 정부에 보고해야 한다.

  시위원회 부서기 리쯔젠(李志堅)과 시위원회 상무위원, 선전부장
롱신민(竜新民), 부시장 류징민(劉敬民)이 연이어 서면으로 의견을
제기하면서 기본적으로 위와 같은 의견들에 동의를 표했다. 여기에
베이징에서 유일하게 그 근거를 찾아볼 수 있는 조설근 고택을 지키
자고 호소함으로서 국내외 매체와 홍학계의 관심을 불러일으켰다.

  2000년 2월 22일 총원구 문화문물국에서는 구(區)정부에《조설근
기념관 건설에 관한 보고서(関於修建曹雪芹紀念館的報告)》를 제출하
였다. 3월 22일 베이징시 위원회 서기 자칭린(賈慶林), 부서기 장푸선
(張福森), 부시장 왕광타오(汪光燾) 등은 광안대가, 츠치커우(磁器
口), 그리고 광취문 네이대가 207호 주택에 대해 현지를 시찰하였다.
4월 6릴 시장 류치(劉淇)가 이곳을 시찰하였다. 시와 구의 문화재 부
문의 책임자와 전문가들도 여러 차례 이곳을 시찰하였다. 8월 1일 베
이징시 정협 주석 천광원(陳広文)은 시 위원회 서기 쟈칭린, 부시장
왕광타오의 부탁으로 총원구를 찾아 구 정부와 조설근 유적지 문제에
대해 논의한 후 "일부 정협위원의 쏸스커우 조설근 고택 보존 요구에
대해, 나는 부탁을 받고서 총원구 고위층과 논의 한 결과, 현재 레드
라인에 포함된 17칸 반짜리 옛 건물을 철거하고(도로 확장공사는 이
미 기정사실이기 때문에) 쏸스커우 부근에 새로 건설하는 것으로 의
견을 모았다. 구에서 개발 업체와 논의를 하거나 아니면 구에서 출갑
하여 건설을 맡고 기념비를 세워 인문경관을 조성하는 것이다."라고
시 고위층에 서면 보고서를 보냈다. 8월 2일~3일 자칭린, 류치, 왕광
타오 모두가 문서에 동의한다는 의견을 보냈다. 8월 10일 총원구 위원

회에서 서기 업무회의를 소집하여 조설근 고택 이전 문제를 연구하였다. 당일 구 위원회와 구 정부는 시 위원회와 시 정부에 "홍학 전문가와 문화재 전문가들의 광취문내대가 270호의 조설근 고택에 대한 명확한 가부의 결론을 내리지 못함에 실사구시와 역사에 대한 책임의 원칙에 따라 우리는 이 저택을 철거한 후 부근에 1:1의 비율로 다시 복원하자는 의견을 제시한다."는 내용의 《조설근 고택문제 관련 긴급지시 요청서》를 제출하였다. 9월 12일 부시장 왕광타오가 총원구를 찾아 와 시 정협, 시 기획국, 초우언구 정부 및 중국 홍학회 등 소속의 60여 명의 관련 인사를 소집하여 "조설근 고택" 문제에 대해 토론회를 개최하였다. 의견에 대해 왕광타오는 207호 저택의 문제는 홍학 연구 심화의 결과이며, 또한 베이징의 문화와 역사연구의 중요성을 보여주는 것이라고 강조하였다. 또 광안대가의 확장 건설이 '조학(曹学)' 연구에 새로운 기회를 창출해 주었으며, 적극적인 촉진제 역할을 하게 되었다고 했다. 회의 후 그는 시 기획국 위원회와 총원구 정부가 제기한 광취문내대가 207호 저택의 광안대가 확장계획 레드라인 밖으로 이전하여 쏸스커우 부근에 조설근 고택을 복원하는 방안에 동의하였다. 총원구 정부가 조설근 고택 복원 조직과 실시를 책임지고, 작업과정에서 중국 홍학회와 전문가의 의견을 수렴하고 시 위원회와 시 정부에 보고했다. 9월 20일과 10월 2일 시 위원회 서기 자칭린과 시장 류치가 이 보고서에 동의한다는 의견을 보냈다. 뒤이어 시 정부에서는 광취문내대가 207호 건물을 철거하여 부근에 조설근 기념관을 건립하기로 결정하였다. 아울러 "시 계획 위원회가 이 저택의 현황에 대해 측량한 후 철거하며 광안대가의 확장공사에 영향을 주지 않아야 한다. 철거 할 때 시 문물국에서는 중국 홍학회를 초청하여 현장을 감독하고 동시에 시장 건축과 지하에 대한 고증을 책임지도록 한다. 총원구 정부는 조직을 꾸려 조설근 고택 복원을 실시하며, 작업과정에서 중국 홍학회와 전문가의 의견을 청취한다."고 지시하였다.

3. 길고도 길었던 조설근 고택 복원의 시간

2000년 11월 9일 207호 저택 철거작업이 시작되었다. 철거과정에서 나타난 기초는 건륭 《경성전도》의 17칸 반의 건물과 완전히 일치했다. 고고학 전문가들의 두 달에 걸친 발굴 작업을 통해 다음과 같은 사실이 증명되   었다.

> ① 중기 건축의 퇴적은 건륭 《경성전도》에 그려져 있는 저택의 흔적이었다.
> ② 현재 건축(청나라 말, 민국 초)의 앞뜰의 짜임새와 격식은 건륭 기와 큰 변화가 없다.

저택 안에서는 또 하늘에 제사를 지낼 때 썼던 기둥의 돌 기초, 우물 틀, 도자기 파편 등도 발굴되었다.

유적이 철거된 후 2002년부터 총원구 정협은 조설근 기념관의 명칭과 디자인, 기능적 지향 그리고 전시 내용 등에 대해 광범위한 의견 수렴을 진행하여 《생활면모 전시 위주 역사 재현 위주》의 건의서를 채택하여 총원구 위원회 서기 리샤오광(李曉光)은 이 건의서를 실은 《의정참고(議政參考)》에 "'조설근 고택기념관' 명칭은 일찍부터 결정되었으며, 공사는 빠른 시일 내에 실행하여 완공이 되고 나면 총원구의 창구 역할을 하게 될 것이다."라고 논평하였다. 4월 17일 구 정협은 관련 부문과 함께 조설근 기념관 건립을 위한 협력 방안 토론회를 개최하였고, 정협 부주석 왕원주(王文竹), 왕진종(王金鐘)이 회의에 참석하였다. 이어서 구 정협 부주석 왕진종은 두 차례나 저명한 홍학 전문가인 저우루창(周汝昌) 선생을 방문하여 기념관의 설계와 기능적 지향, 그리고 전시 내용 등 방면의 의견을 청취하기도 했다. 저우루창은 "기념관을 건립하게 되면 생활 면모를 보여주고 역사를 재현하는 것을 위주로 해야 한다고 하면서 기념관의 명칭이나 설계, 지향점, 전시내용 등에 대한 의견을 개진하고서 총원구 2003년 말 차오쉐친 서거 240주년 때 기념관이 완공될 수 있도록 노력해 주길 바란다."[28] 2003년 2월 26일 총원구 정협 문사자료 위원회에서는 조설근기념관 건립 기획 디자인 연구 토론회를 개최하였고, 정협 주석 왕짜이윈(王再雲), 부주석 왕진종이 회의에 출석하였다. 홍학 학자 차이이장(蔡義江), 꾸핑단(顧平旦), 두춴껑(杜春耕), 장수차이(張書才), 고건축 전문가 양나이지(楊乃濟), 그리고 일부 정협 위원과 인민대표들이 회의에 참석하였다. 이 회의에서는 구 건설위원회, 신세계개발회사의 주요 책임자들은 조설근기념관 공사 진행상황을 보고하였다. 전문가들은 기념관 명칭의 지향점과 기획디자인, 전시내용 등에 대해 의견과 건의사항을 개진하였다. 3월 18일 구 위원회 서기 리샤오광은 츠치커우의 차오쉐친기념관 선정 부지와 건축공사 등의 문제에 대해 현장 설명회를 개최하였고, 리샤오광은 조설근기념관 건설을 위한 결심은 바뀔 수가 없는 것이며, 인민에 대한 책임, 역사에 대한 책임을 근본으로 하여 기념관건설 사업을 잘 처리해나가야 한다고 강조했다. 그는 또 소규모 작업팀을 구성하여 현재부터 기념관 건축설계 및 전시 설계 작업을 착수해야 할 것을 제의하기도 했다. 이 회의에서는 전체 면적 800㎡의 츠치커우 동북쪽의 도로와 인접한 지역을 기념관 건설

---

28) 저우루창 《생활면모 전시 위주, 역사 위주以展示生活面貌為主 以史為主》, 총원구 정협, 《문사선간文史選刊》 2002년 11월 제 17기.

공사 용지로 결정하였다. 이 공사는 2005년 상반기에 지하철 5호선 츠치커우역이 준공된 후 진행하기로 했다.

▷ 조설근 기념관 기공식, 왼쪽 세 번째가 송웨이주(宋慰祖)

▷ 복원 후의 조설근 고택

3월 20일 총원구 문화위원회에서는 정부에 《조설근 고택기념관에 관한 지시요청》을 제출하였다. 4월 2일 제110차 구청장 업무회의에서는 구 문화위원회의 지시요청에 동의하였고, 기념관을 신세계부동산 발전주식회사("신세계"로 약칭)에서 출자 및 건설을 책임지며, 문화 위원회에서는 전시자료의 수집 및 기념관 설계를 책임지는 내용을 결 정하였다. 회의에서는 또 각 관련부처에서도 힘을 모아 함께 각각의 준비 작업을 진행해 나갈 것을 당부하였다. 6월 10일 총원구 건설위원 화와 기획국 지국, 구 문화위원회 등 관련부처들은 '신세계', 지하철 5호선 시공사와 연합으로 기념관 건축설계 협의 토론회를 개최하였 고, 중국 건축설계그룹 건축역사연구소의 고건축 설계사들도 토론회 에 참석하였다. 6월 11일 부 구청장 저우룽(周榕)은 협위회를 개최하 여 지하철 5호선 츠치커우역의 환기구의 조설근 고택기념관 용지 사 용문제에 대해 협상을 진행하였다. 구 건설위원회와 기획국 지국, '신 세계', 지하철 5호선 건설 시공사, 구 정협 등 관련 책임자들이 함께 협상을 진행하여 양해를 구하고 지하철 건설 설계책임자의 동의하에 설계방안을 수정하기로 했다. 6월 19일 구 문화위원회와 기념관 재산 권단위, 설계단위는 설계위탁서 및 합의서에 서명하였다. 2003년 말 '신세계'는 중국 건축설계연구원 역사연구소에 위탁하여 조설근기념 관 프로젝트의 설계를 진행하였다. 2004년 사업의 기본 방안이 확정 되었다.

2006년 구(區)정부에서는 "조설근 고택기념관"을 정부 업무 보고에 삽입하고, 2006년 · 2007년 두 차례에 걸쳐 이 사업을 "저즈공청(折 子工程, 베이징시 정부가 책임을 지고 완수하는 프로젝트"에 편입시 켰다. 2006년 5월 26일과 2007년 6월 6일, 2008년 11월 20일, 2009년 11월 8일 총원구 정협 주관 부주석은 각각 문사자료 위원회 성원들을 이끌고 4차례에 걸쳐 '신세계'를 방문하여 조설근 고택기념관 건설 문제에 대해 조사연구를 진행하고 기념관 공사를 검사하고 진도를 독촉하기도 했다. 그리고 연속하여 4차례 구 정부에 보고서를 제출하였다. 2007년 6월 12일 구 위원회 서기 리샤오광은 구(區) 정협이 보내온 시찰보고서에 "정협의 이 사업은 매우 잘 선정한 사업으로, 고택기념관은 앞으로 총원의 새로운 명소가 될 것이며, 시행사를 독촉하여 기한 내 완공이 되길 바란다."는 의견을 보냈다.

　2008년 '신세계'는 고택기념관은 A, B 두 부지를 점용하게 되는데, 정책의 변화로 인해 B 부지는 상장폐지가 되어야만 사용권을 획득하게 되기 때문에, 공사 진행에 영향을 받게 된다. 2009년 4월 B부지에 대한 기획의견서를 취득하였고, 5월에는 시의 관련부처의 요구에 따라 토지 매입 전의 관련 준비업무를 마무리하였다. 그런 후 B부지에 필요한 용수, 전기, 가스, 난방 시스템 등의 계획 자문 방안과 보고서를 완성해 나갔다. 그러나 기획 부처에 새로운 규정이 만들어지면서 공공건설 사업은 주택사업처럼 일조권이나 조망권에 대한 엄격한 규정이 있는 것은 아니라도 옆 건물과의 사이에 조망권 문제가 존재하고 있어서 서로 간의 협의가 필요한데, 신징(新景) 오피스텔과 기념관이 북쪽에 있는 빌딩 '징원랴오스(京文廖氏)'(시 소속)의 창문 36개를 막고 있기 때문에 새로운 규정에 따라 상대방의 동의를 얻어야만 허가를 받을 수 있었다. 그렇기 때문에 '신세계'와 '징원랴오스', 그리고 주관부처와의 협의 후에 쌍방은 초보적으로 사업협력을 통해 상호 이익과 공동번역을 실현해 나간다는 공동인식에 합의하였다. 2009년 '신세계' 측은 연말에 교통영향 평가와 지가 평가를 진행하여 B 부지의 시장 편입의 모든 준비과정을 마무리하고, 시의 토지정리 예비센터에 보고하기로 했다. 2010년 제 1분기에 시 국토자원국에서는 저가 심의결정 회의를 조직한 후 상장폐지를 통해 B 부지의 토지사용권을 취득하였으며, 같은 해 2분기에 보고 업무를 시작했다. 다른 한

편으로는 '징원랴오스'에 대해 지속적으로 논의를 진행하여 개증축 방안을 확정지었고, '신세계' 측도 비교적 낙관적으로 2010년 말 이전에 착공하기로 하였다.

2010년 동청구(東城區)와 총원구가 철거되고 새로운 동청구가 만들어지면서 총원구는 더 이상 존재하지 않게 되었다. 그로 인해 조설근 고택 복원사업은 뒷전으로 밀려나고 말았다. 베이징시 정협 위원회, 민주동맹 베이징시 위원회 전임 부주석 송웨이주(宋慰祖)는 총원구 정협위원에서 베이징시 인민대표가 되었다가 다시 베이징시 정협위원으로 자리를 옮겨 매년 베이징 양회(両会)에서 이 사업의 필요성을 12년간이나 호소하였다. 그 중 2018년의 제안서에서는 "시간이 화살처럼 지나가고 사람은 죽게 마련입니다. 잃어버린 역사는 사람들에게 잊혀 질 것입니다. 어느 민족, 어느 도시가 어떻게 자신의 자손들이 망망대해에서 길을 잃고 헤매는 것을 바랄 것이며, 역사를 잊고 조상을 잊고 문화를 잊어버리도록 두고만 보겠습니까! 오늘 할 일을 하지 않으면 내일은 역사의 죄인이 되고 말 것입니다."라고 마음에서 우러나온 말을 쏟아내기도 했다. 총원구 정협 부주석 왕원주도 줄곧 이 일을 호소해 왔는데, 그는 《총원구지崇文区志》의 주편으로서 이 일의 전후맥락을 《총원구지》에 실음으로써 기록으로 역사에 남겼다. 2019년이 되어서야 동청구에서 개최한 양회에서 정협위원인 왕리쩐(王立真)이 《조설근 고택기념관 건설의 최대한 빠른 재개에 관한 건의(関於尽快従新 啓動曹雪芹故居紀念館建設的建議)》의 제안서를 제출하게 되었다.

1982년 10월 조설근 고택유적이 발견되고 난 후 2019년까지 38년의 시간이 걸렸다. 2000년 11월 조설근 고택이 철거된 지도 이미 19년이 흘렀다. 2003년 4월 구 정부에서 조설근 고택기념관을 '신세계'에서 책임지고 건설하기로 결정한 지도 이미 17년이 넘는 세월이 지났다. 이 기간에 조설근 고택기념관 건설에 적극적으로 참여하고 연구를 진행했던 홍학 전문가 저우루창, 펑기용, 딴무홍랑 등은 모두 세상을 떠났고, 장수차이 등의 학자들도 이미 고령이 되어버렸다, 다행스러운 것은 마침내 고생고생하며 기다려온 끝에 결과가 나오게 되었다는 점이다.[29]

---

[29] 본 글은 왕원주 주임·송위주 주임이 자료를 제공해 주고 또 검토를 맡아주셨으며, 본 문장에서는 2차 《베이징시 총원구지》의 자료를 인용하였다.

제3장

베이징에는 관심을 갖게 하는 곳이 많은 만큼
그에 관한 이야기도 많이 있다.

머리말

베이징은 역사적 발전과정에서 중요하고 중대한 흔적을 남기는 사건들이 자주 일어났고, 이러한 사건들은 베이징의 발전에 직접적인 영향을 미쳤다고 할 수 있는데, 일정한 시간이 지난 후에야 비로소 사람들로부터 중시를 받게 된다. 이러한 사건들은 이슈로 요약할 수 있고, 지방지는 이를 사실대로 기술함으로써 역사발전의 법칙을 탐구하는 데 근거를 제공해 준다.

이슈란 무엇인가? 오늘날의 '일성삼대(一城三代)' 가 바로 이슈이다. '일성' 은 역사문화 도시인 베이징을 뜻하고, '삼대' 는 "대운하(大運河) 문화벨트, 창성(長城) 문화벨트, 서산(西山) 영정하(永定河) 문화벨트"를 뜻한다. '일성' 에서 베이징의 도시 중심축인 '신유(申遺, 세계문화유산을 신청하는 것)' 가 이슈 중의 이슈다.

나는 미윈(密云) 저수지를 어떻게 이용하고 보호할 것인가라는 이슈에 특히 관심을 갖게 되었다. 시간이 흐르고 상황이 변한 지금에 와서 저수지를 보호하기 위한 노력은 역사적 가치를 갖는다. 사실 나는 그 세대의 책임감과 사명감이 존경스럽다. 가끔 오늘날 사람들도 그렇게 할 수 있을까 하는 생각을 하기도 한다.

베이징은 물이 부족한 도시이다. 나는 본 장에서 『베이징 역사의 수해기록(北京历史上的水灾记录)』이라는 내용을 선택했다. 베이징의 수해는 역사에서 그치지 않았다. 크지 않은 비가 대면적의 도시를 물에 잠기게 하고, 심지어 조난자가 발생하는 경우도 있었다. 따라서 베이징은 물이 부족한 문제를 해결하고, 물을 보충하기 위한 노력을 해야 할 뿐만 아니라, 수해에도 주의를 기울여야 한다.

빛나고 아름다운 것이 현대 도시의 상징이지만, 화장실 역시 그 표지이다. 한 도시에 화장실이 다섯 개뿐일 때 사람들이 어떻게 그 괴로움을 이겨낼 것인가를 상상해 보자. 화장실은 도시발전의 거울이라는 것을 조금도 의심하지 말아야 할 것이다.

베이징 중축선 대칭구도의 계승과 혁신

베이징의 중축선은 베이징의 역사적 변천을 기록하고 있다. 명·청시대의 베이징성은 북쪽의 종고루(钟鼓楼)에서 남쪽으로 용띵문(永定门)까지 길이가 약 7.8km가 되는 중축선이 있었다. 붉은 벽과 황금색 기와에, 건축 면적이 15만m2가 넘는 만 채의 가옥과 중축선 위에 우뚝 솟은 태화전(太和殿), 중화전(中和殿), 보화전(保和殿)의 3대전과 문루(門樓)로 구성된 자금성(紫禁城)은 봉건 황권의 지위를 돋보이게 하며 자금성을 중심으로 설계된 '좌조우사(左祖右社, 왼쪽에는 종묘를 두고 오른쪽에는 사직단을 두었다)'의 이념을 실감하게 한다. 이른바 '좌조'는 오늘날의 '노동인민문화궁'으로 과거의 태묘(太廟) 즉 황제가 조상에게 제사를 지내던 곳이다. '우사'는 오늘날의 중산공원으로 과거에는 사직단(社稷壇) 즉 황제가 토지신(社)과 곡식신(稷)에게 제사를 지내던 제단이었다. 이는 현재 베이징의 도시 구도를

▷ 태묘

이해할 수 있는 시작점이다.

  신 중국이 창건된 이후, 원래 자금성을 중심으로 하던 구도는 남쪽으로 천안문 광장까지 이동되는 중대한 변화가 일어났다. 면적이 40여 만m2에 달하는 광장과 일련의 건축물은 신의 한 수라고 할 수 있다. 중축선 위에 천안문, 국기 게양대, 인민영웅기념비가 핵심이 되었고, 사직단 남쪽으로 200m 위치에 인민대회당을 건설했는데, 중국 고대에 "백성이 우선이고, 국가는 다음이고, 임금은 그 다음이다.(民为重, 社稷次之, 君为轻.)"라는 말이 있듯이 인민대회당은 인민대표가 정치에 참여하여 의정(議政)하는 곳으로, 깊은 뜻이 담겨 있다. 황실에서 조상에게 제를 지내는 타이묘에서 남쪽으로 200m 떨어진 곳에 역사박물관, 혁명박물관(현재 국가박물관으로 개칭됨)을 지어 역사를 이어간다는 뜻도 담겨 있다.

  21세기에 진입한 이후 중축선 북단을 종고루에서 올림픽공원으로 밀어냄으로써 중축선 길이에 변화가 생겼을 뿐만 아니라, 이 끝점에 규모가 방대한 체육시설을 집중적으로 건설했는데, 부지 면적이 80여

▷ 고궁(故宮) (원본은 『베이징지(北京志)·건축권(建筑卷)·건축지(建筑志)』에 수록되어 있음)

만m2에 달하여 중축선의 리듬에 변화가 생겼다. 올림픽 공원의 이러한 시설 중에서 가장 대표적인 것은 국가체육장(国家体育场)인 냐오차오(鸟巢)와 국가수영센터인 워터큐브(水立方)이고, 두 건축물은 중축선 북단의 양쪽에 서 있어 대칭적인 구도를 형성했다.

냐오차오의 건축면적은 258,000㎡이고 외형구조는 주로 거대한 철골로 이루어져 있으며, 건물의 상면은 안장형이고, 장축은 332.3m, 단축은 296.4m, 최고점 높이는 68.5m, 최저점 높이는 42.8m이다. 워터큐브의 건축면적은 8만㎡에 달하고, 외곽은 수포 같은 투명막으로 구성되었는데, '천원지방(天圆地方)'이라는 사상이 '워터큐브'를 탄생시켰다고 한다. 밤이 되면 워터큐브는 물방울처럼 맑은 빛을 발산하고 있는데, 그것은 탑원형의 '냐오차오' 국가체육장과 서로 잘 어울린다. 하나는 철골 구조의 강건한 기운을 나타내고, 하나는 물과 같은 음유(吟遊)하는 듯한 아름다움을 나타내는데, 어떤 사람들은 워터큐브와 냐오차오는 '일문일무(一文一武)'의 형국을 갖추고 있어 상부상조하며 서로의 장점을 돋보이게 한다고 한다.

만약 이 건축물들이 일문일무의 형국을 갖추었다면, 전통적인 이념에 따라 그것은 또한 베이징의 중축선의 대칭적인 구도를 암시한다. 역사의 발전으로 볼 때, 베이징의 중축선은 전통을 계승하고 계승과정에서 혁신하는 남다른 독창성이 있는 베이징역사 발전의 맥락을 완벽하게 보여 주고 있다.

　중축선을 기준으로 동서가 대칭되는 구도는 베이징성의 중요한 특징이다. 남향으로 앉은 베이징성은 왼쪽이 동쪽, 오른쪽이 서쪽이며, 중축선 동쪽은 '문(文)', 서쪽은 '무(武)'라는 글자를 넣어 명명했다는 것이 가장 흥미롭다. 예를 들면 동쪽의 충원문(崇文门), 원화전(文华殿) 등과 서쪽의 헌우문(宣武文), 우잉전(武英殿) 등이 그것이다. 명나라와 청나라 때에는 관아도 문과 무로 구분했다. 명나라 천안문(명나라 때는 청톈문(承天门)이라 함) 앞에는 천보랑(千步廊), 동쪽에는 전국의 의례 · 제사 · 연향(宴享) · 공거(貢擧) 등을 관장하는 예부(禮部)와 전국의 관리 선발 · 시험 및 훈봉(勳封)에 대한 정무를 담당하는 이부(吏部), 전국의 호적 · 토지 · 조세 · 재정수지 등을 책임지는 호부 및 종인부(宗人府) · 병부(兵部) · 공부(工部) · 홍려사(鴻臚寺), 흠천감(欽天監, 명청 시대의 천문대) 등이 있었다. 서쪽에는 전국 최고 통군(統軍) 기구인 좌 · 중 · 우 · 전 · 후 5군 도독부와 제사 · 예악을 관장하는 태상사(太常寺) 및 내외 장소(章疏), 백성의 밀봉(密封) 신소(申訴)를 접수하는 기구인 통정사사(通政使司), 그리고 시위(侍衛), 집포(緝捕), 형옥(刑獄) 등을 관장하는 금의위(錦衣衛) 등이 있다. 『홍무경성도지(洪武京城都志) · 서(序)』에서는 "여섯 명의 관리는 왼쪽에 앉아 문화를 다스리며 관리했고, 다섯 명의 관리는 서쪽에 위치하여 무력으로 질서를 유지했다."고 되어 있는데, 이는 문과 무로 관아를 구분했음을 보여준다. 청나라 때 광장 동쪽은 대부분 명

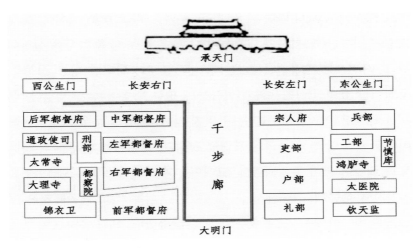

▷ 명대 천보랑 양측 관청 안내도

나라 구제(舊制)를 이어받아 형부(刑部), 대리사(大理寺), 도찰원(都察院) 등 관아가 설치되어 있었다. "동쪽은 생명의 힘을, 서쪽은 죽음의 힘을 쥔다(东掌生、西掌死)"는 원칙에 따라 이부(吏部), 호부(户部), 예부(禮部) 등 문직 관아가 동쪽에, 무직 관아는 중축선 서쪽에는 설치되어 있었다. 문관과 무관이 입조(入朝, 벼슬아치가 조회[朝會]에 들어가는 것)할 때에도 동서로 나뉘어 들어갔다고 한다.

이 좌문우무(左文右武)는 도대체 어디에서 비롯되었는지에 대해서는 해석이 다양하다. 청룡, 백호, 주작, 현무의 4대 성수(星宿)에서 비롯되었다고 하는 사람들도 있다. 상고 시대에 옛사람들은 하늘을 동, 서, 남, 북의 4궁으로 나누었는데, 각각 청룡(창룡[蒼龍]), 백호, 주작, 현무(일종의 거북형의 신)라는 이름을 지었다. 실제로는 하늘을 네 부분으로 나누어 각 부분 중 일곱 개의 주요 성수를 연결하여 그 모양에 따라 명명한 것이다. 동쪽의 모양이 용을 닮았다 하여 동궁을 청룡 또는 창룡이라 불렀고, 서쪽의 칠성은 호랑이와 닮았다 하여 서궁을 백호라 불렀으며, 청룡은 동쪽의 신이고 백호는 서쪽의 신으로 이것이 바로 도교에서 흔히 말하는 '좌청룡, 우백호'라고 하는 것이다. 도교 명승지 칭청산(靑城山)의 톈스동(天師洞)은 산문 앞쪽 좌우에 신전이 있고, 좌전에는 맹장신군(孟章神君)이라는 위풍당당한 청룡 신상을, 우전에는 감병신군(監兵神君)이라는 용맹한 백호 신상을 세웠다. 이러한 해석은 억지스러운 부분이 없지 않아 있다. 좌문우무의 이유는 아마도 중국의 전통 예의와 관련될 것이다. 고대에는 왼쪽을 위로 받드는 예절이 많이 통행되었다. 고대인들은 거의 모든 사물에 대해 음양을 분류했는데, 그중에서 큰 것·긴 것·위쪽·왼쪽은 양, 작은 것·짧은 것·아래쪽·오른쪽은 음으로 간주했다. 한편 음양으로 구분할 때 문은 양, 무는 음에 속한다. 국가의 통치에 있어서 문치무공(文治武功)은 국가의 통치 질서와 국가의 안녕을 결정하며 모두 소홀히 할 수 없는 부분이었다. 그 중요도를 볼 때 '예'로써 나라를 다스리든 '덕'으로써 나라를 다스리든 봉건적인 예교는 대체할 수 없는 지위를 차지했다. 따라서 '문(文)'을 위로 받드는 전통이 생겨나게 되었고, 봉건사회에서 문무백관이 입조 시에도 문관은 왼쪽, 무관은 오른쪽에 섰던 것이다. 또 흥미로운 것은 중화민족의 시조인 반고(盤古)가 신선이 된 후에 그의 신체기관이 일월성신(日月星辰)으로 변했다는 설인데, 반고의 왼쪽 눈은 남성인 일신(日神) 복희(伏羲), 오른쪽 눈은 여성인 월신(月神) 여와(女媧)가 되었다는 것이다. 좌우도 음양과 남녀로 구분할 수 있다. 이러한 원리에 따르면 냐오차오와 워터큐브의 위치는 적합한 것으로 은밀히 이러한 전통을 따랐다고 하겠다.

사실 풍수 이론은 사람마다 각기 자기 견해를 갖고 있다. 올림픽공원을 전체로 보았을 때 성수를 도입하여 분석하면 또 새로운 해석이 따를 것이다. 좌청룡·우백호를 도입하면 워터큐브(중국 국가수영장 이름)와 냐오차오의 위치를 교환하는 것이 가장 좋다. 워터큐브를 좌측 청룡의 위치에 놓으면 마침 청룡이 물을 얻어 더욱 길하게 되고, 냐오차오를 오른쪽에 있는 백호 위치에 두면 동지를 틀고 호랑이를 가둘 수 있어 전화위복의 효과를 가져올 수 있다.

중국의 전통 건축물을 보면 풍수를 적용한 사례가 많은데 일반적으로 금, 목, 수, 화, 토의 오행을 이용하여 건축의 규제, 방위, 모양을 분석하고 심지어 구체적인 위치를 정한다. 오행에서, 서쪽은 금에 속하지만, 오행의 상생상극에서 금생수(金生水)의 결과를 가져오게 되므로 워터큐브의 위치가 가장 좋다. 동쪽은 목에 속하지만, 나무의 기능이 또 동지를 짓는 것으로, 웅장한 새 둥지가 올림픽 공원의 서부에 우뚝 솟아 있어, 방위의 선택에서도 적절하다고 하겠다.

베이징 도시건설종합계획의 중점으로 간주해 왔던 중축선은 역대 도시 총체적 계획에서 줄곧 보호와 발전의 대상이었던 것으로, 도시 중축선의 주요 지역을 명확히 하고, 경관 보호에 중점을 두며, 중축선의 양측은 일정 범위 내에서 건축물의 높이를 엄격히 제한하여 넓은 공간을 유지하도록 했다. 남쪽으로 고궁을 바라보고 있는 징산(景山)은 베이징의 전통 건축물의 하늘 끝 윤곽을 보여 주는 중요한 경관으로 그 남쪽에 고층건물이 들어서서는 안 되기 때문에 남부지역에 지금까지 초고층 건물이 건설되지 않았다. 2017년 〈베이징 도시 종합계획〉 중 '공간배치' 에 관한 계획에서는 중축선 및 그 연장선을 전통 중축선 및 그 남북방향으로 연장하고, 전통 중축선은 남쪽이 영정문에서, 북쪽이 종고루까지 길이가 약 7.8km이고, 북쪽으로 옌산(燕山)산맥까지, 남쪽으로 베이징 신공항, 영정하 수계까지 연장한다고 제시했다. 중축선 및 그 연장선은 문화적 기능이 핵심이고, 대국 수도로서의 문화적 자신감을 구현하는 대표적인 지역으로, 역사를 계승하여 전통문화의 정수를 보여 주어야 할 뿐만 아니라, 현대문명의 매력을 구현할 수 있도록 유기적으로 업그레이드해야 한다. '계획'에서는 "중축선은 역사의 축선이자 발전의 축선이다. 보호와 유기적인 업그레이드가 상부상조할 수 있도록 노력을 기울이고, 전통 중축선의 질서를 보완하고 전통문화의 정수를 전면적으로 전시해야 한다."고 강조했다.

예나 지금이나 조국의 역사와 문화는 전승과 부흥이 필요하며, 더 중요한 것은 혁신이다. 시대와 더불어 발전해야 하며, 전승·부흥과 함께 새로운 중화문명을 창조해야 한다.

지리지(地理志)에 기록된 천안문 광장

지방지에서 기록한다면 자료의 진실성, 완전성을 강조해야 한다. 지면의 제한으로 간결함을 유지하되, 규범적이고 핵심적인 요소를 빼서는 안된다.

1. 천안문 광장의 과거와 현재

베이징의 남북 중축선에 위치하고 있는 천안문 광장은 베이징의 중심이고, 북쪽 시작점은 은 천안문, 남쪽 끝은 정양문(正陽門)이다. 천안문은 원래 명나라와 청나라 황성(皇城)의 대문이자 황제가 조령(诏令, 황제가 공포한 공문을 통칭하는 것으로 민간에서는 일반적으로 '성지(聖旨)'라고 함)을 내리던 곳이다. 원래의 천안문 광장은 황성의 앞마당('외곽'이라고도 함)으로 'T'자 모양이며 면적은 약 11만㎡

로 붉은 벽으로 둘러싸여 있다. 남쪽은 다밍문(大明門, 청나라 순치 원년에 따칭문(大淸門)으로 개칭, 중화민국 초에는 중화문(中華門)으로 개칭하였다. 동쪽은 창안좌문(長安左門), 서쪽은 창안우문(長安右門)으로 둘러싸인 폐쇄된 정원이었다. 건륭 19년 (1754년)에는 창안 우문과 창안좌문 밖에 각각 담을 쌓고 '세 개의 문'을 증축했다. 1912년에 창안우문과 창안좌문의 돌난간과 붉은 담장을 일부 철거하면서 동서 창안가(長安街)가 관통되었다. 1949년에 베이핑(北平, 베이징의 다른 이름) 해방 당시 천안문 광장은 오랫동안 보수되지 않아 평탄하지 않았다. 베이징이 해방되자마자 천안문 광장과 성루를 보수하고 광장에 첫 번째 국기 대를 세웠다. 1949년 10월 1일에 중화인민공화국 건국대전은 이곳에서 성대하게 거행되었고, 중앙 인민 정부 주석 마오쩌둥(毛澤東)은 천안문 성루에서 중화인민공화국 중앙 인민정부 수립을 전 세계에 알렸으며, 광장에는 첫 번째 신 중국의 국기인 오성의 붉은 기가 게양되었다. 1950년부터 1958년까지 광장에 있던 기존의 명나라와 청나라의 건축물인 동서 '세 개의 문'이었던 중화문, 동남서 3면의 붉은 벽 등을 차례로 철거했다. 1958년 12월에 중국공산당 정치국은 중화인민공화국 건국 10주년을 기념하는 10대 건축 계획을 논의하고 천안문 광장의 계획과 건설 방안에 만장일치로 동의했다. 천안문 광장은 천안문에서 정양문까지 880m이고, 인민대회당은 중국혁명박물관, 중국역사박물관과 동서로 500m 떨어져 있으며, 총면적은 약 44만㎡이다. 천안문 광장은 베이징의 중심광장이자 지금까지는 세계에서 가장 큰 도시광장이다.

2. 천안문 광장의 건축 군

천안문 광장 건축 군에는 북쪽 정 중앙은 천안문, 정 남쪽은 정양문과 전루(箭樓), 서쪽은 인민대회당, 동쪽은 국가박물관(중국역사박물관, 혹은 중국혁명박물관이라고도 함), 광장의 정 중앙은 인민영웅기념비, 기념비와 정양문 사이에는 마오쩌동 기념당이고 기념비와 천안문 사이에는 국기 깃대와 백색의 대리석 만든 기단이 우뚝 솟아 있다. 천안문 앞에는 진수이하(金水河)의 백색의 대리석으로 만든 아치형 돌다리인 진수이교(金水桥) 5개와 노동인민문화궁전 및 중산공원 앞의 동서공생교(東西公生橋, 일명 동서 뺀교[東西便橋]라고도 함)와 천안문 양쪽의 화표(华表, 중국의 전통적인 건축 양식)와 돌사자가 있고, 옛 황성 성벽의 일부를 포함하며, 천안문에서 동쪽으로 동창안가를 따라 난츠쯔(南池子)를 거쳐 그랜드호텔 앞까지 서쪽으로 서창안가를 따라 난창가(南長街)와 신화문(新華門)을 거쳐 푸우가(府右街)까지 뻗어 남쪽 입구에서 북쪽으로 다시 돌아온다.

3. 천안문 광장의 계획

국가를 대표하는 천안문 광장의 건설계획은 여러 기관으로부터 깊이 중시되었고, 논쟁 또한 멈추지를 않았다.

① 광장의 성격 : 천안문은 중국을 상징하므로 광장 주변은 국가의 주요 지도기관을 위주로 배치하고, 또한 혁명박물관을 건립하여 정치의 중심으로 만들어야 한다는 의견이 있었다. 한편 광장 주변을 박물관·도서관 등 건물 위주로 문화중심지로 만들어야 한다는 의견도 있었다.
② 광장 주변 건물의 규모: 천안문 광장이 중국 사회주의건설의 위대한

성과를 대표하므로 주변과 광장 앞, 중간 위치에 높은 건물을 지어 도시 건축의 중심, 최고점이 되어야 한다는 의견과 천안문과 인민영웅기념비는 모두 높지 않으므로 주변의 건축물 또한 이를 초과해서는 안된다는 의견이 있었다.

③ 오래된 건물에 대한 처리: 낡은 건축물(정양문, 전루, 중화문)을 새로운 시대의 위대한 건설 상황을 비교할 때 보잘것없어 보이며, 적절한 시기, 필요할 때 새로운 높은, 사회주의와 공산주의 사상을 대표할 수 있는 새로운 건축물로 대체해야 한다는 의견과 낡은 건축물은 중국의 역사적 유산이므로 보존해야 한다는 의견이 있었다.

④ 광장의 크기: 천안문 광장은 중국 인민의 정치활동과 시위·집회의 중심광장으로서 비교적 크고(30~40ha) 넓어야 한다는 의견과 건축물의 비례로 볼 때 광장이 지나치게 크면 (20~25ha) 안된다는 의견이 있었다.

그러자 마오쩌둥은 최종적으로 다음과 같이 지시했다. 천안문 광장을 개축하려면 유구한 역사와, 넓은 땅, 풍부한 물산, 방대한 인구 등 중국의 특징을 반영해야 하고 기백이 커야 한다. 천안문 광장을 100만 명의 집회를 수용할 수 있는 세계에서 가장 큰 장엄하고 웅장한 광장으로 만들어야 한다. 저우언라이(周恩來)는 반드시 "인민이 주인이 되어야 하는" 주제사상과 시대정신을 나타나게 해야 한다고 강조했다. 1958년 8월에 중공중앙정치국 확대회의는 중화인민공화국 창립 10주년을 경축하기 위해 베이징에 만인 대강당을 포함한 중대한 건축공사를 건설하기로 했다. 그리하여 만인 대강당은 천안문 앞으로 선정하고, 천안문 광장을 개축하는 동시에 중국혁명박물관과 중국혁명역사박물관을 포함한 10대 건축물도 건설하여 광장의 너비를 500m

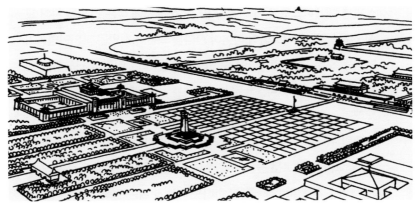
▷ 천안문 광장 설계 설명도

로 길게 만들기로 확정했다. 1959년 9월에 오래된 천안문이 중수되면
서 동서 창안문(長安門)과 함께 붉은 벽 3면이 철거되었다. 광장 서쪽
은 인민의 지고무상(至高无上)한 정치권력을 상징하는 인민대회당으
로 국경절 10대 공사 중 규모가 가장 크다. 동쪽은 "인민─오직 인민
만이 세계역사를 창조하는 동력임"을 의미케 하는 중국혁명박물관과
중국역사박물관이다. 이 세 건축물과 광장에 앞서 기존에 건설된 인
민영웅기념비와 함께 전국의 여러 민족 인민들이 함께 동경하는 정치
활동 중심을 형성케 하였다. 이렇게 하여 규모가 웅장하고 기세가 드
높은 인민광장이 사람들 앞에 등장하게 되었다.

4. 천안문 광장의 이야기

베이징의 중축선으로서 천안문 광장을 계승한다는 가장 뚜렷한 특
징은 바로 "천자 - 봉건사회의 황제" 중심에서 '인민' 중심으로 바뀌
었다는 사실이다. 이러한 변화 속에서 중화전통문화에 대한 질서 있

는 계승을 어디서나 체득할 수 있고, 중국전통문화의 넓고 심오함을 깊이 느낄 수 있으며, 중국전통문화에 대한 문화의 인식수준이 이토록 존경스럽다는 사실을 알 수 있다.

① 인민영웅기념비를 세우는 것은 천안문 광장을 정비하는 첫 번째 일이다. 정비사업은 기념비를 세우는 곳이 아니라, 기초를 닦는 곳에서 이루어졌다. 1949년 9월 30일에 중국인민정치협상회의 제1기 전체회의는 수도에 인민영웅기념비를 세우는 것에 대한 결의를 통과시켰는데, 결의가 통과될 때는 이미 저녁 무렵이었고, 전체 대표들은 즉시 천안문 앞에서 기념비 정초식을 거행했다. 정초식은 정무원 총리 저우언라이가 주관하고, 중앙 인민정부 주석 마오쩌둥, 부주석 주더(朱德)가 초석에 흙을 올려 선열(先烈)들에 대한 숭경(崇敬)과 추모를 표했다. 지금 남아 있는 사진을 보면 그들의 좌우에 동행하여 초석에 흙을 올린 사람은 허룽(賀龍), 쑤위(粟裕), 류보청(劉伯承) 등 셋임을 명확히 확인할 수 있다. 당시 기념비는 광장 북반부에 있는 오성홍기 기단의 남쪽에 세우도록 했는데, 이는 천안문과 원래의 중화문 문동(門洞, 대문 안 높은 곳의 비교적 긴 통과하는 길)의 중축선으로 천안문과 정양문까지의 거리와 대체로 비슷했다. 당시 광장에 대한 전체적인 설계계획이 없었기에 초반에는 전체 광장의 배치를 고려하지 않았는데, 설계 중간 단계에서 정초 위치가 천안문과 깃대와 너무 가깝다는 사실을 알게 되었다. 그때 기념비의 길이를 높이려고 했는데 그렇게 되면 공간이 더 협소해지게 되므로 후에 수차례의 설계를 거쳐 최종적으로 룽셴(絨線) 골목 동쪽 길목 즉 현재의 위치에 배치하기로 했다. 천안문 광장은 중심축에서 약간 남쪽으로 치우친 위치에 있고, 신 중국 창립 10주년을 위해 인민대회당과 혁명역사박물관의 입지 선택과 설계 작업에 공간

적 여지를 남겨 두어 결국 이 세 건축물과 천안문 사이에는 능형(菱形, 특수한 평행사변형 중의 하나)을 형성하게 되어 어느 각도에서든 전망이 좋아지게 되었다는 점에서 이 위치는 당시나 지금이나 모두 매우 적합하다고 하겠다.

인민영웅기념비 설계방안은 대단한 주목을 받았다. 1952년 5월 10일에 수도 인민영웅기념비 건립위원회가 정식으로 설립되었는데, 이 위원회의 주임은 당시 베이징시 당서기 펑전(彭眞)이 맡았고, 부주임은 저명한 건축가 량스청(梁思成)이 맡았으며, 임용되는 즉시 그들은 기념비의 계획 및 설계 공모를 공지했다. 1951년까지 140여 건의 다양한 형태의 설계방안과 설계 수정방안(최종안까지 240여 건 접수)이 접수되었는데, 해외 화교들도 적극적으로 계획안을 내놓았다. 천자경(陣嘉庚)은 화교들을 조직하여 도면을 그렸으며, 시멘트 기둥의 최상부 모형을 제작하여 인민영웅기념비 건설 공사현장에 보냈다. 제출한 설계방안은 높이 솟은 탑형 비체(碑体)와 낮은 영벽형(影壁形) 비체 두 가지 유형이었는데, 심의를 거쳐 탑형의 비체를 택했고, 량스청이 정고(定稿, 시정 등이 필요 없는 최종 원고)를 주관하기로 했다. 한편 비석 꼭대기의 조형에 대해서는 여전히 논쟁이 끊이지 않았지만 네모난 찬첨정(攢尖頂, 중국 고대 건축의 옥상)으로 정했으며, 꼭대기에 보병(宝瓶)을 설치하지 않기로 했는데, 기념비가 세워진 후 적절하지 않다고 생각되면 모양을 바꿀 수 있도록 합의했다. 기념비는 1952년 8월 1일에 착공해서 1958년 5월 1일에 준공되어 제막했다.

기념비는 높이가 37.94m, 길이가 14.7m, 너비가 2.9m, 두께가 1m, 무게가 60여 톤에 달하는 거대한 돌로 이루어졌다. 기념비의 정면(북쪽)에는 마오쩌둥이 쓴 "인민 영웅은 천추에 길이 빛나리(人民英雄永垂不朽)"라는 금으로 된 여덟 글자가 새겨져 있다. 뒷면에는 마오쩌둥이 기초(起草)하고 저우언라이가 쓴 비문이 있다. "3년 동안 인민해방

전쟁과 인민혁명에서 희생된 인민 영웅들은 천추에 길이 빛나리! 30년 동안 인민해방전쟁과 인민혁명에서 희생된 인민 영웅들은 천추에 길이 빛나리! 이로부터 1840년까지 거슬러 올라가 그때부터 대내외적을 반대하고 민족의 독립과 인민의 자유와 행복을 위해 역대 투쟁에서 희생된 인민 영웅들은 천추에 길이 빛나리!'

비석 양쪽에는 오성(五星)과 송백(松柏), 깃발로 구성된 부조화환(浮雕花環)이 장식되어 있는데 이는 인민 영웅의 위대한 정신은 영원함을 상징한다. 기념비 대좌(臺座)에는 크고 작은 2층 불좌가 있고, 상층 불좌의 사방에는 모란, 연꽃, 국화, 휘장 등으로 구성된 8개의 화환이 새겨져 있는데 이는 고귀함과 순결함, 인내심을 상징하며 영웅들에 대한 전 국민의 영원한 그리움과 존경을 표시하고 있다.

밝히고 싶은 것은 비석을 먼저 세우고 그에 근거하여 천안문 광장과 주변 건축물의 건립과 설계를 기획하는 방식은 세계 광장 건축사에서 전례 없던 일이었다. 이밖에 전통을 따르지 않고 기념비의 정면이 북쪽의 천안문을 향하도록 방향을 틀었다.

② 국기의 깃대에 관한 이야기 : 중화인민공화국의 첫 국기 깃대는 1949년 10월 1일 개국대전을 거행할 때 마오쩌둥이 천안문 광장에서 직접 버튼을 눌러 국기를 게양할 때 사용했던 그 깃대이다. 방금 해방된 베이징은 당시 방치되거나 지체되었던 모든 일이 다시 시행되기를 기다리고 있는 시기에 놓여 있었으므로 깃대를 만들기에 적합한 재료를 찾아내는 것은 쉬운 일이 아니었다. 의논 끝에 지름이 서로 다른 4개의 도시 상수도 공사의 수도관을 골라 하나하나 씌워 용접하기로 했으며, 깃대의 길이는 22.5m였다. 깃대 아래에는 4㎡의 사각형 받침대가 있고, 백색의 대리석으로 된 석조 난간(欄干)으로 둘러싸게 했다. 중화인민공화국의 첫 번째 국기가 바로 여기에서 게양되었고, 그 후 이 깃대는 42년 동안 사용되었다.

이 깃대에도 이야기가 담겨 있다. 1949년에 개국대전 거행을 앞두고 천안문에서 전동 버튼을 누르면 오성홍기를 계양할 수 있다는 사실을 반복해서 확인하고 나서 깃대를 세우기 위해 주변에 설치한 받침대를 모두 제거했다. 그러나 9월 30일에 붉은 비단으로 국기를 대체하여 마지막 리허설을 할 때, 비단이 깃대 꼭대기 도르래에 말려 들어가 애를 먹게 되었다. 이에 현장에 있던 모든 사람이 당황스러워했고 소방대 사다리로 깃대에 말려든 비단을 제거하려고 소방차까지 불러야 했다. 그러나 소방대 사다리가 짧았고 그때 다시 받침대를 세우기에는 이미 시간이 부족 했다. 그러자 누군가 슬라브 펜스를 만드는 기술자를 떠올리게 되어 드디어 비단을 제거하게 되었고, 직원들은 서둘러 모터 조작시스템을 다시 수리하고 설치하여 실험을 거듭한 후 10월 1일 새벽에야 수리작업을 비로소 끝낼 수 있었다. 지도부는 만일의 사태에 대비해 사람을 파견하여 깃대 아래에서 대기하고 있다가 국기를 계양할 때 고장이 나면, 즉 깃발이 꼭대기에 올라가도 모터가 멈추지 않으면 즉시 전원을 차단해 국기게양이 순조롭게 진행되도록 했다. 1949년 오후 3시에 거행된 국기게양식에서 오성홍기가 천천히 게양되어 깃대 꼭대기에서 멈추게 되었고, 그 이후에는 고장 난 적이 없었다.

1991년에 천안문 광장은 40만㎡ (1949년에 약 11만㎡였음)로 확장하였는데, 그것은 원래 사용하던 깃대가 광장에서 바라볼 때 낮고 낡아 보였기 때문이었다. 전문가의 계산과 논증을 거쳐 1992년 2월에 국기 깃대와 받침대를 개조했다. 새 깃대는 여전히 광장 남북 중축선에 있었고 첫 번째 깃대보다 7m 남쪽으로 이동했다. 깃대는 길이가 기존 22.5m에서 32.6m로 길어졌고, 지상에서 높이가 30m로, 첫 깃대보다 8m가 높아 게양식과 하기식을 더욱 신성하고 장엄하게 거행할 수 있게 되었다. 새 깃대의 총 무게는 약 7t이며, 이음매가 없는 강관을 용접해 만들었으며, 기단은 400㎡이며, 내층은 6m의 정사각형으로 이루어지게 했다. 받침대의 높이는 45㎝이고, 받침대 주위는 90㎝ 높이의 백색 대리석 석조 난간으로 둘러 쌓았다. 중층은 황갈색 화강암 지면대이고 외층은 잔디 그린벨트다.

③ 천안문은 어떻게 핵심 지위를 차지하게 되었고, 중화인민공화국의 상징이 되었는가? 명나라 영락 15년 (1417년)에 건설되기 시작하여 영락 18년 (1420년)에 완공된 천안문(명나라 때는 승천문(承天门)이라 불렀음)은 황성의 정문이었다. 승천문은 노란색 기와와 비첨(飞檐, 모서리 끝이 하늘로 향한 형태) 형태의 3층으로 된 다섯 개의 목패방(木牌坊, 나무로 된 아치형 건물)이었고, 난징(南京)의 승천문을 모방했다는 이유로 얻어진 이름이었는데, 황제가 천명을 받들고 하늘을 공경하는 장소로서 "하늘의 계시를 이어받아 명을 따른다(承天启运, 受命于天)"는 의미를 갖고 있었다. 이것이 바로 최초의 천안문이었다. 명나라 영종(英宗) 천순(天順) 원년(1457년)에 승천문이 불에 타버렸는데, 헌종(憲宗) 성화(成化) 원년(1465년)에 다시 복원하여 기존의 5칸에서 9칸으로 확대되었고, 패방식(牌坊式)을 궁전식 구조로 개조하여 현재 천안문의 규모를 기본적으로 갖추게 되었다. 청나라 때 승천문을 천안문으로 개칭했고, 순치(順治)제는 자금성 앞의 세 대전을 각각 '화(和)' 자가 들어 있는 '태허전(太華殿)', '중화전(中和殿)', '빠오허전(保和殿)'으로 개칭했으며, 황성 4개의 문을 각각 '안(安)' 자가 들어 있는 '천안문', '지안문(地安門)', '동안문(東安門)', '서안문(西安門)'으로 명명했다. '천안문'은 "하늘에 명을 받아 국가의 안위를 위해 다스린다(受命于天, 安邦治国)"는 의미로 "외부적으로 안정되고 내부적으로 조화와 통일을 유지하여 오래도록 나라가 평안하도록 다스린다(外安内和, 長治久安)"는 뜻이 담겨 있다. '화목'과 '안정'을 방책으로 하여 장기적인 통치를 도모하려는 것이었다.

천안문이라는 명칭은 지금까지 사용되어왔으며, 명·청시기 천안문은 황제가 중요한 행사를 진행하던 곳이었다. 동지제천(冬至祭天), 하지제지(夏至祭地), 맹춘기곡(孟春祈谷), 중하경작(仲夏亲耕) 및 황제대혼(皇帝大婚), 출병(出兵) 등을 비롯한 성대한 의식이 있을 때마다 황제와 그 신하들은 천안문으로 출입해야 했다. 이 밖에도 황제의 즉위식, 황후와 황태자 등을 책봉할 때 모두 천안문 성루에서 조서를 반포하는 의식을 거행해야 했는데, 이 의식이 바로 "금봉반조(金凤颁诏, 황제가 중요한 조령이나 칙령을 내리는 일)" 이다.

근대에 와서 천안문 앞에서 역사적으로 큰 영향을 미친 일련의 대사가 있었다. 그중 이곳에서 집회를 가졌던 1919년의 5.4운동은 중국역사의 대사가 되었다. 5.4운동은 철저한 반제국주의, 반봉건주의운동으로서 중국 신민주주의 혁명의 시작을 상징한다. 중화인민공화국이 개국대전을 거행하기 위해 천안문 성루는 정비를 거쳐 새로운 모습으로 탈바꿈했다. 마오쩌둥의 초상화 외에도, 성루에는 "중화인민공화국만세(中华人民共和国万岁)", "중앙 인민정부 만세(中央人民政府万岁)" 등 두 개의 커다란 표어가 걸려있다. 1950년의 국경절 때 천안문 성루 동쪽의 "중앙 인민정부 만세"를 "세계 인민 대단결 만세(世界人民大团结万岁)"로 바꾸었는데, 이 두 표어는 인민공화국 창건자의 초심과 분투하려는 목표를 보여 주는 깊은 뜻이 담겨 있는 것이다.

1950년 6월 20일에 저우언라이는 국장 설계방안을 심의하는 회의를 개최했다. 토론과 비교를 거쳐 회의는 칭화대학교(清華大學) 건축학부 설계팀의 방안을 채택했다. 도안은 국기의 금색 5성과 천안문을 주요 내용으로 이루어졌는데, 5성은 중국공산당의 영도와 전국인민의 대단결을 상징하고, 천안문은 신민주주의 혁명의 발원지 및 이곳에서 탄생을 선언한 신 중국을 상징하는 것으로 수많은 선열의 희생을 의미했다. 아래의 정중앙에는 모양이 완전한 톱니바퀴가 있고, 양쪽에는 벼와 밀로 장식되어 있는데, 이는 노동계급이 영도하고 노농연맹 (工农联盟)을 기초로 하는 인민민주주의 독재를 상징하는 것이었다. 톱니바퀴의 중심을 지나는 큰 홍실 매듭은 전국인민이 전례 없이 통일적으로 중국 노동자 계급의 주위에서 단결함을 상징했다. 이때부터 천안문은 황성의 정문에서 중화인민공화국의 상징이 되었다. 6월 23일에 정치협상회의 전국위원회 제1기 제2차 전원회의에서 국장(國章, 국가를 상징하는 휘장)의 설계 방안이 통과되었다. 천안문 성루는 중국 인민의 반제국주의, 반봉건주의 민족정신과 신 중국의 상징이 되었으며, 중화인민공화국의 국장에 공식적으로 등장하게 되었다.

▷ 1954년의 천안문 광장

천안문은 여러 차례 복원과 개축을 진행했다. 1969년 12월에 수백 년 동안 존재해 왔던 천안문 성루의 여러 가지 문제점과 안전상의 위험 요소를 철저히 해결하기 위해 국무원과 베이징 시위원회는 낡은 성루를 철거하고 원래의 규모와 건축 양식에 따라 천안문 성루를 재건하기로 했다. 당시 도안과 채색화의 처리에 대해서는 두 가지 의견이 있었는데, 고대 건축물은 전통적인 방식에 따라 건립해야 한다는 의견과 전통적인 것은 모두 "사구(四旧, 구 사상, 구 문화, 구 풍속, 구 습관"으로서 봉건적이므로 신 중국의 천안문은 혁명적인 뜻을 지녀야 하며, 양지쪽을 향한 해바라기 꽃과 연안보탑(延安寶塔) 등을 도안으로 금룡화새(金龙和玺, 황제가 사용한 금룡 문양이 있는 도장)를 대체해야 한다는 의견이었다. 두 가지 서로 다른 의견이 팽팽히 맞서는 상황에서 저우언라이는 "용은 중화민족의 상징이기에 기존의 주체 부분은 고치지 말아야 한다"고 했다.

▷ 천안문 광장과 인민대회당

5. 인민대회당은 인민을 체현해야 한다.

인민대회당은 인민을 체현해야 한다. 1959년 9월 9일 새벽 2시 반에 마오쩌둥은 대회당 공사현장을 시찰하고 만인 대강당에서 연회장으로, 그리고 베이징청(北京厅)에 앉아 건설상황을 물으며 명분도 이익도 요구하지 않은 채 오로지 일에만 집중하고 있는 현장 일군들의 공산주의 정신을 칭찬했다. 당시 현장에 있던 완리(萬里) 동지가 "이 건축물은 아직 이름을 정하지 않았는데 저우언라이 총리께서 말씀하시기를 마오주석께서 이름을 정하셔야 한다고 하셨습니다."라고 말하자 마오주석이 "여러분은 지금 뭐라고 부릅니까?"라고 물었다. 만리 동지가 "저희는 '대회당' 또는 '인민대회당'이라고 부릅니다."라고 대답했다. 그러자 마오주석은 현장에 있는 사람들과 잠시 의논하다가 "그럼 인민대회당이라고 부릅시다! 이 건축물은 인민의 것이기 때문입니다."라고 설명했다.

인민대회당 건설에서 '인민'은 중요한 역할을 했다. 건설과정에서 부딪치는 수많은 어려움은 모두 '인민'의 총명한 재능과 지혜에 의해 극복되었다. 예를 들면 대회당 공사에 사용한 강철 구조물의 총량은 약 4,000여 톤이었는데, 그중 중국국연청(中國國宴廳)에서 사용한 강철 구조의 대들보만 해도 1,100여 톤이 되었다. 당시 이렇게 무거운 강철 대들보를 어떻게 들어 올리느냐가 하나의 난제였는데, 소련에서 초청된 전문가들도 여러 가지 방안을 생각해 냈으나 아쉽게도 모두 실패하고 말았다. 결국 노동자들이 자체의 경험을 바탕으로 만들어낸 돛대 크레인이 이 난제를 해결했다.

인민대회당의 설계는 인민의 요구를 만족시켜 주어야 한다. 인민대회당의 대청은 국가의 대사를 의논하는 곳으로서 장엄하고 소박하며 명랑하고 대범해야 하는 것으로 극장 같아도 안 되고, 형식과 내용에 있어서 인간주의를 강조했다. 저우언라이 총리는 석양 아래 붉은 노을과 외기러기가 함께 날고 있는(落霞与孤鹜齐飞) 명구를 연상하며 수천일색(水天一色)의 구상을 제기했는데 묘하게도 기대 이상의 효과를 보게 되었다. 납작한 난형의 청중석은 뒤쪽의 원각(圓角)이 크고 앞쪽의 얇은 호형(弧形)의 협각(夾角)이 작으며, 곧은 선이 없어 경계가 없는 자연과 흡사했다. 위의 천장은 천체의 넓은 공간을 상징하는 궁륭(穹窿, 활이나 무지개같이 한가운데가 높고 길게 굽은 형상) 모양으로 되어 있고, 천장과 벽체가 접하는 곳을 큰 원각형(圓角形)으로 처리하여 천장의 큰 호선과 벽체가 하나로 연결됨으로써 상하 혼연일체의 효과를 주어 길이 · 너비 · 높이가 다름으로 인한 딱딱함과 거대한 느낌을 최소화했다.

이 이야기들은 모두 지지(地志)를 수정하는 과정에서 알게 된 것이다. 일부는 지서에 기록되어 있으나 일부는 지면의 제한으로 머릿속에 남아 있다.

역사적으로 유명한 정원 알아보기

베이징 3000여 년의 도시건설사는 우리에게 풍부한 역사적 보물을 남겨 주었는데 역사적으로 유명한 정원도 그중의 정수이다. 천단(天坛), 이화원(頤和園), 북해(北海)를 비롯한 역사적으로 유명한 20여 곳의 정원은 중국 고대의 문화예술 · 과학기술의 각 분야를 거의 포함하고 있으며, 풍부한 철학 · 미학 · 문학 · 환경학 · 경관학 · 공학 · 역사학적 함의를 내포하고 있어 베이징의 세계적인 도시건설 사업에 있어서 귀중한 자원이라고 하겠다. 베이징이 세계적인 도시를 건설하는 과정에서 역사적으로 유명한 정원은 독특한 문화 전파력과 영향력으로 중요한 역할을 발휘하고 있다.

1. 역사적으로 유명한 베이징 정원은 조화로움을 충분히 보여 주고 있다.

역사적으로 유명한 베이징 정원은 인간과 자연, 인간과 사회의 조화로운 관계를 충분히 구현하고 있으며, 궁극적으로 인간 사이의 조화로운 관계를 구현하고 있다.

(1) 인간과 자연의 조화는 역사적으로 유명한 정원의 기초가 된다. 중국의 전통적인 원림은 비록 사람이 만들어낸 것이지만, 완연히 하늘의 조화로 이루어진 것과 같이 보이게 함으로써 인간과 자연의 조화와 일치를 나타내며 '자연' 그 자체가 특징이다. "마치 자연 그 자체이고 (有若自然)", "묘한 아름다움은 자연 속에 있다(妙在自然)"를 비롯한 표현들은 원림 예술의 그러한 특징을 잘 보여 준다.

자연 속의 산과 물은 원림 조경의 기초이다. "어진 사람은 산을 좋아하고, 지혜로운 사람은 물을 좋아한다"는 말이 있듯이 역사적으로 유명한 정원은 자연의 산과 물 그리고 사람의 지혜와 감정을 밀접하게 연결시키고 있다. '삼산오원(三山五園)'은 베이징 서쪽 교외 일대의 황가 행궁 원유(苑囿, 궁궐 안에 있는 동산)의 총칭으로, 향산(香山)의 정의원(静宜园), 옥천산(玉泉山)의 정명원(静明园), 만수산(万寿山)의 청의원(清漪園), 원명원(圓明園), 장춘원(暢春園) 등 다섯 개의 대형 황실 원림을 포함하고 있는데, 이들 원림은 청나라 강희제 때에 시작하여 건륭제 때까지 건설되었다. 서산(西山) 명소를 바탕으로 해서 건설된 '삼산오원'은 산이 첩첩이 쌓여 있고, 호수가 줄지어 있으며, 샘물이 넘쳐나는 데

▷ 경기수리도(京畿水利図)》의 청의원 만수산, 곤명후

다가 요나라와 금나라 때부터 산수를 다스려 온 곳이기 때문에, 인간과 자연의 관계를 더욱 가까워지게 했다. 원나라 때 대도(大都)를 건립한 이후 남북의 조운을 연결하기 위해 곽수경(郭守敬)이 창평신산(昌平神山)에서 백부천(白浮泉)의 물을 끌어 올려 옹산박(翁山泊, 지금의 곤명호(昆明湖)는 이때부터 경성의 저수지가 되었다. 이화원의 주제는 자연미를 핵심으로 하는 풍경식 원림으로, 풍경이 그림과 같은 베이징 서북쪽 교외에 입지하여 옹산(翁山, 지금의 만수산), 옹산박에 대자연의 호수와 산을 바탕으로 공들여 만든 시와 그림과 같은 자연의 경지와 으리으리한 궁전의 경관을 갖춘 대형 산수원이다. 청의원의 첫 번째 주인인 건륭제는 『정의원기(静宜园记)』에서 다음과 같이 묘사하였다. "험준한 산, 푸른 물, 두루미와 사슴의 놀이, 연어의 즐거움, 절벽과 계곡, 향기로운 초목과 고목. 이곳의 경치는 자연스럽고 매혹적이어서 속세의 근심을 잊게 해 준다. 한 · 당 시대 이궁별원에 비할 바 없이 뛰어나다.(若夫崇山峻岭, 水态林姿, 鹤鹿之游, 鸢鱼之乐; 加之

▷ 이화원 소주가(苏州街)

岩崖溪涧, 芳草古木. 物有天然之趣, 人忘尘世之怀, 较之汉唐之离宫别苑有过之而无不及也.)"이는 청나라가 한·당 시대 황실 천연 산수 원림의 뛰어난 원림 조경 예술을 계승·발전시켜 독특한 원림 자연경관을 만들었음을 보여 준다. 이화원의 뛰어난 산수 배치는 중국의 3천 년의 우수한 전통과 기타 원림의 정수를 합쳐져 얻어진 원림 조경의 정수이다. 자연을 이용하고 또 자연을 초월하여 산수를 창조하고 인조적인 경관과 대자연을 조화롭게 융합시킨 것은 중국 원림을 대표하는 이화원의 핵심이다.

지금의 이화원은 황가에서 국가 대사를 의논하고 휴식을 취하던 곳이었음을 알 수 있다. 저마다 하나의 풍경인 원림의 산, 물, 다리, 정자, 마당, 정원은 서로 잘 어울려 조화로우며, 원림 속에 또 원림이 있고 그 원림에는 마당이 있는 층층이 겹쳐 있는 형태를 이루고 있다. 만수산에는 푸른 숲이 무성하게 자라 있고, 고목밭이 넓으며 이곳은 원림의 중심이다. 곤명호의 물은 산 앞에 가득 차 있어 원림의 습도를 조절해 주고 호수의 동식물에게 영양을

공급해 주며, 촉촉한 자연환경을 만들어 주고 있다. 고전 원림은
물이 있어 그 생명력이 유지되고 있으며, 푸른 물이 원림에 무한
한 정취를 더해 준다. 호수에는 신선이 사는 섬으로 여겨지는 세
개의 섬이 있는데, 산이 물에 비끼고 물이 산을 둘러싸고 있어 산
수가 서로 잘 어울리기로 유명하다. 서호(西湖)의 경치를 그대로
가져 온 서제육교(西堤六橋)는 양안에 수양버들이 무성하게 자라
있고 화초가 서로 엇갈려 있으며, 십칠공교(十七孔橋)와 잘 어울
려 강남(江南)의 유명한 정원과 유명한 연못을 북쪽의 왕실 정원
에 성공적으로 옮겨 온 대표적인 사례이다. 산수가 탐이 날 정도
로 잘 어울려 인간과 자연의 친밀한 관계를 더 잘 느낄 수가 있다.

▷ 만수산 곤명호의 전경(원본 『북경지 · 세계문화유산권 · 이화원지(北京志·世界文化遺産卷·頤和園志)』에 수록)

  (2) 인간과 신의 조화가 계승되었다. 원림 예술의 최고 경지는
인간이 예술적으로 이상적인 선경을 본뜨는 것인데, 이는 인간과
신의 조화를 추구하는 인간의 이념을 보여 주고 있는 것이다. 동
양의 원림 예술이 집대성된 지역인 베이징에서 황실의 원림은 이

점을 충분히 보여 주고 있다.

북해 원림 건축의 특징은 바로 '일지삼산(一池三山)'의 구조를 명확하게 나타낸 것이다. '일지삼산'은 동해의 동쪽에 "봉래(蓬萊), 영주(瀛洲), 방장(方丈)" 등 세 개의 선산이 있다는 중국 도가(道家)의 전설에서 유래한 것으로, 세 개의 선산에 거주하는 사람들은 사람을 불로장생시킬 수 있는 약을 가지고 있다고 한다. 이 전설은 만수무강을 갈망하는 역대 제왕들을 봉래 선경(仙境)을 애타게 찾아다니게 했다. 진시황은 일찍이 직접 선산을 탐험한 제왕으로, 그는 신하 서복(徐福)을 파견하여 오백 명의 동남동녀(童男童女)를 거느리고 동쪽으로 건너가 봉래 선경을 찾아 "위수를 연못으로 끌어 들여 봉래와 영주를 쌓아(引渭水为池，筑为蓬、瀛)" 선경을 조성했다고 한다. 그 후의 제왕 한무제(汉武帝)는 이 전통을 이어 받았다. 한무제 유철(刘彻)은 다섯 개의 현(縣)에 걸쳐 있는 면적 300리에 달하는 상림원(上林苑)을 증축했는데, 건장궁(建章宮)은 그중에서 가장 큰 궁성으로 "그 북쪽에 큰 연 못을 건설했는데, 점대 높이가 20여 장 되었는데, 그 이름을 태액지라 했으며, 그 중에는 봉래산, 방장, 영주, 장생불로약이 있는 신산이 있고, 연못에는 마치 바다 속의 신산, 거북이, 물고기 등이 있는 것 같았다. (其北治大池，漸台高二十余丈，名曰太液池，中有蓬莱·方丈·瀛洲·壺梁，像海中神山·龟鱼之属.)"라고 전해진다. '일지삼산'의 형태는 중국 원림의 산수체계를 위해 기초를 마련해 주었다. 물이 산을 에워싸고, 못이 대(臺)를 에워싸는 전통 형태의 원림에서 넓은 호수가 세 개의 산을 감아 싸안은 형태로 바뀜으로써 원림의 공간적 예술 수준을 대폭 향상시켰을 뿐만 아니라, 이후 궁원(宮苑)의 못과 산을 건설하는 대표적인 양식이 되었다. 북해의 '일지삼산'은 바로 전설 속의 선경인 요지(瑤池, 아름다운 못)와 봉래·영주·방장 등 세 개 선산의 배치를 모방한 것이다. 징화도(璟華島)는 봉래를 의미하고, 단성(團城, 원래 물속에 있었음)은 영주를, 중하이 동안의 서산대(犀山台, 원래 역시 물속에 있었음)는 방장을 상징하는 것으로 태액지(太液池)는 진화도, 단성, 서산대를 둘러싸고 한 폭의 선경도(仙境圖)를 그려낸 것이었다. 비록 봉건 제왕이 원림을 건설한 취지는 자신이 불로장생하기 위해서였지만, 이러한 조치들은 객관적인 면에서는 우리에게 인간과 신이 조화롭게 지내는 원림 예술을 남겨 주었다.

(3) 서로 다른 문화 간의 조화로운 관계가 인상적이다. 중국 전통문화의 모든 정수를 받아들인 원명원의 건축물은 중국 전통문화의 집대성이다. 원명원은 각종 선진적인 문화 이념을 조화롭게 반영하여 유가, 도가, 불교적인 건축물 외에도 외래문화를 융합시켜 양자가 공존하고 서로 보완될 수 있도록 했다.

유가는 임금이 어진 정치를 할 것을 강조했는데, 어진 정치는 반드시 정무에 힘써야 했다. 원명원 남부 동쪽 동로(東路)에 위치한 근정친현(勤政親賢, 근정전[勤政殿]·훼이칭펀[恢淸芬]·팡삐총[方碧叢] 등을 포함)이라는 건축물은 바로 군왕의 이러한 덕행을 뜻하는 것이다. 유학은 충효(忠孝)와 의행(懿行, 훌륭한 행실)을 제창했다. 황제가 태후를 위해 지은 장춘 선관(仙館)은 장춘원(暢春園)의 춘휘당(春暉堂)을 제외한 두 번째 침궁(寢宮)으로 황제의 효를 뜻한다. 유가사상은 스승을 존경하고 교육을 중시했으므로 정원에는 황자(皇子)가 공부하는 곳이 있을 뿐만 아니라, 스승인 공자를 모시기도 했다.

이밖에 불교와 도교를 주제로 한 종교적 건축물도 있다. 원명원에는 관음보살(观音菩薩, 은혜로운 구름이 널리 덮는 것[慈雲普護, 원명원의 40경 중 하나]), 문수보살(文殊菩萨), 수월관음(水月观音, 신선이 사는 뛰어난 경치[方壺勝境]), 남해락가(南海洛迦, 곡원풍하[曲院風荷]), 환희불(歡喜佛), 삼세불(三世佛), 미륵불(弥勒佛), 무량수불(無量壽佛), 석가불(釋迦佛), 전단불전(旃檀佛), 개화헌불(開花獻佛, 월지운거[月地云居], 삼보불(三寶佛, 정연재[靜蓮齋]) 등이 모셔져 있다. 관련 주요 건축군은 뒤편 호수 북안에 자운보호(慈雲護普), 어원(御園) 서북쪽에 월지운거(月地雲居, 청정지[淸淨地]), 일천림우(日天琳宇, 불루[佛樓]), 염계락처(濂溪樂處) 남부에 회만총춘(匯萬總春)의 묘인 화신묘(花神廟), 동락원 북쪽에 사위성(捨衛城, 고대 인도 교살라국(憍薩羅國)의 도성을 모방했으므로 불성이라고 함), 푸하이해(福海) 동북에 방호승경(方壺勝境)이 있다. 창춘원(長春園)에는 파훼이사(法慧寺)와 바오상사(宝相寺), 한징당(含經堂)의 판샹루(梵香樓)가 있고, 치춴원(綺春園)에는 옌서우사(延寿寺, 죽림원), 장엄법계(莊嚴法界), 정각사(正覺寺) 등이 있다. 이밖에 따로 지은 사당도 많다. 사당에는 승도(僧徒, 혹은 내시들이 충임[充任])들이 경을 읽는다. 건물마다 불당이 있어 정원에는 범음(梵音)이 은은히 들려 오고, 묘탑(廟塔)이 즐비하여 명실상부한 불학박물관이라고 하겠다.

정신수양과 불로장생이라는 현묘함으로 황제의 마음에 들게 된 도교는 역대 통치자의 관심을 받아 왔다. 옹정제(雍正帝)는 불로장생하기 위해 일찍이 원명원 안에 도장(道場)을 설치하여 선단(仙丹)을 만들었다. 원명원의 일천림우(불루[佛樓])의 서쪽 전루(前樓)에는 옥황상제를 모시고, 푸하이해(福海) 남안의 광육궁(廣

育宮)에 벽하원군(碧霞元君)을 모시고 있다. 원명원의 가장 주요한 경관은 푸하이해 중심에 있는 봉도요대(蓬島瑤臺)도 황실 원림 건축의 대표작이다.

유(儒)·석(釋)·도(道) 세 문화는 차이가 있지만, 원명원에서는 해당 건축물들이 조화롭게 공존하고 있어 원명원의 문화적 함의를 충실화함으로써 원림의 예술적 품위를 높여 주고 있다.

이밖에 원명원의 장춘원(長春園)에는 또 '서루(西樓)'라는 유럽식 궁전이 있는데, 여기에는 6개의 양옥, 3개의 대형 분수, 몇 폭의 원림 소품이 있다. 건축 재료는 대부분 정교하게 조각한 석재로서 주요 관광지에는 기관(機關) 분수가 설치되어 있다. 정원의 도로는 장식되어 있고, 푸른 울타리는 가위로 다듬어져 있으며, 담장, 석조, 동상은 모두 서양식으로 되어 있으나 지붕은 독특한 중국 유리기와가 덮여 있고, 벽에는 유리벽돌이 박혀 있으며, 중국 전통의 첩석(疊石) 기술과 벽돌 조각공예를 사용했다. 이는 당시 세계적으로 유일한 동서양 품격을 겸비한 원림 건축 군이라고 할 수 있다.

(4) 인간과 사회 환경의 조화는 역사적으로 유명한 정원의 정수이다. 베이징 명원의 중요한 특징은 통치자의 숙원과 요구를 구현하기 위해 충분한 공부를 했다는 점인데, 관람객들은 이에 경탄을 금치 못할 뿐만 아니라, 이곳의 정신적인 필요성과 지혜를 느끼게 된다. 또한 베이징의 황실 원림은 또 여러 가지 문화를 집중적으로 대표하고 있으며, 이러한 문화를 조화롭게 공존시켰고 하나로 융합시켰다.

북해의 독특한 점은 인간과 사회환경의 조화를 위해 기여했다는 점이다. 청나라 순치 8년(1651년)에 높이 35.9m의 티베트식 백탑(白塔)를 세웠는데, 그 건축 품격은 네팔에서 유래했고, 티베트에서 베이징으로 전해졌기에 불탑 아래에 라마 사찰이 세워져 있다. 이는 북해의 '봉래선도(仙島)' 신화와는 확연히 다른 건축 품격이지만, 북해 원래의 전반적인 구도를 파괴하지 않았을 뿐만 아니라, 오히려 조화롭고 완벽한 미감을 창조했다. 이 역시 서로 다른 문화 간의 상호 교류와 융합을 통해 가져온 효과로 문화 간의 교류가 없었다면 이와 같은 독특한 효과를 창조할 수 없었을 것이다.

청나라가 라마교 건축을 이와 같이 중요한 위치에 두었다는 것은 통치자들이 당시의 국정에 대해 잘 알고 있었다는 것이다. 이는 대국의 통치를 유지하고 국가를 발전시키는데 대한 문화적 포용의 의미를 충분히 보여 주고 있다고 하겠다. 중원을 수도로 정한 후, 청나라의 수십만 인구로 강역이 드넓고 문화가 다양한 한민족을 통치하려면 강한 무기에 의지해서는 전혀 이룰 수 없었으므로 문화를 이용하여 통치를 유지하는 것이 가장 좋은 선택이었던 것이다. 청나라 통치자가 북해를 개조한 것이 바로 그러한 통치사상의 집중적인 구현이라고 하겠다.

청나라 군대가 입관한 이후에는 역대 통치자들과는 달리 전 왕조의 궁전와 능묘를 파괴하기는커녕 그 황궁을 온전히 보존하고 계승하여 활용했다. 북해는 곧 청나라 황궁의 어원이 되었고, 명나라 때 남겨진 정자, 성벽, 누각은 모두 온전히 보존되었으며, 한민족의 강남식(江南式) 건물도 많이 지었다. 건륭제가 강남식 원림 건축을 좋아해서 지은 것이 아니라 사실은 청나라가 한민족 문화를 받아들이고 이용함으로써 만한(滿漢) 민족의 갈등을 완화시

▷ 북해의 백탑

키고 최종적으로 한민족을 통치하려는 목적을 실현하기 위한 것이었다. 게다가 청나라는 북해 건축을 개조하여 기존의 광한전(广寒殿) 옛터에 티베트식 불교 건축물인 백탑와 라마교 사원을 지어 라마교에 대한 숭신(崇信)과 라마교를 숭신하는 티베트와 몽골 등 소수민족에 대한 존중과 회유를 보여 주려는 이유에서였다. 따라서 백탑와 라마교 건축물의 건립은 청나라 왕조의 일거양득(一擧數得)의 조치였던 것이다. 이렇게 볼 때 청나라 통치자가 북해에 대한 개조는 인간과 사회환경의 조화를 구현했다고 하겠다.

세계문화유산 목록에서 동방 원림의 대표인 이화원은 중원의 명경(名景)을 모방했으나, 건축양식은 색채가 짙고 듬직하고 정중한 북방의 특징을 살렸다. 또한 강남 수향(水鄕)의 멋을 살린 소주거리와 고원의 풍모를 보여 준 사대부주(四大部洲)도 있다. 이화원에 서 있노라면 도교의 원시적인 소박함과 자연무위(自然無爲)를 느낄 수 있을 뿐만 아니라 유가의 적극적이고 진취적인 정신세계도 음미할 수 있다. 만수산 정상에 세워진 한나라 왕조의 종교적 건축물은 또 부처의 가호가 있기를 바라는 바를 보여 준다. 곤명호 역시 '삼산', 즉 용왕묘(龍王廟), 치경각(治境閣), 조감당(藻鑒堂) 등 작은 섬 세 개를 만들어 봉래, 방방, 영주 등 세 개의 선산(仙山) 신도(神島)를 조성했다. 또한 차경(借景)의 수법을 활용하여 원림 밖의 자연경치를 모두 경관 안에 끌어 들임으로써 만수산에서 바라보면 가까운 곳에는 한줄기의 푸른 물길이 있고, 먼 곳에는 넓은 밭이 있으며 더 먼 곳에는 옥천산 보탑과 호광산 색이 서로를 비추고 있는 것 같다.

역사적으로 유명한 정원의 경치가 구현하고 있는 중국전통문화에서의 조화로움은 그 어느 나라와 민족도 따라올 수 없는 것이다. 따라서 이화원을 대표로 하는 역사적으로 유명한 베이징 정원은 세계 문화유산 목록에서 동양 원림의 특징을 가장 잘 보여 준다고 하겠다.

2. 역사적으로 유명한 베이징 정원은 대자연과 조상에 대한 경외심이 담겨 있다.

역사적으로 유명한 베이징 정원 중에서 천단(天壇)을 비롯한 제사를 지내기 위한 건축물은 매우 중요한 지위를 차지한다. 베이징의 '구단팔묘(九壇八廟)'는 국가 최고의 정치를 대표하고, "국가대사는 제사와 전쟁에 있다.(国之大事，在祀与戎.)"라는 말이 있듯이 제사는 심지어 전쟁보다 더 중요했다. 구단(九壇)은 즉 천단, 지단(地壇), 기곡단(祈谷壇), 조일단(朝日壇), 석월단(夕月壇), 태세단(太歲壇), 선농단(先農壇), 선잠탄(先蠶壇)과 사직단(社稷壇) 등 여러 단은 모두 명나라와 청나라 제후(帝后)들이 각종 제사(祭祀)를 지내던 곳이다. 팔묘(八廟)는 태묘(太廟), 봉건전(奉先殿), 전심전(傳心殿), 수황전(壽皇殿), 옹화궁(雍和宮), 덩자(堂子), 문묘(文廟)와 역대 제왕들의 묘를 가리킨다.

제사용 건축물의 발전과 변천으로부터 볼 때 제단은 대자연에 대한 역대 통치자들의 경외심을 보여 주고 있다. 이러한 경외심은 단순히 낙후한 과학과 몽매(蒙昧)에서 비롯된 것이라고 말할 수 없으며, '천인합일(天人合一)', '사법자연(師法自然, 정원을 축조할 때 언제나 자연을 스승으로 삼는다)'에 대한 사람들의 아름다운 기대를 담고 있다.

현재 보존되어 있는 제사 성격을 띤 명원은 다음과 같다. 명나라 영락(永樂) 18년 (1420년)에 정양문 남쪽에 천지단(天地壇)을 지었는데 일월(日月), 성신(星辰), 운우(雲雨), 풍뢰(風雷)의 사종단(四從壇)이 함께 지어져 있었다. 그때는 천지일월(天地日月) 등 신에게 함께 제사(祭祀)를 지냈다. 가정(嘉靖) 9년(1530년)이 되어서야 신마다 제사를 따로 지내게 되었는데 천지단(지금의 기년전[祈年殿], 기곡단이라고도 부름)의 남단에 원구단(圜丘壇, 천단)을 지어 제천대(祭天臺)라고 불렀고, 매년 동지일(冬至日)에 황제가 하늘에 제사를 지내는 용도로 사용했다. 방택단(方澤壇, 지단)은 안정문(安定門) 밖에 건설하여 명·청 시대의 황제가 매년 하지일(夏至日)에 토지신(土地神)에게 제사를 지내는 장소로 사용했다. 자오양문(朝陽門) 밖에는 일단(日壇)을 지어 춘분일(春分日) 제일(祭日)에 사용했다. 부성문(阜城門) 밖에 지어진 석월단(夕月壇, 월단[月壇])은 추분일(秋分日)을 위해 만든 것이다. 이러한 제단은 모두 봉건 제왕이 국가를 대표하여 대자연을 대상으로 제사를 지내던 곳으로, 여기에는 대자연에 대한 황제의 경외심이 담겨 있다.

이 제단 중에서 규격이 가장 높은 것은 단연히 천단이다. 기년전은 천단의 주요 건축군락(建築群落)의 중심에 있는 건축물로서 대들보의 장병(長柄)과 쇠못을 사용하지 않고 기둥, 방(枋, 목재의 머리 부분을 깎아 다른 목재의 구멍이나 홈을 뚫고 나오게 한 부분), 각(桷, 서까래), 산(閂, 빗장)으로 지탱하고 순(榫)으로 연결하는 방식으로 지어졌으므로 우량전(無量殿)이라고 부르며, 이는 중국 고전 목조 건축물 중의 일대기관(一帶奇觀)이다. 기년전 안의 3층으로 된 거대한 지붕을 받치고 있는 것은 28개의 동근 기둥이다. 중앙에 있는 네 개의 금으로 엮은 연꽃 기둥은 '용정주(龍井柱)'로 1년 사계절을 상징하고, 중간층에 있는 12개의 주홍색 칠 기둥은 '금주(金柱)'로 1년 12개월을 상징하며, 바깥쪽에 있는 열두 개 기둥은 '첨주(檐柱)'로 하루 12시진(時辰)을 상징한다. 금주와 첨주를 더하면 24로 1년 24절기를 상징하고, 금주와 첨주 그리고 용정주를 더하면 28개로 천우(天宇, 우주) 28개의 별자리를 상징한다. 용정주 상단의 조정(藻井) 주위에는 8개의 구리 기둥이 둘러서 서 있는데, 이를 '뇌공주(雷公柱)'라고 한다. 악을 처벌하고 억제하는 정의의 신 뇌공(雷公)이 위에 우뚝 서 있는 것과 같이, 금주, 첨주, 용정주, 뇌공주를 더하면 36개로 36천강(天罡, 북두칠성의 자루에 해당하는 부분)을 상징하고 천제의 '일통천하(一統天下)'를 상징한다. 전체 건축물은 원형으로 이루어졌고 년, 월, 일, 시가 반복해서 순환함으로써 혼연일체의 우주 시공관(時空觀)을 그려 낸 것이다. 이렇게 무한히 반복하는 대전에서 기곡(祈谷, 정월에 상제에게 하는 기도)하는 것은 천지자연(天地自然), 춘생하장(春生夏長), 추수동장(秋收冬藏)의 율동을 내포하고 있으며, 이는 바로 인류사회의 오곡풍등(五谷豐登)과 밀접한 관계가 있는 율동으로서 대자연에 대한 인식과 경외심을 보여 주고 있다.

  물론 모든 것에 대해 황제가 경외하고 있는지에 대해서는 확실하게 단정 지을 수 없다. 일부는 '자민(子民)'들이 직접 보고 나서 경외심을 갖게 되고, 천자의 하늘에 대한 숭경이며, 일부는 상징적인 의미일 뿐이다. 건축양식을 통해 분석해 보면 보다 명확하게 느낄 수 있다. 천단의 음향현상으로 볼 때, 회음벽(回音壁), 삼음석(三音石), 원구(圜丘) 등 확실한 특성을 띠는 건축물이 있다. 높이 6m, 반경 약 32.5m가 되는 원형 담장으로 되어 있는 훼이인벽은 소리 반사 효과가 좋아 담장에서 꽤 멀리 떨어져 있는 두 사람이 낮은 소리로 대화했을

▷ 기년전의 용정주와 조정

때, 담장 내부의 황궁우(皇穹宇)의 영향을 받지 않고 서로 소리를 들을 수 있다. 황궁우의 남쪽에 있는 도로는 약간의 돌로 이루어졌는데, 그중 세 번째 돌은 기묘한 음향학적 효과를 가지고 있어 이곳에서 박수를 한 번 치면 세 번의 메아리를 들을 수 있기 때문에 이 세 번째 돌을 '삼음석'이라고도 하는데, 사실 여기서 들은 메아리는 세 번이 아니라 대여섯 번이다. 원구의 반경은 11.5m이고 최고층은 지면에서 약 5m 떨어져 있으며, 동서남북의 출입구 네 개를 제외하고는 사방에 청석 난간이 둘러 싸여 있다. 원구 중심석에 서서 소리를 내면 훨씬 더 큰 소리를 들을 수 있고 소리가 지하에서 나는 것 같다. 그 이유는 사람이 반사 소리를 듣는 시간과 소리를 낼 때의 차이가 매우 짧고, 반사 소리가 자신이 내는 소리와 거의 일치하여 자신이 내는 소리를 강화했기에 평소에 듣는 소리보다 큰 것이다. 이러한 현상은 모두 현대과학으로 해석할 수 있지만 옛날에는 대자연에 대한 경외심을 강조했던 것이다. 이러한 소리는 세상 사람들에게 "인간의 속삭임은 하늘에서 명확히 들린다" 즉 "인간 세상에서 속삭이는 말은 하늘이 우렛소리 듣듯 잘 알안다"¹는 의미를 암시하는 것으로 사람들에게 하늘의 뜻에 어긋나는 일을 하지 말라고 경고하는 것이다. 이러한 음향학적 건축물을 통해 다음과 같은 이치를 깨달을 수 있다. 드넓은 창공과 아득한 우주에서 하늘과 조화를 이룬 자는 하늘도 그와 조화를 이룬다. 이것이 바로 군자의 언행이 천지에 영향을 미칠 수 있는 이유이다.(浩浩苍穹, 渺渺宇宙之中, 与天和者, 天亦与之相和, 君子言行"之所以动天地也".)

▷ 황궁우

중국에는 역사를 계승하고 조상을 숭배하는 또 하나의 중요한 예제(礼制)사상이 있다. 정통을 전승하고 조상의 가호를 받는 것이 그 핵심이다. 이러한 사상은 단묘(壇廟) 원림의 건설과 일련의 제사활동에서 충분히 반영되었다. 태묘, 봉선전(奉先殿), 전심전, 서황전, 옹화궁, 당자, 원묘와 역대 제왕들의 묘 등 8묘는 대부분이 조상에 대한 숭경에 기초하여 만들어진 것이다. 명나라 영락 18년(1420년)에 세워진 태묘는 명나라와 청나라 시대 봉건 제왕이 조상을 모시던 장소 즉 황제의 가묘이다. 고궁 안에 있는 봉선전에는 황제의 선조에게 제사를 지내는 감실이 모셔져 있다. 고궁의 원화전(文華殿) 동쪽에 있는 봉선전

▷ 국자감벽옹(國子監辟雍)

은 원래 황제의 선조와 선사(先師)의 위패를 모시던 곳이다. 징산(京山)공원의 북쪽에 있는 서황전은 청나라 제후와 조상의 신상을 모시던 곳이며, 황제가 죽은 후 장례를 지르기 전에 혼령이 쉬는 곳(停靈)이기도 했다. 옹화궁은 원래 청나라 옹정제 윤진(胤禛)이 즉유하기 전의 저택이었고, 건륭제가 이곳에서 태어났으며, 후에 라마교의 사당으로 바뀌었다. 공묘(孔廟)라고도 불리는 원묘는 옹화궁 서쪽의 국자감가(國子監街, 성현가[成賢街])에 있으며 원나라 대덕(大德) 10년(1306년)에 건설되었는데 원·명·청시기 공자에게 제사를 지내던 곳이다. 역대 제왕묘는 부성문(阜成門) 내 거리에 있는데 명나라 가정 10년 (1531년)에 건설되었고, 중국 역대의 164명의 황제와 79명의 명신에게 주로 제사를 지내던 곳이다. 태묘를 예로 들면 명나라와 청나라 시기 새로운 황제가 등극할 때마다 혹은 친정(親政), 대혼(大婚), 상존호(上尊號)와 휘호(徽號), 만수(萬壽), 책립(册立), 개선(凱旋), 헌부(献俘, 전쟁이 끝난 후에 포로를 종묘에 바치는 예), 봉안(奉安, 신주나 화상(畫像)을 받들어 모심) 재궁(梓宮, 황제의 관) 그리고 해마다 이루어지는 사맹(四孟) 및 세모(歲暮) 대겹(大祫) 때에는 모두 태묘에서 제사를 지내야 한다. 역대 제왕묘의 가치는 그 특징을 더욱 돋보이게 한다. 명나라 가정 9년(1530년)에 세워진 역대 제왕묘는 명·청시기 황제가 선조에게 제사를 지내던 곳으로 그 정치적 지위는 태묘와 공묘와 일치하여 '명·청시기 베이징의 3대 황실 묘우(廟宇)'라 불리기도 했다. 봉건 통치자는 예로부터 조상을 경봉(敬奉)했는데 삼황(三皇)은 줄곧 중국인의 조상으로 여겨져 역대 제왕들이 우러러보는 대상이었다. 선대 제왕은 후대가 참고하고 본받는 본보기이기 때문에 이들을 위해 제사를 지내야 했다. 최초 명나라 개국 황제인 주원장은 제사를 지내는 제왕을 18명으로 확정했고, 청나라 순치제는 베이징을 수도로 정한 뒤 25명으로 정했다. 건륭제는 "중화의 통일 유대는 끊임없이 이어지는 실처럼 이어져 있다.(中華統緒, 不絶如線.)"라는 주장을 내놓아 묘에 관련되지 않는 조대(朝代)에서 역시 황제를 선출하여 제사를 지내도록 했다. 건륭제는 몇 차례의 수정을 거쳐 제사를 지낼 제왕을 188분으로 확정했다. 명나라 가정 11년(1532년)부터 청나라 말기까지 380년 동안 역대 제왕들의 묘에서 모두 662회의 제사 대전이 거행되었다.

▷ 역대 제왕묘의 패루(牌樓)는 현재 수도박물관 로비로 옮겨졌다.

3. 역사적으로 유명한 베이징의 정원에는 중국의 전통적 효도관 (孝道觀)이 담겨 있다.

백 가지 선행 중에 효도가 제일이라는 말이 있듯이, 기나긴 봉건사회에서 추앙했던 군위신강(君爲臣綱), 부위자강(父爲子綱), 부위부강(夫爲婦綱) 이른바 '삼강(三綱)' 그리고 인(仁), 의(義), 예(禮), 지(智), 신(信)이라는 이 '오상(五常)'은 부정적인 영향 외에도 긍정적인 영향 또한 매우 뚜렷한 것으로 이는 중화민족의 민족적 성격의 형성에 큰 영향을 미쳤다고 하겠다. 절개와 품성 그리고 자율적이고 뜻을 세워 분발할 것을 강조하고 인간의 사회적 책임과 역사적 사명을 강조하는 것 등이 그 예이다. 그중 가장 중요한 특징은 '효'를 강조하고 효도를 제장하는 것이다. 역사적으로 유명한 베이징 정원에서 효는 특히 돋보인다.

이화원의 전신인 청의원 만수산은 효로 이름을 얻게 되었다. 청의원 건설사업은 청나라 건륭 15년(1750년)에 시작되어 건륭 29년(1764년)에 모두 준공되기까지 15년이 걸렸다. 원림을 건설한 중요한 이유 중 하나는 건륭제가 어머니의 생신을 축하하기 위해서였다. 건륭 16년 (1751년)은 황태후 뉴호록씨(鈕祜祿氏)의 60세 생신을 맞이하여 "효로써 천하를 다스린다(以孝治天下)"를 주장해 온 홍력(弘歷)은 건륭 15년에 특별히 옹산(瓮山)의 원징사(圓静寺) 옛터에 대형 불교 사찰인 '대보은연수사(大報恩延壽寺)'를 건립하여 어머니의 생신을 축하하고, 옹산을 만수산으로 개칭했다. 불교 사찰과 함께 만수산 남쪽 기슭 일대의 관청, 대청, 정자(亭), 정자(榭, 무술을 익히던 곳), 행랑(廊), 다리 등 원림 건설도 잇따라 시작되었다. 원림 건설의 원칙에 따라 호수와 산을 다시 설계하고 서호를 곤명호로 명칭을 바꾸었다. 만수산, 곤명호의 명칭은 지금까지 계속 사용되고 있다. 청의원이 건설된 후 건륭제가 재유하던 60년 동안 청의원을 147차례 방문하여 청의원을 주제로 1500여 수의 시를 남겼는데, 그중에는 효도와 관련된 시 구도 적지 않았다. 건륭 16년 (1751년)에 지은 『만수산(萬壽山)』이라는 시의 서문에서는 "신미년에 황태후가 60대 초반 경축일을 보내게 되어 기쁘게 축하하며, 그녀의 수명이 남산보다 길고 자비가 서축과 같기를 기원한다. 이를 위해 옹산에 연수사를 건립하여 현재의 이름으로 개칭하고 우리의 소원을 이 시로 표현한다.(岁辛未, 喜值皇太后六旬初度大庆, 敬祝南山之寿, 兼资西竺之慈, 因就瓮山建延寿寺而易今名, 并志以诗.)"라고 쓰여 있다. 시에서는 "승경(勝景)의 넓고 푸른 하늘을 택했고, 연희황후는 불교 사업을 지원했다. 산의 이름은 만수의 축복을 전하며, 산봉우리의 기세가 천중운무를 덮었다.……천우의 사명을 품고, 나는 오래도록 남산처럼 축복하리라.(选胜廓精蓝, 延禧资释昙, 山名扬万寿, 峰势压千岚. …… 载赓天保什, 长愿祝如南.)"

4. 역사적으로 유명한 베이징 정원은 "경직(耕織)을 근본으로 하는" 농경사회의 특징을 보이고 있다.

선농단(先農壇), 선잠단(先蠶壇) 및 천단의 기곡단(祈谷壇)은 모두 동방 고대국의 국정과 밀접히 연결되어 있으며, 모두 국가가 제장하는 '경직본위'의 원칙을 강조한다. 중국은 역사상 줄곧 인구가 가장 많은 나라로 밥 먹고 옷 입는 문제를 해결하는 면에서 어느 왕조도 방심할 수 없는 일이었다. 단을 만들어 나라의 대정(大政)을 백성들에게 명확히 알리는 것은 당연한 도리였다. 이밖에도 황제는 매년 선농 제사를 지내기 위해 직접 경작하여 천하에 알려야 했다. 국정에 따른 통치자의 명석한 인식이야말로 나라를 끊임없이 발전시킬 수 있고 중화 민족을 끊임없이 번영하게 할 수 있다. 역사적으로 유명한 정원에서 '경직본위' 사상을 보여 주는 단은 북해 공원에 위치한 선잠단과 이화원을 복원하여 만든 경직도(耕織圖) 관광지, 물론 선농단도 포함된다.

베이징 선잠단은 이전에 여러 곳이 있었다. 명나라 가정 9년(1530년) 정월에 안정문 밖에 단을 세웠다. 이후 예부에서 아뢰기를 황후가 교외에서 친잠(親蠶, 고대의 의식 중 하나로 춘계에 황후가 직접 잠사에 참여하는 것을 말함)이 불편하다고 하여, 가정제는 농업과 양잠업만이 중요한 일이므로, 궁 앞에 토곡단(土谷坛)을 만들고, 궁 뒤에 전단(蠶坛)을 만들어 제시간에 관찰할 수 있도록 해야 한다고 했다. 따라서 이듬해 10월 서원(西苑)에 선잠단을 만들었다. 현재 보존되어 있는 선잠단은 청나라 건륭 7년(1742년)에 세워졌고, 건륭 13년(1748년), 도광 17년(1837년) 및 동치, 선통 연간에 모두 보수된 바 있다.

북해 공원의 동북쪽에 있는 선잠단은 후비(後妃)들이 친잠하고 잠신(蠶神)에게 제사를 지내던 곳이다. 찬탄은 푸른색 기와와 빨간색 담으로 이루어진 마당으로 동북쪽에는 친잠대(親蠶臺), 서북쪽에는 뽕밭, 정북 쪽에는 친잠문(親蠶門)이 있으며, 친잠문 안에는 친잠전(親蠶殿)이 있다. 친잠전에는 방이 다섯 채, 동서 배전이 각각 세 채이다. 전(殿) 뒤에는 욕잠지(浴蠶池)이고, 욕잠지(浴蠶池) 북쪽은 후전(後殿)이다. 동쪽에는 네모난 돌로 쌓은 작은 강이 있는데 남북을 관통하여 세잠하(洗蠶河)라고 불린다. 찬탄 동쪽에 또 다른 작은 뜰이 있는데, 그 안에는 선단전(先壇殿), 타생정(打牲亭), 정정(井亭), 신주(神廚), 잠서(蠶署) 등 건축물이 있다. 욕잠하(浴蠶河) 동쪽에는 또 한 줄로 늘어선 주택이 있는데 모두 27칸으로서 잠부(蠶婦)가 일하는 곳이다. 잠단의 주요 전우는 모두 푸른색 유리벽돌과 기와로 이루어졌는데 구조가 정교하고 색채가 아름답다. 선잠단 건축 초기의 내무부(內務府) 주안(奏案)에는 다음과 같이 기록되어 있다. "저는 천자가 직접 농사를 지어 번성(粢盛)을 공급하고, 후비가 직접 누에를 길러 제사상을 공급한다는 고대의 제도를 잘 알고 있습니다. 예로부터 친잠 대전의 중요성은 친경 의식만큼 중요합니다.(窃惟古制, 天子亲耕以供粢盛, 后亲蚕以供祭服. 自昔亲蚕大典, 原与亲耕之礼并重.)"

이화원의 곤명호 호숫가에 있는 동우(銅牛)와 경직도 및 잠상묘(蠶桑廟)는 남경여직(男耕女織)의 전통 농업사회의 모습을 보여 주고 있다. 경직도는 원래 강남 수향(水鄉)의 경직(耕織) 분위기를 그려낸 청의원의 한 관광지로 그 안에는 잠신전(蠶神殿), 직염국(織染局)이 있다. 직염국 안에 들어가면 앞에는 직국(織局), 뒤에는 낙사국(絡絲局), 북쪽에는 염국(染局), 서쪽에는 잠호방(蠶戶房)이 있다. 직염국은 궁정에서 사용하는 견직물을 전문적으로 생산하는 기관이다. 경직도의

▷ 관경대(观耕台, 원본은 『고도문물략』에 수록되어 있음)

내용과 경관이 실제와 일치를 이루도록 건륭제는 원명원에 소속되어 있는 13개의 누에 농가를 직염국으로 이전시키고 그 사방에 대량의 뽕나무를 심으라고 명했다. 직염국은 모두 16대의 직기를 설치하고 직공·염색공 등 부역에 종사하는 자 116명을 두었다. 경직도가 직염국을 대체한 이후 명실상부한 염색 작업장이 되어 관례에 따라 궁내에 일정한 수량의 견직물을 상납하는 것 외에, 청궁(淸宮)은 또 직염국이 매년 청명절에는 수이촌쥐(水村居)에서, 9월에는 잠신묘(蠶神廟)에서 거행되는 잠신 제사를 주관하도록 했다. 건륭 34년(1769년)에 황제는 명하여 원나라 화가 정계(程棨)가 그린 경직도 21폭과 잠직도(蚕织图) 24폭을 쌍구서법(双钩书法)으로 돌에 새기게 했는데 두 그림은 모두 길이가 53cm, 높이가 34cm이며 건륭제의 어제(御題)에 대한 발(跋)까지 합치면 모두 48폭으로 이는 경직도 관광지의 옥하재(玉河齋) 좌우 유랑의 벽에 끼워 넣게 했다.

사실 황제의 "경직본위" 사상을 가장 잘 보여 주는 것은 그가 거행한 선농제사(先農祭祀)와 사직 행사이다. 선농제사와 경작을 중시하는 전통은 주(周)나라로 거슬러 올라 갈 수 있으며, 명나라와 청나라 시기에는 국가의 중요한 제사의식이 되었다. 매년 중춘해일(仲春亥日)에 황제는 백관을 거느리고 선농단에 가서 선농신에 제사를 지내고 친경했다(이를 적전례(藉田礼)라고 함). 셴농 신단에서 선농신에게 제사를 지낸 후, 구복전(俱服殿)에 가서 친경 예복을 갈아입고 이어 친경전에 가서 친경례(親耕礼)를 거행했다. 친경례가 끝난 후 관경대에서 왕공 대신이 경작하는 것을 구경했다.

베이징의 역사적으로 유명한 정원은 중국 봉건사회의 통치사상을 보여 주기도 한다. 원림의 조경 사상, 조경 공예 등을 통해 봉건사회 중국 통치자들의 지혜를 발견할 수 있는데 이와 관련해서는 대서특필

할 만하다. 역사적으로 유명한 베이징 정원은 문화적 바탕이 깊고 품위가 있으며, 그 속에 함축되어 있는 독특한 동양의 문화적 운치는 역사적으로 유명한 중국 고대 정원의 탁월한 원림 조경예술과 성과를 보여 줄 뿐만 아니라, 특정한 정치적 · 종교적 활동을 거행하던 장소로서 역대 왕조의 역사적 흔적이 담겨져 있다.

  역사적으로 유명한 베이징 정원은 오랜 역사와 문화가 쌓여 있는 곳으로 형상적이고 진실적이며 재생이 불가하다는 기본적인 특징을 갖고 있으므로 역사적 · 과학적 · 문화적 · 예술적 가치가 있다고 하겠으며, 이는 또한 우리가 역사적으로 유명한 정원을 어떻게 보호하고 활용할 것인지에 대해 높은 요구를 던져 주고 있다. 역사적으로 유명한 베이징 정원의 영혼은 넓고 심오한 중국의 역사와 문화로 자체가 갖고 있는 특유한 역사적 · 문화적 의미를 발굴하고 선양하는 것은 중국문화의 정수를 선양하는 것이라고 하겠다.

'삼산오원(三山五园)'의 보수와 보호에 대한 사색

  '삼산오원'은 베이징 역사상에서 대체할 수 없는 지위와 영향을 갖는데 "동방 원림의 걸작"이라는 이유 외에도 중요한 것은 베이징 역사 내지 중국역사의 축소판이기 때문이다. '삼산오원'은 중국역사상의 수많은 사건을 연출했으며, 이 사건들은 중국역사 특히 중국 근대사의 흐름에 영향을 미쳤다. '삼산오원'에 대해 연구하는 것은 그것을 보호하는 것만큼이나 중요하고, 일부 원림을 복원하는 것은 현 상태를 보존하는 만큼이나 중요한데, 이는 다른 이유 없이 단순히 현재의 가치 때문이라고 하겠다.

▷ 『황제친경도(皇帝亲耕图)』(기청원회(纪清远绘))

1. '삼산오원'의 보수와 보호의 기초

(1) '삼산오원'의 형성은 역사적 과정을 거쳤다.

문자의 기록으로부터 볼 때 베이징의 서산(西山)은 풍경이 수려하고 자연생태가 여가를 보내기에 적합한 곳으로 요나라와 금나라 시기부터 이곳에 행궁 별원(別院)을 많이 지었다. 금나라는 이곳에 '8대수원(八大水院)'이라 불리는 이궁(離宮)을 지었다. 청나라 건륭제가 건륭 15년(1750년)에 지은 어제시(御制诗, 임금이 지은 시)『제야율초재묘(題耶律楚材墓)』의 서문에는 "무덤은 옹산 호산원(好山园)의 동쪽에 위치하고 있으며, 그해 원림을 조성할 때 입지가 원문과 가까웠다.(墓在瓮山好山园之东,昔年营园时,以其逼近园门.)"라는 문구가 있다. 이화원의 전신은 호산원, 명나라 때 이위(李偉)가 지은 청화원(清华园)과 미만종(米萬鐘)의 작원(勺園)이다. 청나라가 입관한 이후 강희제가 서산 원림을 건설하기 시작하여 서산에 대규모로 원림을 건설하는 서막을 열어놓았다. 강희 19년(1680년)에 옥천산 남쪽 기슭을 행궁으로 정했고, 향산사(香山寺) 옆에 행궁을 지었다. 강희 23년 (1684년)에는 칭화원 폐지(廢址)에 장춘원(暢春園)을 건설하여 베이 징 서교(西郊)에서 처음으로 1년 내내 거주하는 이궁을 지었다. 옹정 3년 (1725년)에 원명원을 이궁으로 승격시키고 대규모로 증축하기 시 작하여 그 면적을 300무에서 약 3,000무로 확대했으며 "원명원 28경" 이라고 명명했다. 건륭제가 즉위한 이후 대규모의 원림 건설이 시작 되었다. 같은 해에 향산에 정의원을 만들어 28경을 건설했다. 건륭 14 년(1749년)에 어머니 생신을 축하하기 위해 옹산(후에 만수산으로 개 명)에 청의원을 건설했는데 15년이 걸렸다. 같은 시기에 태후가 살던 창춘원(暢春園)을 크게 보수하고 서부에 서화원(西花園)을 증축했다. 건륭 15년(1750년)에 옥천산의 정명원(강희 31년 즉 1692년에 징심원 (澄心園)에서 개명되어 얻어진 이름)을 증축하여 옥천산 전체에 정명 원 16경을 건설했다. 건륭 34년(1769년)에 이르러 '삼산오원' 건설 공 사가 기본적으로 완성되었다. 그리고 서산수계(西山水系)를 대규모 로 정비하여 산수가 서로 잘 어울리는 산을 중심으로 이루어진 산지 원(山地園), 물을 중심으로 이루어진 수향원(水鄉園) 두 개의 산수원 (山水園)을 만들었다. 어진 사람은 산을 좋아하고 지혜로운 사람은 물 을 좋아하는 것처럼 산과 물이 하나가 되어 자연과 인문이 어우러진 서쪽 교외의 명승지가 만들어졌으며, 여기에는 전통 원림의 각종 창 작과 구상이 집합되었다.

(2) 약탈과 불탄 후의 '삼산오원'은 이미 형체를 알아볼 수 없게 되 었다

베이징 서쪽 교외 원림의 핵심인 '삼산오원'은 1860년에 영국-프랑 스 연합군의 광적인 약탈과 야만적인 파괴에 의해 이미 형체를 알아

볼 수 없게 되었다. 비록 일부 원림은 재건되었으나 이미 옛날의 그 모습이 아니다.

　가장 중요한 몇 개의 원림을 예로 들어 설명하겠다. 청의원은 1860년에 영국-프랑스 연합군의 약탈로 대보은연수사(지금의 이화원 배운전(排雲殿) 일대),전자전(田字殿)의 500 라한당(羅漢堂), 혜산원(慧山園) 내 8경 건축군 및 후산 소주하(蘇州河) 양안의 시정식(市井式) 건축이 모두 소각되었다. 약탈 후 앞산에는 근정전, 낙수당(樂壽堂)을 포함한 25곳의 건축군만 남았고, 뒷산에는 회방당(繪芳堂), 청가헌(淸可軒) 등 14개의 건물만 남았다. 곤명호에는 광윤사(廣潤祠), 창관당(暢觀堂) 등 9개의 건물만 남아 있지만 모두 심하게 파손되었다. 정명원은 크고 작은 30여 곳의 건물 군이 불에 탔다. 정의원은 80경, 종경대소지묘(宗鏡大昭之廟) 등 80여 개의 건축 군이 모두 타버렸고, 파손된 정닝당(正凝堂)과 산허리 숲속에 숨겨 발견되지 않은 제운산관(梯雲山館)만 남아 있다. 고찰 향산사 일대의 옛 송백은 지금도 타버린 흔적이 남아 있다. 영국-프랑스 침략군이 베이징 교외에서 50일 가까

▷ 관경대(观耕台, 원본은 『고도문물략』에 수록되어 있음)

▷ 청나라 『원명원 사십경도(四十景圖)』의 무릉춘색(武陵春色)

이 강탈·소각·소란을 행하는 바람에 서교의 황실 원림 다섯 개가 파멸적인 재난을 당했다. 오원(五園)에서 빼앗긴 문물과 보물의 수량에 대해서는 이미 통계할 수 없으며 삼산어원(三山御園)에만 기록이 남아 있는데, 손실된 진열 물의 대략적인 수는 124,568점이나 되었다. 원명원에 소장된 『사고전서(四庫全書)』도 문연각(文淵閣) 건물과 함께 잿더미가 되었다.

함풍 11년 (1861년)에 이르러 고전 원림의 면적은 3.02%를 차지하는 200km²까지 줄어 들어 소멸 위기에 처해 있었다. 임지(林地)의 면적은 다소 증가했고 수계는 기본적으로 보전되었다. 피해를 입은 후 산수 지형과 임천(林泉) 식피(植被)의 기본 면모는 변화가 크지 않았다. 농경지 비율은 15.05%였는데 이는 마을 규모가 확장되고 백성들의 각종 활동이 빈번했음을 말한다. 건축 비례는 5.35%밖에 안 되는데 이는 많은 촌락, 관아가 소각된 것과 관련되는 것으로 집현원(集賢院), 청푸촌(成府村), 하이전진(海淀鎮) 등은 모두 전쟁으로 파괴되었다. 주요 경관의 크기가 점점 뚜렷해진다는 것은 '삼산오원' 지역의 고전 원림이 점점 쇠퇴하고 관아와 촌락의 규모가 줄어들었으며, 정치적 기능이 이전되고, 들판을 방불케 하는 모습이 두드러지고 있음을 뜻한다.

(3) 청나라 동치(同治)·광서(光緒) 연간의 복원작업

1860년 이후 얼마 지나지 않아 '삼산오원'을 복원하고 재건하기 시작했는데 이하 세 가지 방식으로 재건 작업이 이루어졌다.

첫째, 원래의 구도를 유지하되 취사(取捨)선택을 거쳐 특색을 갖추도록 한다. 그 대표적인 사례가 청의원을 이화원으로 개축한 것이라고 할 수 있다. 광서 12년(1886년)부터 21년(1895년)까지 청나라 실권을 장악한 자희(慈禧)는 대량의 해군경비와 기타 자금을 유용(挪用)하여 청의원 폐허에 원래의 모습대로 재건했고 이름을 이화원으로 바꿨다. 이화원은 청의원의 산수, 건축 양식과 녹화(綠化)를 그대로 모방하여 청의원의 경관과 풍모를 재현했다. 지금까지 상당히 완전하게 보존된 청나라 『이화원 공정 명세서(頤和園工程淸單)』의 분석에 따르면 이화원은 청의원의 가장 중요하고 가장 다채로운 부분을 충분히 살렸고 일부 공간의 실제 기능에 있어 비교적 큰 변화를 주었다고 한다. 예를 들면 불향각(佛香閣) 아래의 대보은연수사는 배운전으로 개축되었는데 사용기능에 있어 변화를 주었으나 이는 건축물의 외형과 구조에 영향을 주지 않았고, 만수산의 건축군은 여전히 윤곽이 뚜렷하고 장관을 이루고 있다. 불향각 맨 윗층에서 내려다보든, 호숫가의 운휘옥우패루(雲輝玉宇牌樓) 아래에서 올려다보든 건축군의 웅장한 기세가 발산하는 예술적 감화력을 느낄 수 있다. 한편 궁궐에서 연극을 관람할 수 있도록 동궁문(東宮門) 안의 런서우전(仁壽殿, 원래의 근정전 북쪽에 있는 이춘당[怡春堂]) 유적지에 높이가 21m 되는 3층 건축물인 덕화원(德和园)을 지었다.

▷ 이화원의 덕화루(德和樓)

재건된 이화원은 북실남허(北實南虛), 동실서허(東實西虛)의 구조를 갖추게 되었고 원림 전체가 서로 운치 있게 뒤섞여 있고 자연과 인공적인 것이 조화를 이루고 있어 특징이 뚜렷하다. 이화원은 청의원의 구조를 충분히 살렸을 뿐만 아니라, 청의원의 구조와 설계사상을 체계적으로 분석하여 변화를 주었다는 데에 특색이 있다.

둘째, 원래의 건축양식을 그대로 따르고 기존의 건축 군, 건축구도를 그대로 남겨 두게 한다. 가장 대표적인 것은 이화원이다. 동치와 광서 연간에 정명원 보수 작업이 2회에 걸쳐 이루어졌다.

먼저 동치 6년(1867년)에 정원의 수원인 옥천산 수계 즉 정명원 수로와 롱왕묘, 침궁의 중수와 보수를 포함하는 베이징 서쪽 교외에서 성내 서원(西苑)까지의 수로를 대규모로 정화·수리·건설하여 제반 기능을 회복시켰다. 양칭(楊菁), 왕치헝(王其亨)의 연구에 따르면 이때 7개의 주요한 건축물이 복원되었다. 첫 번째 건축물은 운외종성(雲外鐘聲)과 향운법우(香雲法雨)이다. 옥천산의 남쪽 비탈에 위치한 두 건축물은 정광탑(定光塔), 묘고탑(妙高塔)을 제외하고 옥천산의 모습을 가장 잘 보여 주는 건축군으로 주변의 자생동(資生洞), 복마동(伏魔洞), 수월동(水月洞) 세 동굴과 함께 정명원 중수 공사의 첫 공사가 되었으며 건축양식은 건륭시기의 양식을 그대로 따랐다. 두 번째 건축물은 화자관(華滋館)이다. 정명원의 침궁인 화자관은 약탈과 파괴로 인한 피해가 크지 않았다. 광서 17년(1891년)에 주로 바닥, 실내, 지붕 그리고 주위의 우장(宇墻, 성벽 안의 낮은 담벼락), 도크, 교량, 도로에 대한 보수를 진행했다. 정명원에서 최초의 건축물인 청음재(淸音齋)는 강희제 때부터 건설되었는데 황제가 청의원과 정명원을 연결하는 옥하(玉河)에서 배를 타고 정원에 들어선 이후 잠시 쉬는 곳이었다. 광서 19년에서 20년(1893년-1894년) 사이에 청음재와 화쯔관 사이의 도로를 정비했다. 세 번째 건축물은 진무묘(眞武廟)이다. 옥천 호수의 남쪽 비탈에 위치한 전우묘는 동서로 정전(正殿)이 있고 정전마다 방이 세 채 있으며, 편액에는 "진거자우(辰居資佑, 제왕의 거처)"라는 글귀가 적혀 있고, 좌우 배전은 세 칸으로 되어 있으며, 전 앞에는 깃대 두 개가 세워져 있는데 광서 19년(1893년)에 중수되었고, 묘 동쪽에 있는 롱왕묘 남쪽 부두도 중수되었다. 네 번째 건축물은 산 꼭대기에 있는 협설금음(峽雪琴音)인데 이 곳 역시 전면적으로 중수 되었다. 이상의 건축물에 대해 중수를 진행한 것 외에도 정명원의 교 량, 선박, 우장에 대해서도 보수를 진행했는데 남쪽의 수직 홍교는 광 서 19년에 중수했고, 죽제(竹制) 선방(仙舫) 한 척은 기름을 새로 입혔 으며 원외종성에서 청음재, 수월동, 견고림(坚固林)까지의 우장도 다 시 쌓았다.

이렇게 볼 때, 우선 용왕묘, 화자관, 청음재, 열백호관(裂帛湖光) 등 청나라 황제와 밀접한 관련이 있는 옥천산의 주요 경관이 복원되었 다. 옥천산은 베이징의 도시 급수와 관련이 있으며, 그 위에 있는 용 왕묘는 청나라 황제가 교외에서 비를 구하는 중요한 장소이자 옥천 샘의 정신적 상징이기 때문에 동치 연간에는 정명원 최초의 중수 공 사 중 하나가 되었던 것이다. 화자관은 정명원에서 황제의 침전으로 서 건물이 비교적 잘 보존되어 동치 연간에 수리가 완료되었다. 청음 재와 열백호광은 청나라 황제가 임행(臨幸, 천자가 친히 그곳에 가는 것)하는 주요 출입구로 광서 연간에는 이화원이 중수되면서 정명원과 이화원의 관계가 더욱 긴밀해졌기 때문에 입구 주변 건축물에 대한 보수와 중수는 실제적인 필요에서 고려된 것이었다.

그 다음은 수홍교(垂虹橋)와 사금랑(写琴廊) 등 수로와 관계가 밀접 한 건축물이 복원되었다. 수홍교는 정명원의 남북 수로를 관통하는 중요한 교통 지점이고 사금랑은 옥천산의 산수가 동쪽으로 흘러 옥하 로 진입하기 전의 수문으로 이화원과 베이징의 물 공급과 직접적인 관련이 있다.

마지막으로는 운외종성(云外鐘聲), 상운법우(祥雲法雨), 협설금음(峽雪琴音), 성관(城關) 및 동악묘(東岳廟) 등 옥천산 산등성마루에 있는 세 개의 주요 경관이 복원되었다. 성관과 동악묘는 서쪽 기슭의 시각적 초점이고 옥봉탑영(玉峰塔影), 운외종성, 상운법우, 협설금음은 동남부의 주요 경관의 윤곽을 구성하고 있다.

옥천산의 정명원 경관은 이로써 그대로 보존되었다.

셋째, 전체 복원이 불가능하다면, 핵심 건축물만 복원한다. 원명원이 대표적인 경우이다. 동치 12년(1873년)에 자희가 40이 되어 태후를 봉양한다는 핑계로 목종(穆宗)은 특별히 원명원을 건설할 것을 지시했다. 같은 해 10월 5일에 공친왕은 원명원 프로젝트에 기부하기 위해 은 2만 냥을 준비했고 곧 흙을 운송하기 시작했다. 12월 16일에 길일을 택하여 안여우궁(安佑宮), 정대광명전(正大光明殿), 봉삼무사중로(奉三无私中路), 선더당(慎德堂), 칭샤당(清夏堂), 천지일가춘(天地一家春) 등 총 27개의 전우에 대들보를 올렸다. 동치 13년(1874년) 정월 14일에는 1년 전에 제출한 건의사항과 보수계획을 기준으로 약 3,000개의 전우를 보수하고 광동성과 광시성 등 양광(兩廣)지역, 양호(兩湖), 쓰촨성(四川省), 푸젠성(福建省), 저장성(浙江省) 등 각 지역에서 큰 난초, 측백나무, 황송(黃松) 등 목재 각각 3,000개를 구입하라는 통지를 발행했으며, 앞으로 한 달 안에 쌍허재(双鶴斎) 전우와 유랑을 정비하고 통러원(同乐园), 헝춴당(恒春堂) 등 연극무대를 정비하도록 했다. 원명원 건설 기간 동안 무종은 다섯 번 공사현장을 방문했다. 수리, 기와 제거, 보강 및 추가 보수를 거쳐 원명원의 세 정원은 점차 모습을 갖추게 되었고, 보수된 건축물과 방은 100여 개, 600여 칸에 달한다. 대체로 원명원 다궁문(大宮門), 출입 현량문(贤良门), 동서 내조방(内朝房), 전각조방(转角朝房), 근정전, 원명원전, 통순당

(同順堂), 칠간전(七間殿), 춘우헌(春雨軒), 간학여청(澗壑余淸), 만방안화십자정(万方安和十字亭), 안우궁(安佑宮) 궁문, 동서 조방, 자벽산반(紫碧山房), 낙재인화(乐在人和), 신수사영(愼修思永), 지과당(知果堂), 과농헌(课农轩), 장주우(藏舟坞), 쌍학재, 곽연대공(廓然大公), 복원문(福园门) 문조(门罩), 서남문 문루 등을 포함하며 창춘원(長春園)의 경치는 아름답고 장관을 이루게 되었으며 수목이 무성하고 호수가 맑고 밝아서 마치 비단에 놓은 수와 흡사했다. 그리고 만춘원(万春园)의 대궁문, 동문조방, 이궁문(二宫门), 내궁문, 위조당(蔚藻堂), 양권전(两卷殿), 팔각정(八角亭), 청하당(清夏堂) 궁문, 치방(値房), 다선방(茶膳房), 서상촌문(西爽村门) 문루 치방 등을 포함했다. 동치 13년(1874년) 9월경에는 경비를 마련하지 못해 공사를 중지하도록 명했다. 광서 4년(1878)부터 광서 24년(1898)까지 내무부는 의지(懿旨, 황태후 또는 황후의 조령)를 받들어 원명원 내 구주청안(九州淸晏), 봉삼무사(奉三無私), 복수인은전(福壽仁恩殿) 및 장춘원(長春園) 내의 전우를 지속적으로 보수했다. 광서 22년(1896년) 2월

▷ 옥천산(20세기의 낡은 사진(원본은 『고도문물략(故都文物略)』에 수록되어 있음)

26일에는 의지를 받들어 구주청안, 봉삼무사, 복수인은전, 치젠전 하포(河泡) 동쪽을 관방원(关防院)으로 개조했고, 천지일가춘과 승은당(承恩堂)을 서로 옮기고 '천지일가춘' 동원에 후조방(后照房), 요방(腰房), 남방(南房)을 각각 5칸, 궁문 1개를 개축했다. 같은 해에 자희 5회, 덕종(德宗)이 4회에 걸쳐 원명원을 방문하여 선덕당, 안우궁, 자벽산방, 춘우헌, 쌍학재, 황화진(黄花阵), 사자림(狮子林) 등 여러 곳을 시찰했다. 광서 26년(1900년)에 8국 연합군이 베이징을 공격한 이후 동치와 광서 두 시기를 거쳐 복원된 소수의 건축물도 사라져 선통 말기에 원명원은 밀과 농사를 짓는 경작지 모습으로 바뀌었다.

넷째, 약탈되어 원래의 모습을 복원하기 어려운 경우 그대로 방치한다. 주로 향산의 정의원과 창춘원(暢春園)이 대표적인 경우이다. 영국·프랑스 연합군은 함풍 10년(1860년) 8월 24일(10월 8일)에 향산 정의원을 약탈했고, 그 안의 유물과 보물은 모두 털어 갔다. 9월 6일(10월 19일)에 그들은 향산 정의원에 불을 질렀는데 건물들이 거의 다 타버렸고 정닝당과 산허리의 숲속에 숨어 있다가 침략군에게 발각되지 않은 제운산관만 남았다. 광서 26년(1900년)에 향산 정의원은 다시 8국 연합군에게 약탈당했다. 청나라 말기에 와서 정의원은 초라한 자갈 천지가 되었다.

도광제는 황태후(孝和睿皇后)를 원명원 기춘원(綺春園)으로 모셔오게 되었고, 따라서 원명원이 황실의 중심이 되었으며 창춘원(暢春園)은 점차 외면당하게 되었다. 이는 재력과 물력이 궁핍한 경지에 이르게 된 이유이기도 하다. 함풍 10년(1860), 영국·프랑스 연합군이 베이징에 쳐들어와 원명원을 불태우면서 창춘원도 모두 타버렸는데 남아 있는 건축물은 원명원 재건 공사로 철거되었다. 광서 26년(1900년)에 8국 연합군이 베이징을 공격했을 때, 창춘원은 다시 인근 주민들과 팔기(八旗, 청나라에서 17세기 초부터 설치한 씨족제에 입각한 군사·행정제도) 주둔군에게 약탈당하여 정원의 나무와 돌은 모두 사적으로 나누어졌다. 중화민국시대에 창춘원 유적지는 황야가 되었고, 은우사(恩佑寺)와 은모사(恩慕寺) 두 개의 유리산만이 남게 되었다.

3. 신 중국의 복원

베이징이 평화적으로 해방된 이후, 인민정부는 길지 않은 시간을 이용하여 인민공원 건설에 관심을 갖기 시작했는데 건설 공사는 4단계를 거쳤다.

첫째 단계는 베이징 해방 이후 정부에서 접수하여 전문기관을 설치해 파괴되고 황폐된 정원을 관리하는 단계이다. 1949년 4월에 관리사무소를 설립한 이화원은 가장 먼저 관리에 들어간 정원이다. 그 뒤로 향산 공원, 마지막으로 원명원 관리사무소가 설립되었다.

둘째 단계는 1950년대 중반 이후 인민공원을 건설하기 시작했다. 정부는 제한된 재정 자원으로 공원을 건설하기 시작했는데 파괴된 건축물에 대한 수리 보수 외에 "세 가지 서비스(三个服務)"를 전제로 공원의 녹화 등 환경건설에 주목하여 과수나무 등 각종 나무를 심었다. 그 덕에서 산수 원림의 구도가 어느 정도 파괴되었지만, 옥천산 및 정명원은 그 특수한 기능으로 인해 파괴가 상대적으로 적었다.

셋째 단계는 10년 간의 재앙이었던 '문화대혁명' 시기로, 혁명의 기치 아래 1860년과 1900년 두 차례에 걸쳐 보존되었던 건축물이 다시 무자비하게 약탈당하면서 이화원의 고대 건축물과 채색화는 가필되고 파괴되었으며, 불상이 헐리고 '홍화(紅化, 토양 광물 입자 표면에

철 산화물이 분리 및 축적되어 토양이 붉게 보이는 과정)' 과정을 거쳐 문화재가 크게 훼손되었다.

넷째 단계는 중국공산당 제11기 3중 전회 이후, 특히 1980년대 이후 서산 정원을 확장·복원하여 고전 황가 원림의 본래 모습을 복원하는 단계였다. 2000년대 들어, 특히 2008년 베이징 올림픽 개최를 배경으로 고대 건축물 복원이 고조기를 맞이하게 되었지만, 눈앞의 이익에만 급급하여 복원을 명분으로 역사적으로 유명한 정원에 새로운 피해를 입히는 경우도 없지 않아 있었다.

'삼산오원'에 대한 복원은 아래의 몇 가지 특징을 보였다.

첫째는 주요 경관이 복원되었다는 점이다. 이화원은 창관당, 담녕당(澹宁堂) 등 주요 건물과 소주가, 경직도와 같은 주요 명승지를 차례로 재건했다. 이화원 뒷산에 위치한 소주가(蘇州街)는 1983년에 재건 준비를 시작하여 1986년에 전문가와 학자들의 충분한 논증을 거친 후 칭화대학교가 설계하여 3단계로 나누어 공사를 진행했으며, 4년간의 건설 끝에 1990년 9월 16일(영국·프랑스 연합군이 청의원을 불태

▷ '경직도' 석비

운 130주년 기념일)에 완공되었다. 경직도 명승지는 청나라의 번성 시기에 건륭제가 특별히 궁중 내무부 직염국을 공원으로 이전하여 '남경여직(男耕女织)'이라는 중국의 전통 사상을 담아 건설한 것이다. 1860년에 영국·프랑스 연합군의 파괴로 명승지에는 건축물이 남아 있지 않고 건륭제의 어필인 '경직도(耕织图)'라는 글자가 새

겨져 있는 비석만 남아 있다. 1886년에 자희태후는 곤명호의 수조(水操)를 복원한다는 명목으로 당시 해군경비를 사용하여 경직도 관광지의 폐허에 수조학당(水操学堂)을 건립하여 해군 인재를 양성하는 고등학부로 만들었다. 1998년 말에 이화원과 경작도 명승지가 복원되기 시작했다. 복원된 경작도 명승지는 25ha, 주요 명승지는 4ha, 수면은 8ha에 달했다. 연상재(延赏斋), 잠신전, 경직도 석각 장랑 등 건륭제 시대 경직문화를 보여 주는 원림식 건축물 2종과 복원된 수사학당(水师学堂) 등 두 개의 건축물을 포함한다.

둘째는 점진적으로 복원했다는 것이다. 향산 정의원이 대표적이다. 정의원 본래의 모습을 목표로 점차 그때의 모습을 재현했다. 1956년 2월 27일과 29일에 베이징시 인민위원회는 2회에 걸쳐 회의를 개최하여 공원 내 모든 단위와 시원림국(市园林局), 서산명승지관리사무소 및 파출소에서 각각 한 명의 대표를 파견하여 '향산개방준비위원회(香山开放筹备委员会)'를 구성하기로 결정했다. 1957년 5월 1일에 보수된 공원이 대중들에게 공개되었다. 1958년 5월 9일에 향산관리처가 설립되어 그 해에 서월(栖月) 산장(山莊)과 안경호(眼镜湖)를 건설하고 쌍청(双清), 삼옥홀(森玉笏), 향산 북쪽 궁문을 확장하고 향산의 담벽을 보수했으며, 1960년에는 소묘(昭庙)에 있는 방 50칸을 개축했다. 1965년에 향산 관리청은 벽운사(碧云寺)에서 향산으로 이어지는 수계, 향산 공원의 쌍청 수도와 소묘의 유리탑를 보수하는 데 투자했다. 1970년대에 동궁문, 다운정(多云亭), 창풍정(阊风亭), 송림((松林) 별장, 향산사 유적지, 쌍청 별장, 부용관(芙蓉馆), 근정전(勤政殿) 유적지, 우향관(雨香馆), 옥화삼원(玉华三院), 반산정(半山亭), 백송정(白松亭), 견심재(见心斋), 소묘 계단, 제운산관, 서월산장이 정비되었다. 개혁개방 이후 향산사 유적지, 소묘, 풍림촌(枫林村), 형제루

(兄弟楼) 등의 가옥이 차례로 보수되었다. 2002년 7월에는 향산 근정전을 복원하기 시작했다. 근정전은 정의원 28경 중 으뜸으로 황가 원림의 특색을 지닌 상징적인 건축물로 건륭제가 와서 임시로 정무를 처리하고 왕공대신을 접견하던 곳으로 정무에 힘썼다는 의미를 본떠서 만들었다.

▷ 수리 복원된 경직도 옌창재(延賞齋)

근정전은 정전, 남북배전, 조방, 가산, 월하(月河), 패루 등으로 구성되었고 2003년 7월에 완공되어 관광객들에게 공식적으로 개방되었다. 건축 면적이 1,000㎡ 이상이고 명승지 면적이 8,000㎡에 달하는 근정전은 신 중국 건국 이래 수준이 가장 높고 단일 건축물로는 가장 큰 궁궐형 건축물이다.

2008년부터 소묘 복원 공사를 3단계로 나누어 진행했다. 1단계는 주변의 유적지를 정리하고 중화민국 시기에 세워진 건축물을 철거하는 것이고, 2단계는 유리탑, 유리패루(琉璃牌루), 월하(月河), 홍백대

군방(紅白台裙房)과 청정법지전(清浄法智殿)을 보수하는 것이며, 3단계는 홍대(紅臺)에 있는 사지전(四智殿)을 복원하는 것이었다. 2010년 5월에 10일에 공사가 시작되었고 2012년 9월에 소묘 보수(1, 2단계) 공사가 완료되어 관광객들에게 묘(廟) 앞, 백대(白臺) 등 일부가 개방되었다.

2012년에 향산용안사(香山永安寺, 향산사라고도 함) 복원공사가 시작되었다. 주로 사찰 옛 유적지에 있는 문화재 22기 건축물을 복원하는 것으로 건축면적이 3,021㎡에 달하며 계단 · 용도(甬道, 정원의 작은 길) · 사찰 담벽 · 가산(假山, 돌을 쌓아 만들어 정원 등에 관상용으로 두는 가짜 산) · 번간(幡杆, 당간[幢竿]과 같이 기도나 법회 등 의식이 있을 때, 깃발을 달아 세우는 기둥) 등 부지면적이 6,603㎡에 달하는 문화재 구조물 복원 및 담벽 쌓기, 도랑을 이은 횡단 교량 정비, 필요 없는 흙 운송 등 유적지 복원정비 사업이 그 첫 번째 작업이었다. 두 번째는 암토(岩土) 보강(비탈 벽 복구 포함) 작업이며, 세 번째는 부대 도로, 녹화, 급수 · 배수, 전력, 소방, 안전, 시정 배관 등 관련 기반시설 건설 작업이고, 마지막으로는 복구 복원 및 진설 작업이었다. 2014년 말에 완공된 향산사 복원 공사를 통해 절정기(청나라 건륭시기)의 웅장하고 독특한 역사적 모습을 재현하게 되는 한편, 향산사로 대표되는 정의원 건륭 28경 복원 공사도 순차적으로 시작될 예정이었다.

셋째는 유적지를 그대로 보존하고 여건이 허락하는 한 복원했다는 점이다. 이는 주로 원밍원의 보호를 중심으로 전개되었다. 1951년 3월부터 4월까지 베이징시 인민정부는 공원 관리위원회에 원명원의 태호석(太湖石)과 장석(墙石)을 부수고 운반하는 사건을 엄격히 조사하고 처리하도록 지시했다. 1959년 말에 베이징시 계획부는 약 423ha

▷ 복원 이후의 향산사

베이징에는 관심을 갖게 하는 곳이 많은 만큼 그에 관한 이야기도 많이 있다.

범위의 원명원 부지를 공원으로 지정하고 나무를 심기 시작했다. 1961년 가을까지 원명원 부지에는 72만 그루의 다양한 나무가 심어져 식수 면적이 87ha에 달하게 되었다. 1960년대 초에 와서 농업생산 지원에 관한 중앙정부의 지시에 따라 원림부는 원명원 부지에 수용된 후 녹화되지 않은 200여 무(亩) 이상의 토지를 지역생산 팀에 임시로 빌려 주었다. 이후 징용된 유적지와 녹화된 토지를 지역 생산 팀에 넘겨 관리 사용하도록 했다. 1976년에 원명원 관리사무소가 설립되어 지속적으로 인력을 동원하여 유적지에 백피송(白皮松), 유송(油松), 전나무(桧柏)와 같은 상록수를 많이 심어 식수 및 녹화를 진행했고, 서양건축물 부지의 청소 및 정리작업도 함께 병행했다. 1981년 8월에 베이징시 인민대표대회 상무위원회의 일부 위원들은 원명원 유적지를 시찰한 후, 원명원 유적지를 개축하도록 신속한 조치를 내릴 것을 제안했다. 1983년 7월에 베이징은 원명원 유적지 공원 계획위원회를 설립하고 계획부는 1995년에 계획에 기반하여 새로운 원명원 유적지 공원 보호계획을 수립했다. 원명원 유적지의 지형, 하천 및 호수 시스템, 녹화를 중심으로 계획하되, 고대 건축물을 복원함으로써 원림의 경관, 유적지와 원림의 외부 환경 간의 관계를 효과적으로 처리하도록 했다.

4. 복원 이후의 득(得)과 실(失)

'삼산오원'의 변천으로부터 청나라 말기와 신 중국 건국 이후 훼손된 원림을 어느 정도 재건했음은 확실하나, 복원 결과에는 차이가 있었으며 아래의 몇 가지에 대해 주목할 가치가 있다고 하겠다.

① 복원작업은 지배자의 흔적이 뚜렷하게 남아 있다. 청나라 말기와 신 중국 건국 이후 '삼산오원' 에 대한 복원을 볼 때, 복구 작업을 주도한 제왕이든 새로운 인민정권의 주관자든 자신의 호불호와 원림에 대한 이해에 따라 원림 건설에 권력을 행사하여 다소 주관자의 흔적을 남겼음을 분명히 느낄 수 있다. 봉건 제왕은 원림에 '어원' 이라는 이름을 붙였는데 후세 사람들은 이를 황가 원림이라고 불렀고, 기본적으로 황실에서 독점하고 어용(御用)이라는 낙인을 명확히 찍어놓았다. 신 중국이 건립된 이후 원림은 인민공원이라는 의미가 부여되었고 원래의 모습을 회복함과 아울러 인민 대중을 위한 건축물이라는 특성을 갖게 되었다. 양자는 일반 대중을 위한 시설이라는 점에서 다르며 후자는 주로 집단 활동 전개에 적합한지 의 여부를 고려하여 다양한 크기의 활동 공간과 서비스 시설을 만들었다.

② 복원작업은 시대적 특징을 보였다. 청나라 말기에 이루어진 복원작업은 국력의 쇠퇴를 바탕으로 무리하게 이루어졌으며, 심지어 해군건설에 사용되어야 하는 군자금을 동원하여 재건경비의 부족을 메우기까지 했으므로 절정기의 원림에 대한 인식과 이해가 형성되기 어려웠으며 원래의 수준에 미칠 수도 없었다. 신 중국 건국 초기에도 방치되거나 지체된 모든 일이 다시 시행되기를 기다리는 시기였으므로 재력과 물력의 한계로 대규모 복원이 불가능했고, 게다가 당시 고전 원림에 대한 인식은 일정한 한계가 따랐으므로 큰 성과를 거둘 수 없었다. 개혁개방 이후 국력이 강화됨에 따라 문화사업을 중시하고 문화강국의 전략을 펼쳤기 때문에 황가 원림에 대한 보호와 이용, 특히 훼손된 원림에 대한 재건작업이 크게 이루어지게 되었다.

역사적 조건에 따라 복원 결과에도 차이가 있었다. 경제적 한계 외에 고전 원림에 대한 인식수준에도 시대적 흔적이 남아 있고, 기술적 수단·수준 역시 원림 복원작업의 결과에 직접적인 영향을 미쳤다. 여러 가지 조건과 수준을 갖췄어도 눈앞의 이익에 급급한 경박한 사회 환경적 요인도 복원작업에 부정적으로 영향을 미칠 수 있다는 것은 오늘날에도 주목할 만한 부분이다.

③ 복원작업은 일정한 목적성을 갖었다. 청나라 말기의 복원작업은 봉건 제왕과 제후가 추구하는 기생적 향락을 더 많이 보여 주고 있는 것으로 원림 복원을 통해 봉건제국의 이미지와 위상을 보여 주려고 했던 것이다. 사치스럽고 안일하게 지내면서 황권의 독선과 지고지대한 권력과 지위를 유지하려 했으므로 이미지가 실제 역할보다 컸다고 하겠다.

신 중국 건국 이후, 특히 개혁개방 이후 진행된 대규모 복구사업은 문화 발전, 문화 번창을 촉진하고 중국의 우수한 전통문화를 계승 홍보하려는 데 있었다. 일부 복원공사는 특정 시대 당의 정책을 반영하기도 했다. 최근 몇 년 동안 티베트 관련 건축물의 재건 및 복원이 대표적인 예라고 할 수 있는데, 베이징에는 티베트 관련 문화재가 100여 개 있는데 이는 통일된 다민족 인민공화국의 수도인 베이징의 위상과 특성을 잘 보여 주었다. 베이징은 티베트와 티베트 불교 문물 관련 고대 건축물의 복원공사를 확대 추진했는데 이화원의 4대 부주(部洲)는 티베트식 건축물인 라마묘로 이 묘는 전면적인 복원을 거쳤으며 또한 이어허원의 수미영경(须弥灵境)을 재건하고 향산의 종경대소묘(宗鏡大昭廟)도 수리했다. 이 두 건물의 보수와 복구에 투입된 자금만 1억 위안에 달한다.

④ 복원작업은 당시 경제 상황의 제약을 받았다. 복원작업은 경제에 대한 의존성이 컸기 때문에 당시의 국력을 잘 보여 준다. 청나라 건륭제 재위기간은 중국 봉건사회 발전의 전성기 중 하나였으므로 '삼산오원'

을 건설할 수 있었다. 청나라 말기, 자희태후의 수렴청정 기간에도 원명원을 재건하고 싶었으나 경제가 바닥이 났던 탓으로 청의원의 석방(石舫)을 건설하는 것도 많은 어려움을 겪어야 했다. 신 중국이 건립된 이후 서쪽 교외 원림에 대한 복원계획이 기록되어 있었으나 1970년대 이후에야 고전 원림 보수 자금이 도시 유지비에 공식적으로 책정되었고, 비로소 매년 고정적인 자금래원(資金來源)이 생겨 고정 원림이 전면적으로 정비되기 시작했다. 21세기에 들어서면서, 자금 투입이 전례 없는 수준에 이르렀는데 원명원 유적지만 해도 2004년부터 베이징시 정부의 인문 올림픽 문화재 긴급 구조계획에서 원명원 유적지 고고학 및 유적지 보호에 1000만 위안 이상을 투자했다. 2005년까지 문화재 보존을 위한 특별 경비에 거의 4000만 위안을 투자했는데, 이는 역사상 전례가 없는 일이었다. 2006년 말 이화원 불향각 보수 공사의 총 투자액은 5,000만 위안에 달했으며, 과거 암울했던 불향각은 청소를 거쳐 금박을 입혀 신운(神韻)을 회복하게 되었다. 이 시기 국가의 재정이 넉넉했을 뿐만 아니라, 2005년 베이징의 지방재정 수입만 919.2억 원에 달해 10여 년 동안 두 자릿수 성장을 보였다.

5. 결론

베이징 서쪽 교외 원림의 보호와 복원은 다양한 시대와 특수한 역사를 거쳤다. 모든 중국인이 자랑스러워하는 이 유산을 어떻게 계승하고 홍보할 것인가 하는 문제는 신중한 접근이 필요하다. 이 유산은 중국의 조상, 현재와 미래를 살아가는 사람들을 포함한 전 인류의 공동 재산이므로 보호하고 있는 것이며, 복원에 있어 과학적인 자세와 장기적인 안목을 갖추어야 한다.

하나는 선조들이 남겨준 문화유산에 대한 과학적인 접근이다. 옛말에 "토목공사는 함부로 다루어서는 안 된다"는 말이 있듯이, 선조들이 우리에게 남겨준 유산은 다양한 정보를 전달하고 있는 것으로 재력이 충분하다고 해서 함부로 다루어서는 안 된다. 또한 모든 조치는 과학을 바탕으로 이루어져야 한다. 문화유산의 재건은 과학기술이 필요하고, 결정을 내리는 것 또한 과학을 근거로 해야 한다. 과학에 어긋나는 태도와 방법은 반드시 만회하기 어려운 손해를 가져오게 마련이다. 경솔한 자세로 정교한 결과물을 만들어낼 수 없고, 개인의 주관적인 주장이나 의지, 호대희공(好大喜功)은 역사뿐 아니라 미래까지 망치게 된다.

두 번째는 고전 원림의 복원을 위해 사실적인 자세로 기초적인 것에서 하나하나 시작해야 한다. 삼산오원은 역사학, 건축학, 수학, 물리학, 미학 등 다양한 학문분야와 관련이 있기에 모든 지식을 두루 갖추지는 못하더라도 기본 자료와 기본 상황에 대해 잘 알아야 한다. 전면적인 조사, 관련 이론과 자료에 대한 오랜 연구가 없다면 가장 일반적인 의미에서의 복원 작업조차도 남아 있는 아름다움마저 잃어버리게 하고 말 것이다.

세 번째는 풀 한 포기, 나무 한 그루, 벽돌 한 장, 돌 하나에도 경외심을 가져야 한다. 역사적 유산은 재생할 수 없는 자원으로 선조들의 지혜가 담겨 있는 계승과 전승의 대상이다. 따라서 반드시 경외심을 갖고 풀 한 포기, 남무 한 그루 심지어 벽돌 한 장, 돌 하나까지도 무시와 불손함 없이 원림의 일부로, 하나의 생명체로 여겨야 한다. 이들 생명체가 바로 중국 고전 원림의 가치를 돋보이게 하고 있다.

마지막으로 각자의 특색을 살려야 한다. 일부 원림은 이미 재건 계획에 포함시켰는가 하면, 일부는 현 상태를 유지하는 것이 보다 가치 있는 것으로 판단된 한편, 또 일부는 대표적인 건축물에 한해 재건하기로 되어 있다. 역사발전의 관점과 세계 각국의 경험으로 볼 때 '삼산오원'으로 하여금 각자의 특성을 유지하고 아름다움을 돋보일 수 있도록 각자의 장점을 살리는 것이 좋은 선택일 수 있다.

요컨대 우리가 자랑으로 여기는 '삼산오원', 베이징의 고전 원림, 중국의 전통문화는 모두 우리의 정신적 고향으로 보호하고 건설해야 할 것이다.

베이징 지역의 운하(運河)

운하는 '도랑(溝)'이나 '수로(渠)'로 불리다가 한나라 때 '조거(漕渠, 짐을 싣거나 풀거나 할 때, 배를 들여대기 위해 파서 만든 깊은 개울'라고 했는데, 이는 한무제 때 관중(關中)에 파놓은 서쪽의 장안에서 동쪽으로 황하까지 통하는 인공적으로 판 공정을 말한다. 동한 때 쓰여진 『설문해자(說文解字)』에서는 '조(漕)'를 '수전곡야(水转谷也)', 즉 수로를 통해 곡물을 운송하는 의미로 해석하고 있다. 이후 조운을 담당하던 인공적인 강(人工河)은 대부분 '조거'로 불리게 되었다. 송나라 때에 와서 '조하(漕河)'라는 명칭이 널리 사용되었으나 '운하'라는 용어도 함께 등장하기 시작했고, 이미 특정 인공 강을 지칭하는 고유명사가 되었으며, 일반적으로 앞에 지명을 붙였다. 사실 운하에 대한 정의는 시대마다 달랐는데 일반적으로 인공적으로 굴착한 수로라는 데에는 동의하고 있다. 넓은 의미에서 운하는 지역 또는 수역 간의 수상 운송을 위한 인공 수로, 선박 운송을 위한 인공 수로를 지칭한다. 선박 운송 외에도 운하는 관개, 분홍(分洪, 홍수가 나지 않도록 상류에서 물줄기를 나누는 공사), 배수(排涝, 침수된 논의 물을 빼는 일) 및 급수에도 사용할 수 있었다. 운하 주변에는 수위 낙차의 극복을 위한 갑문과 승선기(升船机) 등 통항을 위한 건축물, 운하의 수원을 해결하기 위한 급수 전용 건축물, 홍수 방지 및 관개 배수용 건축물과 송수 구조물, 부두·하천과 도로를 관통하는 다리, 도시 성벽을 관통하는 수관(水管), 천연 하천을 배경으로 지은 건축물, 도조(渡槽, 하천·계곡·움푹 들어간 곳 및 도로를 가로지르는 운송을 위한 가공 수조)과 터널 등이 있다.

1. 베이징 운하의 발굴과 사용의 역사는 진·한(秦·漢) 시대로 거슬러 올라갈 수 있다.

진나라는 통일된 왕조를 세워 대규모 조운이 이루어질 수 있도록 조건을 마련해 주었다. 진시황이 북으로 흉노를 정벌할 때, 산동의 황(黃), 수(腄), 낭야(琅邪)에서 출발하여 북쪽으로 식량과 마초를 해로를 통해 운송한 다음 베이하(北河)에서 다시 각 지역으로 보냈다. 역사에는 "진나라는 또한 천하의 여물과 곡물을 조달하도록 했다. 황, 수, 낭야 등 변경의 군현으로부터 베이하강을 통해 운송했는데, 여물 30종(钟, 고대의 계량 단위)을 운송하면 1섬에 이르렀다.((秦)又使天下蜚刍挽粟, 起於黃·腄·琅邪負海之郡, 轉輸北河, 率三十鍾而致一石.)"고 기록하고 있다.

명·청 이래의 학자들은 '베이하'가 '백하(白河)'라고 고증했다. 『후한서(後漢書)』에 따르면 건무(建武) 13년(37년)에 상곡군(上谷郡,

현 베이징시에 속함) 태수(太守) 왕패(王霸)는 "여러 차례 서한을 보내 훈족과 화친을 맺어야 한다고 제안했으며, 육로 운송의 노동력을 줄이기 위해 온수조(温水漕)를 통해 운송을 위탁할 것을 추가로 제안했다. 이 제안들은 모두 실행되었다.(数上书, 言宜与匈奴结和亲, 又陈委输可从温水漕, 以省陆转输之劳, 事皆施行.)"라는 기록이 있는데, 이는 베이징 지역의 조운에 관한 명확한 기록이라고 하겠다.

동한(東漢) 말기에 조조(曹操)는 요동(遼東)지역을 차지하고 있던 오환(烏桓) 정권을 멸망시키기 위해 건안 11년(206년)에 평로거(平虜渠)와 천주거(泉州渠)를 굴착하여 "바다와 통하도록 호타(呼沱, 지금의 후퉈하[滹沱河]에서 시작하여 고수[沍水, 지금 허뻬이의 따사하[大沙河])로 흘러드는 운하를 굴착하여 평로거(平虜渠)라 불렀고, 구하(沟河, 지금의 백하 하류로 흐르는 북운하로 사구(笥沟)라고 불렀음)로 통하는 운하를 굴착하여 천주거(泉州渠)라 불렀다.(凿渠, 自呼沱(即今滹沱河)入沍水(今河北的大沙河), 名平虜渠, 又从沟河口凿入潞河(今潮白河下游之北运河, 古称笥沟), 名泉州渠, 以通海.)"는 기록이 있다. 이로써 군량을 남에서 북으로 운송할 수 있게 했다. 이는 역사적으로 기록되어 있는 베이징 지역에서 가장 일찍이 만들어진 인공 운하였다.

2. 수·당(隋·唐) 시기 운하의 북쪽 끝(北端).

수나라가 건립된 이후, 수양제는 북방의 방어를 위해 요동(遼東) 전투를 일으켰는데, 이를 위해 영제거(永济渠)를 개통함으로써 위수(渭水), 낙수(洛水), 황하(黃河), 변수(汴水), 회하(淮河), 장강(长江)의 여러 수계를 연결하고 관통하여 북쪽으로 탁군(涿郡, 지금의 베이징 지역)까지 이를 수 있도록 했다. 이 운하의 최북단은 일반적으로 상간하(桑干河, 영정하(永定河))로 보는데, 오늘날 톈진(天津)에서 신안진(信安镇)까지 이어지고 서북쪽으로 용칭현(永清县)의 서쪽, 안차현(安次县 당나라의 현으로 지금의 쥬저우진(旧州镇))을 지나 좀 더 북쪽은 상간강의 북쪽 물줄기(청천하[清泉河]라고도 함)를 통해 지청(蓟城) 동남쪽까지 이어진다. 세마구수(洗马沟水, 지금의 롄화하(莲花河)로 지청의 서쪽에서 발원한 큰 호수)를 통해 지청의 서쪽 큰 호수와 연결되어 조선(漕船, 세곡선)은 지청의 남쪽 문까지 이를 수 있었을 것으로 보인다. 『수경주(水经注)』에서는 시마꺼우수이에 대해 다음과 같이 기록하고 있다. "이는 두 개의 수원으로 이루어진 지청 서쪽에 있는 큰 호수로 수원은 현성 서북쪽의 평지에서 나오는 샘물이다. 물줄기는 서호를 형성했으며, 동서로 길이가 2리, 남북으로 폭이 3리인 이 호수는 연나라의 오래된 연못이다. …… 호수는 동쪽으로 흘러 세마구가 되었고, 도성의 남문 동쪽에서 흘러 들어오는데, 이곳은 옛날 조기(銚期)가 용감히 싸웠던 곳이다.(水上承蓟城西之大湖, 湖有二源, 水俱出县西北平地导泉. 流结西湖, 湖东西二里, 南北三里, 盖燕之旧池也.……湖水东流为洗马沟, 侧城南门东注, 昔銚期奋戟处也.)"

3. 요나라와 금나라 때의 운하 공정

요남경(辽南京, 요나라의 배도[陪都]로 연경[燕京, 지금의 베이징 서부와 남부]이라고 불렀음) 시기, 영정하를 통해 난징(南京, 현재의 베이징성)으로 통하는 '소태후 운량하(萧太后运粮河)'를 팠다. 현재 소태후하(蕭太后)는 베이징성 동남쪽의 해자에서 시작되어 소무기(小武基)에서 동남쪽으로 흘러 취성(翠城) 단지 그리고 왕촌로(王村路)와 캉화로(康华路)를 지나 동남쪽 오환(五環, 제5순환도로)에 있는 화공교(化工橋)에 이르고 이곳에서 점차적으로 수로가 넓어지며 통주(通州) 장가만(张家湾)에서 양수하(凉水河)로 흘러든다. 이 운하가 요나라 때 시작되었느냐에 대해서는 기록이 거의 없지만, 청나라의 『(광서)순천부지((光緒)順天府志)』에서 일부 기록을 찾을 수 있다. "음마하(饮马河)는 통주의 남쪽에 위치하며 목양대(牧羊台)에서 가깝다. 사람들은 이 강을 소태후 원량하라고 부르기도 한다. 평상시에는 메말라 있으나, 여름에는 고인 물에 의해 물줄기가 형성된다. 워터우하(窝头河)는 소태후원량강으로 알려져 있지만, 음양하(饮羊河)은 워터우하의 옛 물길이기도 하다.(饮马河在通州城南, 与牧羊台近, 或曰即蕭后运粮河, 久枯, 惟地洼, 河形犹存, 夏则积潦成流.按窝头河即蕭太后运粮河也, 然则,饮羊河亦即窝头河故道.)" 이처럼 관련 기록은 많지 않으나, 이 운하는 베이징성과 남북 대운하를 직접 연결한 쾌거임에는 틀림이 없음을 알 수 있다.

　　금나라 운하에 대한 최초의 기록은 대정(大定) 4년(1164년) 금나라 세종(世宗)이 미윈(密雲)에 사냥을 나갔다가 근교에 이르러 낡은 운하가 황폐해진 것을 보고 이듬해(1165년) 봄에 준설을 명했다는 이야기인데, 이것이 바로 금나라의 조거(漕渠)이다. 바이롄탄(白莲潭) 북쪽에서 통주로 나가는 운하이지만 바이롄탄의 물이 부족하고 하천이 너무 가팔랐던 탓에 곧 운하가 막히게 되었다. 이는 통주에서 베이징까지의 운하를 명확하게 기록한 노선이다.

　　금나라 세종은 대정 12년(1172년)에 노구하(卢沟河, 즉 영정하)를 이용하여 곡식을 도성으로 옮기기 위해 금구(金口, 지금의 석경산[石

景山 북쪽 기슭)에서 중도성(中都城) 북쪽으로 해자를 관통하고 동쪽
은 통주 북쪽까지 이르러 로수(潞水)로 흘러드는 수로를 개통했는데
이것이 바로 역사적으로 유명한 금구하(金口河)이다. 이 강은 금구에
서 동남쪽으로 지금의 옥연담(玉淵潭)까지 이어졌고, 남쪽으로 굽어
지금의 목서지(木樨地) 부근에서 다시 동남쪽으로 금나라 중두 북쪽
의 해자로 흘러들며, 여기에서 통주까지 통했다(강변을 따라 수문을
건설하여 물의 흐름을 절약하도록 했다 하여 이 수로를 갑하[闸河]라
고도 불렀음). 그러나 계절에 따라 수위가 불규칙하고, 토사 함량이
높고 경사가 심했던 탓으로 선박이 다니기에는 어려워 관개에 이용되
다가 대정 27년(1187년)에 금구를 막아 버렸다.

태화(泰和) 5년(1205년) 정월에 금나라 장종(章宗)은 패주(霸州)에
이르러 운하가 막히는 것을 보고 "상서성(尚书省)은 산동, 허뻬이, 종
두 등지에서 온 6,000명의 군인을 파견하여 굴착 작업에 참여하도록
하라(尚书省 发山东·河北·中都等地军夫六千人, 改凿之.)"라고 명하
여 새로운 운하를 다시 건설했으며, 당시 이 공사를 한옥(韩玉)이 맡
았다. 문헌에 따르면 한옥은 태화 연간에 조선이 도성까지 운송될 수
있도록 통주에서 로수까지의 조거 개통을 제안하여 벼슬 등급이 2단
계나 높아졌다고 한다. 조선(漕船, 세곡선)이 도성으로 들어가려면 통
주에서 금구하 하류로 통하는 수로를 지나야 했는데 이 구간에 수문
을 많이 건설했으므로 갑하이라고도 불렀으며, 공식 명칭은 통제하
(通济河)였다. 갑하의 수원을 고량하(高粱河), 백련담(白蓮潭)으로 바
꾼 후, 50리 수로에 5, 6개의 수문을 건설했는데, 결국 수원이 부족하
여 세곡선이 자주 막혔고, 10여 년 사용되다가 금나라 정우(贞祐) 2년
(1214년)에 조운(漕運)이 중단되었다.

4. 원나라 대도(大都)의 도시규모는 전례 없이 컸던 만큼 운하가 만들어졌다.

원나라 지원(至元) 3년(1266년)에 금구하를 다시 개통하고 노구하(영정하)를 끌어 들여 서산(西山)의 목재와 건축용 석재를 운송하여 대도 건설에 사용했다. 금구하의 개통은 기존에 비해 많이 발전했는데 취수구(取水口) 앞에 홍수로 인해 베이징성이 잠기지 않도록 감수하(減水河)를 추가 건설했고, 운하의 개통은 상류인 서산의 건축 자재를 경사(京師)로 운반할 수 있을 뿐만 아니라, 하류 운하의 물을 보충할 수 있었으므로 경기(京畿)의 조운을 확대하는 일석이조의 효과를 볼 수 있었다. 금구하는 기본적으로 금나라의 노선을 그대로 따랐다. 진커우에서 시작하여 동남쪽으로 지금의 북신안(北辛安)의 남쪽과 고성(古城) 북쪽을 거쳐 동북쪽으로 굽어 양가장(杨家庄) 남쪽을 지난다. 동쪽으로 다시 굽어 공촌(龚村) 남쪽, 전촌(田村) 남쪽, 노산(老山) 북쪽, 양공암(梁公庵) 북쪽을 지나고 계속해서 동쪽으로 철가분(铁家坟) 북쪽, 금구하로(金沟河路), 정혜사(定慧寺) 남쪽을 지나 옥연담(玉蓮潭)까지 이르게 되며, 동남쪽으로는 금나라 종두 북쪽의 해자를 지나 갑하(匣河)를 따라 통주에 이르러 백하로 흘러든다.

원나라 때 통혜하(通惠河)를 파기 전에 백하에서 유하(榆河, 지금의 온유하[温榆河])를 따라 북사하(北沙河) 상류(지금의 쌍탑촌(双塔村))까지 통하는 쌍탑(双塔) 조거를 건설하여 주둔군에게 식량을 공급했다.

원나라 중통(中统) 3년(1262년) 8월에 곽수경은 처음으로 쿠빌라이를 만나 "종두의 옛 조하는 통주까지 뻗어있는데 이곳에서 옥천의 샘물을 이용해 선박 운행을 돕는다면 해마다 마차에 드는 비용 6만 꾸러

미의 엽전을 절약할 수 있습니다.(中都旧漕河东至通州,权以玉泉水引入行舟,岁可省僦车费六万缗.)"라고 상주(上奏)하여 시비를 의논했다. 옥천의 물이 종두 조하(漕河)로 흘러 든 후 수원이 확보되어 조운의 발전을 촉진시켰다. 지원 16년(1279년)에 금수이강을 개통한 이후, 옥천의 물이 황궁 전용으로 사용되어 조하의 물이 감소했고 점차 조운에 영향을 미치자 조하에 7개의 댐을 건설하여 패하(坝河)로 개조했다. 패하는 서쪽의 대도 광희문(光熙門)에서 시작하여 동쪽은 원유하까지 통하고, 수면이 계단식으로 되어 있어 선박이 여러 갈래로 나뉘어 운행되었으므로 배와 해안, 배와 배 사이를 거룻배로 실어 날랐다. 지원 30년(1293년)에, 통혜하가 개통된 이후 조운의 대부분이 통혜하에서 이루어졌으나, 패하는 여전히 중요한 역할을 했다. 대덕(大德) 3년(1299년)에 라벽(罗璧)이 패하를 정비 복구하고 수로를 확장하여 통혜하와 함께 수도의 조운을 담당하게 되었다. 이후 경기의 조운사(漕运司)는 패하에 대해 "강둑이 얕고 메마르고 낮고 약하며 쉽게 씻겨 파괴된다(河堤浅涩低薄去处)"는 이유로 복구 작업을 진행하여 조운 량이 110만 섬으로 늘어나게 되었다. 원나라 말기에 패하의 수원이 급격히 감소하고 하천의 침적이 심각한 탓에 지정(至正) 9년(1349년) 봄에 군사, 민부 각각 1만 명을 구성하여 준설했으나 이미 많은 문제를 안고 있었던 패하는 지정 12년(1352년)에 이르러 조선이 경사에 도착할 수 없을 정도였다. 그 후 가끔 선박이 운행되었으나 갈수록 쇠락해지는 모습을 보였다. 명나라와 청나라가 베이징에 수도를 건설하게 되면서 옥천의 물은 패하의 조운을 돕기 어렵게 되었고, 패하는 점차 도시 동북쪽 교외의 배수 수로로 바뀌었으며, 북쪽 해자와 동쪽 해자가 만나는 지점에서 시작하여 동쪽은 패하, 서쪽은 삼차하(三岔河)를 거쳐 원유하에 흘러들었다. 이 구간의 전체 길이는 27.8km, 유역 면적

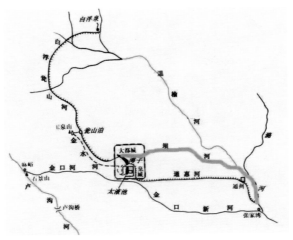

▷ 원나라 때 운하의 모습

은 148km²이다.

지원 29년(1292년)에 도수감(都水監) 곽수경이 통혜하을 팠는데 그해 8월에 착공하여 지원 30년(1293년) 가을에 완공했으며, 원나라 세조는 이 강을 '통혜하'라고 명명했다. 이 강은 창핑(昌平)의 백부(白浮)에서 물을 끌어 올려 서쪽으로 흐르다가 남쪽으로 굽어 왕자산취안(王家山泉), 창평서호안천(昌平西虎眼泉), 맹촌일무천(孟村一亩泉), 서래마한천(西来马眼泉), 후가장석하천(侯家庄石河泉), 관석촌남천(灌石村南泉), 유하(榆河), 탕천(汤泉), 용천(龙泉), 냉수천(冷水泉)및 옥천 등 샘과 이어져 옹산포(지금의 곤명호)로 흘러들었다. 물을끌어 올리는 동시에 홍수를 막을 수 있도록 물길을 따라 하천(산계)과교차하는 곳에 12곳의 '파구(笆口)'를 만들었는데 즉 장하(長河)를대도의 적수담(积水潭)으로 끌어 올린 후 적수담 동쪽에서 다시 후문교(后门桥)로 물을 빼어 그 물이 동쪽의 부야교(不压桥), 난허옌(南河沿)을 지나 지금의 정의로(正义路) 동쪽으로 남행하여 선판(船板) 골목, 지금의 베이징역을 지나 동편문(东便门)으로 나가서 갑하 옛길과

▷ 백부취안

연결되어 통주 동남쪽의 고려장(高丽庄) 이이사(李二寺)까지 통하고 백하(지금의 북운하)로 흘러들게 했다. 베이징은 경사가 너무 가파르고 물살이 빨라 "물의 흐름을 적당히 다스려 선박이 무사히 운행되도록 해야 했으므로" 10리에 수문을 1개씩 만들고, 수문마다 상하 1리 정도 떨어져 있는 곳에 수문을 두었다. 11곳에 수문이 총 24개가 있었는데 상류에서 북운하 입구까지 차례로 광원갑(广源闸) 2개(통혜하가 생기기 전인 지원 26년에 만들었음), 서성갑(西城闸) 2개, 교종갑 (朝宗闸) 2개, 징칭갑(澄清闸) 3개, 문명갑(文明闸) 2개, 위촌갑 (魏村闸) 2개, 경풍갑(庆丰闸) 2개, 평진갑(平津闸) 3개, 보제갑 (普济闸) 2개, 통주갑(通州闸) 2개, 광리갑(广利闸) 2개가 있었다. 공사가 끝난 후 세곡선은 통주에서 대도성의 적수담으로 직접 통하게 되어 베이징-항저우 대운하가 드디어 개통되게 되었다. 십찰해(什刹海)와 후해(後海) 일대를 포함하는 적수담은 대운하의 종점이 되었다.

통혜하 건설 초기에 나무로 수문을 만들었는데, 20여 년이 지나자

나무가 많이 썩고 누수가 심하여 절수(節水)에 영향을 미치게 되었다. 지대(至大) 4년(1311년)에 나무를 벽돌로 개축하기 시작하여 태정(泰定) 4년(1327년)에 기본적으로 끝났다.

▷ 홍오(弘旿)의 『도기수리도(都畿水利图)』 속의 용통교(永通桥)와 운하

5. 명·청 시대 운하의 흥폐(興廢).

명나라 초기에 백부에서 물을 끌어 오던 공사는 폐지되었고, 통혜 하에는 옥천의 물만 서호(옹산포)의 수원으로 합류했으며, 베이징 성 벽의 개축으로 어하(御河, 통혜하의 일부)가 황성에 갇혔고, 이로 인해 성 안은 다시 항행할 수 없게 되었다. 정통(正統) 3년(1438년)에 대통교(大通桥)를 새로 건설하고 통혜하를 복원했는데 동편문 밖의 대통교를 기점으로 했다 하여 대통하(大通河)라고도 불렀다. 가정 7년 (1528년)에 이르러 오중(吳仲)은 통혜하를 재건하고 곽수경의 수로 안내도에 따라 정비했다. 『통혜하지(通惠河志)』에는 다음과 같이 기록하고 있다. "원나라 사람들의 고적을 찾아서 굴착과 준설공사를 시작했는데 신선천(神仙泉)과 마안천(马眼泉)을 끌어와 유하(榆河)와 사하(沙河)의 수맥을 개통하고, 여러 샘을 모아 칠리박(七里泊, 옹산포)를 만들어 동으로 도읍까지 이어지게 했다. 대통교에서 통주까지 이어지는 고려장은 백하와 통한다. 총 길이는 160리이며, 24개의 수문이 설치되어 있다.(寻元人故迹, 以凿以疏, 导神仙·马眼二泉, 决榆·沙二河之脉, 汇一亩众泉而为七里泊(瓮山泊), 东贯都城. 由大通桥下直至通州高丽庄与白河通. 凡一百六十里, 为闸二十有四.)"하류는 입구를 장가만에서 북쪽으로 통주성 북문 밖으로, 대운하 북단의 부두를 장가만에서 통주성 동쪽의 토파부두와 석파부두로 이동시켰다. 대운하에서 운반된 곡물은 통주 토파부두에서 거룻배를 이용하여 통주 창고로 옮기거나, 석파부두에서 통혜하까지 옮긴 다음 갑문을 따라 베이징 동벤문 밖에 있는 대통교 연안까지 옮겼다. 세곡선(漕船)은 다섯 개의 수문과 두 개의 댐을 지나 조양문과 동즈문(东直门)에 도착할 수 있었다. 그 후 대통교 북쪽 연안에서 지류를 개통하여 베이징 곡물 창고로 곡물을 운송할 수 있었다. 통혜하가 다시 운항을 회복한 이후 경성의 경제는 다시 활기를 띠게 되었다.

명나라 때 통주에서 원유하를 거쳐 창핑 동남쪽으로 20리 떨어진 공화성(巩华城, 지금의 사하진(沙河镇))까지 조운(漕運)으로 십삼릉(十三陵)을 지키는 군인들에게 식량과 급료를 공급할 수 있었다. 하천의 길이는 약 145여 리이며, 상선은 공화성 외안제교(外安济桥)까지 직항할 수 있었다. 장일규(蒋一葵)가 쓴 『장안객화(长安客话)』에서는 다음과 같이 기록하고 있다. "사하는 동쪽으로 루하(潞河)로 흘러든다. 비가 내려 수위가 올라갈 때마다 상인들은 종종 루하에서 안지교 아래로 와서 무역을 하기 때문에 지역 주민들도 편리하다.(沙河东注与潞河合. 每雨集水泛, 商队往往从潞河直抵安济桥下贸易, 土人便之〕"가경 43년(1564년) 유서(刘庶)가 총독을 맡은 후 "사람을 파견하여 조하 및 기타 수로를 개통하여 통주로 물을 끌어 들인 다음, 미원진으로 곡물을 운송하여 교통이 편리해졌고 운송비용이 크게 절감되었다(发卒疏通潮河川水, 达于通州, 转粟抵(密云)镇, 大为便利, 且省僦运费什七.)"는 기록이 있다. 그때 연간 곡물 운송량은 10만 섬이 넘었다고 한다. 융경(隆慶) 5년(1571년)에 지랴오(蓟辽) 총독을 맡았던 유응절(???)과 양조(?兆)는 조하와 백하, 룽천(陵泉) 등 하천을 정비하여 용경 6년 7월에 항행이 정상으로 회복되었다.

청나라 때에는 원유하를 통해 청하(清河)로 흘러드는 회청하(会清河)를 복원하고 7개의 갑문을 건설하여 팔기 군량을 수마구(水磨沟)로 운송했다.

'삼산오원'이 건설되면서 남장하(南长河)는 황후가 서쪽 교외의 여러 행궁(行宫)과 어원(御苑)으로 다니는 어용(御用) 통로가 되었다. 장하라고도 알려진 남장하는 고대의 고량하의 한 구간으로 도성과 황가 원림에 물을 공급하는 수로였는데, 늦어도 금나라 때에 굴착되고 원나라 때 확장 복원되어 통혜하의 수원이 된 것으로 보는 견해가 일반적이다. 남장하의 시작점은 이화원의 수의교(绣漪桥)이고 종점은 북쪽 해자의 길목으로 길이가 10.8km이고 중간에서 진수이하와 자죽원(紫竹院)의 샘과 합류된다. 수로에는 장춘교(長春橋), 맥종교(麦钟桥), 만수사(万寿寺) 선착장, 광원갑(廣源閘), 백석교(갑)(白石桥[闸]), 고량갑교(高梁闸桥) 등 유명한 문화재가 남아 있다.

대통하(통혜하)의 원활한 운항을 유하여 강희 22년(1683년)에 옥천에 새 수문을 건설했고, 강희 25년(1686년)에 옹산포의 여러 호수로 물을 끌어 들였다. 강희 27년(1688년), 강희 31년(1692년)에 두 차례에 걸쳐 저수지를 정비하여 저수량을 늘렸다. 강희 35년(1696년)에는 대통하(통혜하)의 제방과 수문을 보강하여 댐의 수원을 차단하고 대통하 수원을 증가시켰다. 이듬해에 칭평갑 위에 '신건갑(新建闸)'을 추가로 건설했는데, 따라서 세곡선은 갑판을 따라 대통교 아래로 운항되었으며, 안정문과 덕승문(德胜门) 밖의 곡물 창고까지 직행할 수 있었다. 그 후 계속해서 복구 작업을 진행하여 통주에서 경성까지 수십 리에 달하는 항행이 원활히 이루어졌고 이는 청나라가 멸망할 때까지 계속 유지되었다.

상수원의 공급을 확대하기 위해 건륭 38년(1773년)에 향산의 인하(引河)을 만들어 인하(동남쪽의 세수하[泄水河] 또는 남한하[南旱河]라고도 함)를 위원담으로 물을 끌어 들여 삼리하(三里河)을 따라 서쪽의 해자로 흘러들도록 했다. 또한 경성 서산 일대에는 30여 개의 유명한 샘이 있었는데, 서산의 샘물을 모아 옥천으로 끌어 들여 확장된 곤명호를 채우기 위해 건륭 연간에 2개의 석조(인수석조도 첨부)를 건설했는데, 그중 하나는 길이가 7km 정도로 향산 도구(桃沟)에서 물을 끌어들여 사왕부(四王府) 광윤묘(广润庙)의 못으로 흘러들게 했고,

▷ 고량교갑

다른 하나는 벽운사와 쌍칭 별장에서 물을 끌어 왔다. 벽운사에는 왼쪽과 오른쪽에 각각 수천원(水泉院)이 하나씩 있었는데, 샘물이 향산의 젠신재로 흘러들어다가 남쪽으로 굽어 석조를 지나 다시 동쪽으로 방향을 바꾸어 쌍청별장으로 합류되고, 계속해서 광윤묘의 연못으로 흘러 든 다음 토벽의 큰 석조를 통해 옥천 샘과 합류토록 했다. 『일하구문고(日下旧闻考)』에는 "돌을 뚫어서 만든 구유를 만들어 수로를 통하게 했는데, 지대가 높으면 그 구유를 평지에 놓고 돌기와로 덮어 놓았고, 지대가 낮으면 구유를 성벽 위에 놓았다.(皆鑿石为槽以通水道, 地势高则置槽于平地,覆以石瓦, 地势下则于垣上置槽 .)"고 기록되어 있다. 청나라 말기에, 8국 연합군이 베이징을 공격한 이후, 서산의 여러 원림은 파괴되었고, 석조도 수리하지 않아 점차 훼손되어 갔다.

광서 27년(1901년)에 해운과 철도가 발달하면서 경항(京杭)대운하가 조운을 중단하게 되었고, 그 후 이 강은 점차 도시 지역의 배수용 수로로 바뀌었다.

6. 운하의 현황.

베이징 지역의 대운하는 청나라 광서 27년(1901년)의 조운 중단으로 기능을 잃게 되었으며, 이는 베이징 운항사에서 중요한 전환점이 되었다. 그러나 중화민국 시기, 특히 신 중국이 건립된 이후 운하는 새로운 기능을 발휘하게 되어 새로운 유산을 남겼다. 중화민국 시

▷ 향산의 물을 끌어들이는 석조(引水石槽)

기 베이징 대운하는 주로 홍수 방지에 사용되었고 항행은 적었다. 중화민국 정부는 부단한 노력을 기울여 운하를 다스렸는데, 1923년 2월부터 1925년 8월까지 쉰이현(顺义县) 쑤좡(苏庄)에 쑤좡갑(苏庄闸)을 건설한 것이 그 중요한 성과라고 하겠다. 신 중국이 건립된 이후 북운하의 주요 기능은 치수를 전제로 농업관개를 보장하는 것이었다. 북운하 상류에 스싼링(十三陵) 저수지, 화이루(怀柔) 저수지, 미윈 저수지 등 대규모의 저수지를 건설하여 수해를 막았을 뿐만 아니라, 펑깡젠하(凤港减河), 윈차오젠하(运潮减河)를 개통하여 평원지역의 하천을 정비하고, 수문을 만들어 물을 저장하고, 도랑을 파서 베이징 평원지역에 10여 개의 관개구역을 건설했는데, 특히 베이징 동부에 위치한 따싱(大兴), 통주 및 쉰이현은 베이징의 주요 곡물 생산지역이 되었다. 통주에 위치한 위린짱 관개구는 훠현(潮县) 관개구, 우야오양수이(武窑扬水) 관개구, 차오백하(潮白河) 인수 관개구로 구성되어 있으며, 주로 밀과 옥수수를 생산함으로써 "베이징의 곡물 창고"로 알

▷ 향산의 샘물

려졌다. 개혁개방 이후 베이징 운하는 점차 농업관개에 사용되다가 개혁개방 이후 점차 기능을 상실하고 홍수 방지 및 배수, 도시 경관 및 생태 보호와 같은 새로운 기능을 갖게 되었다. 따라서 대운하(베이징 구간) 문화벨트가 언제까지 유지되었는지 그 하한선에 대해서는 확실하지 않다. 신 중국이 건립된 이후 대표적인 수문과 댐, 개통한 수로 그리고 제방 보호를 강화

하기 위해 만들어진 녹지대 역시 대운하 역사적 유산의 중요한 부분으로 간주되어야 한다. 베이징 도시 부중심(副中心)의 건설과 대운하 문화벨트의 건설로 운하의 유산은 더욱 풍부해질 것으로 예상된다.

베이징시는 중앙정부가 발표한 〈계획강요(规划纲要)〉와 도시건설 종합계획에 따라 〈베이징 대운하 문화 보호 · 계승 및 활용 실시계획(北京市大运河文化保护传承利用实施规划)〉을 수립하고 공포했으며, 과학적 계획, 보호 강조, 옛것의 충분한 이용, 전승 강화, 배치 최적화 및 합리적 이용의 기본원칙에 따라 대운하 문화유산을 바탕으로 유산이 갖고 있는 문화적 의미를 충분히 보여 주고 움직이는 문화적 요소를 활성화하여 역사가 담겨 있는 문화를 널리 알릴 수 있도록 대운하 문화벨트를 우선적으로 건설할 것을 제안했다. 〈계획〉은 대운하를 축으로, 세계문화유산목록에 등재된 지점을 중심으로 하여 문화 · 생태공간을 대규모로 건설하고, 실로 구슬을 꿰매고 구슬로 띠를 만들어 장식하는 식으로 "일하 · 양도 · 삼구(一河 · 两道 · 三区)"의 대운하 문화벨트 구도를 명확히 제시했다.

베이징에 대한 대운하의 영향

대운하는 수천 년 동안 문화와 자연유산자원의 결합체로서 정치, 경제, 문화 등 여러 분야에서 매우 중요한 역할을 해왔고, 정치적 국맥, 역사적 문맥, 경제적 동맥, 사회적 명맥과 생태적 수맥으로 베이징과 밀접하게 연결되어 있다.

1. 베이징 지역의 지위를 향상시켰다.

베이징은 북방의 요충지에서 배도로, 나아가 전국의 정치 중심지가 되는 역사적 변천을 겪었고, 이 과정에서 운하는 중요한 역할을 해왔다.

베이징지역은 진·한(秦·漢) 이후 줄곧 북방의 군사 요충지로 양한(兩漢), 위(魏), 진(晉), 당(唐) 시기에는 유목민족과 농경민족의 천연 보호벽의 역할을 했던 지금의 베이징 일대인 유주(幽州)가 설치되어 있었다. 이 지역은 북방민족과 중원 왕조가 접전을 벌이던 중간지대였기에 정국이 혼란스럽고, 전쟁이 빈번하며 경제발전이 매우 불안정한 상태에 있었다. 수·당시기 운하의 개통으로 남북으로 다니는 시간이 크게 단축되고, 조운의 규모와 수송력이 증가하여 한 달 정도 걸렸다고 한다. "창장과 화이난(淮南)의 민부(民夫)와 선박은 여양(黎阳, 지금의 허난 쥔현[浚县] 서남지역)과 낙구(洛口, 지금의 허난 꽁이(巩义) 동남지역) 등 지역의 창고에 있는 쌀을 탁군(지금의 베이징)으로 운송하는 데만 사용된다. 배가 왕래하는 길이는 천 리 이상으로 길어졌다.(发江·淮以南民夫及船运黎阳(今河南浚县西南)及洛口(今河南巩义东南)诸仓米至涿郡(今北京)。舳舻相次千余里)" 거대한 선단과 물자, 인원은 모두 수나라와 당나라 정치 경제의 핵심지역에서 베이징 일대에 운송될 수 있었다. 운하는 북쪽으로 뻗은 팔과 같이 중원 정권에 대한 베이징의 지배를 확고히 유지할 수 있게 했을 뿐만 아니라, 장안(長安), 낙양(洛陽)등 수·당 시대의 정치, 경제, 문화 중심을 북방의 군사 요충지인 유주성(幽州城)과 연결시켰으며, 더 중요한 것은 유주지역의 경제 문화의 발전을 촉진함으로써 인구가 계속 증가하고 베이징의 역사적 위상이 높아졌으며, 이후 전국적인 수도로 발전하는 데 중요한 역할을 했다.

2. 떠내려 온 베이징성

"떠내려 온 베이징성"이라는 이야기는 지금의 베이징성이 영정하의 충적 선상(沖積扇上)지에 세워졌다는 설에서 유래한 것이다. 이와는 달리 이 책에서는 베이징 건설에 사용된 대량의 건설 자재가 대운하에서 운반되어 왔다는 것을 뜻한다. 금나라 중도(中都)를 시작으로 도시 규모가 지속적으로 확대되었고 원나라의 대도(大都)는 다시 계획하여 건설한 것으로 그 과정에서 필요한 많은 건축 물자는 영정하에서 끌어들인 금구하를 통해 운반되었다. 명·청 시기의 베이징성은 원나라 대도의 중축선을 기준으로 건설되었다. 그때 자금성(紫禁城)은 건축 면적이 15만㎡, 가옥이 9,000여 채였고, 그밖에도 사직단·태묘·천단(天壇) 등 왕실 고대 건축물이 있었으며, 이를 위해 사용된 대목(大木)·신목(神木) 등 귀한 목재는 대부분 남쪽에서 온 것이었다. 쓰촨(四川), 후광(湖广), 꿰이저우(贵州)는 모두 목재의 생산지였는데 역사 문헌에 따르면 큰 나무는 장강을 따라 운송되었고, "싼샤(三峽)에서 출발하여 장화이(江淮) 지역을 거쳐 화이스(淮泗) 지역을 통과하여 북쪽으로 물자가 운송되었다.(出三峽, 道江淮, 涉淮泗, 以 輸于北)"고 한다. 자금성에 깔린 금으로 된 벽돌도 남쪽에서 왔고, 거대한 석재와 벽돌, 기와, 회색 모래의 대부분은 경항(京抗)대운하를 통해 운반된 것이다. 대운하는 산동, 허난, 장쑤(江蘇) 등 성을 거치면서 벽돌과 기와를 굽는 작업도 담당했다. 명나라 가경 3년(1524년)에는 대운하의 곡물선은 벽돌 96개, 민간선은 10개를 싣도록 규정되어 있었고, 가경 4년(1525

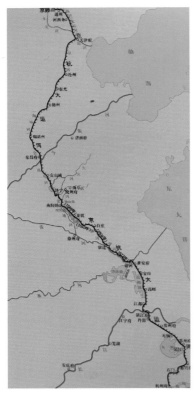

▷ 명·청 시기의 경항대운하

년) 이후에는 린칭(臨淸)과 소주 벽돌공장에 여러 차례 지시하여 백성들을 고용하여 벽돌을 운반하도록 했다. 대운하는 건설에 필요한 대량의 물자를 끊임없이 베이징으로 실어 날랐기 때문에 "떠내려 온 베이징성"이라는 말이 생겨난 것이다.

3. 경사(京師)는 조운을 통해 운송된 식량에 의존하여 살았다.

도시의 안정과 도시 기능의 정상적인 발휘는 강력한 물자, 특히 곡물의 공급을 전제로 한다. 원나라, 명나라, 청나라의 도읍지에는 수많은 관리와 그 종들과 경성을 호유하는 군대, 그리고 전국 각지에서 온 상인들이 살고 있어 거대하고 밀집된 소비형 인구규모를 이루고 있었으며, 물산이 풍부하지 않은 주변지역에 있어 물자공급을 충족시킬 수 없는 상황에서 운하가 가장 중요한 생명선이었다. 운하가 생기면서 쓰촨, 산시(陝西) 지역의 부유한 상인들과 우추(吳楚) 지역의 큰 상인들은 범선처럼 빠르게 황궁으로 들어오게 되었다. 원나라 때 운하를 통해 운행되는 조선(漕船)은 매일 강남의 곡물을 끊임없이 대도의 적수담(積水潭) 부두로 운송했

▷ 난신창(南新倉)

는데, 가장 많을 때는 연간 200만 톤에 달했다. 명·청 시기에 운하는 남방의 곡물을 북방으로 운송하는 데 사용되었는데, 가경 연간에 오중(吳仲)이 통혜하를 정비하여 1년에 남쪽에서 4,500만 톤에 달하는 곡물을 운송할 수 있었다. 청나라 초기의 학자 손승택(孫承澤)은 저서 『천부광기(天府广记)』에서 "경성의 백관과 관청에서 일하는 모든 사람들, 호위병과 평민들은 모두 조운을 통해 운송된 식량에 의존하여 살았다.(京师百司庶府, 卫士编氓, 仰哺于漕粮.)"고 기록하고 있다.

4. 운하는 베이징의 정치 중심지의 지위를 굳혀주었다.

요나라와 금나라 이후 베이징은 군사 요충지에서 통일을 이룬 국가의 수도가 되었다. 운하는 원활한 조선과 수도의 물자 공급을 보장해주는 한편 중앙정부의 명령을 지시하고 전국에 대한 통치를 유지하도록 보장해주었으므로 다민족국가의 정치적 통일을 수호하는 데 도움이 되었다. 특히 경항대운하가 개통된 이후 더 이상 국가가 분열되지 않은 것은 대운하의 정치적 책무이며, 또한 베이징 대운하의 정치적 국맥으로서의 가치를 부각시키고 있다.

운하의 굴착과 유지 보수 능력은 관련 지역에 대한 국가의 정치적 영향을 미치는 과정을 보여 주기도 한다. 베이징은 중국의 북쪽에 있지만, 대운하가 있었기 때문에 조정은 남북 관계를 강화하고 강남의 사회적 움직임을 적시에 통제할 수 있는 통로가 생겼다. 명나라 성화(成化) 7년(1471년) 10월, 통혜하 정비 준설 문제를 시찰하라는 명을 받은 관리 양정(杨鼎)과 교의(乔毅)는 황제에게 다음과 같이 보고했다. "운하 수로의 개통은 곡식을 베이징으로 원활하게 유입시킬 뿐만 아니라, 천하 각지의 관리들이 순례하러 올 수 있도록 하고, 외이(外夷)들이 바친 선물과 물품을 직접 도성에 운송하고 내릴 수 있게 합니다. 이런 일을 하는 것은 실제로 하늘의 뜻에 부합하고 사람들을 기분 좋게 합니다. 그리하여 우리 성스러운 조정의 경사는 만년 태평의 기상을 보여주고 있는 것입니다.(运河水路的畅通不仅便于漕粮进京, "天下百官之朝觐, 四方外夷之贡献, 其行李方物皆得直抵都城下卸。此事举行, 实天意畅快, 人心欢悦, 是以壮观我圣朝京师万万年太平之气象也。)" 전국의 수도로서 베이징은 지리적 위치와 경제 환경적 약점을 육로와 운하시스템으로 구성된 수륙교통망을 통해 효과적으로 보완했다. 조운과 교통의 발달은 지역적 연대와 문화적 정체성을 강화하는 연결고리가 되었으며, 이 또한 정치적 중심지라는 베이징의 역사적 장점이기도 한 것으로 대운하는 베이징의 발전에서 중요한 역할을 했다고 하겠다.

5. 운하는 문화소통이라는 교량적 역할을 담당했다.

대운하는 5대 수계를 이어주는 문화소통의 역할을 해왔다. 강남에서 화베이(華北)까지 연결되어 있는 대운하 유역에는 유구하고 지역적 특색이 강한 지역문화가 집중되어 있었는데, 이러한 문화는 3,500여 리에 달하는 인공하를 상징으로 하는 '운하문화벨트'를 형성하였다. 베이징은 그중 가장 중요한 구간 중 하나이자, 베이징의 역사와 문맥을 나타내는 중요한 지리적 상징이다. 운하를 통해 베이징과 타 지역의 광범위한 인적 왕래, 서적 유통, 생산기술의 보급, 예술과 사상의 전파, 생활방식과 사회풍습의 교류와 융합이 이루어질 수 있었고 또한 경성의 문화를 전국 각지로 전파했을 뿐만 아니라, 베이징이 각지의 문화를 집대성하여 문화의 흐름을 선도하고, 다시 전국 각지에 영향을 미치는 문화중심지의 역할을 하게 했다. 운하를 통한 인적 왕래, 서적 유통, 정보 보급 등은 전국 각지의 희곡, 곡예, 문학, 예술, 미식(美食), 원림 및 조운과 관련된 화회(花会), 묘회(庙会), 하등(河灯), 무룡(舞龙), 고교(高跷, 장대다리 걷기), 호자(号子, 여러 사람이 같이 일할 때 한 사람이 먼저 소리치고 나머지 사람이 이에 따라 내는 소리주), 민요, 풍습, 신앙 등이 수선(首善, 수도를 아름답게 일컫는 말)으로 모여들게 했고 수도의 문화도 각 지역으로 전파되어 서로 흡수하고 받아들임으로써 유행을 선도하는 문화가 형성되었다. 대운하는 국내의 문화소통을 촉진했을 뿐만 아니라 해외 사절단, 객상들도 운하를 통해 베이징으로 왔으므로 국내외 문화소통의 교량적 역할을 담당하기도 했다.

6. 운하로 인해 번성해진 특색 있는 거리

원나라 때 통혜하이 개통되면서 대도성의 '면조후시(面朝后市, 왕궁 왼쪽에는 조묘[祖廟], 오른쪽에는 사직[社稷], 앞에는 조정, 뒤에는 시장[市場]이 있으며, 각 부지는 백 보의 거리를 둔 중국 고대 도성의 구도)'의 구조가 더욱 뚜렷해졌고, 수운(水運)을 통한 남방과 북방의 특색이 융합된 상업시장이 등장했다. 디안문(地安門)에서 꾸루(鼓樓)까지의 전통 상업구역과 적수담(스차해) 주변 부두의 수산시장 풍경은 오늘날까지 이어지고 있다. 조운이 발달하면서 대운하 주변의 여러 성진(城鎭)도 함께 발전하게 되었다. 통주는 조운의 허브이자 베이징의 관문으로서 운하 문화의 전형적인 모습을 보여주고 있다. 명나라 사람 장일규(蔣一葵)가 쓴 『창안객화(长安客话)』에는 명나라 때 "통주 성북에서 5리 떨어져 있는 곳에는 황선부(황가가 사용하는 부두)가 있으며, 종종 천 척의 황선이 정박해 있다. 강물이 굽이쳐 흐르고 관용 버드나무와 민간의 논밭이 어우러져 그윽한 경치를 이루며 이는 팔경 중의 하나이다.(通州城北五里有黄船埠(即御用码头), 黄船千艘常泊于此. 河水萦回, 官柳民田, 阴森掩映, 为八景之一.)"라고 기록되어 있다. 명·청 이후 통주는 "일경이위삼통주(一京二卫三通州)"라고 불리기도 했다. 명나라 때 확장된 통주 신도시는 성 밖은 벽돌로, 성 안은 흙으로 쌓아 높고 견고했으며, 대운서창(大运西仓)과 서남창(西南仓)까지 통주성에 포함시키고 군대를 파견하여 성을 지키게 했으므로 '좌보웅번 경기중진(左辅雄藩, 京畿重镇)'이라는 말로 통주의 특별한 위치를 더욱 강조했다. 청나라 때에 와서 통주성은 더욱 기품이 있었고 성안에는 창장총독아문(仓场总督衙门), 통영도아문(通永道衙门), 호부좌량청서(户部坐粮厅署) 등을 비롯한 관아가 즐비했다. 통주 남쪽의 장가만(張家灣)은 루허(潞河)와 훤하(渾河, 지금의 영정하)가 만나는 지점에 위치해 있으며, 경동(京東)에서 가장 큰 천연 양항(良港, 천연적으로 또는 인공적으로 좋은 조건을 고루 갖춘 항만)이다. 성 밖의 운하는 돛대가 즐비하고 선박이 줄지어 늘어서 있다. 조량(漕粮) 검사와 저장 업무를 담당하는 관리들이 징과 북을 치고, 배를 타고 가마를 타고 앞뒤로 옹유하며 부두로 가서 조량을 검수하고, 각급 관리들과 중개인들이 분주히 고함을 지르며, 두목과 짐꾼 등은 개미 떼처럼 짐을 싣고 부리고 창고로 운반한다. ……장일규는 이 광경을 다음과 같이 묘사했다. "물살이 굽이치고 관선과 여객선, 그리고 조량을 실어 나르는 배들이 모두 이곳에 모였다. 거문고 소리가 함께 들려와 더 번성하다. 조조와 소사업(蕭嗣業)의 시에서 묘사한 바와 같이 루허 동쪽은 40리 굽이쳐 있고, 무수한 연기와 자줏빛 구름이 소용돌이치고 있다. 왕손이 말을 타고 도성 옆을 지나다가 웃으며 홍루(紅楼)를 가리키며 옥쟁(玉箏)의 음악을 듣는다(水势环曲,官船客舫,漕运舟航,骈集于此. 弦唱相闻,最称繁盛. 曹代萧诗:潞水东湾四十程,烟光无数紫云生. 王孙驰马城边过, 笑指红楼听玉筝.)."이곳은 이미 조운(漕運) 부두일 뿐만 아니라 도성의 번화함과 문화적 기상이 고스란히 담겨 있는 곳이었다. 명·청시기에는 하천, 부두 등을 정기적으로 확장 및 보수하는 외에도 조운총독(청나라 때 조태[漕台]라 불렀음), 조운조직, 조량제도, 창저제도(仓储制度, 창고관리제도)를 포함한 완전한 조운시스템을 구축하여 운하의 기능이 개선되고 활성화되었다. 또한 대통교(大通橋)에서 경풍갑(慶豊閘, 2문)까지 경치가 아름다워 경성 사람들이 심심풀이로 즐기기에 더없이 좋은 곳이었는데, 날씨가 화창할 때마다 강가에 관광객이 몰려왔는데, 이는 당시 경성 사람들 사이에서 유행하던 여가의 한 형태였다. 또한 까오삐이점(高碑店) 냥

냥묘(娘娘庙)의 묘회(廟會)는 당시 유명한 민속 축제였다.

7. 운하 관련 유산을 대량으로 남겼다.

2014년 6월에 제38차 세계문화유산총회(世界文化遗产大会)에서 중국의 대운하 하도(河道)유산, 운하수공(水工, 고대 중국의 수리(水利) 공학 기술자), 운하 부속유산, 운하 관련 유산 등 대운하 프로젝트가 세계문화유산 목록에 성공적으로 등재되었다. 베이징시에서 대운하 세계문화유산에 등재된 하도는 시청구(西城區)에 있는 통혜하 베이징 구간 스차해, 동청구(東城區)에 있는 통혜하 베이징 구간 유하 옛길, 통주구에 있는 통혜하 구간 등 3개이고, 유산으로 시청구에 있는 청칭상갑(澄清上闸, 완닝교(万宁桥))와 동청구에 있는 청칭중갑(澄清上闸, 동부야교(东不压桥))의 두 점이 선정되었다.

스차해(첸해(前海), 허우해(后海), 시해(西海)를 포함) : 13세기에 원나라 세조 쿠빌라이가 새로운 대도성(大都城)을 건설하기로 계획했다. 스차해는 대도성 건설계획의 핵심이었으므로 스차해를 바탕으로 동쪽 연안에서 대도성의 중축선을 계획했다. 스차해는 당시 적수담 또는 해자(海子)라고 불렀는데 『원사·지리지(元史·地理志)』에는 다음과 같이 기록되어 있다. "해자는 황성의 북쪽에 있는 만수산 즉 경화도의 음지에 위치하며 옛 이름은 적수담으로 서북방의 많은 샘물이 모여들어 도성으로 합류하게 된다. 바다처럼 넓고 넓어서 해자라는 이름이 붙여졌다.(海子在皇城之北·万寿山(即琼华岛)之阴, 旧名积水潭, 聚西北诸泉之水, 流入都城而汇于此, 汪洋如海, 都人因名焉.)" 원나라 때 지금의 베하이해와 중하이해(中海)를 황성에 가두고 해자를 잘라 두 부분으로 나누었다. 명나라 때는 이 수역을 적수담, 후호후호(后湖), 롄화츠(莲花池), 스차해라 불렀는데, 물이 흐르는 방향에 따라 적수담, 스차해 첸하이해와 스차해 허우하이해라고 이름을 지었다. 청나라 때에 와서 스차해 첸하이해에 제방을 쌓아 두 개의 수역으로 나누었다. 중화민국 시기에 와서 스차해의 이름이 확정되었고, 차례로 시하이해, 허우하이해, 첸하이해, 시샤오해(西小海)라고 불렀다.

원나라 때 운하의 종착지로서 왕래하는 조선은 주변 경제와 문화의 번영을 이끌었고 적수담에서 고루 앞 가까지 번화한 상가가 만들어졌다. 원나라는 종교를 추앙하여 적수담 주변에 후궈사(护国寺), 광화사(广化寺) 등 사관(寺观)을 증축했다. 명나라 때에 와서 적수담 조운이 중단되어 관광명소로 바뀌었는데, 명성조 주체(朱棣)가 베이징으로 수도를 옮긴 후 나라의 위난을 평정했던 공신들에게 스차해 일대에 저택을 조성하게 하여 딩궈공원(定国公园), 롄화정(莲花亭), 샤차이정(虾菜亭), 만원(漫园), 팡궁원(方公园), 스원(湜园), 양원(杨园), 류마오차이원(刘茂才园), 류바이촨(刘百川)별장 등을 비롯한 정원이 생

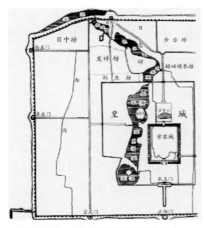
▷ 명나라 후기의 스차해와 태액지 모습

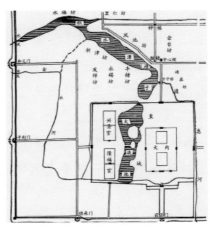
▷ 원나라 때 적수담의 모습

베이징에는 관심을 갖게 하는 곳이 많은 만큼 그에 관한 이야기도 많이 있다.

거났다. 또한 명나라 조정은 불교, 도교를 존숭했으므로 스차해 주변에 광푸관(广福观), 서우밍사(寿明寺), 쌍사(双寺), 징예사(净业寺), 푸지사(普济寺), 넨화사(拈花寺), 훼이퉁사(汇通祠), 루이잉사(瑞应寺), 스차해사(什刹海寺), 칭쉬관(清虚观) 등 많은 사찰과 도관을 지었다. 청나라 군대가 입관한 이후 스차해 일대에는 황제의 호위병이나 상삼기(上三旗, 8기 중 청나라 때 황제가 직접 관장하는 3기) 중 하나인 정황기(正黄旗)가 주둔하고 있었으며, 이후 스차해 주변에는 순친왕부(醇亲王府), 공친왕부, 경친왕부(庆亲王府), 도패특부저(涛贝勒府邸), 곤패자부저(棍贝子府邸), 아라선왕부(阿拉善王府), 일등무의모용공(一等武毅谋勇公) 조혜부저(兆惠府邸) 등이 지어지기 시작했다. 또한 다짱롱화사(大藏龙华寺), 톈수이안(天寿庵), 싼관먀오(三官庙), 전우먀오, 용취안안(永泉庵), 평탑이안(丰泰庵), 싼원푸모궁(三元伏魔宫) 등 수십 개의 사관이 지어졌다. 청대에 이르러 대략적인 통계에 따르면 스차해 주변에 절, 묘, 관, 궁, 암자, 탑, 선림(禪林), 당, 사(祠) 등 건축물이 약 165개 있었는데, 그중 원래의 건축양식이 보존되어 있는 것이 29개, 일부 보존되어 있는 것이 43개, 이미 사라진 것이 93개였다. 왕공저택(하나의 저택에 주인이 둘인 경우도 포함)은 약 20개이고, 고택은 30여 채 있었으며, 유명한 정원은 20여 개 있었는데, 그중 다수가 보존되어 있지 않으았으며, 이밖에 다리가 6개, 문루가 4개 보존되어 있다.

통혜하 베이징 옛 구간 — 어하 옛길 : 어하는 곽수경이 처음 팠던 운하의 일부였는데, 이후 통혜하 수로의 일부가 되어 원나라 대도의 '후시(後市)'와 직접 연결되었다. 명나라 때부터 어하는 스차해 첸하이해 동쪽 끝의 출구에서 시작하여 완닝교를 지나 지금의 동부야교

골목, 동반교 골목, 베이허강 골목, 베이허하 연안거리, 난허(南河) 연안거리, 정의로(正義路)를 거쳐 베이징 남쪽의 해자로 흘러들었다. 베이허를 따라 근처에 '사탄후가(沙灘後街)'와 '사탄북가(沙灘北街)'라는 곳이 있는데, 이는 모두 어하에서 흘러온 백사장이라는 데에서 유래한 것이다. 명나라 이후 수원이 감소하여 어하는 점차 시궁창으로 변했다. 중화민국 시기에 와서 어하를 남쪽에서 북쪽으로 암거(暗沟, 매설된 하수도)로 개조했다. 첸싼문(前三門)의 해자에서 동창안(东长安)거리까지 이어지는 암거가 바로 지금의 정의로이다. 2007년에 어하 재건사업이 시작되어 난뤄구샹(南锣鼓巷)의 서쪽 골목을 철거하고 완닝교에서 디안문 동쪽 가 사이에 480m 이상에 달하는 어하 하도를 복원했다.

통혜하 통주 구간 : 현재 흔히 말하는 통혜하는 동볜문에서 시작하여 교양구 바리교를 거쳐 통주구 동쪽으로 진입하여 동쪽은 베이관자(北关闸) 윗 쪽까지 이어져 온유하(溫楡河), 샤오중하(小中河), 윈차오젠하(運潮減河), 북운하와 합류한다. 하천의 총 길이는 20.1km이며 그 중 4.3km가 통주 경내를 지난다. 서쪽은 용통교(바리교) 동쪽에서 시작하여 통주 베이관자(통혜하과 북운하의 합류 지점)까지 이어지는데 북쪽과 남쪽은 모두 하천의 블루라인으로 계획되어 있는 곳을 경계로 하고 있다. 서쪽은 유산으로 지정된 구역 경계에서 밖으로 50m 확장되었으며, 동쪽은 통주구 용순(永順)가도와 통주구 신화(新华)가도 향진(乡镇)을 경계로 하고 있다. 완충지대는 유산으로 지정된 구역경계에 인접한 계획된 공공녹지와 보호녹지를 경계로 하고 있다. 이 구간의 하도는 베이징 시내의 배수 및 홍수를 위한 수로이며, 현재 베이징 도시 경관으로 개조되어 둑이 완전히 경화(硬化)되었다. 서쪽 용통

▷ 어하

▷ 완닝교

교에서 통주 베이관자에 이르는 하도가 세계문화유산으로 지정되었다.

청칭상갑(澄淸上閘, 완닝교[万寧橋]): 원나라 지원 22년(1285년)에 만들어진 완닝교는 '교하이쯔교(海子桥)'라 불렀다. 처음에는 나무로 만들었다가 후에 돌을 사용하여 구멍이 하나인 아치 형태로 다시

▷ 완닝교

쌓았다. 양쪽에는 간결하고 고풍스러운 난간이 있고 양끝에는 포고석(抱鼓石, 중국건축의 문이나 입구 양쪽에 놓여 지는 석조장식의 일종으로 올라가는 높은 난간의 굵은 기둥을 밑에서 받치고, 태고형(太鼓形)이 조각되어 있음)을 지탱하고 있으며 아치에는 돌로 조각된 짐승의 머리가 조각되어 있다. 완닝교는 남북 방향으로 되어 있고 베이징성의 중심축에 위치하며, 서쪽으로는 스차해, 동쪽으로는 어하와 닿아 있다. 또한 완닝교는 디안문의 북쪽에 있고, 디안문은 황성의 후문으로 전문과 남북으로 마주하고 있었기 때문에 흔히 허우먼교(后门桥)라고도 불렀다. 원나라 때 청칭갑은 상, 중, 하 세 개의 수문으로 나뉘며 상수문은 완닝교에 가까웠고, 중수문과 하수문은 각각 동부야교(東不壓橋) 왕원교(望云桥, 수파기 골목의 북쪽 입구에 위치함)에 있었다. 처음에는 수문을 모두 나무로 만들었으나 원나라 무종(武宗)에서 지대(至大) 4년(1311년)에 돌로 교체했다.

명·청 시기 적수담은 더 이상 운하의 종착역이 아니었고 조운의 역사에서 물러나게 되었다. 청칭상갑도 이와 함께 사라졌다. 현재 완닝교 아래의 제방 남쪽 연안에는 두 개의 돌 뿌리가 남아 있고 건너편의 북쪽 연안에도 석조가 있는데 이것이 바로 청칭상갑의 흔적이다.

▷ 발견된 이후의 청칭중갑

청칭중갑(동부야교): 청칭중갑(동부야교): 동부야교는 원나라 때는 인인교(寅仁橋)라 불렸는데, 후에 동교량교(東橋量橋)로 불리다가 동부야교로 개명된 이유는 서쪽에 시야교(西压桥)가 있었기 때문이다. 북해 후문의 동쪽에 있는 황성 성벽 아래에 위치했던 시야교는 명나라가 황성을 쌓으면서 황성의 북쪽 벽을 다리 위에 깔아 놓았기 때문에 시야교라고 불렸다. 동부량교(东步量桥)는 황성에 눌리지 않았으므로 동부야교라 불렸고, 청칭중갑도 이곳에 있었다. 최근 몇 년간의 발굴작업을 거쳐 동부야교는 전체적으로 남서와 동북 방향으로 되어 있고, 중간이 좁고 양끝이 넓으며, 다리 측면이 호형으로 되어 있는 것으로 확인되었다. 다리 양쪽에 있는 인교(引橋)는 비교적 잘 보존되어 있었고, 다리 바닥은 황백색 화강암과 두청석(豆靑石)이 뒤섞여 있었다. 지상에 남아 있는 40여 개의 유형문화유산은 40여 개에 달하는 것으로 보아 동부야교는 운하와 직결되어 있음을 알 수 있다. 가장 중요한 유산은 5개의 하도, 4개의 수원, 7개의 수리공학시설, 10개의 항운공학시설, 5개의 고대 운하 시설 및 관리기관(창고)을 포함하는 총 31개의 수리공학유산이다. 이밖에 운하 유형문화유산은 고유적(古遺址) 6건, 고대건축물 2건, 석각(石刻) 1건 등 총 9건이다. 구체적인 사항은 아래 표에서 제시한 바와 같다.

대운하(베이징 구간) 문화유산 일람표

번호	유형			명칭	보존되어 있는 장소	만들어진 시간	현황 및 유산등급
1	수리공학유산	하도	운하하도	통혜하(지금의 통혜하와 통주 구간의 옛길 포함)	교양구 통주구	원	통주 옛길은 세계문화유산임
2				통혜하 옛길(지금의 옥하 옛길)	동청구	원	세계문화유산
3				백하강(지금의 북운하)	통주구	원	
4				바허강	교양구	원	
5			인공인하引河	난창강(지금의 쿤옥하 북단 및 창허강	하이덴구	원	
6		수원	샘	백부취안와 두롱왕먀오	창평구	원	국가급문물보호단위(이하 '국가급' 이라 함)
7				옥천산의 여러 샘	하이뎬구	금	옥천산은 국가급임
8			호수	옹산포(지금의 이화원 곤명호)	하이뎬구	원	이화원은 세계문화유산이며 국가급임
9				적수담(지금의 스차해)	시청구	원	세계문화유산
10		수리공학시설	수문	광원자(롱왕먀오 포함)	하이뎬구	원	국가급
11				완닝교(청청상자 유적지 포함)	시청구	원	세계문화유산

번호	유형			명칭	보존되어 있는 장소	만들어진 시간	현황 및 유산등급
12	수리공학유산	수리공학시설	수문	동부야교 유적지(청청중자 유적지 포함)	동청구	원	세계문화유산
13				청평상자 유적지	교양구	원	
14				평진상갑 유적지	교양구	원	국가급
15				이화원 곤명호 수이이자	하이뗸구	청	국가급
16				가오량(자)교	하이뗸구	원	국가급
17		항운공학시설	다리	덕승교	시청구	명	구급문물보호단위
18				인딩교	시청구	명	구급
19				용-통교(황제가 명하여 만든 통주 석도비(石道碑)를 포함)	통주구	명	국가급(석도비와 함께 반포)
20				통지교 유적	통주구	명	
21				광리교 전수이서우고대에 수해를 진정시키기 위해 다리 어귀나 본체에 전설 속 용의 모양을 본떠 만든 석각 포함)	통주구	명	구급
22				통원교	통주구	명	국가급(장가만 성벽과 함께 반포)
23				장가만 동문교	통주구	명	
24				장가만 홍교	통주구	명	
25			부두	장가만 부두 유적	통주구	요	
26				리얼사 부두 유적	통주구	원	
27		고대운하 시설과 관리 기관 유적	창고	베이신창	동청구	명	시급문물보호단위(이하 '시급'이라 함)
28				난신창	통주구	원	국가급
29				난신창	통주구	원	시급
30				통주 대운중창 다원중창 유적	통주구	명	창벽은 구급임
31				통주 서창 유적	통주구	명	

번호	유형			명칭	보존되어 있는 장소	만들어진 시간	현황 및 유산등급
32	수리 공학 유산	고 대 운 하 시 설 과 관 리 기 관 유 적	고 유 적	선무창지,선무야오비 포함)	교양구	명	
33				통주성 북원 유적	통주구	원, 명	구급
34				장가만 성벽 유적	통주구	명	국가급(통원교와 함께 반포)
35				황무창유적 9(옛 회화나무 포함)	통주구	명	창벽은 구급임
36				화판석창화반스창 유적(옛 돌 몇 개 포함)	통주구	명	
37			고 유 적	상하 염창 유적(하염 창 석권 포함)	통주구	명	
38			고대 건축물	유하암(비액 포함)	동청구	청	구급
39				란딩포사리탑	통주구	북주	시급
40			석각	왕더창취사베이	동청구	원	

대운하와 관련된 무형문화유산도 풍부하다. 운하와 관련된 골목명, 가도명, 통주구에 있는 몇몇 마을의 이름, 운하와 관련된 역사적 전설, 민속 등이 그것이다. 대체적인 통계에 따르면 총 11개로 아래 표에서 제시한 바와 같다.

베이징 대운하 무형문화유산 목록

번호	유형	목록
1	지명	하이원창
2		운하 관련 골목명, 가도명
3		통주구 몇몇 마을의 이름
4	전설	바오탑진의 허야오
5		견고한 고대 운하
6		바리교 이야기— '바라교'

번호	유형	목록
7	전설	큰 가뭄으로 남방의 곡물선이 끊임없이 경성으로 향했으나, 남방의 선박은 돛대가 높아 바리교를 직접 통과할 수 없었으므로 다시 작은 배에 옮겨 나를 때, 틀국수 내리는 원리에서 돛대를 접을 수 있는 구조로 바꾸는 방법을 생각해 내어, 돛대를 넘어뜨리고 다리를 건넜다는 전설
8		건륭제가 통주를 유람한 기이한 일화.
9		소태후강의 유래
10	풍속	통주 운하 롱덩훼이
11	기탑	통주 운하 뱃사공의 선창

『통량청지(通粮厅志)』에서 말하는
통주(通州)의 '통(通)'

　명나라 만력(萬曆) 연간에 쓰여 진『통량청지』는 통주의 역사를 이해하는 드문 지서로 만력 20년(1592년)에 통주 양청(粮厅)을 주관하던 진사(進士), 호부낭중(戶部郎中) 주지한(周之翰)이 편찬했다. 『통량청지』에는 창유지(고부)(仓庚志]), 질관지(秩官志), 조정지(漕政志), 하거지(河渠志), 공서지(公署志), 복역지(服役志), 예문지(艺文志), 비고지(备考志) 등이 등재되어 있다. 이들 지지는 명나라 천계(天啓), 숭정(崇禎) 연간에 지속적으로 추가·보완되어 왔는데 이들 저서는 주로 조운 사무를 감독하는 기관인 좌량청(坐粮厅)에 대해 기술하고 있다. 특히 이 기관이 위치한 통주의 상황도 비교적 자세하게 소개하고 있어 명나라뿐만 아니라 그 이전의 통주의 역사를 이해하는 데 귀중한 자료를 제공하고 있다.

1. 통주의 '통'은, 운하를 통한 조운으로 경성의 발전을 촉진한다는 뜻을 표현했다.

『통량청지』권1은 『좌보지(左輔志)』인데 이 책에서 통주라는 이름의 유래에 대해 요약하고 '통' 자의 의미에 대해 명확히 밝혔다. 즉 " '통' 으로 군을 이름 지은 것은 운하를 통해 곡물 및 기타 재료를 운송함으로써 다양한 지역의 수요를 충족시키고 경제발전을 촉진시킨다는 뜻을 표현하기 위함이었다. 따라서 하천은 통훼이(通惠), 수문은 통류(通流), 교량은 따통(大通), 용통(永通)이라고 불렀던 것이다." 이로부터 알 수 있듯이 통주와 관련되는 강, 수문, 다리 등에 모두 '통' 자를 넣어 명명했고, 조운을 통해 '통' 의 기능이 현실화되었던 것이다. 진(秦)나라 이후 대대로 옛 통주 지역의 자연 하도를 이용하여 수운을 개발했다. 금나라 정원(貞元) 원년(1153년)에 해릉왕(海陵王)이 연경으로 천도한 후, 남방에서 식량을 옮겨다가 정권을 유지하는 것이 시급했다. 금나라 장종(章宗) 태화(泰和) 5년(1205년)에 한림원(翰林院)은 한옥(韓玉)의 "통주 지역에 루수(潞水)와 연결된 운하를 개설하는 제안"을 받아들였다. 즉 중도(中都)에서 통주로 넘어가는 금나라 갑하(閘河)를 이듬해에 착공하여 완성하는 것이었다. 굴착된 금나라 갑하가 성공적으로 개통되면 산동, 허뻬이 및 기타 지역의 조선(漕船)은 통주에서 수문으로 들어 간 다음 10여 일 후에 경사에 도착하게 된다. 따라서 조운(漕運)으로 여러 지역의 수요를 충족시키고 경제발전을 촉진시킨다는 뜻을 따라 루현(潞縣)을 통주로 승격시켰던 것이다. 원대에 이르러 북 운하와 통혜하는 베이징에 영양을 공급하는 동맥일 뿐만 아니라, 베이징이 수로를 통해 연안의 각 성과 나아가 한반도 인도지나 반도 및 기타 국가와 지역으로 연결되는 시작점이었다.

특히 원대 통혜하의 굴착으로 인해 조운의 범위와 위상이 더욱 두드러졌다. 원나라 때 통주의 '통'이 새로운 발전을 가져왔다. 지원 28년 (1291)에 독수감 곽수경은 원세조 쿠빌라이에게 통혜하를 뚫을 것을 제안하면서 웅장한 수리도(水利圖)를 그렸다. 통혜하 공사는 지원 29년(1292년) 봄에 설계 및 준비하여 그해 8월에 시작되었다. 원세조는 이 공사를 매우 중시했는데 착공일에 "승상 이하 관리들은 친히 삼태기와 닻을 가지고 나와 공사장에 나가 동참했으며 곽수경의 지휘를 따랐다고 한다." 통혜하는 백부촌(白浮村)에서 통주의 고려장까지 164리에 달했다. 지원 30년(1293년) 7월까지 공사가 끝났는데 공사는 총 11개월이 걸렸고 285만 명의 인력이 동원되었다. 운하가 개통된 이후 곡물선은 통주 고려장에서 대도 성안의 적수담 부두까지 직접 도착할 수 있었다. 원세조는 상도(上都)에서 경사로 돌아오는 과정에서 적수담을 지날 때 "선미와 선두가 수면을 가리고 있는 광경을 보고 매우 기뻐하며 이 운하를 '통혜하'라고 명명했는데, 이로써 통지(通济)

▷ 원세조 쿠빌라이가 완닝교(묘재신(苗再新)의 작품)를 시찰하는 모습

의 '통' 이라는 의미가 드디어 충분히 드러나게 되었다.

2. 통주의 '통'자는 통주가 중요한 집산지라는 뜻을 담고 있으며, "아홉 개의 강한 힘으로 둘러싸인 강력한 도시, 여섯 개의 나라가 목구멍과 같이 중요하게 여기는 웅장한 도시(九重肘腋之上流, 六国咽喉之雄镇)"가 되었다.

원나라, 명나라, 청나라 때에 경항대운하를 통해 베이징으로 운송되는 곡물이 매년 300만~500만 섬에 달하여 통주 및 경성에 많은 창고를 만들어 보관했다. 북부 변경지대 군량을 지키는 수비군들도 백하강과 원옥하를 통해 통주에서 군량과 급료를 중계 운송했다. 통주는 조운의 중추이자 수로와 육로의 도회(都会, 사람이 많이 모여 살고 번잡한 곳)가 되었으며, 이러한 지위와 역할은 통주를 중국의 유명한 도시로 만들었다. 『통량청지』에서는 통주를 다음과 같이 묘사하고 있다. "통주는 지세가 높고 험준하여 마치 경성을 가로지르는 황궁의 성문과 같고 하이하(海河) 하류에 위치하고 있어 톈진(天津)으로 가는 수로를 통제하고 있다. 루수와 훤하는 통주 동남부에서 합류하고 유저우와 옌저우(燕州)의 산맥이 통주의 서북쪽에 가파르게 솟아 있다. 높고 드넓고 건조한, 웅장하고 장관을 이루고 있는 통주는 수로와 육로의 중요한 접점이고, 징지(京畿)와 보국(輔國)의 요충지이며, 교통의 중심이고, 귀족과 관리들이 드나드는 중요한 곳이다.(上拱京阙, 下而广平, 实水陆之要会, 为畿辅之襟喉, 舟车之所辐辏, 冠盖之所往来)" 옹정제는 "루하는 만국이 순례하는 곳으로 사해구주(四海九州)에서는 매년 각종 상품을 가져와 수천 척의 배가 모여들고 있다. 이곳은 창유(仓庚, 예전에 지붕이 없는 쌀 창고를 이르던 말)의 도시, 수로와 육로가 만나는 곳이다.(潞河为万国朝宗之地. 四海九州, 岁致百货, 千檣万艘, 辐辏云集…… 盖仓庚之都会而水陆之冲达也)"라고 했으며, 청나라의 『순천부지(順天府志)』에서는 통주를 "구중 산맥 사이에 위치하여 물살이 모여 중요한 상류지역을 형성하고 6개국의 교통요충지로서 목구멍과 같이 중요한 위치를 차지하고 있는 위력적인 웅장한 도시이다.(九重肘腋之上流, 六国咽喉之雄镇)"라고 기록하고 있다.

원나라 이후 수운과 해운의 중요한 집산지는 모두 통주에 위치해 있었다. 원나라 초 지원 13년(1276년)에 이르러 백안(伯顏)은 임안(臨安, 지금의 저장[浙江] 항저우)을 함락시킨 후 남북 조운에 착수했다. 곡물은 양저우(揚州)에 저장되었다가 운하를 따라 화이허로, 화이허에서 다시 황허로 진입하며 다시 중란(中灤, 지금의 허난성 펑츄[封丘] 서남부)으로 거슬러 올라가 육로를 통해 기문(淇门, 지금의 허난성 쥔현 서남부)으로 운송된 다음 수운을 통해 통주로 운송되었으며, 다시 육로를 통해 대도로 운송되었다. 운송과정은 비교적 길고 매우 험난했다. 기원전 19년(1282년)에 제주하(濟州河)이 개항이 되자, 세곡선은 화이안(淮安)에서 북상하여 신개해(新开河)를 거쳐 대청하(大清河, 현재의 산동변경[山东境])로 꺾어 이진(利津)에 이르러 바다로 흘러 든 다음 직고(直沽, 지금의 톈진)로 해서 통주까지 직통할 수 있었는데, 이것이 바로 해운과 수운의 복합운송이었다. 이후 이진 해구가 진흙으로 인해 세곡선이 동아(東阿, 현재 산동성 동어 남쪽)에 도착한 다음 육로를 통해 임칭(臨淸, 현재 산동성 린칭 남쪽)으로 운송된 다음 어하(御河)를 통해 통주에 도착했다. 지원 26년(1289년)에 훼이통하(会通河)를 개통하여 남쪽은 제주하와 접하고 북쪽은 어하(御河)와 통하게 되었다. 이렇게 되어 대운하는 전 노선이 관통되었고 길이가 2,000여 km에 달했다. 남쪽의 곡물은 통주에서 저장되었다가 베이징으로 운송되었다. 이는 통혜하가 개통되지 않았을 때의 상황인데 통주의 위상과 영향력을 이미 충분히 보여주고 있다.

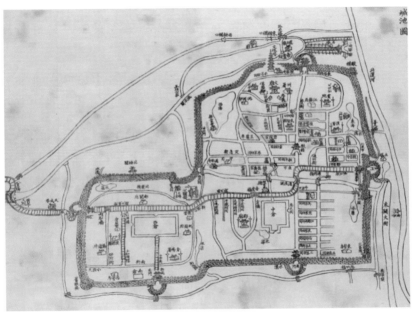

▷ 명나라 때의 통주성

통혜하가 개통된 이후, 통주와 대도성을 연결하는 주요 통로가 되었으며, 파하(灞河)의 개통으로 인해 통주의 조운 기능이 향상되어 통주와 대도시의 물자를 수송하는 또 다른 수로가 되었다. 기원전 16년(1279년), 대덕(大德) 3년(1299년), 대덕 5년(1301년)에 세 번에 걸쳐 댐과 하천을 대규모로 정비하고 댐 7개를 건설하여 "해마다 운송되는 조량은 백만 섬에 달했다." 하천과 바다가 통하고 관용선(官用船)과 상선(商船)이 북상하며 "운송된 곡물과 남쪽에서 온 다양한 상품, 상인의 선박은 직구를 거쳐 통혜하로 직접 운송되었다." 통주는 거대한 상업시장이 되었다. "양쪽의 연안에 여관이 밀집되어 있고, 많은 상인이 거주하고 있으며, 징동(京東) 지역에서 가장 큰 시장이다. 이곳에는 천연물품, 진기(珍奇)한 보물, 신비한 물건, 각종 수공제품, 기이한 산과 바다의 진기한 짐승들이 다 모였다. 이러한 물품은 스스로 찾을 필요 없이 자연스럽게 모여들고 수많은 상인도 이곳으로 모여 들고 있다."

명나라 때에 와서 수운이 발전했다. 홍무(洪武) 3년(1370년)에 세력을 잃은 일본 무사와 낭인(浪人)이 결탁하여 만든 해적 선단은 장사성(張士誠) 여당과 결탁하여 절강과 복건(浙閩) 연해에서 북으로 보하이해(渤海)까지 약탈을 감행했다. 이러한 약탈행위는 명나라 때까지 계속되어 한동안 통제하기 어려웠다. 이 문제를 해결하기 위해 명나라 조정은 어쩔 수 없이 내수 운송으로 바꾸었다. 영락 9년(1411년)에 공부상서(工部尙書) 송례(宋礼)가 훼이통하(會通河)를 정비하고, 문수(汶水, 산동의 강 이름)를 끌어 들여 운하의 운송 기능이 크게 향상되었다. 영락 13년(1415년)에 평강백(平江伯, 명나라 때 세습된 작위) 진선(陳瑄)이 송나라 교유악(喬維岳)이 개통한 사하(沙河)를 따라 운하를 준설하고 관자후(管家湖)에서 물을 끌어 들인 이후 칭장포(清江浦)라고 명명했다. 이로써 대운하는 전 구간이 관통되었다. 그 해 주체(朱棣)는 "곡물 운송방식을 거부하고 평강백 진선에게 후광과 장시(江西)지역에 3,000척의 평저선(平底船)을 제조하여 하천 운송을 하도록 명했다. 그리하여 매년 300만 섬 이상의 식량과 물자를 수송할 수 있었다." 운하는 남쪽에서 항저우, 북쪽에서 통주까지 이어지며 역사에서는 이를 '경항대운하'로, 명나라에서는 '조하(漕河)'라고 불렀다.

청나라 때에 와서 강희 7년(1668년)에 훤허는 석경산(石京山) 남쪽에서 뚫려서 물이 쏟아져 나와 성으로 밀려들어 가옥을 침수시켰고,

물이 계속해서 치화문(齊化門, 朝陽門)으로 흘러 동쪽의 여러 지역이 물에 잠겼다. 청나라 조정은 이를 경계하여 강 오른쪽 둑에 수십 리의 긴 제방을 쌓았다. 강희 37년(1698년)에는 제방을 보강하여 '용딩(永定)'으로 개칭했으며 더 이상 백하(白河)로 흘러들지 않도록 했다. 따통강(통혜하)의 원활한 운항을 유하여 강희 22년(1683년)에 옥천에 새 수문을 건설했고, 강희 25년(1686년)에는 옹산포의 여러 호수로 물을 흘러들게 했다. 강희 27년(1688년), 강희 31년(1692년) 두 차례에 걸쳐 적수담을 정비하여 수용량을 늘렸다. 강희 35년(1696년)에는 따통강(통혜하)의 제방과 갑문을 보강하고 바허의 수원을 차단하여 따통강의 수원을 증가시켰다. 이듬해 칭펑자 위쪽으로 수문을 추가로 건설하여 세곡선은 갑판을 따라 거슬러 올라가 따통교 아래까지 이를 수 있었고, 계속해서 안정문과 덕승문 밖의 곡물창고에 하역할 수 있었다. 그 후 지속적으로 보수하여 통주에서 경성까지의 수십 리에 걸친 수운이 원활하게 이루어지게 되었고, 이는 청나라가 멸망한 이후까지 유지되었다.

▷ 훙오 『도기수리도권(都畿水利図卷)』 중의 통주성

조운으로 통주는 배와 상선이 구름처럼 노천에 모였고, 만국에서 온 공작과 백학이 하늘을 날고 있는 광경을 보였다. 또한 "남통주 북통주, 남북통주"라고 묘사하는 속담도 있게 되었다. 원·명·청 삼대의 중요한 운하도시인 통주는 수로와 육로가 비교적 발달하여 청나라 초까지 "조양문에서 통주까지의 40리 구간을 귀동문(國東門) 통따오(孔道)라고 한다. 군대에서 식량과 마초를 수송하거나 조서를 내리지 않은 곡물을 통주에서 베이징으로 운송하는 사람은 모두 이 길을 지나야 한다. 루허는 만국이 순례하는 곳으로 사해구주에서는 매년 각종 상품을 가져와 수천 척의 배가 모여들고 있다. 상인들과 여행자들은 물 위에 계단식 산처럼 늘어서 있고, 여러 곳에서 온 차량과 인파가 도로에 끊이지 않았다.(自朝阳门至通州四十里为国东门孔道, 凡正供输将·匪颁诏糈由通州达京师者悉遵是路. 潞河为万国朝宗之地,四海九州岁致百货,千檣万艘辐辏云集,商贾行旅梯山航海而至者, 车毂织络相望于道)"문헌에 "일경(베이징) 이위(텐진위) 삼통주(一京(北京)二卫(天津卫)三通州)"라는 말이 있는데 이는 통주의 위상과 영향력을 보여주기에 충분하다.

이밖에 통주의 지리적 위치도 경사(京師)를 공위(攻圍)하는 중요한 역할을 하는 데 결정적인 영향을 미쳤다. 그중 숭정(崇禎) 연간에 보완된『통량청지』의 서문에서는 숭정 2년(1629년)에 후금이 통주를 약탈하고 장가만과 훠현을 함락할 때의 참상을 기술하고 있다. "그해 초겨울, 동방의 적들은 곧장 통주성에 도착했는데 황도(皇都)로 진격하다시피 했다. 전쟁의 말발굽과 창이 뒤엉켜 조운의 배 수천 척이 불에 탔고, 실어 나르던 곡식도 모두 맹렬한 불길로 변했다. 육로운송도 수천 명의 약탈자들의 습격을 받았으며 물건을 운송하던 사람들은 거의 모두 전쟁 중에 사망했다.(二年初冬, 东奴直抵通城且薄帝都矣, 戎马蹂

蹿·戈戟交加, 而漕艘之焚재千计, 漕稽同归于烬焉. 陆运之抢掠재万计, 运役咸死于锋焉.)"

『통량청지』의『예문지(艺文志)』에는 좌부도어사(左副都御史) 양행중(杨行中)의『통방의중론(通防宜重论)』을 수록하여 "통주는 경성에서 40리 떨어져 있고 서쪽은 즈징(紫荆) 관문을 바라보고 동쪽은 미원의 변방에 접해 있다. 멀든 가깝든 많아야 2~3일, 심지어 가까운 곳은 아침에 출발해 저녁에 도착할 수 있다. 통주는 또한 장화이(江淮)를 둘러싸고 남쪽의 주요 교통로를 통제하고 있다.(通州距京四十里, 西望紫荆关塞, 东接密云以东边疆, 远者不过二三日, 近者朝发可夕至也 , 近者朝发可夕至也, 南控江淮襟喉所在)"라며 "통주는 경성의 아치 역할을 할 수 있고, 동시에 동쪽, 서쪽, 북쪽의 모든 국경과 서로 호응하여 경성을 지원할 수 있다.(以拱护京城而与东·西·北诸边声援, 可以相接掎角, 可以为援者)"고 통주의 군사적 위치를 강조했다. 랴오난징(辽南京 , 난징 시진푸[析津府]는 요나라의 배도[陪都]이며 흔히 옌징[지금의 베이징 서남쪽]이라 불렀음) 시기 이곳의 주둔 병력은 1만 1천 명에 달했고, 금나라 중두 때에는 35,000명 이상의 방어 군대를 두었으며, 명나라 초에 진수(镇守)했던 병정도 2만 5천여 명에 달했다. 통주는 베이징의 전략적 지위에 있어서도 매우 중요했다.

3. 통주의 명맥은 바로 창고에 있고, 창고로 인해 성이 견고해졌다.

『통량청지』는 첫 편인『서(序)』에서 "연간 곡물 할당량은 400만 석으로 군국의 대계를 보조한다. 통주는 기보(畿辅, 수도 인근 지역)의 중요한 지역으로서 중요한 역할을 하며 그중 3분의 1이 통주에 남아 있다.(岁额漕粟四百万石佐军国大计, 通(州)为畿辅肘腋地, 留漕粟三分之一入通(州))"라고 정확히 기록하고 있다. 명나라 때 매년 운하를 통해 경통2창(京通二仓, 명나라와 청나라는 거액의 조곡을 저장하기 위해 경성과 통주에 잇달아 많은 곡물 창고를 건설했는데, 이를 통칭하여 경통2창이라 불렀음)으로 운송되는 강남의 곡물은 황실의 일일 수요, 백관 녹봉, 군사 지출에 사용되었을 뿐만 아니라 경기지역의 곡물가격 균형, 재난구호 및 공공 공사 건설에도 매우 큰 의미를 지니고 있었다. 통주는 조운과 창고로 인해 부상한 도시로 일찍이 금나라 때에 풍비창(丰备仓), 통적창(通积仓), 태창(太仓)이 만들어졌다. 원나라 때에 와서 훼이통하와 통혜하를 개통한 이후 바다·수로 및 육로를 결합한 복합운송을 시작하여 통주는 북부의 중요한 저장 기지가 되었다. 당시 광저창(广储仓), 유년창(有年仓), 경풍창(庆丰仓), 연풍창(延丰仓), 악세창(乐岁仓), 부연창(富衍仓) 등 13개의 곡물 창고가 있었고, 백만 석이 넘는 조량(漕粮)을 저장하고 있었다.『통량청지』는 명나라 때 통주 곡물창고의 상황을 자세히 기술하고 있으며,『창유지(仓庾志)』에서는 위치별로 대운서창(大运西仓), 대운남창(大运南仓), 대운중창(大运中仓), 대운동창(大运东仓)으로 기록하고 있다. 또한 영락제 이후에 건설된 통주 곡물 창고의 수와 보수 상황, 그리고 오(廒, 청나라, 명나라 때의 창고는 오[廒]를 저장단위로 하여 5칸 당 1오로 함)의 구체적인 숫자까지 기록하고 있는데, '가경 28년의 숫자', '만력 15년의 숫자', '만력 33년의 숫자'를 포함하고 있다. 지지에서 기록한 내용은 아래의 표에 제시한 바와 같다.

창고 보수' 목록에는 "매년 110개 이상의 통주 창고를 보수해야 하므로 정덕(正德) 15년에 3분의 1을 줄이기로 했으며, 이후 매년 통가

창고이름	위치	면적	창고 문	창고 상황
대운서창 (흔히 탑이창 이라 부름)	통주 신도시	둘레 872장(丈), 높이 5척	서문, 남문, 북문	총 97개의 연결되어 있는 창고, 393개의 창고가 있으며 총 2,018개의 곳간으로 그중 844개의 통가리가 있다.
대운남창	통주 신도시 서쪽	둘레 457장, 높이 3척	동문, 북문	총 57개의 곡물 창고, 30개의 빈 창고, 5개의 폐기 창고 및 225개의 통가리가 있다.
대운남창	통주 신도시 서쪽	둘레 457장, 높이 3척	동문, 북문	총 57개의 곡물 창고, 30개의 빈 창고, 5개의 폐기 창고 및 225개의 통가리가 있다.
대운중창	통주 고성 남부의 서쪽	둘레 412장, 높이 4척	동문, 남문, 북문	총 78개의 곡물 창고, 56개의 빈 창고, 5개의 폐기 창고 및 171개의 통가리가 있다.
다원동창	통주 고성 남부의 동쪽	둘레 478장, 높이 6척	동문, 북문	15개의 연결되어 있는 창고 41개에 곳간 205개가 있고, 통가리가 108개 있음
하서무건창				393개의 창고에 통가리 160개 있음
통제창	장가만			75개의 창고가 있음.

리 5개씩 있는 창고 약 5개를 보수해야 한다"고 기록하고 있다. 통주에서 없어서는 안 되는 것은 창고를 수리하는 데 사용되는 가마 공장이다. 지지(地志)에는 쌀 건조 공장, 동흑(東黑) 가마공장, 서흑(西黑) 가마공장, 흙벽돌공장으로 기록되어 있다.

『통곡청지』는 통주에 저장되어 있는 곡물은 국가에 있어 상당히 중요한 것으로 곡물의 안전을 확보하기 위해 통주성을 지키는 것이 필요하다고 강조했다. 통주는 금나라 때 이미 조운의 요충지이자 중계 운송의 중심지였지만, 성지(城池, 적의 접근을 막기 위해 성 둘레에 깊게 파 놓은 연못)가 없었다. 원나라 때 통혜하를 개통한 이후 통주의 정치적 지위가 향상되면서 비로소 "울타리를 엮어 성으로 삼았다.(編篱为城)" 명나라 홍무(洪武) 2년(1369년)에 대장군 서달(徐達),

상우춘(常遇春), 곽영(郭英)이 북벌하여 통주를 함락시키고, 비장(裨將) 손흥조(孫興祖)는 성을 쌓았다. 루하(潞河) 서쪽에 있는 이 성은 외벽이 벽돌로 쌓았고 내부는 흙을 채웠으며 둘레는 9리 13보이고 성벽 높이는 3장 5척이며, 성내에는 통운문(通運門), 서문 조천문(朝天門), 남문 영훈문(迎薰門), 북문 응취문(凝翠門) 등 네 개의 성문이 있다. 정통(正統) 14년(1449년)에는 성지 밖에 있는 곡물창고를 보호하기 위해 양저태감(粮儲太監) 이덕(李德)이 통주 신도시를 건설했다. 신도시는 둘레가 7리이고 동쪽으로는 고성과 연결되어 있으며 두 개의 성문이 있었다. 가정 43년(1564년)에는 순천부(順天府) 윤유기(尹刘畿)가 변경을 침범한 적군을 막기 위해 장가만성을 쌓았다. 이로써 통주에는 고성, 신도시, 장가만성 등 3개의 도시가 생겼고 그중 신도시와 장가만성은 모두 조운과 창고를 호유하기 위해 건설되었으며, 이는 운하도시로서의 통주의 특성을 충분히 보여주었다. 고성과 신도시는 하나로 연결되어 있어 독특한 특징을 보이고 있다. 『통량청지』를 편찬한 주지한은 다음과 같이 말했다. "뤄양성에 올라서서 그 웅장한 광경을 내려다보니, 마치 두 성이 서로 어우러져 밀접히 연결되어 있는 것 같았고, 그중 3대 창고가 즐비하게 늘어선 것을 보고 저도 모르게 감탄했다."그야말로 장관이로구나! 성이 험하고 견고한 것이 삼보(三輔)의 땅을 통치하기에 충분하며, 군사와 경제의 중심으로 국가의 안전과 안정을 확보하기 위한 저장창고로 의심할 여지가 없다."(余登潞阳城, 纵观其形胜, 见两城交络如连环, 而三大仓实其中者如鳞次, 未尝不抚然叹曰：'壮哉！金汤之势, 真足以雄三辅而卫国储矣.)" 이 글을 통해 통주성의 특징, 그 독특한 위치와 역할을 확인할 수 있다.

▷ 장가만 고성의 유적

4. 통주에는 수많은 이야기가 있으므로 발굴하는 것이 시급하다.

『통량청지』는 통주의 지리, 연혁, 조무, 방위(防衛) 및 조운제도의 변천에 대해 체계적인 고증을 했고, 또한 '통주팔경'인 고탑릉운(古塔凌云), 장교영월웨(长桥映月), 유음용주(柳荫龙舟), 파분풍소(波分凤沼), 고태총수(高台丛树), 평야고봉(平野孤峰), 이수회류(二水会流), 만주병집(万舟骈集)에 대해 기록하고 있으며, 주석과 시, 부(賦)를 추가하여 통주의 역사와 문화를 인지하고 연구 이용할 수 있는 근거를 제공하고 있다. 그중 '통주팔경'의 제1경은 '고탑릉운'인데 지서에는 다음과 같이 기록하고 있다. "탑은 주치(州治, 고대 주의 행정 주둔지로 오늘날 각급 시의 정부 주둔지와 유사함)의 서북쪽에 위치한 '연등불사리탑포서리탑(燃燈佛舍利塔)'으로 당나라 정관 7년에 세워졌으며, 웅장하고 정교한 조형물을 갖추고 있어 군 전체의 웅장한 경관을 자랑하고 있다. 지금은 통혜하와 루허의 합류점에 위치하고 있으며, 석패(石坝) 일대에 서서 멀리 바라보면 마치 부용화 한

송이가 물속에서 만발한 것 같다. '문봉(文峰, 문필처럼 가늘고 구름 속으로 우뚝 솟은 사리탑찰)' 이 수구(水口)에 꽂혀 있거나, 천문을 가로막고 있다(文峰插水口, 华表捍天门)고 한 것은 통주에도 유익할 뿐만 아니라 경성의 중요한 관문이기도 하다.(塔在州治西北, 为燃登(灯)佛舍利塔, 唐贞观七年建, 巍峨工巧, 为一郡伟观, 今通惠河入潞之处适当其会, 石坝一带望之, 宛若芙蓉持水际. 堪舆家所谓'文峰插水口, 华表捍天门', 皆是不唯有益于通州, 而且为帝京之锁钥矣)" 그리고 다음과 같은 시구와 부가 추가되어 있다. "하늘의 은하(銀河)는 마치 거대한 버팀목인 것처럼 통주의 웅장함을 자랑한다. 통주는 제경(帝京)의 물가에 자리 잡고 있어 마치 아름다운 부용화가 물가에 만발한 것 같다. 바다의 금오산 봉우리들의 웅장함은 물결로 전해져 마치 통주 부근에 있는 것처럼 아름답다. 봉래 선경이 지척에 있어 통주로 바로 갈 수 있을 것 같다.(天汉争夸砥柱雄, 帝京水际出芙蓉, 浪传海上金鳌胜, 咫尺蓬莱踣可通)" 이러한 기록은 고대 탑의 위상과 영향을 잘 묘사하고 있는데, 고탑은 통주의 상징일 뿐만 아니라 도성의 문호이기도 하고 열쇠 역할을 한다.

물론 이 지지는 『통량청지』라고 명명되었다. 그중 많은 내용은 명나라의 좌량청(坐糧廳)에 대한 기록인데 좌량청은 신하와 관리들이 조무(漕務)를 감독하는 기관인 충서관(忠瑞馆)에서 유래한 것으로, 산하에 동·서·남·북의 네 과(科)를 설치하여 대운하 전 유역 조운13 총 132개 위소(衛所)의 조무 전부를 관리하고 있었다. 이 지서는 『창유지(고부)』에서 대운하의 서·남·중·동 각 창, 하서무창(河西務仓) 장가만창이 세워진 시간과 위치, 범위와 각 창고의 규모, 청(대독저관청(大督储官厅)·감독청·소관청(小官厅)·지곡청(挚斛厅)), 방(주방(筹房)·순풍방(巡风房)), 문(창문(仓门)), 묘(증복묘[增福庙], 오성묘[五圣庙], 칠성묘[七圣庙]), 우물, 제명비 등과 창고를 짓고 보수하는 데 사용하는 벽돌을 굽는 흑요 공장, 흙벽돌 공장, 쌀 말리는 공장 등을 소개하고 있다. 후기에서 '통제(通济)창고'를 소개하고 있는데 이는 원래 산동성 등지의 소금, 천, 은을 세금으로 받아 저장했다가 통주 각 위의 관군을 지원하기 위해 만든 것이다. 영락 연간에 중창(中仓)을 짓기 시작했고' 이후 통주 주서(州署) 서쪽에 별도의 창고를 지었다. 또한 각 창고와 토석이패(土石二坝), 창밀수도(昌密水道)에 배치된 두곡(斗斛, 곡물을 되는 단위)의 숫자도 기록하고 있다. 지서는 또한 『총독창장고(总督仓场考)』, 『조운・예운・개운・지운・발운・예절각명색고(漕运、兑运、改运、支运、拨运例折各名色考)』, 『역조조운수목고(历朝漕运 数目考)』, 『근년조운수목고(近年漕运数目考)』, 『모・각・경・제전고(耗、脚、轻赍全考)』, 『갑패각역각가지고고(闸坝各役脚价支扣考)』, 『양선대병대전고(粮船带瓶 (술병으로 남방에서 만든 궁궐과 황제가 마시는 술)带砖考)』, 『금원유공통조명신고(金元有功通漕名臣考)』, 『요운고(窑运考)』, 『근경구운하도고(近京旧运河道考)』, 『해도고(海道考)』, 『창곡고(仓斛考) 등 총 37편의 고증된 문장을 보존하고 있다. 대량의 문자와 그림은 통주 지리적 위치의 특수성과 베이징에 대한 중요성 및 독특한 역할을 완전하게 보여주고 있다.

서산(西山) 영정하 문화벨트 중의 문화유산

베이징에서 '세 개의 문화벨트' 개념이 처음으로 제기되었을 때, 영정하는 그 범위에 포함되지 않았고 '서산 문화벨트'만 언급되었는데,

이 벨트는 '삼산오원'을 핵심으로 시청구 적수담 주변지역까지 기획되었다. 그 후 〈베이징 도시종합계획(2016년-2035년)〉의 준비 단계에서 '세 개의 문화벨트' 건설 프로젝트가 도시종합계획에 포함되었고, '계획'에 대한 모든 당사자의 의견을 구할 때 베이징 지방지 편찬위원회 사무실을 중심으로 영정하 유역도 문화벨트 건설 프로젝트에 포함시켜야 한다고 제안했다. 영정하는 베이징의 어머니 강으로 베이징 지역의 형성에 최초의 지세와 지형적 기초를 제공했고, 또한 베이징의 도시발전에 중요한 생산과 생활자원을 제공했으며, 더욱 중요한 것은 독특한 문화를 육성했다는 것이다.

만리장성(万里长城)의 베이징 구간, 대운하의 베이징 구간, 청나라 황실 원림 이화원, 베이징 주구점(周口店) 원인(猿人) 유적 등 베이징의 7개 유네스코 세계문화유산은 모두 '서산 영정하 문화벨트'에 포함되어 있다. 만리장성 베이징 구간은 경서(京西)의 산들을 통과했고, 대운하의 북단은 경북(京北) 창평 백부취안에서 발원하여 백부옌(白浮堰, 지금의 징미[京密] 수로와 가까운 곳)과 서산을 거쳐 만수산 아래의 곤명호(옛 이름은 옹산포)에 이른다. 청나라 이화원은 옹산(지금의 만수산)과 곤명호 일대에 건설되었으며, 베이징 원인 유적은 경서 방산구 주구점에 위치하고 있다. 전 세계에 속하는 이러한 물질문명 유산 외에도 국가 차원의 문화재 보호단위가 25개가 넘고, 시급 문화재 보호단위는 더 많다. 따라서 일부 학자들은 서산 영정하 문화벨트를 베이징 문명의 근원, 역사의 뿌리, 도시의 기반, 문화의 혼으로 간주하기도 한다.

1. 베이징역사의 뿌리를 찾아서 : 방산(房山) 주구점유적에서부터

주구점 유적은 베이징 서남부에 있는 방산구 주구점 서쪽의 낮은 산에 위치하고 있는데 이곳은 서산산맥이 평야로 넘어가는 지점이다. 동쪽의 낮은 산굴에는 포유동물의 화석인 용골(龍骨)이 대량 매장되어 있어 룽구산(龍骨山)이라 부르기도 한다. 이곳에는 지금으로부터 70만 년에서 20만 년 정도 된 베이징인, 10만 년 정도 된 신동인(新洞人), 3만 년 정도 된 산정동인(山頂洞人)이 살고 있었다.

1929년 12월 2일에 배문중(裴文中)은 동굴에서 중국 원인의 첫 번째 두개골을 발견했고, 퇴적물에서 당시 불을 사용한 증거로 의심되는 유색 쇄골(碎骨)과 녹각(鹿角)을 찾아냄으로써 중국 원인문화 연구의 서막을 열었다. 주구점유적에서 출토된 유물, 채집된 석제품(石製品)의 수량이 매우 많고, 불을 사용한 유적이 매우 풍부하며, 인류의 생활과 밀접한 관련이 있는 포유동물의 화석이 100여 종, 수십만 개에 달하고, 나머지 유적지의 문화유물과 유적도 비교적 풍부하여 상고문화의 보고로 손색이 없다.

산정동은 룽구산 정상의 동북부에 위치하고 있다. 1933년에 141일에 걸쳐 성공적으로 발굴된 이 유적은 구석기시대 말기 산정동인들의 생산과 생활모습을 보여주었을 뿐만 아니라 많은 이념적 발전의 정보를 제공하고 있는데, 이는 중국의 동시대 유적 중 가장 많은 정보를 제공하는 문화유적이기도 하다. 산정동인은 베이징 주구점 룽구산의 베이징인 유적 꼭대기에 있는 동굴에서 발견되었다 하여 붙여진 이름이다. 산정동인 유적에서 발견된 인류화석과 문화유물은 산정동인이 구멍을 뚫어 광택을 내는 기술을 익혔고, 골침으로 옷을 꿰매는 법을 배웠으며, 멋을 낼 줄 알고, 채집 · 어획(漁獲) 등 생산활동을 했으며, 죽은 후에도 매장할 줄 알았다는 사실을 알려준다. 이들의 군거(群居) 생활은 혈연관계를 바탕으로 이루어진 씨족(氏族) 관계였다.

전원동인(田园洞人)은 화석이 발견된 장소가 베이징 방산구 주구점 유적에서 남쪽으로 약 5km 떨어진 황산점촌(黄山店村)의 전원림장(田园林场)이었으므로 붙여진 이름이다. 2001년에 전원림장 직원들은 경리(經理) 톈슈메이(田秀梅)의 안내 아래 수원을 찾던 중, 전원동을 발견했고, 그곳에서 다량의 인류 골격(骨骼)이 발굴되었다. 검증 결과에 따르면 발굴된 골격의 지질 연대는 3.85 - 4.2만 년 전으로 이는 지금까지 동유라시아에서 발견된 최초의 현대 인류 유골이다. 따라서 전원동인은 중국에서 발견된 최초의 현대인이라고 하겠다.

서산 영정하 문화벨트에서는 선인들의 발자취가 이어지고 있다. 베이징시 먼터우꺼우구(门头沟区) 자이탕진(斋堂镇) 동호림촌(东胡林村) 서부에서 동호림인(人) 유적이 발견되었는데 고고학적 발굴에서 이는 중국 최초의 신석기 초기 완전한 인류 골격이 발견된 것으로 산정동인 이후 베이징 지역 인류발전사의 공백을 메움으로써 구석기 말기부터 신석기 초기까지의 인류발전사를 연결해 놓았다.

2. 베이징 건성(建城)의 시작점이 보존되어 있는 곳 : 유리하(琉璃河) 유적

기원전 1046년에 주무왕(周武王)이 상(商)을 멸망시킨 후, 제후를 봉하고 번위(藩衛)를 세우는(封诸侯、建藩卫) 분봉제도를 만들었다. 『사기・주본기(史记・周本纪)』에 따르면, 무왕은 황제의 후손을 계(薊)로, 소공석(召公奭)을 연(燕)으로 봉했다. 계는 지금의 시청구 광안문 근처에 있었던 것으로 알려져 있으나 문화재는 확인되지 않았다. 연의 유적은 베이징시 방산구 유리하진 동북쪽 2.5km가 되는 곳에 위치하고 있는데 지금까지 서주(西周) 고고학에서 발견된 유일한 도성이자, 궁궐구역과 제후 묘지가 함께 공존하는 유적으로 '언후(匽侯)'라는 명문이 있는 다량의 기물이 출토된 것으로 보아 이곳은 3000여 년 전 연나라의 도읍지였음을 증명하고 있다. 베이징이 3,000년 이상의 건성사(建城史)를 갖는다고 하는 것은 바로 이 이유에서이다. 이와 관련하여 문자기록이 있을 뿐만 아니라 고고학적 근거도 찾아볼 수 있다.

3. 베이징 문화의 혼을 기록하다: 고도(古都)문화, 홍색문화, 경미(京味)문화, 혁신문화 등 없는 것이 없다.

서산 영정하 문화벨트는 베이징 고도의 역사적 변천과정을 목격해 왔다.

(1) 황실의 왕릉과 황실의 정원은 유구한 고도의 문화를 증명한다.

금나라 해릉왕(海陵王) 완안량(完顔亮)은 정원(貞元) 원년 3월 26일 (1153년 4월 21일)에 지금의 베이징으로 수도를 옮기고 옌징(燕京)을 중도로 바꾸었다. 해릉왕 완안량은 희종(熙宗)을 시해하고 황제의 자리에 오른 후 상경(上京)의 종실, 귀족들이 그의 통치를 위협할 것을 우려하는 한편, 상경이 외딴곳에 위치하여 전국의 통치와 중원(中原) 지역과의 경제교류에 불리하게 작용할 것을 우려했는데 옌징은 사통팔달하고 물산이 풍부했기 때문이다. 수도 이전만큼 중요했던 것이 바로 금나라 제릉(帝陵)의 부지 선정과 건설이었다. 금릉(金陵) 유적은 방산구 처창촌(车厂村) 롱먼커우(龍門口) 일대의 윈펑산(云峰山) 아래에 위치하고 있었으며, 윈펑산은 9룡이 솟구치는 듯한 9개의 능선을 가지고 있어 주룽산(九龙山)이라고도 불렀다. 『금사·예지(金史·禮志)』에 따르면 "대정 21년(1181년)에 칙(敕)은 산릉지(山陵地) 대방산신(大房山神)을 보릉공(保陵公)으로 봉하고……, 그 책문(册文)에서 이르기를 : '황제는' 옛날에 나라를 세우고 도성을 설치하려면 반드시 명산대천이 그 웅장한 배경이 되어야 한다. 우리나라는 이미 옌징에 도읍을 정했고, 서쪽을 돌아보면 산이 둘러싸고 있고 높으며 웅장하고 구름과 비가 그 속에서 생겨 만민이 우러러보고 있다. 선조의 왕릉은 이곳에서 충분한 존숭과 의탁을 받아 왔다.' 라고 말했다. (皇帝若曰: 古之建邦设都, 必有名山大川以为形胜. 我国既定鼎于燕, 西顾郊圻, 巍然大房, 秀拔浑厚, 云雨之所出, 万民之所瞻, 祖宗陵寝于是焉依.)" 금릉(金陵)은 베이징지역에서 가장 오래되고 규모가 큰 제왕릉으로 금나라 해릉왕 완안량, 세종, 장종(章宗), 위소왕(卫绍王), 선종(宣宗) 5세까지 60년간 건설하여 면적이 약 60km2에 달하는 대형 황실의 왕릉을 조성했으며, 베이징지역 최초의 황릉으로 혁혁한 스싼링보다 200년이나 앞섰다. 왕릉 내부에는 태조, 태종 능 등 10개의 황제능과 황자와 주요 대신들이 묻힌 여러 왕들의 조역(兆域)이 있다. 1985년에 문화재청은 금릉 유적에 대한 조사와 발굴을 시작했으며, 석조(石彫), 비기(碑記), 어로(御路) 및 건축 부재, 유적 등 귀중한 유물을 다수 발견했다. 청나라 건륭 18년(1753년)에 고종 홍력(弘曆)은 따방산에서 그릉에 제사를 지내며 『망대방산가(望大防山歌)』라는 시구를 지었는데, 첫 네 구절은 다음과 같다. "타이항산(太行山)은 남서쪽으로 굽이쳐 뻗어 있고, 천산만파가 교차하여 종횡으로 교차하고 있다. 방산은 그 속에서 홀로 높고 험준하며 지형이 아름다워 마치 아름다운 금당의 문이 열린 것 같다.(太行连延西南来, 千支万派纷纡回。房山于此独称峻, 拔地秀拥金堂开.)"

▷ 따방산의 금릉 소재지

'삼산오원'으로 대표되는 황실 원림은 베이징 고도(古都) 문화의 위상을 부각시켜 준다. 그중에서도 이화원이 대표적이다. 이화원의 전신인 만수산 청의원은 청나라 때 베이징 서북부 교외 황실의 원림구에 있는 '삼산오원' 중 마지막으로 건설된 황실 원림으로 '삼산오원' 풍경 구도의 중심지가 되었으며, 청나라 왕조가 절정에 달했을 때 그 종합적 국력을 잘 보여 주는 부분이다. 건륭황제는 시구에서 다음과 같이 표현했다. "옌산의 상쾌한 기분과 비교할 수 있는 곳이 어디 있겠는가, 곤명호와 견줄 만한 풍경과 분위기는 어디에도 없다.(何处燕山最畅情, 无双风月属昆明.)" 이로부터 청의원은 건륭제의 '삼산오원' 중 압권임을 알 수가 있다.

함풍 10년(1860년)에 청의원과 '삼산오원'의 다른 원림들은 영국 - 프랑스 연합군에 의해 불타 버렸다. 광서 12년(1886년)부터 광서 21년(1895년)까지 실정을 장악한 서태후가 청의원의 폐허를 원래 규모로 재건하면서 만수산과 곤명호가 이 황실 원림의 주축을 이루게 되었다. 원림 속 100개 이상의 경관은 궁정구(宮廷區, 생활구 포함)와 원경구(苑景区)로 이루어졌는데, 전체적으로 정연하고 왕궁의 장중함과 위엄을 보여 주고 청회색 지붕과 정원의 화초와 나무가 활기찬 분위기를 연출하고 있다. 산을 배경으로, 호수를 전경으로 하고 있는 생활구는 모든 건물이 복도와 직렬로 연결되어 있으며, 동쪽은 대회루(大戏楼)로 통하고 서쪽은 긴 복도로 통한다. 정원에는 돌, 가산(假山), 우의(寓意)적인 장식, 꽃과 나무가 있어 중국의 황실 원림이 표현하고자 하는 이상적인 주거환경이 갖추어져 있다. 전당(殿堂)에는 4만여 점의 유물이 소장되어 있는데, 모두 제후가 사용했던 원물들이다. 1998년에 세계 유네스코는 전문가를 파견하여 이화원에 대해 엄격한 조사를 실시하고 다음과 같은 사실을 인정했다. 첫째, 베이징의 이화원은 인공 경관과 자연을 조화롭게 통합하여 중국의 풍경 조원 예술을 훌륭하게 보여 주고 있다. 둘째, 이화원은 중국의 조원 사상과 실천의 집중적인 구현이며, 이러한 사상과 실천은 전체 동양 원림 예술과 문화의 형성·발전에 중요한 역할을 했다. 셋째, 이화원으로 대표되는 중국의 황가 원림은 세계 몇 대 문명의 유력한 상징이다. 풍부하고 귀중한 역사문화유산을 남긴 원림은 그 가치가 인정되어 1998년 12월 2일에 〈세계유산목록〉에 등재되었다.

(2) 초기 노동운동의 발원지와 핑시(平西)의 항일봉화는 깊고 짙은 홍색문화를 명시하고 있다.

중국의 노동운동은 창신점(长辛店)에서 시작되었다. 베이징 펑타이구(丰台区) 영정하 서안 노구교(卢沟桥) 옆에 위치하고 있는 고진(古镇) 창신점은 천여 년의 역사를 가진 오래된 거리이다. 1920년 10월에 베이징 공산주의 소조가 성립한 이후 리다짜오(李大钊)는 덩종샤(邓中夏)와 장궈춴(张国春)을 창신점에 파견하여 노동운동을 전개하고 노동학원 설립을 계획했다. 1921년 5월에 창신점 징한(京汉)철도 노동조합이 설립되었고, 10월에 노동자클럽(工人俱乐部)으로 개칭되었다. 1922년 4월 9일에 이곳에서 징한철도 노동조합 제1차 준비회의가 열렸다. 1922년 8월의 노동자 파업과 1923년의 '27' 대파업에서 중국공산당은 파업투쟁의 지휘부가 되었다. 마오쩌둥(毛澤東)은 창신점의 '27' 대파업에 대해 "중국 노동운동은 창신점에서 시작되었다"고 높이 평가한 바 있다.

문터우꺼우의 자이탕천(斋堂川)은 베이징에서 유명한 혁명노구(革命老区)로 혁명투쟁의 영광스러운 역사가 있다. 1938년에 중국공산당의 지도하에 팔로군(八路軍)은 자이탕지역에 핑시(平西)항일근거지(抗日根据地)를 개척하여 베이징 교외의 항일 중심지가 되게 하였다. 1938년 3월에 팔로군 115사(師) 1부(部)는 덩화(邓华)가 이끌고 베이핑 서산으로 진격하여 핑시항일근거지를 구축했다. 같은 해 5월에 팔로군 120사 1부는 쏭스룬(宋时轮)이 이끌고 핑시항일근거지로 들어가 덩화(邓华)가 거느리는 부대와 함께 자이탕천에서 합류하여 팔로군 제4종대를 구성했고, 핑시, 지베이(冀北), 지동(冀東)에서 일본군과 유격전을 벌였다. 1939년 초에 샤오커(萧克)와 마훼이즈(马辉之)는 명을 받고 부하들을 이끌고 자이탕천의 상, 하 칭수이촌(清水村)으로 진군하여 지러차(冀热察)정진군을 설립하여 베이핑 주변의 산악지역에서 적후 유격전을 전개하고 항일근거지를 구축했다. 지금의 문터우꺼우구의 자이탕, 마란(马栏), 황탑(黄塔) 등은 모두 팔로군항일정진군 사령부의 주둔지였다.

1938년에 베이징 지역에서 중국공산당이 이끄는 최초의 항일민주정부가 문터우꺼우 자이탕 완위안위(万源裕)에서 설립되었다. 완위안위는 문터우꺼우 자이탕천의 유명한 옛 상호(老商号)로 동자이탕로(東齋堂路) 남쪽에 위치하고 청나라 말기에 서호린(西胡林) 마을의 탄징짜오(譚景照)가 설립했다. 완위안위는 주로 산에서 나는 호두와 아몬드를 취급했는데, 베이징, 텐진, 일본, 유럽으로 수출되었으며, 번창할 때는 수출 운송을 위해 십여 마리의 가축이 필요했다. 항일전쟁이 발발한 이후, 완위안위의 온 가족은 민족항전에 전력을 다했다. 1937년에 난커우(南口) 항전의 중요한 전투인 좌추산전투(髽鬏山战役)를 위해 완위안위는 당시 다섯 마리의 가축을 모두 전선에 지원 투입시켰다. 전쟁이 패망한 이후 가축이 한 마리도 돌아오지 않아 상점을 운영할 수가 없었다. 1938년에 중국공산당이 이끄는 항일무장이 자이탕천에서 활발해졌고, 대부분의 완위안위 가족 구성원은 항일사업에 참여했으며 항일민주정부는 완위안위 상호를 정부 사무소로 선택했다. 항일민주정부라는 간판은 완위안위의 입구에 걸렸고, 이는 베이징에서 수립된 최초의 항일민주정부이다. 초대 현장 웨이궈위안(魏國元) 현장과 2대 현장 자오뤄위(焦若愚)는 모두 이곳에서 집무하면서 자이탕천의 항일투쟁을 지도했다. 『문두구구지(门头沟区志)』에는 다음과 같이 기록하고 있다. "1938년 3월 하순에 완핑현(宛平县) 항일민주정부가 수립되었고, 현 정부는 동자이탕촌 완위안위에 두었다. 마

▷ 완핑현 항일민주정부 소재지─완위안위

당은 동쪽을 향하고 있고 대문은 동북쪽 모퉁이에 있으며, 마당의 동서 길이는 10.3m, 남북 폭은 9.45m이다. 그리고 서쪽 방은 6칸이고 길이 16.2m, 깊이 5m이며 경산식(硬山式)으로 되어 있다. 평기와 및 대기(台基, 중국에서 건축 하부에 설치하는 대좌[台座]로, 외

면은 전[塼]과 돌로 마무리하고 내부는 흙을 판축[版築]의 수법으로 채움) 높이는 0.66m이다. 동쪽 방은 서쪽 방과 구조가 같으며 남쪽 방은 3칸이고 북쪽 집은 남쪽 집과 구조가 같다. 1938년 9월에 일본군에 의해 가옥이 불에 타버렸다. 이후 원래 있던 자리에 남북으로 집을 새로 짓고 동서쪽에 있던 집은 터만 남아 있다."

(3) 지방적 특색을 띠면서도 베이징시와 융합된 경미(京味)문화

중국 민속학의 발상지 중 하나로 알려져 있는 먀오펑산(妙峰山)은 베이징 문터우꺼우구에 위치하고 있으며, 북쪽으로는 창핑, 동쪽으로는 하이전, 서쪽으로는 타이항산맥, 남쪽으로는 영정하 대협곡과 인접해 있다. 먀오펑산 정상에는 유명한 냥냥먀오(훼이지사(惠济祠))가 있고 주요 건물로는 산문전(山門殿), 정전(正殿), 지장전(地藏殿), 약왕전(药王殿), 관음전(观音殿), 월노전(月老殿), 재신전(財神殿)과 왕삼내내전(王三奶奶殿) 등이 있다. 절 밖에는 많은 건물이 있다. 먀오펑산의 민간종교는 지역 민속과 밀접하게 관련되어 있는데, 향불·장터 무역·민속 희곡 및 잡기(雜技) 공연이 묘회(廟會)의 형태로 융합되어 향회, 선회(善會), 화회(花會) 등 독특한 지역 특색을 띤 민속 문화 활동지역으로 발전하여 중국 민속학자들의 명소가 되었다. 1925년에 꾸제깡(顾颉刚), 순푸위안(孙伏园), 롱경(容庚) 등이 먀오펑산에서 향회를 조사한 것은 중국 민속학 현장조사의 시초로 여겨진다.

문터우꺼우에는 독특한 민속 건축물이 많다. 영정하 연안에 롱왕묘(龍王廟)가 있는데 그 중 싼자몐촌(三家店村)의 롱왕묘가 가장 큰 영향을 미쳤다. 싼자전은 영정하가 산속의 협곡을 빠져나와 베이징 평야로 들어가는 첫 번째이자 가장 중요한 나루터에 있다. 싼자몐 롱왕묘는 명나라 때 건설되었고, 청나라 때 세 차례 중수되었다. 롱왕묘는

▷ 롱왕묘에 있는 용왕

서쪽을 향해 있고 삼합원(三合院) 형태로 이루어졌으며, 묘에는 돌로 테를 두른 편액이 걸려 있고, '고찰롱왕묘(古刹龍王廟)'라는 글귀가 새겨져 있다. 정전은 총 3칸이고, 좌우에 배전 3칸이 있으며, 모두 경산식(硬山式, 지붕의 간단한 구조) 구조로 되어 있다. 대전 앞에는 복도가 있고, 복도 아래에는 순치, 건륭, 광서시기의 비석 세개가 세워져 있다. 대전의 감실(龕室) 상단에는 베이징 지역에 유일하게 남아 있는 건륭제의 용왕신상 5존과, 양옆에 뇌공(雷公)상, 전모(電母)상이 놓여 있다. 대전 안 양쪽 벽에 걸려 있는 기세 있어 보이는 벽화 '용군출행도(龙君出行图)'는 진귀한 유물이다.

문터우꺼우는 베이징의 중요한 연료인 석탄을 채굴하는 곳으로, 옛날에는 탄광에서 가마신(窯神)에게 제사를 지내는 것이 독특한 풍습이었다. 가마신전은 문터우꺼우의 권문(圈門, 아치형 문으로 문터우꺼우 가의 서쪽 끝에 위치함)에 위치하고 있는데, 문터우꺼우는 권문 앞에 있는 도랑에서 유래된 이름이기 때문에 가마신전 또한 유명해졌다고 한다. 묘가 세워진 시간은 정확히 알려져 있지 않고 청나라 가경제와 광서제 때 중수되었다. 묘 앞에는 문루(門樓)로 석액에는 '고찰요신묘(古刹窑神庙)'라는 글귀가 새겨져 있다. 옛날에 묘 안에 가마신을 모셨는데 머리카락은 고슴도치처럼 덥수룩하고 황포를 입었으며, 감투를 쓰고 손에는 동전 한 꾸러미를 집어 들고 있었다고 한다. 권문의 가마신묘 앞에는 대희루(大戲樓)가 있는데, 매년 음력 5월

13일에 석탄 채굴을 중단하고 섣달 17일에 가마신에게 제사를 지낼 때 탄광에서는 돈을 냈으며, 3일 동안 연극을 공연하여 가마신이 탄부의 안전을 지켜주고 좋은 석탄이 많이 나오기를 빌었다고 한다.

(4) 우딩하(无定河)에서 영정하까지 다스림에는 끊임없이 혁신하는 과정이었다.

청나라 강희제 때 영정하 구간을 전면적으로 관리하고 100여 리의 연안에 제방을 구축했다. 강희 40년(1701년)에 노구교 하류 영정하 서쪽 둑에 초패(草坝)를 건설하고 후에 일수석패(溢水石坝)로 개축하여 진먼갑(金门闸)이라 명명했으며, 도광, 동치, 선통 연간에 여러 차례 중수하여 명실상부한 수문이 되었는데, 이는 중국 고대 수리건축사에서 불후의 프로젝트가 되었다. 또한 청나라 때에 노구교 북동쪽의 제방에서 300m 떨어진 곳에 '석경산청(石景山厅)'이라는 수지(水志)를 보수·개축하여 수척(水尺, 항만 부두 및 기탑 프로젝트에서 지하수 및 해양 조수 수위의 변화를 관찰하는 데 사용됨)으로 삼았다. 이러한 수리기술의 혁신은 지속적으로 생산성을 향상시켜 도시 전체의 발전과 진보를 촉진시켰다.

4. 다양한 형태의 종교적 건축물: 깊은 문화적 저력과 범상치 않은 영향력을 지니고 있다.

서산 영정하 문화벨트의 종교적 건축물은 양진(兩晉)과 수나라, 당나라로 거슬러 올라갈 수 있으며, 각각의 특징이 특히 두드러져 문화적 바탕을 충분히 보여 주고 있다.

방산 윈쥐사(雲居寺) : 이는 석경(石經, 석벽이나 비석에 새긴 불경)으로 유명하다. 베이징시 방산구 다스워진(大石窩镇)에 위치하고 있는 윈쥐사는 윈쥐사, 석경산짱징동(石经山藏经洞), 당나라와 요나라의 탑 군으로 구성되어 있고, 동쪽을 향해 있으며 사방이 산으로 둘러 싸여 있다. 절의 동쪽으로 약 1.5km 떨어진 곳은 바이따이산(白带山)으로 위쪽 방산의 남쪽 지맥에 속한다. 산에는 종종 흰 구름이 띠처럼 산허리를 감싸고 있어 바이따이산이라고 한다. 한편 산의 암반 경사가 완만하고 굽은 주름이 적으며 쳰청까오(千层糕, 중국의 전통 간식)와 만 권의 책을 닮았고, 산 중턱에 바이윈암(白云岩, 한백옥(汉白玉)) 암반이 끼어 있어 멀리 보면 산에 흰 띠가 있는 것 같아 바이따이산이라고 한다는 설도 있다. 윈쥐사는 경(經)을 위해 지었고, 절은 경 때문에 가치가 있다. 수나라 대업(大業) 7년(611년)에 고승 정완(靜琬)이 바이따이산에 경전을 새기기 시작했고, 산 위에 불당과 승사(僧舍) 등을 지었으며 이를 윈쥐사라고 불렀다. 천년이 지나 명대에 이르기까지 불교 경전 1,122부 3,572권, 석경판 14,278점(잔석 제외)을 새긴 승려들의 경전 조각 수는 3,500여 만자로 세계 불교사의 기적이라고 할 만큼 세계에 풍부한 문화유산을 남겼다. 1961년 3월 4일에 윈쥐사탑(云居寺塔)과 석경은 국무원에 의해 최초의 전국중점문화재 보호단위로 지정되었다.

방산 스쯔사(十字寺) : 이는 중국 최초의 경교(景敎, 콘스탄티노플 대주교였던 네스토리우스가 창시한 기독교의 한 교파)사원 유적이다. 베이징 방산구 주구점진 처창촌(車廠村) 북쪽에 위치하고 있는 스쯔사는 진당(晉唐) 시기에 지었고, 요나라 웅력(应历) 연간에 재건되었다. 원나라 이전에는 총성원(崇聖院), 원나라 때는 스쯔사라고 불렀

▷ 윈쥐사 전경

다. 사찰은 일찍이 파괴되었고 전초(殿基)와 담장, 석구(石臼, 돌절구), 비석 등 그리고 높이 30m, 둘레 3m의 은행나무 한 그루가 남아 있다. 유적지에는 오래된 산장(山墻, 건물의 측벽에서 돌출된 맞배지붕 형식으로 산 형상의 담장)이 둘러져 있고, 마당 문은 이미 흔적도 없이 사라졌으며, 마당에는 이미 가옥구조를 찾아 볼 수 없고, 요나라의 '대도숭성원비기(大都崇聖院碑記)'와 원나라의 '대원칙사십자사비기(大元敕賜十字寺碑記)', '대진경교유행중국비(大秦景教流行中國碑)' 등 세 개의 비석만 있으며, 흩어져 있는 주춧돌과 같은 원래 건물의 일부 돌 부재가 남아 있다. 경교는 기독교의 분파이다. 원나라 때 경교 신도가 유주(幽州, 지금의 방산)의 총성원(스쯔사)에 들어 왔는데, 불교 신도가 경교로 개종한 것인지, 아니면 경교 신도들이 이 절을 차지했는지는 알 수 없었으므로 다른 절과 구별하기 위해 '스(十)'자 표지가 새겨진 당(幢, 돌기둥)을 마당에 세웠으며, 이 당은 우리나라의 유명한 경교사원의 심벌이 되었고, 현재 중국에서 발견된 비교적 완전하게 보존되어 있는 유일한 경교사원 유적지이다. 베이징 방산 스쯔사와 그 비각 등의 유물은 중국 대륙에서 유일하기에 종교

문화적 가치와 인문학적 가치가 견줄 데 없기 때문에 구급문화재보호단위로 지정되었다가 2006년에 국무원의 승인을 받아 제6차 전국중점문화재보호단위 목록에 포함되었다.

석경산 빠따추링광사(八大处灵光寺) : 이는 불아(佛牙) 사리(舍利)가 보존되어 있는 사찰이다. 석경산 빠따추의 제2처에 위치하고 있는 이 사찰은 당나라 대력(大歷) 연간에 지어졌으며, 원래는 룽취안사(龍泉寺)라 불렀다. 불아 사리탑은 자오셴탑(招仙塔)이라 불리던 링광사원(靈光寺院) 내부에 건립되었고, 요나라 함옹(咸雍) 7년(1071년)에 석가모니불아 사리 1개가 안치되어 있다. 청나라 광서 26년(1900년)에 8개국 연합군의 포화로 파괴되어 탑의 기초만 남았는데, 나중에 청소를 하는 과정에서 불아 사리 석함(石函)이 숨겨져 있는 것을 발견했다. 링광사에 봉안된 불아(佛牙)는 부처가 열반한 뒤 세상에 남겨진 두 개의 불아 사리 중 하나라는 사실이 중국불교협회 고 자오푸추(赵朴初) 회장의 고증에 의해 밝혀졌다. 1957년에 중국 불교계는 불교의 전통에 따라 링광사에 새 탑을 세워 영구 봉안 장소로 삼을 것을 제안했다. 이 제안은 저우언라이 총리의 승인을 받았고, 1958년 여름에 시작하여 1964년 봄에 지어진 불탑이 링광사원에 우뚝 서게 되었다. 새로 지은 탑은 원래 자오셴탑 탑기의 북쪽에 위치해 있고 팔각형의 13층 밀첨(密檐)으로 되어 있으며, 탑 꼭대기는 유금(鎏金, 일종의 동

▷ 빠따추 링광사 불아사리탑

제품의 장식 공예)으로 된 보병(寶瓶) 형태를 하고 있다. 불아사리는 새 탑 안으로 옮겨 봉안하고 있다.

　　석경산 츠쌴사(慈善寺) : 츠쌴사에는 불교와 도교가 공존한다. 석경산구 톈타이산(天泰山)의 주봉 서쪽에 위치하고 있는 츠쌴사는 톈타이사(天臺寺)라고도 부른다. 지어진 시간은 확실하지 않다. 사찰 안에는 철 종 하나가 있는데 "톈타이산불츠쌴사(天台山佛慈善寺), 강희 33년[康熙三十三年(1694年)]"이라는 글귀가 새겨져 있다. 츠쌴사는 남향으로 되어 있고, 정원(正院)과 동과원(东跨院), 동산파(東山坡)와 원외(院外) 네 부분으로 구성되었다. 대비전(大悲殿)을 주전(主殿)으로 하여 중앙에 금칠목조관음상(金漆木雕观音像)을 모시고 있고, 양옆에 벽하원군(碧霞元君) 등 8개의 소상(塑像)을 두었는데, 불교와 도교가 공존하는 전우(殿宇)라는 점이 사찰의 특징이다. 이밖에 츠쌴사의 산문(山門)은 마당과 600m 떨어져 있고, 산문은 접인전(接引殿)과 와불전(卧佛殿)이며, 산문 좌측에는 수렴동(水帘洞)이 있고, 그 안에 샘과 신상이 있다. 마당은 동서로 나뉘는데 서쪽으로 위타전(韦驮殿)과 대비전이 있고 좌우로 가람전(伽蓝殿), 달마전(达摩殿), 원통전(圓通殿), 지장전(地藏殿)이 있으며, 뒤로는 마왕노야전(魔王老爷殿)으로 장경각(藏经阁)이라고도 한다. 대비전 안에 천수천안관음(千手千眼观音)을 모시고 있다. 마왕노야루(魔王老爷樓)에는 삼세불(三世佛), 하층에는 마왕 좌상을 모셨고, 대전의 서쪽 벽에는 '순치귀산시(顺治归山诗)'가 있다. 동쪽은 도교의 전당으로 재신전(財神殿), 삼황전(三皇殿), 재당(齋堂), 여조전(吕祖殿) 순으로 되어 있다. 삼황전에는 복희, 신농, 황제가 모셔져 있다. 동산포에는 옥황전(玉皇殿), 천제전(天齐殿)이 있다. 청나라 강희 때부터 해방 초기까지 매년 음력 3월 13일부터 15일까지 톈타이산 사당 축제가 열리며 제사가 성대하게 치러진다.

▷ 석경산 츠싼사

문터우꺼우 제타이사(戒台寺) : 여기에는 중국에서 현존하는 가장 큰 계단(戒坛)이 있다. 마안산(马鞍山) 기슭에 위치하며 제탄사(戒坛寺)라고도 부르는 제타이사는 당나라 무덕(武德) 5년(622년)에 세워졌다. 요나라 함옹(咸雍) 시대에 고승 법균(法均)은 이곳에 계단을 세워 계법(戒法)을 전했으며, 이후 역대 제왕들은 모두 계대(戒台, 불교 사원이 신도들에게 계율을 가르치는 곳으로 큰 절에만 있음)를 보수한 바가 있다. 제타이사는 동쪽을 향하고 있는데 주요 건축물은 천왕전(天王殿), 대웅보전(大雄宝殿), 천불각(千佛阁, 철거됨), 관음전(观音殿), 구선전(九仙殿) 등이 있으며 모두 중축선에 지어졌다. 전우는 산세에 따라 지어졌고 층층이 높아지며 높이 우뚝 솟아있고, 지붕은 중첨(重簷)식으로 되어 있다. 중첨식 유리 기와 지붕에 네모난 건축물로 되어 있는 제탄사는 내부에 높이 10여 척이 되는 조각이 정교한 3단계 석각 대좌 한백옥 계대(戒臺)를 두고 있다. 이는 중국에서 현존하는 계단(戒坛) 중 가장 큰 것으로 '천하제일단(天下第一坛)'으로 불리며, 중국불교 사상 최고 등급의 수계 장소이기도 하다. 산전수전을 모두 겪었음에도 불구하고 여전히 잘 보존되어 있다. 문밖에는 경당(经幢, 사찰에서 흔히 볼 수 있는 건축물로서 경전과 경서를 보관하는 데 사용됨) 3채가 지어져 있고, 제타이사 북쪽 높은 대(臺) 아래에는 탑원(塔院)이 있는데 여기에는 요나라 때 탑이 있다. 천불각과 계단 사이에는 모란원(牡丹院)을 비롯한 정원식 건축물이 있는데, 청나라 때부터 정향(丁香)과 모란 재배로 유명했으며, 특히 흑모란 등 희귀종으로 청나라 공친왕(恭親王)이 10년간 은둔했던 곳이다. 모란원의 건축양식은 베이징의 전통적인 사합원과 강남의 원림 예술을 절묘하게 융합시켜 매우 독특하다. 사찰 동남쪽에는 팡장원(方丈院)과 스님 묘지인 탑림이 있고, 사찰 뒤의 극락봉(极乐峰) 아래에는 객사특용동(喀斯特溶洞)이 많다. 제타이사는 소나무의 형태가 일품인데, 가장 유명한 소나무로는 활동송(活动松), 자재송(自在松), 와룡송(卧龙松), 구룡송(九龙松), 포탑송(抱塔松) 등이 있다.

향산(香山) 소묘(昭廟) : 중화민족은 단합된 대가족이다"라는 의미를 보여주는 자요묘는 정의원(靜宜院) 별원(別垣, 정원에서 다양한 명소나 기능 구역을 구분하는 데 사용되는 담장 또는 장벽을 말함)의 제2경이고, 종경대소지묘(宗鏡大昭之廟)로 통칭되며, 일반적으로는 '지오묘'로 알려져 있고, 티베트와 한족의 양식이 혼합된 대형 라마묘이다. 청나라 건륭 42년(1777년)에 지어진 소묘는 건륭 45년(1780년)에 완성되고, 개방된 이후 건륭의 칠순을 축하하기 위해 상경하는 6세 판첸(班禅;, Panchen, 티베트 불교에서 활불의 하나)을 맞이할 목적으로 지었으므로 판첸 행궁이라고도 부른다. 소묘는 동향으로 되어 있고, 건축물들은 중축선을 따라 동쪽에서 서쪽으로 삼문유리방 (三门琉璃坊, 동쪽 편액에는 '법원연경[法源演庆]', 서쪽 편액에는 '혜조등휘[慧照腾辉]'라는 글자가 새겨져 있음), 뚜깡전(都罡殿), 따바이타이(大白台), 징쯔위뻬이정(井字御碑亭), 칭징파즈전 (清净法智殿), 따홍타이(大红台), 뛰위안징즈전(大圆镜智殿, 칠층 유리완서우탑(七层琉璃万寿塔)을 지었다. 소묘 유리패방, 유리 완서우탑는 기본적으로 청더(承德) 와이빠묘(外八庙)인 쉬미푸서우즈묘 (须弥福寿之庙)와 형태가 같아 자매 건축물로 볼 수 있다. 뚜깡전은 세 칸으로 되어 있고, 유금으로 된 기와로 덮여 있었다. 벽체는 벽돌과 돌로 쌓았고, 벽면에는 티베트식 제형(梯形) 맹창(盲窗, 가짜 창문)이 있으며, 창문에는 유리로 만든 수화(垂花) 모양의 문머리(门头)가 있다. 전체적으로 티베트식 사찰이지만 세부 장식은 한족의 특징이 강하다. 건륭 45년(1780년)에 황제가 친히 『소묘육운(昭庙六韵)』이라는 시를 지었는데 시문은 다음과 같다. "소묘는 무슨 이유로 지었는가? 신승(神僧)이 먼 곳에서 왔기 때문이다. 황교(黄教)를 위해 시웨이(西卫)를 본떠 소묘를 지었는데([热河])에 '쉬미푸서우즈묘'를 지은 후, 향산의 정의원에 소묘를 지었다. 멀리서 축하해 주러 온 판첸의 성의는 칭찬할 만하며, 또한 이는 중화 황교의 번영과 번창을 의미한다. 그날 판첸은 직접 소묘에 갔다가 다시 능묘로 돌아왔는데, 도중에 판첸은 줄곧 소묘에 머물며 찬양과 축하를 전했다. 소묘의 배치는 시웨이의 전통양식을 모방한 것으로 위자(卫者)는 번어(番语)로 중심을 가리키며, 일반적으로 전장(前藏)이라고 하는데 판첸이 거주하던 후장(後藏)은 사실 티베트의 정통이며, 티베트어로는 선의(善意)라는 뜻이다'. 이를 통해 중국문화의 번창과 전승을 보여 주고자 한다.(昭庙缘何建, 神僧来自遐. 因教仿西卫 '既建须弥福寿之庙于热河, 复建昭

昭庙于香山之静宜园. 以班禅远来祝釐之诚可嘉, 且以示我中华之兴黄教也. 是日自谒陵回跸至香山落成, 班禅适居此庆赞. 又昭庙肖卫地古式为之, 卫者番语谓中, 俗谓之前藏, 班禅所居后藏, 乃实名藏, 藏者善也', 并以示中华.)"소묘는 티베트와 황교에 대한 청정부의 존경심을 보여 주는 것으로 통일된 중화문화에서 상징적인 역할을 하고 있다.

벽운사(璧云寺) : 벽운사는 웅장하고 화려하기로 유명하다. 어떤 문헌에서는 다음과 같이 기록하고 있다. "서산에는 수백 개의 사찰이 있지만, 벽운사만이 웅장하고 장관을 이루어 유명하며 그 주변의 경치도 아름답다. 산에는 바위와 골짜기가 기복이 있고, 전대(殿臺)는 산에 따라 세워져 있으며, 대나무 숲이 들쭉날쭉하고 맑은 샘이 흐른다.(西山佛寺累百, 唯碧云以宏丽著称, 而境也殊胜. 岩壑高下, 台殿因依, 竹树参差, 泉流经络.)"서산 쥐바오봉(聚宝峰)에 위치한 벽운사는 원래 금나라 때 완징루(玩景樓)가 있던 곳으로, 원나라 지순(至順) 2년(1331년)에 벽운암(碧云庵)을 짓고 명나라 정덕(正德) 9년(1514년)과 천계(天啓) 3년(1623년)에 두 차례 증축하여 벽운사로 개명했다. 사원이 산을 따라 세워지고 서로 연결되어 있는 여섯 개의 마당이 동서축을 이루고 있으며, 여러 채의 전우가 겹겹이 솟아올라 장관을 이루고 있고, 서산을 배경으로 남쪽은 정의원에 인접하고, 주변에 소나무와 잣나무가 울창하고 계곡물이 콸콸 흐르며 환경이 아름다우므로 웅장하다고 한 것이다. 사찰 안에 있는 원림은 샘물로 장식된 마당에 집중되어 있는데 쥐시천(卓锡泉)은 사찰 뒤 절벽의 돌 틈에서 발원하여 도랑을 통해 재주(斋厨, 절이나 도관 안에 부처님을 모시는 곳으로, 재식을 굽는 데 사용됨)를 거쳐 긴 복도를 돌아 두 개의 곁채에서

나온 뒤 다시 좌우로 꺾어지면 정전 앞의 석조로 된 네모난 연못에 합류된다. 샘의 원천에는 기이한 나무인 영류(瘿柳)가 있고, 버드나무 왼쪽에는 만력 황제의 어제(御題)인 '수천일색(水天一色)'이라는 삼영지당(三楹之堂)이 세워져 있으며, 당 앞에는 연꽃 늪이 있고, 늪 남쪽에는 대나무가 숲을 이루며, 바위 아래 샤오윈정(啸云亭)이 있어 아늑한 원림 정원을 이루고 있다. 이와 관련하여 다음과 같은 시가 있다. "서산에는 수천 개의 절이 있지만 벽운사만큼 특이한 절은 없다. 맑은 물이 복도 아래로 흘러나오고 높이 솟은 봉우리들이 마치 보탑(寶塔)을 마주한 듯 움직인다. 누각은 평평하고, 평낙관원은 딩쿤지(定昆池)와 맞닿아 있다. 이런 풍경은 사람이 만들 수 있는 것이 아니다. 당시 작가는 누구였을까?(西山千百寺, 无若碧云奇. 水自环廊出, 峰如对塔移. 楼齐平乐观, 苑接定昆池. 不似人工得, 当时作者谁?)"

청나라 건륭 13년(1748년)에 벽운사를 더 확장했는데 사찰 뒤에 있던 뫼 구덩이에 진깡바오쭤탑(金刚宝座塔)을, 사찰 왼쪽에는 뤄한당(罗汉堂), 오른쪽에는 싱공원(行宫院)을 지었다. 경치가 매우 아름답고 웅장한 벽운사는 마치 천계를 보는 듯하여 "서산에 있는 란뤄사(兰若寺)와 벽운사는 서로 빛나는 형제자매이다.(西山兰若, 碧云香山相伯仲)", "서산에는 많은 사찰이 있지만 벽운사만이 가장 아름답고 수려하다고 알려져 있다.(西山一径三百寺, 唯有碧云称纤秾)", "향산은 오래되고 장엄한 반면 벽운사는 신선하고 밝으며, 벽운사는 장중하고 정교하며 향산은 위풍당당하다.(香山古, 碧云鲜;碧云精洁,香山魁恢)"는 설이 있다. 중화민국 14년(1925년) 3월 12일에 베이징에서 사망한 손중산(孫中山) 선생은 4월 2일에 관을 벽운사로 옮겨 안춰사(安厝寺) 내 금강좌탑의 석권(石券)에 4년간 모셔 졌다. 중화민국 18년(1929년) 5월 27일에 관이 옮겨진 후, 푸밍먀오줴전(普明妙觉殿)은

'총리기념당(總理紀念堂)'으로 개조되었다. 중화민국시기 전당 중앙에 손중산의 영정이 안치되었고, 그 앞에 화환을 두었으며, 내벽에는 '총리 유언장'이 있고 유물이 전시되어 있다. 중화인민공화국이 건립된 이후 베이징시 인민정부는 특별기금을 마련하여 벽운사의 손중산 기념당 등 건축물을 보수했고 1954년 9월 12일에 공식적으로 개방되었으며 이로써 벽운사에는 새로운 문화 경관이 더해졌다.

이밖에도 대표적인 문화유산으로 영정하를 가로지르는, 800여 년의 역사를 지닌 노구교가 있는데 고대사, 현대사, 당대사에서 매우 중요한 위치와 영향력을 갖는다. 건축학적 측면에서도 혁신적인 문화의 특징을 보여 주고 있다. 또한 서산 영정하 문화벨트에는 국가중점문물보호단위로 지정된, 깊은 산속에 숨어 있는 찬디샤(爨底下)가 있는데 우리에게 끊임없는 이야기를 남겨 주고 있다. ……

서산 영정하 문화벨트의 문화유산을 정리하면 서산 영정하 문화벨트는 오랜 역사를 가지고 있으며, 깊이 있고, 형태가 다양하며, 영향력이 넓다는 것이다. 베이징의 역사와 문화는 중국문명의 오랜 역사를 보여 주는 위대한 증거이므로 "더욱 세심하게 보호해야 하여" 베이징 역사와 문화의 전반적인 가치를 강조해야 하며, "수도의 품격, 고도의 멋, 시대적인 모습(首都风范、古都风韵、时代风貌)"의 도시 특성을 강화해야 한다. 우리는 이러한 지침을 지속적으로 깊이 이해하고 보호·전승·활용 등 일련의 중요한 작업을 수행해야 할 것이다.

창안가(長安街) 건설 이야기

창안가는 '선저우 1번가(神州第一街)'로 알려져 있으며, 자금성, 황성(皇城), 내성(內城)을 건설한 이후 가(街, 거리)로 변모하여 '창안'이라는 이름이 붙여졌다. 초기의 창안가는 동단(東單)에서 시단(西單)까지 총 길이가 3.8km였으며, 창안의 좌문과 우문에 의해 동·서의 두 부분으로 분리되었다가 1912년에 통하게 되었다.

신 중국이 창건된 이후 천안문 광장 건설을 통해 서쪽에서 동쪽으로 이루어진 창안가의 축선(軸線)이 도시 축선으로서의 지위가 더 돋보이게 되었다. 창안가는 동쪽으로는 통주진, 서우깡(首鋼) 동문까지 뻗어 있다. 2010년 6월에 창안가 서쪽으로 연장되는 도로공사 계획안이 승인되었고, 다시 서쪽으로 문터우꺼우 싼스로(三石路)와 계획 중에 있는 스룽시로(石龙西路)가 만나는 지점까지 연장되어, 전체 길이가 51.4km로 현대 신난뻬이(新南北) 중축선의 거의 3배에 달한다. 서우깡 대교가 건설되고 개통됨에 따라 목표가 달성되었으며, 창안가는 세계에서 가장 길고 넓은 가가 되었다. 2005년에 국무원은 베이징시의 종합계획을 승인하고 "2축, 2대, 다중 중심(两轴两带多中心)"의 구도를 확정했으며, 창안가를 따라 형성된 축선을 두 도시 축선의 하나로 공식화했다.

1. 창안거리의 건설은 베이징시의 구도를 바꿔 놓았다.

오늘날의 베이징은 신중하게 계획된 도시로 원나라 때 대도를 건설한 이후 남북 중축선을 핵심으로 하는 도시 구도가 형성되었는데, 중심이 명확하고 동서가 대칭되며 기복이 질서정연하다. 동서 축선의 형성은 도시 전체 구도에 변화를 가져오게 했다.

(1) 도시 공간구조가 '한 축'에서 '두 축'으로 바뀌었다.

역사적으로 남북 중축선은 베이징의 도시 구도를 결정했다. 세계적으로 '용척(龙脊, 용의 등뼈)'에 비유되는 이 전통적인 중축선은 고대 베이징 도시발전의 핵심이었다. 도시 전체의 건축물은 중축선을 기선(基线)으로 하여 대칭적으로 지어짐으로써 단일 선형 도시 축선 공간 구조를 형성했다. 자금성은 도시 중심에 위치하고 있어 베이징의 중축선과 주변지역에서는 황권(皇權)의 위엄을 느낄 수 있다. 관통할 수 없는 자금성이 베이징의 핵심에 위치하고 있어 베이징의 중축선은 관통된 교통축과 도시개발의 축이 될 수 없다. 정확히 말하면 자금성은 상징적인 의미만 지닌다. 중화민국 이후 창안가가 관통되면서 중축에 수직되는 가로축이 나타나기 시작하여 동서 방향으로 바뀌었고 중축만큼 중요한 축이 되었다. 이 축은 상징적인 의미를 지닐 뿐만 아니라, 도시 교통의 대동맥 역할을 하여 실용적인 기능이 더해졌다

(2) 새로운 바둑판식 도시 구도가 나타나다.

베이징의 동서 방향에 있는 주요 가는 거의 평행된다. 너비는 대략 20m 이내이다. 즉 원나라 때 형성된 골목은 6보폭, 작은 가는 12보폭으로 되어 있다. 남북 방향에 있는 주요가는 거의 모두 남북 중축선과 평행되며 비교적 넓은 큰 가는 24보폭이다. 이 가들은 동서 방향의 작은 가, 골목과 장방형의 바둑판식 구도를 형성하고 있다. 창안가의 출현은 자금성을 베이징의 정치 문화적 기능의 중심으로 하는 낡은 구도를 바꿔 놓았고, 특히 창안가의 발전이 베이징의 도시 공간구조를 단일 중축 구도에서 십자 교차, 수직 교차 및 종횡 교차의 중추시스템으로 바뀌게 했고, 베이징 바둑판식 장방형 도시구도 형성에 핵심적인 역할을 하는 구조를 마련해 주었다.

(3) 두 축이 만나는 곳이 도심을 남쪽으로 이동시켰다.

동서 축선과 남북 중축선이 천안문 광장에서 만나 베이징 도시건설의 새로운 좌표를 형성하여 베이징 도시 구도의 변화에 중대한 영향을 미쳤는데, 천안문 광장 건축군을 도시 전체의 평면 중심 배치에서 중심에 위치하게 했고, 원래 황궁 안의 자금성을 '후원(後院)'으로 만들어 베이징을 신 중국의 수도로 하는 새로운 건설구도를 형성케 했다.

2. 베이징 도시건설의 발전과정을 완전하게 기록했다.

창안가의 동서축은 근대부터 점차 발전하여 변화해 왔으며, 베이징 역사에서 겪은 중대한 변혁을 고스란히 기록하고 있다.

▷ 동창안가 패루(牌樓). 1952년에 촬영함

(1) 근대 도시로 발돋움하는 장정은 여기서부터 시작되었다.

신해혁명 이후 베이징은 봉건사회의 제도(帝都)로써 근대도시로 나아가는 여정에서 가장 먼저 근대도시의 기능이 출현했다. 중화민국 원년(1912년)에 창안좌문, 창안우문(동·서 3개의 문으로 불리는 3개의 구멍을 남김)과 담장 일부를 허물고 동·서 창안가가 연결되어 차량과 보행자가 자유롭게 통행했다. 중화민국 2년(1913년)에 청보랑(千步廊)을 없애고 중화민국 3년(1941년) 10월에 사직단을 중앙공원으로 개조했다. 중화민국 14년(1925년) 3월에 손중산이 사망한 이후 관을 그곳에 모셨기 때문에 중화민국 17년(1928년)에 중산공원으로 이름을 바꾸었다. 신해혁명 이후에도 태묘(太廟)는 여전히 청 황실의 소유였다. 중화민국 13년(1924년) 11월에 펑위샹(冯玉祥)의 국민군은 푸이(溥仪)를 궁에서 몰아냈고, 민국정부는 태묘를 회수하여 평화공원으로 만들었다. 중화민국 3년(1914년) 11월부터 중화민국 9년(1920년)까지 동쪽과 서쪽의 세 문과 중앙공원 앞에 아스팔트 도로가 건설되었다. 1924년 베이징에서 노면전차(有轨电车)가 다니기 시작했는데, 3개 노선이 광장과 동·서 창안가를 통과했다. 전차 통행에 맞춰 아스팔트 포장도로를 건설했다. 위안스카이(袁世凯)는 대원수의 자리를 훔쳐 중난하이(中南海)를 대원수부로 만들고, 중난하이의 남문을 신화문(新华门)으로 열었다. 1939년 일제 강점기에 동쪽 성벽에 치밍문(启明门, 지금의 젠궈문[建国门]), 서쪽 성벽에 창안문(長安門, 지금의 푸싱문[复兴门])을 만들었고, 치밍문에서 빠왕펀(八王坟), 창안문에서 옥천로(玉泉路)까지 6m의 넓은 자갈길을 만들어 놓고 해자에 나무다리를 놓았다.

(2) 수도로서의 기능이 여기에서 보여 진다.

신 중국이 건립된 이후 베이징은 중화인민공화국의 수도로서 도시건설종합계획과 도시건설에 수도의 성격과 기능을 반영해야 했고, 신 중국과 신베이징의 상징인 창안가는 정치적 성격을 띤 가로서의 역할을 담당하기 시작했다. 1964년에 창안가는 "장엄하고 아름답고 현대적(庄严·美丽·现代化)"인 거리로 건설해야 한다는 비교적 완전한 계획안이 세워졌다. 1982년에는 〈베이징 도시건설 종합계획방안(北京城市建设总体规划方案)〉에서 베이징의 도시 성격을 "전국의 정치 중심과 문화 중심"이라고 명확히 밝히고, "수도 특성에 맞는 경제건설을 추진해야 한다"고 지적했으며 "구도시의 기능을 조정 및 개편하여 정치 중심과 문화 중심의 요구를 충분히 반영하고, 역사와 문화 방면의 명성(名城)이라는 전통을 계승 발전시키며, 사회주의 수도의 새로운 구도와 새로운 풍모를 충분히 반영하고, 점차 낙후된 모습을 바꾸고 현대화를 실현해야 한다"고 제안했다. 이를 바탕으로 〈천안문 광장 및 창안가 계획 종합방안에 관한 건의(초안)(关于天安门广场和长安街规划综合方案的建议(草案))〉를 수립하여 창안가를 정치적, 문화적 거리로 건설하는 계획과 원칙을 확정했으며, 창안가의 길이, 너비, 건축물의 높이, 붉은 벽, 녹지, 서비스 시설, 축선의 분포, 지하철 등과 관련하여 명확한 요구사항을 제시했다. 21세기에 들어서면서 도시개발은 더 많은 새로운 기회와 도전에 직면해 있다. 〈베이징 도시종합계획(2004~2020)(北京 城市总体规划[2004年—2020年])〉은 창안가와 그 연장선 구간의 발전방향을 명확히 제시함으로써 창안가의 위상을 더욱 향상시켰다. 요컨대 동서 축선 건설과 양쪽의 건축물은 베이징의 도시발전 속도를 사실적으로 반영하고 기록하고 있다.

① 도로건설. 신 중국이 건립된 이후 창안가의 도로는 여러 차례 대대적으로 개조되었다. 1950년 6월부터 9월까지 동창안가와 서창안가 동쪽부터 난창가(南长街) 사이에 가로수 길을 만들었다. 즉 난하(南河)의 동쪽을 따라 15m가 되는 도로의 북쪽에, 난하의 서쪽을 따라 15m가

되는 도로의 남쪽에 각각 폭 15m 되는 아스팔트 도로를 보수하여 옛 도로와 평행되도록 했다. 1952년에 동·서 3개의 문을 철거했다. 1954년에는 동단 패루와 시단 패루를 철거했다. 1958년부터 국경절 10주년을 맞아 대대적인 건설이 시작되었는데, 기본 요건은 천안문 광장과 동서 창안가에 궤도와 차선이 없어야 하고, 60t의 열병 탱크가 주행할 수 있어야 하며, 시위와 집회에 편리하도록 한 장의 판을 사용해야 한다는 것이었다. 이 기준에 따라 먼저 동단에서 제궈문(建國門)까지의 도로를 확장하기 시작했고, 표배골목(裱褙胡同)과 관음사골목(观音寺胡同) 사이의 가옥을 모두 철거하고, 35m 너비의 아스팔트길을 만들었으며, 이 도로에 다녔던 전차도 함께 철거하였다. 1959년 3월부터 9월까지 천안문 광장 확장에 맞춰 동단에서 푸여우가(府右街) 사이는 45~80m로 더욱 넓혔고 모두 콘크리트 포장도로로 바꿨으며, 보도에는 시멘트로 된 네모난 벽돌을 깔고 화강암(花崗巖)을 입연석(立缘石, 찻길과 인도의 구분을 위해 가로로 길게 놓은 돌)으로 했다. 이로써 창안가는 진정으로 급변하여 지금의 구도를 갖추게 되었다.

1959년부터 1983년까지 창안가의 도로는 25년간 사용되었으며, 점차적으로 파손, 탈피, 함몰, 균열과 구멍이 생기는 등 현상이 나타났다. 1983년부터 대대적인 수리가 시작 되었다. 방격망(方格网, 다양한 건물, 도로 및 일반 평면도의 다양한 파이프라인 배치와 현장의 지형 조건을 기반으로 하는 제어 네트워크)을 사용하여 표고(바다의 면이나 어떤 지점을 정하여 수직으로 잰 일정한 지대의 높이)를 측정했고, 여러 개의 층, 단, 폭으로 나누어 공사를 실시 했으며, 균열 처리는 유화 아스팔트(emulsified asphalt)를 사용하여 양쪽의 시멘트 턱을 화강석과 평석으로 교체했다. 1987년에는 서창안가의 중간 부분에 아스팔트 콘크리트 층을 추가하고, 도로의 측석을 재건하면서 원래의 시멘트 돌을 가지런하고 같은 길이의 화강석으로 대체하고, 화강석 재료의 측평석을 새로 까는 등 대대적인 보수 작업을 중점적으로 진행했다. 이 프로젝트는 1988년에 "베이징시 우수 품질 공사상(北京市优质工程奖)"을 수상했다. 1990년 아시안게임을 개최하기 전에는 급행차로(폭 24m)를 대대적으로 보수했다. 도로 평삭기(铣刨机)

로 도로를 평평하게 깎고, 굵은 아스팔트 콘크리트로 가라앉은 부분을 보수한 뒤 아스팔트 콘크리트 층을 더 깔았다. 1997년에 창안가 도로의 동쪽에서 제궈문, 서쪽 리스로(礼士路) 남구(전체 길이 7.5km)까지의 도로를 신형 아스팔트를 사용하여 보수했는데 그 면적은 29.7만m2였다.

1999년 신 중국 창건 50주년 기념일에 대규모의 열병식을 거행하기 위해 창안가를 전면적으로 정비했다. 공주펀(公主坟)에서 따뻬이야오(大北窑)까지 13km를 중점적으로 건설하고 창안가의 전 구간 도로를 보수하는 것 외에, 주로 화강암 산책로와 채색 벽돌 산책로를 만들고 맹도(盲道)를 증설했으며, 푸싱문에서 제궈문 사이의 보행로 폭을 6m 이상, 나머지 구간을 4.5m 이상으로 표준화했다. 산책로 공사는 천안문 광장 주변에 화강암을, 공주펀에서 따뻬이야오까지 13km의 구간에 색색의 네모난 벽돌을 깔았다. 인민대회당의 회색 사각 벽돌 산책로는 모두 '퇴역'했고, 그 대신 검은색 점과 흰색 점이 박힌 화강암 벽돌로 바꾸었으며, 천안문 주변, 즉 국립박물관 북문에서 국가박물관 서쪽 길, 인민대회당 북문 및 동쪽 길, 난츠쯔(南池子) 남구에서 천안문 등 약 6만6000㎡의 산책로에도 같은 화강암 벽돌을 깔았다. 화강암을 산책로 포장재로 사용하고 컬러 시멘트 벽돌이 대규모로 사용된 것은 중국에서 처음이었다. 수지(树池, 포장된 땅에 나무를 심을 때 나무 주위에 유지하는 포장되지 않은 땅)는 금속 겅그래(箅子)를 사용했고 길 양쪽에는 자갈을 채웠다. 1999년에 "창안가 및 그 연장선 산책로 보수 도로 확장 공사(长安街及其延长线步道修缮道路扩建工程)"는 '창청배(長城杯)' 공사상을 수상했다.

금세기에 들어서면서 이루어진 비교적 큰 개조는 서단에서 푸싱문, 동단에서 제궈문까지의 도로를 확장한 것이다. 시단에서 푸싱문까지의 도로는 원래 폭이 35m로 남쪽에 비기동차도(非机动车道)가 하나 있었으나, 2000년에 북쪽 도로 턱을 움직이지 않는 상태에서 남쪽으로 15m 확장하여 도록 폭이 50m가 되었으며, 양쪽에 7m의 비기동차도가 있고, 비기동차도와 기동차도 사이에 각각 3m의 분리대를 설치했다. 신 중국 창건 60년을 맞이하는 창안가 보수 프로젝트에서는 주요

▷ 1956년의 동단로

도로와 보조 도로를 보수하고 아스팔트 콘크리트를 추가한 다음 푸싱
문에서 제궈문까지 왕복 10차도로로 확장하여 "선저우 1번가"로 알
려진 창안가는 더욱 웅장해졌다.

② 중앙난방시설 건설. 1959년의 국경절 10주년을 맞아 창안가를 따라
'창안선(长安线)'이 건설되었는데, 주로 '국경공사(国庆工程)'의 10
대 건물과 중난하이의 난방 공급을 위한 것이었다. 공사는 1959년 초
에 시작되었고 전체 노선은 6단계로 나뉘며 동시에 건설하기 시작했
다. 이 노선은 베이징 제1열창(北京第一热电厂)에서 시작하여 제궈로
(建国路)를 따라 서쪽으로 동서 창안가에서 민족호텔(民族饭店)까지
10km에 달한다. 그중 베이징 제1열창에서 르탄(日坛) 교차로까지 약
4km 길이의 파이프라인, 급수관 및 환수관은 직경 700mm의 강관
(钢管)을 사용했고, 일단 교차로에서 민족호텔까지 약 6km 길이의 파
이프라인, 급수관 및 환수관은 직경 500mm가 되는 강철 파이프를 사
용했으며, 모두 지하에 부설했다. 1959년 겨울이 오기 전에 인민대회
당, 중국역사혁명박물관, 민족문화궁전, 민족호텔, 베이징역 등 주요
공사와 중난하이 '도크(船坞)'에 난방이 들어오게 했다.

③ 급수 건설. 1954년에 수원2창(水源二厂)과 수원1창(水源一厂)을 연결

하기 위해 푸싱문에서 푸싱로를 따라 동서로 가로질러 용딩로(永定路)까지 직경 400mm의 주철관(铸铁管) 간선을 건설하여 수원3창(水源三厂)이 도시와 연동되게 되었다. 같은 해에 제궈문에서 훙묘(红庙)까지 지름 300mm~400mm가 되는 주철 파이프라인이 건설되었는데, 젠와이대가(建外大街)를 거쳐 빠왕펀(八王坟)까지 이어졌다. 1956년에는 수원4창(水源四厂)이 완공되어 가동된 이후, 리스로에서 푸싱문가를 따라 서창안가를 거쳐 천안문까지 3.4km 길이의 600mm 주철관 간선을 건설하여 천안문 광장과 인민대회당의 용수 및 건설을 위한 조건을 마련했다. 1957년에는 삼리하(三里河) 남쪽 입구에서 시작하여 직경 600mm의 주철관 간선이 건설되어 푸싱문가에서 리스로와 원 서창안가까지 이르는 직경 600mm의 간선과 연결됨과 동시에 직경 1000mm가 되는 '푸쓰(阜四)' 간선과 연결되어 천안문 광장의 안전한 물 공급을 보장했다. 1959년에는 인민대회당과 역사박물관에 직경 600mm의 주철관 전용선이 건설되어 창안가의 직경 600mm의 간선과 연결되어 두 곳의 용수를 보장했다. 1974년에는 동단에서 동창안가를 따라 난샤도(南夹道)까지 지름 1000mm, 길이 1km의 강관 본선이 건설되어 천안문 지역의 물 공급 강도를 높였다. 1985년에는 제궈문에서 동단까지 직경 1000mm, 길이 1.5km의 강관 간선이 건설되어 동단에서 원래 직경 1000mm의 간선과 연결되었고 동창안가와 천안문광장 지역의 물을 제궈문·전문(前門)·푸싱문의 3개 배수 간선에서 공급할 수 있어 물 공급이 한층 보장되었다. 1985년에 톈촌산정수장(田村山浄水厂)이 완공되어 가동된 이후 톈촌산정수장에서 공주펀까지 직경 1400mm, 길이 8km의 강관 간선이 건설되었다. 톈촌산정수장에서 남쪽으로 푸싱로를 따라 공주펀까지 직경 1200mm의 간선과 시싼환(西三环)에 있는 직경 1000mm의 간선이 연결되어 수원3창, 수원4창과 상보적 네트워크를 형성했고 푸싱로를 따라 석경산로를 거쳐 고성까지 지름 600mm의 강관 간선을 건설했다. 이로써 창안가 전체와 그 연장선은 베이징의 주요 물공장, 송배관선(輸配管線)과 관통되었고 생활용수 공급을 보장할 수 있게 되었다.

이밖에 빗물 배출, 하수 처리, 생활 가스 공급 및 전기 보장 등 도시 인프라는 도로 및 주변 사용자의 확장과 해당 인프라 기술의 향상으로 빠르게 강화되었으며, 기본적으로 베이징의 도시기능 향상과 같은 속도로 발전하게 되었다.

3. 도시기능의 변화를 위한 확장공간을 제공했다.

십리장가(十里长街)가 정치적 거리였다면, 백리장가(百里长街)는 수도와 완전히 부합하는 기능을 부여했고, 세계적인 도시, 국제화 대도시, 살기 좋은 도시 건설의 목표를 갖고 세계로 향하는 상징적인 의미를 지니기 시작했다.

(1) 국제교류의 중요한 창구

1949년에 중화인민공화국이 창건된 이후 많은 우호국이 중국과 차례로 수교했으며, 일부 국가는 베이징에 있던 민가를 임대하여 대사관으로 사용했다. 저우언라이 총리의 "대사관을 성에서 이동시켜 집중적으로 건설해야 한다"는 지시에 따라 1955년부터 제궈문 밖에 있는 창안가의 연장선 북쪽에 대사관 구역을 건설하기 시작했다. 1955년 7월에 첫 번째 대사관이 착공되어 1957년 3월에 완공되었으며, 총 건축 면적은 26,277m2였고, 콜롬비아, 스리랑카, 베트남, 핀란드, 이집트 및 알제리의 중국 주재 기관에 임대되었다. 1957년 7월에 대사관 바로 옆에 베이징의 첫 번째 외교 아파트가 건설되기 시작했으며, 총 건축 면적은 약 5만m2였다.

외국인 손님들의 보다 편리한 생활과 편리한 쇼핑을 위해 1972년 8월에 제궈문와이따가(建國門外大街) 북쪽에 우의상점(友谊商店)을 지었다.

개혁개방 이후 국제교류 중심지로서 베이징의 특징은 더욱 두드러졌다. 창안가와 그 연장선에는 사무소, 호텔, 식당들이 우후죽순처럼 많이 들어섰고, 일부는 베이징시의 중심에 들어오기도 했다. 예를 들면 동방광창(东方广场)은 동창안가 동단과 왕푸징(王府井) 사이에 위치했고, 번지 번호는 동창안가 1번지로 부지 면적은 10만 평방m, 총 건축 면적은 80만 평방m에 달하며, 첨단기술, 투자증권, 금융, 보험, 회계, 변호사, 의약, 언론, 광고, 사치품 및 소비재 등 다양한 기업을 포함하여 세계 500대 기업의 집합체가 되었다.

(2) 경제적 영향력이 부각되기 시작했다.

창안가는 베이징 경제의 중요한 거점이라는 점과 삼일회계법인(PWC)과 뉴욕협동조합(纽约合作组织)이 공동으로 발표한 연구 보고서 〈기회의 도시 2012(机遇之都2012)〉에 따르면 베이징의 경제적 영향력은 세계 1위로 올라섰고, 역사적으로 중요한 글로벌 도시인 다른 도시들에 대한 평가를 능가했다. 베이징에서 1위를 차지한 경제영향력 지표에는 "세계 500대 기업 본사 수", "금융 및 상업 서비스 분야의 취업 상황", "외국인 직접투자 유치 신규 프로젝트 수 및 자본 투자액", "GDP 성장률" 및 "도시 생산력 수준" 등 5가지 지표가 포함되며, 그중 일부는 창안가에서 검증되었다.

동창안가 연장선에 베이징 상업중심 구역인 베이징CBD가 있다. 동쪽은 시다왕로(西大望路), 서쪽은 동따차오로(东大桥路), 북쪽은 조양로(朝陽路), 남쪽은 통혜하까지 이르러 약 4km2의 면적을 차지하고 있으며, 모토로라(Motorola), HP(Hewlett-packard), 삼성, 도이치뱅크(Deutsche bank) 등 세계 500대 기업의 중국 본사가 있는 곳이다. 특히 국내 금융, 보험, 부동산, 네트워크 등 첨단기업이 많이 있는 곳이다. CBD는 새로운 버전의 '도시명함(城市名片)', 국제대도시의 중요한 상징으로서 수도의 대외개방을 위한 중요한 창구가 되고 있으며, 국제표준에 선도적으로 부합하는 비즈니스 중심지가 되어 현대화 신도시와 국제화 대도시로서의 수도 모습을 집중적으로 보여 주고 있다.

동서창안가와 그 연장선에는 많은 금융건물이 있다. 서창안가에는 1.18km2의 금융가가 연속되어 있는데, 그곳에는 중국인민은행(中国人民银行)과 중국은행보험감독위원회(中国银保监会), 중국증권감독위원회(中国银保监会) 등 금융감독기관과 수많은 국내외 대형 금융기관과 국영기업본부가 밀집되어 있어, 베이징시에서 자금, 기술, 지식집약도가 가장 높고 세수(税收) 증가가 가장 빠른 지역 중 하나이며, 베이징은 물론 전국에서 1km2라는 면적 안에서 첨단산업이 가장 집중되어 있고 가치를 가장 많이 창출하는 지역이기도 하다.

▷ 1956년의 동단로

(3) 살기 좋은 도시라는 점을 구현했다.

창안가 연장선의 추가 확장은 베이징 동부에 있는 통주와 서부에
있는 문터우꺼우를 모두 베이징성 동서 축선의 범위에 포함시켰다.
'2축 2대 다중심'의 도시 공간구조 배치에 기반하여 경제 사회, 자원
및 생태환경 및 지속 가능한 발전을 조정하기 위해 각 지역의 발전 상
황과 특징, 자원 보유상황 및 생태환경 수용능력의 설정에 따라 통주
신도시는 동부 개발벨트의 중요한 주축도시, 베이징 중점 발전의 신
도시 중 하나, 베이징 미래 발전의 신도시와 도시 종합서비스 센터로
삼고, 문터우꺼우 신도시는 서부 발전벨트의 중요한 구성부분으로 문
화와 오락, 상업 서비스, 관광 서비스 등을 발전시키는 기능을 수행해
야 한다고 했다.

이 두 지역은 도시건설종합계획에 따라 베이징 지역의 중요한 소산
지라는 기능이 추가되어 현지 사람들의 생활에 편리함을 제공하고 있
다. 통주구는 베이징의 부도심(副中心) 건설에 박차를 가하여 도시화
의 선두가 되고 있다. 신도시 계획에 따르면 부도심의 면적은 115km2
에 달하고, 인구 90만 명을 수용할 수 있으며, 100억 원을 투갑하여 교
통, 난방, 가스 및 생태환경을 중심으로 한 도시 인프라 건설을 강화
했다. 신도시의 기본 틀이 형성되었고 공공 서비스 시설이 지속적으
로 개선되고 있으며, 많은 도로와 다리가 건설되었고, 많은 고품질 교
육 및 의료자원이 차례로 정착했으며, 도시 서비스 기능이 지속적으
로 향상되어 살기 좋은 도시를 실현할 수 있는 조건을 조성했다. 문터
우꺼우는 원래 석탄 생산으로 유명했지만 21세기에 들어서면서 수천
년의 소규모 석탄 가마의 개발 역사를 끝내고 영정하 유역의 생태 복
원을 위한 종합적인 정비와 경관 건설을 적극적으로 시행하여 88km
의 영정하 하도와, 28km의 칭수이허(淸水河) 하도를 개통하여 100리

친수 회랑을 형성하게 했고, 120만m2의 습지를 건설하여 총 20억 원을 투자한 "1호 다원 5수 연동(一湖多园五水联动)" 경관시스템이 형성되었다. 또한 가장 큰 민생 프로젝트인 채공붕호구(采空棚户区) 개조사업을 시작하여 200만m2의 정착지를 건설함으로써 채공붕호구 31,000가구와 85,000명 주민의 주택 문제를 해결했다. 이로써 창안가와 그 연장선 양쪽에 살기 좋은 도시의 모습이 부각되기 시작했다.

(4) 서부 종합문화오락구역 건설이 도시건설종합계획에 들어가고 실시되었다.

새로운 베이징 도시건설종합계획에 따라 창안가 연장선의 서쪽은 종합문화오락구역이고 그중에서 가장 중요한 것은 동서 축선의 서쪽 끝에 위치한 서우강 공장 구역 이전 이후의 활용문제였다. 개조계획은 옛 서우강 공업단지의 기능은 베이징 서부 종합서비스센터와 탈공업문화창의산업단지로 지정하고 공업문화유산보호구역, 공업을 테마로 하는 관광구역, 행정업무상업구역, 레저관광구역을 모두 "옛 서우강 공업단지 개조계획(首钢旧工业区改造规划)"에 포함시켰다. 계획된 총 부지는 약 8.63km2이고, 총 건물 규모는 약 1060만m2였다. 휴게소는 L자 모양을 하고 있으며, 서북쪽에서 남동쪽으로 차례로 공업을 테마로 하는 단지, 문화창의산업단지, 종합서비스센터, 본사경제구역 및 종합지원구역이 있다. 창안가 연장선은 문화창의산업단지와 종합서비스센터를 가로지른다. 영정하 한 쪽 연안을 따라 동남쪽에서 서북쪽으로 관통된 종합생태레저벨트가 있다.

시대가 발전함에 따라 베이징이라는 도시의 장점은 기존의 정치적·문화적 내용을 크게 넘어서 국제화와 현대화 대도시의 많은 지표를 포괄하게 되었다. 창안가와 그 연장선은 현대화 의식을 반영하는

▷ 건설 중에 있는 서우강(首鋼) 대교

▷ 건설 중에 있는 중궈쥰(中國尊)

베이징의 역사지리 이야기

도시의 축선으로서 베이징의 장점을 집중적으로 보여 주기도 한다.

베이징 창안거리의 정치 · 문화적 특징

베이징은 역사와 문화의 도시이자 중화인민공화국의 수도로서 창안가와 그 연장선은 베이징의 정치 · 문화적 특성을 집중적으로 반영하고 있다.

첫째는 "정치적 거리"로써 구현되는데, 창안가는 100년 동안 중국의 주요 사건을 목격했으며 일부 사건은 획기적인 영향을 미쳤다.

둘째는 5 · 4운동을 겪었다는 점이다. 1919년 5월 4일에 베이징에서 일어난 '5 · 4운동'은 중국 인민들이 제국주의와 봉건주의를 철저히 반대했던 애국운동이었다. 당시 북양정부는 제국주의의 압력에 굴복하여 주권을 상실하는 치욕적인 〈협약국과 참전국들의 대독 평화조약(协约国和参战各国对德和约)〉에 서명하려 했다. 1919년 5월 4일 베이징대학의 학생 대표 3,000여 명이 군경의 방해물을 뚫고 천안문에 운집하여 "결사적으로 싸울 것이니, 칭다오를 우리에게 돌려달라(誓死力争, 还我青岛)", "산동의 권리를 되찾겠다(收回山东权利)", "파리강화조약에 서명하는 것을 거부한다(拒绝在巴黎和约上签字)", "21조를 폐지하라(废除二十一条)", "일본 제품을 배척한다(抵制日货)", "차라리 죽을 지 언 정 굴하지 않는다(宁肯玉碎, 勿为瓦全)", "대외적으로는 국가의 국권을 쟁취하고, 대내적으로는 매국노를 징벌하자(外争国权, 内惩国贼)" 등의 구호를 내걸었다. 시위대는 동창안가를 거쳐 자오자루(赵家楼) 골목 3번지로 직행해 매국노 차오뤼린(曹汝霖)의 저택을 불태웠다. 학생들은 서창안가 신화문에 모여 쉬스창(徐

世昌) 총통과의 만남을 요구하기도 했다. 일부 사람들은 청원 행렬에 동참했고, 일부 외제차 노동자들은 하루 일한 피와 땀의 대가로 받은 돈을 모두 꺼내 학생들에게 사오빙(烧饼)과 차를 사주었다. 6월까지 학생들의 영향은 계속 확대되었다. 6월 3일에 베이징에서 수천 명의 학생들이 창안가 및 기타 거리로 몰려가 대규모 선전활동을 전개하여 군경이 학생들을 대규모로 체포하는 등 전국적으로 새로운 대규모 시위가 열렸다. '5·4운동'은 중국혁명사에 획기적인 사건이며, 중국의 구민주주의 혁명에서 신민주주의 혁명으로의 전환점이 되었으며, 중국의 구민주주의 혁명의 종식과 신민주주의 혁명의 시작을 알리는 신호탄이 되었다.

셋째는 '12·9운동'을 치루었다는 점이다. 1935년 12월 9일에 베이핑(北平, 베이징의 예전 이름)대 중학생 수천 명이 중국공산당의 지도 아래 항일구국시위를 벌이며, 화베이자치(华北自治)에 반대하고 일제에 저항하여 전국적인 항일구국의 새로운 고조를 불러일으켰는데, 역사에서 이를 '12·9운동'이라고 한다. 시위대는 신화문(新華門)에서 출발하여 시단, 동단, 왕푸징 거리, 난츠쯔(南池子)를 거쳐 천안문에서 대회를 개최했다. 가는 도중에 학생들이 계속 불어나고 시민들의 격려가 이어지고 있었다. 이는 중국공산당이 이끄는 대규모 학생 애국운동으로 많은 운동 참가자와 지도자들이 후에 중국공산당의 중요한 지도자가 되었다.

넷째는 미군이 베이징대학교 학생 선총(沈崇)을 모욕한 사건을 목격하면서 촉발된 반미 항폭(抗暴)운동을 치루었다는 점이다. 1946년 12월 24일 두 명의 주중 미군들이 베이핑의 동단운동장에서 베이징대학교 연수반 여학생 선총을 강간했다. 베이징성에서는 대규모 항의 물결이 일었고, 천안문 앞과 동·서창안가는 집회와 항의의 장소가 되었다.

다섯째는 중화인민공화국 건국대전의 성황을 목격했다는 점이다. 1949년 10월 1일에 천안문 광장에서 열린 개국대전에서 마오쩌둥이 천안문 성루에서 중화인민공화국 중앙인민정부 수립을 전 세계에 알린 뒤, 이곳에서 대규모 열병식과 군중행진이 거행되었다.

여섯째는 문화대혁명의 광기를 겪었다는 점이다. 1966년 8월 18일에 천안문광장에서 백만 명이 참가한 "프롤레탑리아 문화혁명 경축 대중 대회(庆祝无产阶级文化大革命群众大会)"가 개최되었다. 이번 대회는 중국공산당 제8기 중앙위원회 제11차 전체회의 폐막을 축하하기 위해서일 뿐만 아니라, '문화혁명'을 전면적으로 전개하기 위한 총동원을 위한 대회였다. 마오쩌둥이 1년 동안 8차례나 홍위병을 접견하면서 광장은 물론 창안가 전체가 '붉은 바다'가 되었고, 중국은 10년이라는 큰 재난에 빠지고 말았다.

일곱째는 '십리장가송총리(十里长街送总理)'와 '4·5천안문사건(四五天安门事件)'을 겪었다는 점이다. 1976년 1월에 저우언라이 총리가 서거하고 베이징 시민들이 자발적으로 십리장가에서 총리를 배웅하고 얼마 지나지 않아 발생한 '4·5천안문사건'은 '문화대혁명'의 종식과 '4인방(四人帮)'의 전멸을 위해 기초를 마련함으로써 중국역사에서 획기적인 의미를 갖는다.

여덟째는 베이징 올림픽의 성공적인 개최를 목격했다는 점이다. 2008년 베이징 올림픽 유치부터 개최까지 이곳에서 열린 일련의 행사는 개혁개방 이후 중국의 이미지를 세계에 알렸다.

이러한 중대한 사건을 통해 창안가는 정치적 거리로서의 기능과 위치를 충분히 보여주었다.

또한 창안가와 그 연장선에는 문화적 요소가 더 많이 녹아 있다. 거리 양쪽에는 영향력이 있는 문화시설이 많이 있으며, 이러한 시설은 국내뿐만 아니라 국제적으로도 중요한 영향과 위치를 미치고 있다. 예를 들면 국가박물관·국가대극원(国家大剧院) 등은 모두 창안가 양쪽에 있다.

1950년대에 베이징 창안가 서쪽에 민족문화궁(民族文化宫)을 지었는데, 이는 베이징의 유명한 10대 건축물 중의 하나가 되었다. 건축면적은 32,000평방m이고 본관이 총 13층이며 높이가 67m이고, 동서익루(翼楼)가 양옆을 둘러싸고 있으며, 중앙전시관이 북쪽으로 뻗어 있고, 비첨식 지붕에 공작람(孔雀蓝)의 유리기와, 순백의 몸체, 높이 솟은 탑신은 독특한 중국민족풍을 뽐내고 있다. 문화궁은 기본적으로 "중국 소수민족 전통문화 시리즈(中国少数民族传统文化系列展)"를 전시하고 있고, 50,000여 개의 귀중한 소수민족 문물이 있으며, 24종의 소수민족 언어로 되어 있는 문헌과 60여 만 권의 한어로 되어 있는 서적이 소장되어 있고, 다양한 형태의 소수민족 특별문화전시회가 개최되기도 했다. 1999년에 국제건축가협회(国际建筑师协会) 제20차 총회에서 민족문화궁전은 20세기 중국 건축예술의 정품 중 하나로 추대되었다.

서쪽 연장선에는 1950년대 베이징의 '10대 건축물' 중 하나인 군사박물관도 있다. 부지 면적은 8만여 ㎡, 건축 면적은 6만여 ㎡, 진열면적은 4만 여㎡로 중국에서 유일한 대형 종합 군사역사박물관이다. 박물관에는 토지혁명전쟁관(土地革命战争馆), 항일전쟁관(抗日战争馆), 전국해방전쟁관(全国解放战争馆), 항미원조전쟁관(抗美援朝战争馆), 고대전쟁관(古代战争馆), 근대전쟁관(近代战争馆), 병기관(兵器馆), 선물관(礼品馆) 등으로 구성되어 있다.

군사박물관과 바로 인접한 곳은 중화세기단(中华世纪坛)으로 20세기 말에서 21세기 새천년을 맞이하기 위해 지어졌다. 세기단 부지 면적은 4.5ha이고, 총 면적이 35,000m2이며, 본체 구조, 청동(靑銅) 복도, 성화(聖火) 광장, 육교, 세기 홀, 예술 홀 등으로 이루어졌고, 회랑에는 청동으로 주조된 40개의 '중화문화명인(中华文化名人)'들의 초상 조각상이 있다. 세기단은 세계 예술을 수집, 전시, 연구하는 등의 임무를 맡고 있다.

2001년 12월에 건립된 수도박물관 신관은 2006년 5월 18일에 개관했다. 건설 부지면적은 24,800㎡이고, 총 건축 면적은 6339㎡이다. 기본 전시, 고품질 전시 및 임시 전시로 구분되고, 전시의 핵심은 웅장한 베이징문화와 베이징의 지속적인 성장과 눈부신 발전사를 보여 준다.

2007년에 건설된 중국 국가대극원은 서창안가 남쪽에 위치하고 있으며, 총 부지면적은 118,900㎡, 총 건축면적은 약 165,000㎡이며 그중 본관은 105,000㎡, 지하 부대시설은 60,000㎡이고, 총 투자액은 26억 8,800만 위안이다.

▷ 수도박물관

베이징에는 관심을 갖게 하는 곳이 많은 만큼 그에 관한 이야기도 많이 있다.

전통적인 중심축이 베이징의 찬란한 역사와 문화유산을 대표한다면, 동서 축선은 신 중국 수도문화센터의 문화적 성취를 보여 준다.

문화의 명맥을 이어주는 고도(古都)
— 차오푸가(朝阜街)

차오푸로는 조양문에서 부성문(阜成門)까지 총 8개의 큰 길로 구성되어 있으며, 흔히 차오푸가라고 부른다. 이 8개의 길은 진산첸가(景山前街), 우쓰따가(五四大街), 똥쓰시대가(东四西大街), 차요양문대가(朝阳门内大街), 원진가(文津街), 시안문대가(西安门大街), 시쓰똥대가(西四东大街), 부성문대가(阜成门内大街)이다. 길이가 총 6.97km, 면적이 154,900m2가 되는 이 거리에는 베이징의 고대·현대 문화의 경관이 남아 있다.

1. 차오푸 길의 변천

원나라 때 조양문대가와 부성문대가는 중요한 간선이자 번화한 가였다. 조양문은 일찍이 원나라 때의 성문, 즉 지화문(齊化門)으로 개조되었다. 대운하를 통해 베이징으로 운송되는 남방 곡물과 쌀은 동벤문(東便門) 또는 통주에서 적재되고 조양문을 통해 성 안으로 운송된 다음 여러 곡물 창고에 저장되었다. 오늘날에도 조양문 근처에는 하이윈창(海運廠), 베이신창(北新廠) 등 '창(廠)'이라는 글자가 들어 있는 지명이 많이 있다. 이는 조양문이 "곡물을 운반하는 문

(运粮之门)"이었다는 사실을 증명하고 있으며, 따라서 이곳은 매우 번화하다. 부성문의 전신은 원나라 대도의 핑저문(平则门)으로, 경서(京西) 문터우꺼우의 석탄이 이 문을 통해 들어온 이유로 유명해졌으나, 후에 낙타몰이꾼들에 의해 이곳의 상업이 한층 더 활성화되었다.

명나라와 청나라 시대에는 똥황청껀(东皇城根)에서 시화청껀(西皇城根)까지 황성(皇城)의 범위에 속했기 때문에 조양문에서 부성문까지 관통하는 길이 없었고, 황실의 요충지였던 황성과 자금성이었다. 신해혁명 이후 1912년에 황성의 금지령을 무효로 선언하고 1931년에 징산첸가(京山前街)가 개통되면서 경성을 동서로 연결하는 큰길이 개통되었는데, 이 대로의 가장 가운데 부분은 황실어원(皇家御苑)인 북해의 중난하이와 북쪽으로는 징산(景山)을 끼고 남쪽으로 고궁을 바라보는 징산첸가이다. 1930년대에 이 거리를 아스팔트 포장도로로 조성했다. 1950년에 시쓰동가에 폭 10.5m의 콘크리트 포장도로가 생겼다. 1953년에 부성문 옹청(瓮城)을 허물고 조양문대가를 15m로 넓혔다. 1955년에는 똥쓰패루(东四牌楼), 북해 남문과 중난하이 북문의 세 문, 북해 대교 동단과 서단에 있는 '진아오(金鳌)패루', '위주(玉蛛)패루'를 철거했다. 1956년에 조양문에서 부성문까지의 도로를 대대적으로 개축하여 부성문대가는 15m로, 시쓰똥가는 원래의 10.5m에서 시멘트길 북쪽으로 3.5m 넓혀 14m 너비의 아스팔트 도로로 바뀌었다. 시황청껀 북쪽으로 가는 남단에 12m 너비의 아스팔트 포장도로를 조성했고, 시안문가와 원진가는 18-20m 너비의 아스팔트 포장도로를 조성했으며, 징산첸가의 가옥 300여 칸, 대고전(大高殿)의 패루와 시리정(习礼亭)을 철거하여 징산첸가는 18m까지 넓어졌다. 5·4가는 원래 췌이화(翠花胡同)골목과 공셴골목(弓弦胡同)을 이용해 상하행으로 나눠 개통했는데, 이번에 700여 채의 집을 허물고 18m의

▷ 개조하기 전의 북해 대교(원본은 『베이징지 · 성향계획권 · 계획지(北京志·城乡规划卷·规划志)』 에 수록되어 있음)

새 길을 만들었다. 이 기간 동안 북해 대교는 확장 및 개축되었고, 단 성을 보호하기 위해 도로가 남쪽으로 굽이쳐졌으며, 다리 폭과 노면 폭이 34m에 달했습니다. 1963년부터 1965년까지 조양문대가, 똥쓰시 가, 부성문대가에 양쪽 인도가 건설되었다. 1975년에는 조양문대가에 15m 너비의 기둥차도, 1.5m 너비의 양측 분리대, 4.5m 너비의 '비 오 토바이 · 자동차도' 등 세 개의 차도가 건설되었다. 1977년에 징산텐 가에 층을 더하고 시멘트 도로 연석과 시멘트 벽돌을 교체했다. 1979 년에 원진가는 20~25m의 도로로 확장되어 동서로 통하는 큰길이 형 성되었다. 이 길은 이루 다 말할 수 없는 고도의 정서와 현대 대도시 의 발자취를 남겼다.

2. 황가(皇家)문화의 침윤(浸潤)

차오푸가의 가장 중심적인 부분은 명·청 시대 황성의 핵심인 징산 첸가로 황성 한가운데 도시의 동서를 연결하는 지름길이자 황가의 문화와 연결되어 있다. 서쪽에서 동쪽으로, 몇 개의 중요한 경관이 이 큰길에 광채를 더해 주었다.

북해 대교에서의 태액추풍(太液秋风, 태액연못의 가을바람)과 경도 춘음(琼岛春陰, 경도의 흐린 봄날)은 한때 황제만이 즐길 수 있었던 경관이었다. 태액추풍은 금나라의 "옌징팔경(燕京八景)" 중 하나로 금나라 장종(章宗)이 지은 이름이다. 태액은 금나라 중도 서원 안에 있는 태액지, 즉 지금의 중난하이와 북해를 가리킨다. 명나라 때 추집 (邹缉)은 『베이징팔경도(北京八景图)』에서 "날씨가 맑고 깨끗하며, 해와 달빛 아래 출렁이는 물결이 마치 끊임없이 이는 파도와 같고, 수면이 잔잔하고 맑고 사랑스러우므로 태액청파라고 하는 것이다.(天气清明, 日月滉漾而波澜涟漪, 清澈可爱, 故曰太液晴波.)"라고 설명했다 건륭제가 지은 시구에서는 "가을에 황제의 신거(宸居,황제

▷ 북해 퇀성(团城) : 경도춘음(『북해공원지(北海公园志)』에 수록되어 있음)

의 거처)를 찾으니 상쾌한 음악이 흐르고, 옥호(玉湖)의 물이 맑고 푸르며, 그 위에 다리가 그려져 있다.(秋到宸居爽籟生, 玉湖澄碧画桥横)"라는 이유로 태액추풍이라 한다고 했다. 북해 대교에 서 있으면 태액추풍의 뛰어난 경치를 감상할 수가 있다.

'경도춘음'은 금나라 때 '옌징팔경' 중 하나였다. 건륭제가 재위했던 초기에 쓴『옌산팔경시(燕山八景诗)』에서는 '경도춘음'이라고 표현했는데, 시에는 "경화도는 산이 푸르고 울장하며, 봄 하늘의 그늘은 가볍고 변화무쌍하다. 구름은 봉루(凤楼)를 보호하고 소나무는 그 사이를 가리며 선장(仙掌)은 서설(瑞雪)처럼 피고, 대나무 숲은 천천히 흔들거린다. 높은 곳에서 내려다보면 진원(禁苑)의 낮은 평지에는 이끼가 자라고 있고, 멀리 교외에는 무성한 밀보리가 그늘져 있다. 우원(五云)산맥의 가장 깊은 곳에 들어가면 청풍이 자주『구소(九韶, 고대 음악명으로 주나라 아악 중 하나로 전해지며『운(韶)』라고도 함)』를 불러온다.(琼华瑶岛郁嵯峨, 春日轻阴景色多. 云护凤楼松掩映, 瑞凝仙掌竹婆娑. 低临禁苑滋苔藓, 远带郊畿荫麦禾. 更向五云最深处, 好风时送九韶歌.)"라고 기록되어 있다. 건륭 16년(1751년)에 건륭제가 '경도춘음'이라고 친히 쓴 비석을 웨신전(悦心殿) 앞에 세웠다가 다시 경화도 동쪽에 있는 반산(牛山)으로 옮겼다.

마침 퇀청이 이 거리에 인접해 있기 때문에, 북해 대교의 확장은 어쩔 수 없이 그 자리에 자리를 내줄 수밖에 없었다. 높이가 4.7m, 둘레가 276m이고 면적이 4,500m2인 퇀청은 일찍이 요나라 야오위(瑶屿) 행궁의 중요한 부분이었다. 금나라는 작은 섬에 성벽을 동글게 쌓고 천신에게 제사를 지내는 환구(圜丘)로 사용했으며, 야오광타이(瑶光台)라고 불렀다. 원나라 때부터 지금까지 청광전(承光殿)은 퇀청의 핵심 건축물이었다. 대전의 정중앙은 겹처마헐산식(重簷歇山式)

정사각형으로 되어 있고 사면(四面)에 홑처마 권붕식(卷棚式)으로 하나씩 뒤채에 지어져 변화가 다양한 십자형 평면을 이루고 있으며, 그 위에 덮인 황색 유리기와, 녹색 테두리, 비 첨식 추녀지붕은 고궁 자금성의 각루와 비슷하여 고대건축에서 보기 드문 아름다운 조형물 이라고 하겠다. 청광전 중앙의 감실에는 백옥석으로 조각한 백옥불 (白玉佛)이라는 석가모니불 좌상이 봉안되어 있으며 높이는 1.5m이 다. 옥불(玉佛)은 금가사(金袈裟)를 입었고 머리와 옷 주름에는 붉은 색과 녹색 보석이 박혀 있으며, 표정이 엄숙하고 단정하며 조각 예술 이 뛰어나다.

▷ 퇀성 청광전에 있는 백옥불

청광전 남쪽의 위엉정(玉瓮亭) 가운데 있는 옥옹(玉瓮, 옥으로 만 든 큰 잔)은 이곳의 진품이다. 지 름 1.5m, 둘레 5m, 높이 70cm, 무 게 3,500kg가 되는 옥옹은 원나라 세조 쿠빌라이가 장병들을 위로하 기 위해 특별히 만든 술잔으로 전 해지며, 원말의 도종의(陶宗仪)는 『남촌철경록(南村辍耕录)』에서 "30여 석의 술을 담을 수 있다"고 했다. 옥옹은 지원 2년(1265년)에 조각되었고, 원래 이름이 '독산대옥해(渎山大玉海)'인데 옥을 쓰촨 민장(岷江)에서 채취했다는 전설이 있기 때문에 옛날에는 '독산(渎山)'이라고 불렀고, '대옥해(大玉海)'는 크다는 뜻으로 '해덕(海德)', '해량(海量)'의 의미를 담고 있으므로 '독산대옥해'라고 불렀던 것이 다. 술잔 몸통 주변에는 운도(云涛), 교룡(蛟龙), 해마(海马)가 새겨져 있고, 물고기와 용이 출몰하며 파도가 거세다. 귀신이 새긴 것처럼 정교하고 생동감이 넘친다. 옥옹은 청광전 안에 있는 백옥불과 함께 '단청이절(團城二絶)'로 불린다. 대옥옹은 원래 경화도 광한전(지금의 북해 공원 백탑(白塔) 자리)에 있었으나 광한전이 무너지고 철거되자 시화문(西華門) 밖에 있는 전우묘(眞武廟)로 전전하여 도인들이 반찬을 담는 독으로 사용되었다. 청나라 강희 50년(1711년)에 전우묘를 중수할 때 대사상(大士像)을 묘 안에 봉안하여 존숭받았고, 전우묘라는 이름도 점차 위버암(玉钵庵)으로 대체되었다. 건륭 10년(1745년)에 이르러서야 어떤 사람이 이 일을 조정에 보고했는데 문물을 매우 좋아했던 건륭제는 옥옹이 원래 황실의 물건임을 발견하고 천금을 내어 북해 단청의 청광전 앞으로 옮기고 석정(石亭)을 지어 보호하도록 명했다. 건륭제가 친히 지은 『옥옹가(玉瓮歌)』가 석정에 새겨져 있는데 내용은 다음과 같다. "원나라 세조 때부터 원나라 지원 연간까지, 처음으로 독산대옥해를 만들었고, 광한전에 보관하도록 했으며, 지금까지 500여 년이 넘는다. 청록색과 흑백색이 교차하고 구름과 물결이 드높다. 우산(五山)의 진품이 황제의 침상 앞에 함께 있어 신하들이 올린 생신 축하는 그 기쁨이 무궁무진하다. 감원(監院, 사원을 관리하는 업무를 보조하는 직함)과 도방(道房)은 몇 차례의 역사적 변천을 겪었으나 여전히 청광전과 가까우므로 옛날로 돌아간 듯하다. 경화도와 감원이 가까운데 동선(銅仙)도 혼자 눈물을 흘릴 수 있는가? 화전(和闐)의 옥옹은 어제 막 조각되었는데, 그 질감과 문자는 다른 것들보다 뛰어나고 주변의 감원은 고대 하(夏)나라와 같이 많은 중요한 역사적 사건을 겪었고, 역사의 경각심을 깊이 느낄 수 있다.(元史世祖至元间，初成渎山大玉海，敕置广寒碧殿中，逮今五百有余载．青绿间以黑白章，云涛水物相低昂，五山之珍伴御榻，从臣献寿欢无央．监院道

房曾几历, 仍列承光似还璧, 相望琼岛咫尺近, 岂必铜仙独泪滴. 和阗玉瓮昨琢成, 质文较此都倍赢, 周监在殷殷监夏, 一经数典惕予情.)"건륭제는 또한 궁정의 한림(翰林) 40명에게 『옥옹시(玉瓮诗)』 한 수 씩을 지어 석정의 영주(楹柱, 대청 앞의 기둥)에 새기도록 했는데, 지금도 여전히 어렴풋이 확인할 수 있다.

퇀청에는 옥불(玉佛), 옥옹 외에도 아주 유명한 세 그루의 노송이 있다. 가장 유명한 '차음후(遮荫侯, 일반적으로 유송[油松]을 뜻함)'는 청광전 동쪽에 위치하고 있는데, 수령(树龄)은 약 800여 년이 되고, 높이는 거의 20m에 이르며 나무 모양은 강건하고 고풍스루며 나무 꼭대기가 기울어져 있는 모자처럼 생겨 거대한 우산과 같다. 어느 여름날, 건륭제가 북해를 유람하고 퇀청에 도착했을 때, 마침 정오라 실내가 후텁지근하여 궁인들에게 유송나무 그늘에 책상과 의자를 놓고 쉬라고 명했다고 한다. 청풍이 스치고 더위와 땀이 모두 사라지자 건륭제는 진시황이 태산을 여행하며 비를 피할 때 '오대부(五大夫)'송을 봉한 이야기를 본떠 이 유송을 '차음후'라고 칭하고 남쪽의 백피송(白皮松) 한 그루를 '백포장군(白袍将军)', 또 다른 한 그루의 유송을 '탐해후(探海侯)'라고 칭했다. 퇀청은 면적이 크지 않지만, 정원 배치가 교묘하여 중국 고대 원림 예술의 진귀한 보물로 여겨지고 있다.

동쪽으로 더 가면 베이징시의 중축선과 교차하게 되는데 자금성의 북쪽 성문인 선우문(神武门)이 이 길의 남쪽에 우뚝 서 있다. 선우문은 자금성의 북문으로 징산첸가 4번지에 위치하고 있다. 명나라 영락 18년(1420년)에 지어질 당시에는 헌우문(玄武門)이라고 불렀다. 현무(玄武)는 고대 사신수(四神兽) 중 하나로, 방위적으로 왼쪽에는 청룡, 오른쪽에는 백호, 앞에는 주작(朱雀), 뒤에는 현무가 있으며, 현무는 북쪽을 지배했기 때문에 제왕의 궁궐 북궁문(北宮門)은 흔히 '현무'라고 명명하는 경우가 많다. 청나라 강희 연간에 헌우문(玄武門)을 중수할 때 강희제의 이름 현엽(玄燁)을 피하여 선우문으로 개칭했다. 선우문은 총 높이가 31m이고 평면은 직사각형이며 기부(基部)는 한백옥 석수미좌로 되어 있고, 성대(城臺)에 문동(门洞, 대문 안 꼭대기의 비교적 긴 통로)을 3개 내었으며, 위에 성루를 쌓았다. 성루는 한백옥 받침대 위에 면폭(작은 원은 앞뒤 두 칸으로 나뉘어져 있었는데, 거실과 뒤로 방이 있고 면폭 (面阔, 중국 고대건축에서는 이웃한 두 채의 골조 사이의 공간을 간(間)이라 하고, 간의 폭을 면폭이라 했음) 5간(間), 깊이(건물의 앞쪽에서 뒤까지의 길이) 1간으로 되어 있으며 주변 복도에는 한백옥 난간이 둘러 져 있다. 건물 앞뒤 처마 명간(明间, 바깥과 직접 통하는 방), 좌우 방에는 모두 문이 있고, 문은 능화(菱花) 격선문(隔扇门)으로 되어 있다. 동서 양쪽에서 성벽과 좌우 마도(馬道, 성대 안쪽에 건설된 완만한 경사로를 말하며 일반적으로 좌우 대칭됨)로 통하는 문은 쌍판문(板门)이다. 문 앞에는 모두 답답(踏跺, 중국 고대 건축물의 계단으로 일반적으로 벽돌이나 돌로 만들어지며, 기대와 실외 바닥 사이에 놓임)가 만들어져 있다. 성루는 중첨무전식(重簷庑殿顶) 지붕으로 되어 있고, 하층은 단교단앙오채두공(单翘单昂五踩斗拱)로 되어 있으며, 들보(梁枋) 사이에는 묵선대점금(墨线大点金, 청나라 때 선자채화의 방법 중 하나) 수법으로 그린 선자채화(旋子彩画)가 장식되어 있다. 윗 처마에는 파란색 바당에 유금동자(鎏金銅字) 만한문(满汉文)으로 '선우문'이 새겨져 있고, 윗부분은 황색 유리기와가 덮여 있다. 그리고 천정에는 금련수초(金莲水草) 도안이 그려져 있고, 바닥은 금벽돌이 깔려 있다.

선우문(神武門)은 궁궐의 일상적인 출입을 위한 중요한 문이었다.

명·청시기 2대의 황후가 친잠례(亲蚕礼)를 할 때 선우문을 사용했고, 청나라 황제도 러하(熱河)나 원명원에서 환궁할 때 이 문을 통해 입궁했으며, 또한 후비와 황실 사람들이 궁궐을 드나들 수 있는 전용문이었다. 황제가 순행하면 우문(午門)을 이용하여 궁을 나갈 수 있지만, 수행(随行) 정실과 첩실은 반드시 선우문을 이용해야 했다. 청나라 때 수녀(秀女)를 뽑을 때 선우문은 팔기수녀(八旗秀女)를 궁중으로 데리고 들어오고 나가기 위해 반드시 거쳐야 했던 황성의 대문이었다.

선우문 바로 맞은편은 징산으로 베이징성 전체에서 가장 높은 곳이다. 징산은 역사가 유구하다. 금나라 대정 19년(1179년)에 장종(章宗)이 이곳에 작은 언덕을 쌓았다고 전해지는데, 이것이 가장 초기의 징산이다. 원나라가 베이징을 수도로 삼은 후, 원세조 쿠빌라이는 대도를 건설할 때 황궁의 중심 건축물인 옌춘거(延春阁)를 토산의 남쪽에 짓고 '칭산(靑山)'이라 이름을 붙였고, 또 칭산에 꽃과 나무를 심어서 황가의 후화원으로 삼았다. 원나라를 멸망시킨 후, 명나라 통치자들은 원나라 대내(大內)의 궁궐을 모두 헐어 버리도록 명함으로써 전조의 왕기(王氣)를 없애려고 했다. 영락 연간에 명성조 주체는 베이징에 대규모로 성, 궁전, 원림을 건설했다. "창룡·백호·주작·현무, 천지사령(天之四矦), 이정사방(以正四方)"의 원리에 따라 자금성 통쯔강(筒子河)과 태액지를 파고 난하이해(南海)에서 파낸 흙으로 '칭산'을 쌓아 올려 '완쉐이산(萬歲山)'이라고 하는 다섯 개의 봉우리를 조성했다. 청나라 순치 12년(1655년)에 완쉐이산을 징산으로 개칭했다. 징(景)은 높다는 뜻인데 이는 『시경(時經)』의 『국풍·랑풍·정의 방중(國風·鄘风·定之方中)』에 있는 "초나라를 멀리 바라보면 궁궐과 비슷하고, 도성이 있는 언덕도 높고 장관이다.(望楚与堂,景山与京)"에서 연원한 것으로 이러한 해석은 삼백여 년이라는 역사가 있다. 건륭제는『어제백탑산총기(御制白塔山总记)』에서 "궁궐의 천연 장벽을 징산이라고 한다(宮殿屛展則曰景山)"는 문구를 써서 징산을 황궁의 장벽으로 비유했다. 건륭 16년(1751년)에 징산의 다섯 봉우리에 각각 한 개의 불정(佛亭)이 지어졌는데, 그중에서 가장 큰 것은 중봉의 완충정(萬春亭)이다. 다섯 개의 불정에는 모두 구리로 만든 불상이 있었는데, 다섯 개의 정자는 징산 꼭대기에 그대로 서 있으나 불상은 안타깝게도 역사의 재앙에 훼손되었다. 현재 징산공원은 부지 면적이 약 23ha이고 주봉의 높이가 47.5m이다. 징산 남문을 들어서면, 정면에 웅장한 조형의 치왕루(绮望楼)가 있다. 건륭제 14년(1749년)에 세워진 이 누각은 산을 등지고 북쪽과 남향으로 앉았으며 황색 유리기와의 헐산정, 중루(重楼)중첨식(重簷式)으로 되어 있고, 면의 폭은 5간, 깊이는 3간이다. 윗 처마는 단앙삼채두공(单昂三踩斗拱)에 명간(明間)에는 만한문(滿漢文)으로 '치왕루(绮望楼)'라는 글자가 새겨져 있는 편액이 걸려 있고, 아랫처마는 단앙오채두공(单昂五踩斗拱)으로 되어 있다. 앞에는 복도가 있고 정두공(丁头拱, 들보 아래에 있는 반쪽) 작체(雀替, 기둥의 상단에 올려져 기둥과 함께 상부의 압력을 받는 물건)와 선자채화(旋子彩画, 중국 고대 건축에 그린 채색화의 일종)로 그려져 있다. 사방에 한백옥 돌난간이 둘러 쌓여 있고, 북, 동, 서의 삼면의 담장 아래 돌로 되어 있는 대기 위에는 원래 흙으로 만든 조형물이 있었는데, 이곳은 역대 황제들이 공자의 위패를 모시던 곳이다. 징산공원에는 거의 만 그루의 다양한 나무가 있다. 관먀오정(观妙亭) 동쪽 산비탈에는 홰나무(槐树)가 있어 특히 관광객들의 발길을 붙잡고 있는데 명나라 마지막 황제인 숭정(崇禎)이 이 나무에 목을 매 죽었다고 전해진다.

징산첸가 근처에는 황가 어용 도관인 따까오셴전(大高玄殿)이 있다. 베이징시 시청구 징산첸가 북쪽(징산서길 23번지)에 위치하고 있는 따까오셴전은 따가오전(大高殿) 또는 따까오원전(大高元殿)이라고도 불리며, 명·청시대 황가 어용 도관이다. 따까오셴전의 세 대문이 나란히 있어 흔히 '싼쭤문(三座门)'이라고도 불리며, 자금성 서북쪽의 각루와 거리 하나 사이에 두고 마주하고 있다. 명나라 가정 21년(1542년)에 세워질 당시 사람들은 "비용이 수억에 달한다(工费以亿万计)"라고 했는데, 대전을 짓는 데 사용된 목재는 쓰촨(四川), 호광(湖廣) 등 지역에서 실어 온 것으로 명나라의 도교와 황권이 긴밀하게 연결되어 있었던 사실을 보여 주는 대표적인 증거가 되었고, 중국에 현존하는 유일한 황실 도교 건축군이다. 후에 여러 차례 중수되었으며, 명·청 시대 최고의 규격을 지닌 황가 도관이다.

따끼오셴전의 역사는 명나라의 '도사황제(道士皇帝)' 명세종 주후총(朱厚熜) 즉 가정제(嘉靖帝)로 거슬러 올라간다. 가정제의 총신 하언(夏言)은 시에서 다음과 같이 표현했다. "우뚝 솟은 셴전 위로 연기가 피어오르니 궁궐 안의 촛불이 환하게 빛나는데, 특히 타이이탄(太乙坛)에서는 더욱 그러하다.(炉香缥缈高玄殿, 宫烛荧煌太乙坛)" 이는 가정제와 신하들이 따까오셴전에서 밤낮으로 신불에게 기도하는 모습을 형상화한 시구이다. 따까오셴전은 옥황상제와 삼청(옥청[玉淸], 상청[上淸], 태청[太淸])상을 모시고 있어 존귀하게 여겨지고 많은 사랑을 받고 있다. 『명세종실록(明世宗实录)』에 따르면 동지대사(冬至大祀), 납절보풍(腊节报丰), 기세길전(祈岁吉典), 춘기추보(春祈秋报), 계록반은(启箓返恩), 감우응기(甘雨应祈), 만수절신정초전(万寿节元旦醮典) 및 영은(迎恩), 연생(延生) 등 의식이 있었는데, 특정한 장소나 의식에서는 그 어떠한 경우에도 가정제가 직접 기도에 참여할 정도로 불교에 빠져 있었음을 보여 주고, 또한 따까오셴전의 위상을 방증하고 있다. 따까오셴전의 상이궁(象一宮)에 모셔져 있는 '상일제군(象一帝君)'은 "범금(范金) 등에 의해 조각되었고 높이가 한 자 정도되는데 이는 바로 세조묘(世祖廟)에 봉안된 황제 가정제의 어용(御容)을 상징한다.(范金 为之, 高尺许, 乃世庙玄修之御容也)" 즉 가정제의 용모에 따라 조각되었다.

청나라 황제는 초하루와 보름이 되면 항상 따까오셴전에 가서 향을 피우고 예를 올렸다. 특히 가뭄이나 큰 홍수가 나면 이곳에서 하늘에 제사를 지내고 비를 비는 등의 행사를 해야 했다. 강희 연간에 현엽(玄燁)이라는 강희제의 이름을 피해 '따까오원전(對高元殿)'으로 개칭되었다가 후에 다시 '따까오전'으로 이름을 바꿨고, 다양한 도장(道场)을 개최했다. 청나라 궁중문서에는 따까오셴전이 옹정 8년(1730년), 건륭 11년(1746년), 가경 23년(1818년)에 대대적으로 중수되었다고 기록되어 있다.

남향으로 앉은 따까오셴전은 현재 따까오셴문(大高玄门), 꾸루(鼓楼), 종루(钟楼), 따까오셴전 및 동서 배전, 주텐완파레이탄

▷ 따까오셴전의 모습

(九天万法雷坛) 및 동서 배전 그리고 쳰위안거(乾元阁), 사면에 둘러 쌓인 성벽 등 10개의 고대 건축물이 보존되어 있다. 옹정 8년(1730년)에 중수되었고 난패루(南牌樓)를 증축했다. 대전의 패방은 굵은 녹나무 기둥을 사용했는데, 기둥이 땅속에 깊이 묻혀 있어 지주(支柱)를 사용하지 않았으므로 베이징에는 "따까오셴전의 패방은 의지할 데가 하나도 없다(大高玄殿的牌坊无依无靠)"라는 헐후어(歇後語, 숙어의 일종으로 대부분이 해학적이고 형상적인 어구로 되어 있음)가 전해지고 있다. 따까오셴전은 100년 동안 대대적인 보수공사를 거치지 않았는데, 채색화와 창문은 거의 모두 청나라 말기에 마지막으로 복원한 것이다. 황색 유리기와에 중첨 무점정(廡殿頂, 고대 중국 옥상의 일종 형식)으로 되어 있는 청나라 건축의 특색 본연의 모습 그대로 보존하고 있는 곳은 베이징 심지어 중국 전역에서도 매우 드물다고 하겠다.

역대 제왕묘는 시청구(西城區) 부성문대가(阜成門大街) 131번지에 위치하고 있으며, 명·청시기 황실에서 삼황오제와 역대 제왕에게 제사를 지내는 장소로 처음에는 금릉(金陵, 지금의 난징)에 지었다가 베이징에 별도로 지어졌다. 명·청시기에 걸쳐 여러 차례 보수되었으며 전국에서 유일하게 현존하는 역대 제왕묘이다. 부지는 21,500m2이고 건축면적은 6,000m2이며, 전체적인 배치가 웅장하여 황가묘의 존귀함과 기개를 보여 주고 있으며, 중국에서 보기 드문 우수한 고대 건축물이다. 1996년에 국가중점문화재보호단위로 지정된 역대 제왕묘의 문화재적 가치는 주목할 만하다. "역대 제왕묘의 뼈대는 명나라의 것이고, 옷은 청나라의 것이다"라고 하는 학자도 있는데, 안에 있는 징더총셩전(景德崇聖殿), 징더문(景德門), 동서 배전(配殿), 묘문(庙門), 동쪽으로 가로질러 있는 신주(神厨), 신고(神庫), 재생정(宰牲亭) 및 묘 앞에 있는 조벽(照壁)은 모두 명나라 가정 연간에 지어진 구조에서

▷ 따까오 현전건원각(玄殿乾元閣) 윗층에 모셔져 있는 감실과 조정(藻井, 건축용어로서 장
  식적인 천정의 총칭)

바뀌지 않았다. 또한 두공(斗拱), 천정, 채화 등에도 명나라 건축물의 원형이 남아 있다. 더욱 주목할 만한 것은 명나라에서 청나라에 이르기까지 역대 제왕묘는 통일된 다민족 국가의 제왕 제사 체계가 지속적으로 공고히 정비되는 과정을 함께했다는 것이다. 1644년에 청나라가 베이징에 입성하자 순치제는 명태조 주원장(朱元璋)의 위패를 제왕묘에 모셨다. 이듬해에는 봄과 가을에 두 번씩 제왕묘에서 제사를 지내도록 규정하여 원세조 쿠빌라이 등의 신위를 회복하고 요나라 태조 야율아보기(耶律阿保机), 금나라 태조 완안아골탑(完顔阿骨打), 금나라 세종 완안옹(完顔雍), 원나 태조 칭기스칸(成吉思汗) 등의 신위도 추가했다. 이로써 역대 제왕은 15명에서 21명으로 늘었고, 역대 명신도 27명에서 41명으로 늘었다. 강희제는 역대 제왕묘에 선정되는 기준이 합리적이지 않았기 때문에 "조묘에서 자녀의 지위가 조상보다 낮거나 신하의 지위가 군주보다 낮다"고 하면서 재위했던 제왕 중 무도하게 시해되었거나 망국의 주인을 제외하고는 모두 제왕묘에 모셔져야 한다고 주장했고, 후에 명나라 숭정(崇禎)이 망한 것은 그 선대의 탓이지 숭정은 큰 과실이 없다며 "민제(愍帝)는 망국의 군과 함께 논해서는 안 된다", "만력(萬曆), 태창(泰昌), 천계(天啓) 3군은 제왕묘에 모셔져서는 안 되고, 그 역대 현인과 공신, 사회에 공을 세운 사람들은 제왕묘에 모셔져야 한다."고 했다. 옹정제가 즉유하자 제왕을 164명으로 늘렸고 신하도 79명으로 늘었다. 건륭제 때에 와서 여러 번 조정한 후 동진(東晉), 남북조(南北朝), 당(唐), 오대(五代), 금, 명 등 시기 26명의 제왕을 제왕묘에 추가하여 총 188명으로 확정되었다. 그중에는 진시황과 수양제(隋煬帝)는 제외되었고, 위무제(魏武帝) 조조(曹操)는 제왕에 포함되지도 않았으며, 명신과 양장(良將)의 대열에도 없었다. 명·청 시기에는 제왕묘에 들어 갈 제왕을 선정할 때,

그 시기의 특정 기준에 근거하여 폭군인 진시황과 수양제, 간신 조조를 별책에 넣었음을 알 수 있다. 건륭제 때 제왕묘를 중수한 다음 한족이든 소수민족이든 제왕묘에 자리가 있었던 것으로 이는 중화 다민족 통일 국가에 대한 모든 민족의 공로를 확인시켜 주었다. 건륭제는 또한 특별히 증사(增祀, 제사 의식에서 제사의 대상이나 내용을 추가하는 것을 말하며, 일반적으로 더 많은 경의를 표하거나 특정 공적을 강조하기 위해 사용됨)와 관련하여 다음과 같은 글을 남겼다. "천하의 권력은 온 천하의 사람들에게 속하는 것으로 특정지역이나 계층의 사유물이 아니다. 순(舜)은 동이(东夷)부족을 다스리고 문왕은 서이(西夷)부족을 다스리는데 어떻게 동서를 분리할 수 있겠는가?(夫天下者, 天下人之天下, 非南北中外所得私. 舜东夷, 文王西夷, 岂可以东西别之乎也?)" 이 글에서는 베이징 역대 제왕묘의 중대한 역사적 가치를 충분히 보여 주고 있다.

▷ 역대 제왕묘

3. 사찰문화의 전승

차오푸로(朝阜路)의 사찰에는 베이징시에서 가장 대표적인 사찰문화의 특징이 집중되어 있다. 다츠옌푸궁(大慈延福宮), 광지사(广济寺), 바이타사(白塔寺), 룽푸사(隆福寺)는 서로 다른 시기에 지어졌지만 도교궁관(道教宮观)이든 불교사원이든 그 흥망성쇠의 변화가 당시의 시대적 발전과 긴밀히 연결되어 있는 것으로 특정시기의 낙인이 깊게 찍혀 있다.

다츠옌푸궁 건축 유물 : 동청구 조양문대가 225번지에 위치하고 있으며, 흔히 "싼관묘(三官廟)'라 불리는 도교 건축물로 원나라 태묘 유적으로 알려져 있으며, 명나라 성화 17년(1481년)에 칙명을 받들어 지어졌고 이듬해에 완공되었다. 위치는 동스파이로(東四牌路) 동쪽, 조양문대가 북쪽이고, 절에는 천관(天官), 지관(地官), 수관(水官) 등 삼신을 주로 모시므로 흔히 '싼관묘'라고 한다. 이 사찰이 지어진 이후 명헌종(明宪宗)은 비문을 써서 사찰의 건립 연유와 건축 규제에 대해 기술한 바 있다. 명·청시기에 베이징성 안팎의 많은 '싼관묘' 중 다츠옌푸궁이 가장 컸다. 사원은 정원과 동다오원(东道院)으로 이루어졌고 전체적인 배치가 정연하고 기세가 웅장하다. 중축선을 따라 남에서 북으로 산문(山门, 절의 대문), 다츠옌푸전 등 주요 건축물들이 차례로 배치되어 있다. 산문은 문동이 7개이고, 검정색 유리 기와, 헐산 경산식 지붕에 녹색 테두리로 되어 있다. 산문에 들어서면 종루(鍾樓)와 꾸루(鼓樓)가 동서 양쪽에 지어져 있다. 북쪽으로 더 가면 대전이 3간 있다. 대전을 지나면 본전인 다츠옌푸전인데 면폭이 5간이고, 사방이 복도이며, 그 뒤에는 호랑이 꼬리 모양의 포하(抱厦, 뒤채)

가 있는데 이는 일반 고대건축에서 보기 드문 것이다. 다츠옌푸전 앞 뒤, 좌우에는 비정(碑亭)이 하나씩 지어져 있다. 서배전은 파산전(法善殿), 동배전은 바오전전(葆真殿)이라고 하는데 모두 검정색 유리기와 지붕으로 되어 있다. 마지막으로 마당에는 세 개의 전우가 나란히 지어져 있는데 가운데는 쯔웨이전(紫微殿)이고 면폭이 5간이며 좌우에 각각 귀방(耳房, 건물의 모퉁이에 있는 방)이 하나씩 달려 있고, 서쪽은 칭화전(清华殿), 동쪽은 칭전(青殿)으로 면폭이 모두 3간으로 되어 있으며, 총 11간으로 모두 검정색 유리기와에 헐산 경산식 지붕으로 되어 있다. 건축물들이 독립적이면서도 연쇄적이어서 마당이 유난히 탁 트여 보일 뿐만 아니라, 핵심 건축물의 웅장한 기세도 돋보인다. 동다오원(東道院)에는 3개의 전우가 남에서 북으로 따로 지어져 있다. 전전은 이미 철거되어 고증할 방법이 없다. 중전은 통밍전(通明殿)으로 면폭이 3간이고, 후전은 옌쭤바오전(延座宝殿)인데 중전과 후전은 모두 검정색 유리기와에 헐산 경산식 지붕으로 되어 있다. 민간에서는 다츠옌푸궁 안에 우물이 있다는 전설이 있다. "우물은 단맛과 쓴맛 두 가지 맛이 나는데, 단맛은 매우 맑고 쓴맛은 떫고 마시기 힘들어 1정 2수라고 한다." 우물은 이미 매몰되어 고증할 방법이 없다. 대전마다 벽화와 조정, 그리고 매우 큰 목조 불상이 모셔져 있다.

1950년대부터 다츠옌푸궁 옛터에 2개의 부서가 청사를 지었기 때문에 다츠옌푸궁의 건물 대부분은 철거되고 비석도 남아 있지 않으며 동원의 통밍전, 옌쭤바오전 및 일부 서채만 남아 있다. 사찰 꼭대기의 감실과 조정은 보존이 완전하고 조각이 정교하며 용두가 손상된 것 외에는 대부분 잘 보존되어 있다. 1998년에 옛터를 차지한 부서는 후전의 옌쭤바오전과 중전의 통밍전을 중수했다. 1990년 2월 23일에 베이징시 인민정부는 "다츠옌푸궁 건축 유물"을 베이징시문화재보호단위로 지정했다.

광지사 : 시청구 부성문대가 25번지에 위치하고 있으며 현재 중국불교협회가 위치한 곳으로 2006년에 국가중점문화재보호단위로 지정되었다. 오랜 역사를 가지고 있는 광지사는 금나라 때 수도(지금의 베이징) 북쪽 교외에 있던 시류춘사(西刘村寺)가 그 전신으로 원나라 말기에 전쟁으로 소실되었다가 명나라 때 다시 원래 자리에 재건했다. "성화병술(成化丙戌, 1466년) 봄에 시작하여 갑진(甲辰, 1484년) 여름에 완공되었다" 20여 년이라는 시간이 걸렸다. 명헌종은 '칙사홍자광지사(敕賜弘慈广济寺)'라는 편액을 하사했다. 만력 12년(1584년), 강희 33년(1694년)에 광지사를 증축한 바가 있고, 강희 38년(1699년)에 보수되었다. 청나라 말기에 광지사에서 홍자불학원(弘慈佛學院)이 흥행하여 100명이 넘는 승려가 있었다. 이 시기에 광지사는 경성에 여러 개의 하원(下院)이 있을 정도로 성황을 이루었다. 중화민국시기에는 두 차례의 큰 화재가 있었고, 1935년에는 명나라 건축구도에 따라 재건되었으며, 1952년, 1972년, 2000년에는 세 차례의 대규모 보수공사를 했다. 현재는 기본적으로 명나라 전성기의 건축구도를 유지하고 있다.

광지사에는 많은 보물이 소장되어 있다. 사찰의 장경각(藏經閣, 즉 사리각(舍利閣))에는 국제 불교 지인들이 기증한 갖가지 아름다운 진품이 소장되어 있어 이루 다 헤아릴 수 없다. 그중 백석조각불상(白石雕佛像)이 하나 있는데, 이는 1979년에 스리랑카 프레마다사(Sajith Premadasa) 총리가 중국을 방문했을 때 기증한 것으로 스리랑카의 유명한 대형 석불의 수진(袖珍, 소매 속에 넣고 다닐 수 있을 만 한 작은 크기) 복제품이라고 한다. 그리고 높이 약 70cm, 너비 약 20cm가 되는 황마(黃麻)와 비슷한 색깔을 띤 60만 년 전의 고대 화석이 소장되어 있는데 이는 세상에서 드문 보물이다. 사리탑(舍利塔)는 1955년부터 1964년까지 링광사의 '불아사리'를 봉안했는데 현재는 장경각으로 바뀌었고, 불교 경서 10만여 권과 방산 윈쥐사 석경탁편(拓片, 비문의 석각, 청동기 등의 유물의 모양과 그 위의 글자와 도안을 탁본한 종이조각을 말함)을 소장하고 있으며, 특히 송(宋)나라와 명나라 때 혈경(血经)이 귀중한 보물이다. 장경각에는 또한 1721년부터 1753년 사이에 간쑤성(甘肅省) 린탄현(临潭县) 쥐니사(卓尼寺)에서 조판인쇄(雕版印刷)한 티베트어『대장경(大藏經)』이 231포(包) 소장되어 있는데, 이는 진귀한 판본이다. 사리각 마당에는 네모난 항아리(方缸)가 있는데 이는 유일무이한 불교유물이다. 이 항아리는 원나라의 유물로 노란색에 녹색이 섞여 있으며 일반적으로 '산위칭(鳝鱼青)'이라고 부른다. 항아리 구멍둘레는 87cm, 밑 둘레는 85cm, 높이는 63cm로 도자기이다. 항아리의 크기와 비율은 황금 분할에 가깝고 모양이 아름다우며 고풍스럽다. 광지사에는 제탄원(戒坛院)이 있다. 뜰의 정전은 제탄전이고 걸려 있는 편액에는 '싼쉐당(三学堂)'이라고 적혀 있다. 싼쉐당이라는 편액은 불교용어인 삼학(三學), 즉 불교를 배우는 사람으로서 반드시 지켜야 할 세 가지 기본 내용인 계(戒)·정(定)·혜(慧)에서 따온 것이다. 이 삼학은 출가자가 반드시 이수해야 하는 가장 기본적인 세 가지 내용이며 중화민국 시기 홍자불학원의 교육적 취지이기도 하다. 싼쉐당에는 청나라 강희 36년(1697년)에 만들어진 계단(戒壇)이 있는데 현재도 잘 보존되어 있다. 이는 광지사에서 가장 오래된 건축물이다. 베이징성 안의 많은 사원들 중에서 광지사만이 이 정도 규모의 계단(戒壇)을 가지고 있어 이 지역의 일절(一絶)이라고 할 만하다.

먀오잉사(妙应寺): 시청구 부성문대가 171번지에 위치하고 있으며, 당시 원나라에 입사한 네팔 장인 아니고(Anigo, 원나라의 건축사, 조각가, 공예미술가)의 주도로 8년간의 공사를 거처 원나라 지원 16년(1279년)에 완공되었고, 곧 부처님의 사리를 탑에 안치하게 되었다. 이 사원은 티베트 불교의 격루파(格鲁派) 사원이다. 백탑(白塔)은 중국에서 가장 오래되고 규모가 큰 라마탑으로 정식 명칭은 석가사리 영통보탑(釋迦舍利灵通宝塔)인데 전체가 하양기 때문에 흔히 백탑라고 부르고, 먀오잉사도 따라서 백탑사라고 부르는 것이 일반적이다. 백탑은 벽돌구조의 복발식(覆钵式) 탑으로 기단 면적은 810m2, 관통 높이는 50.9m이며 탑기, 탑신, 상륜(相轮, 오중탑의 옥근[屋根]의 금속 부분의 통칭으로 탑찰의 주요 부분을 일컬음), 화개(华盖) 및 탑찰로 구성되어 있다. 원나라의 비문은 백탑을 다음과 같이 묘사하고 있다. "크고 화려하지 않으면 존엄성을 보여 줄 수 없고, 웅장하지 않으면 천하를 굴복시킬 수 없다.(非巨丽, 无以显尊严. 非雄壮, 无以威天下.)", "그 건축기술의 정교함은 고금에 비할 바가 못 된다.(制度之巧, 古今罕有.)" 명나라 장일규는 『창안객화(长安客话)』에서 "진귀한 방울이 바람에 은은하게 울리고, 금빛 꼭대기에 햇살이 비친다.(珍铎迎风而韵响, 金页向日而光辉)"라는 시구를 써서 백탑의 모습을 묘사했다. 『(강희)완핑현지(宛平縣志)』에는 "백탑 아래는 풍성하고 위는 날카로우며 겹겹이 죽순이 솟아 있는 듯하다. 백탑은 독특한 모양을 가지고 있다. 바닥은 뾰족한 모양을 하고 어깨는 마치 거꾸로 된 사발처럼 풍만해 보인다. 어깨 윗부분은 높고 곧게 솟아 있으며, 목은 구리로 된 접시로 덮여 있고, 접시에는 작은 동탑(銅塔)이 있으며, 전체적으로 새하얀 색을 띠고 있다.(白塔下丰上锐, 层层笋拔也. 白塔独否. 其足则锐, 其肩则丰, 如钵之倒垂然. 肩以上长(项)矗空, 节节

而起, 项覆铜盘, 盘上又有一小铜塔, 通体皆白 .)"라고 기록하고 있다. 이 문구는 백탑의 색다른 모습을 생생하게 묘사해주고 있다. 1978년에 백탑을 보수하는 과정에서 건륭 연간에 탑찰 안에 보관된 『석가모니설법도(释迦牟尼说法图)』등 귀중한 유물이 발견되었다.

롱푸사(隆福寺) : 동시삐이대가(东四北大街) 서쪽에 있는 롱푸사는 명나라 경태(景泰) 3년(1452년)에 지어졌고 현재는 이미 유명무실해졌다. 『일하구문고·명경제실록(日下旧闻考·明景帝实录)』에는 "경태 3년 6월에 다롱푸사(大隆福寺)를 지으라고 명하여 만 명의 노동력을 동원했다. 내시인 상의, 진상, 진근과 공부 좌시랑 조영동(赵荣执)이 주관했다. 윤달 9월에 이르러 승방을 증축했고, 4년을 거쳐 3월에 공사가 드디어 끝났다.(泰三年六月, 命建大龙福寺, 役夫万人. 以太监尚义·陈祥·陈谨, 工部左侍郎赵荣董之. 闰九月添造僧房, 四年三月工成.)" "(롱푸사는) 명나라 경태 3년에 시작되어 1년여 만에 완공되었다.(肇建于明景泰三年, 逾岁而毕工.)"고 기록되어 있다. 남향으로 앉은 이 거찰은 동서 면폭이 5간, 남북의 깊이가 100m에 달하는데, 첸량(钱粮)골목까지 닿고 있다. 사찰 안의 건축물은 좌, 중, 우의 세 갈래로 나뉘어서 지어 졌다. 가운데는 정전이고 남쪽에서 북쪽으로 차례로 산문, 천왕전, 사자전(释迦殿), 완산정줴전(万善正觉殿), 피루전(毗卢殿)과 다파전(大法殿)이다. 사자전은 롱푸사의 핵심 건축물로 석가 3세불을 모신 곳이다. 한백옥석 난간으로 둘러싸인 3층으로 된 기초석(台基) 위에 세워졌기 때문에 당시 사람들은 모두 '란깐전(栏杆殿)'이라고 불렀다. 높고 웅장하며 의젓한 사자전은 궁궐 못지 않으며, 불교사원 건축물 중에서 최고봉이라고 할 만하다. 『제경경물략(帝京景物略)』에서는 다음과 같이 묘사하고 있다. "절 안의 돌난간은 모두 흰색의 석재로 되어 있고, 전당을 둘러싸고 오르내리는 계단으로 연결되어 있다. 창문을 둘러싸고 있는 난간, 바닥이 평평하지만 높지는 않고 새벽에 땅에 닿지 않고 해가 뜰 때에도 하늘을 볼 수 없다. 이는 모두 남내상봉등전(南内翔凤等殿)의 돌난간 양식에서 따온 것이다. 그중 전당 안에 있는 조정은 서양양식에 맞게 제작되었으며, 팔부천룡(八部天龙)을 묘사하여 하나의 화장계(华藏界)의 정경을 그대로 표현했다.(白石台栏, 周围殿堂, 上下阶陛, 旋绕窗栊, 践不籍地, 曙不因天, 盖取用南内翔凤等殿石栏杆也. 殿中藻井制本西来, 八部天龙, 一华藏界具.)" 많은 사람들이 명성을 듣고 찾아 와서 란깐전을 관람하는 것을 행운으로 여기고 있다. 난깐전은 롱푸사의 명승지가 되었다. 롱푸사의 전당은 대부분 검은색 유리기와에 녹색 테두리 헐산식이나 무전식 지붕으로 되어 있다. 검은색 유리기와로 지붕을 덮는 것은 명나라 때 황제의 명을 받들어 지은 사원의 중요한 특징인데, 검정색 유리기와는 당시 관요(官窑)에서만 구울 수 있었던 것으로 실제 응용적 가치는 극히 제한적이었다. 롱푸사에서 검정색 유리기와를 대량으로 사용했다는 것은 건축자의 권세가 대단했다는 사실을 의미한다. 경태 8년(1457년)에 '탈문지변(夺门之变)' 이후 영종(英宗)이 복유하면서 롱푸사는 경제의 명으로 세워진 사원이라는 이유로 외면당했다. 청나라 옹정 원년(1723년)에 옹정제가 우연히 이 절을 지나다가 고찰이 많이 훼손된 것을 보고 한탄하며 자금과 자재를 적극 지원하고 장인들을 모아 산문을 다시 짓고 보방(宝坊)을 재건하여 이 절에 새로운 활력을 불어 넣었다. 개축된 롱푸사는 "앞뒤에 5개의 대전, 동서에 2개의 곁채를 증축하고 오래된 건물을 모두 새롭게 단장하며 채색화로 장식했다. 사원은 새롭게 변모하여 장엄한 분위기가 더해졌고 불상 또한 다시 장엄한 모습을 되찾았다." 그 후 옹정제의 어서(御书)로 전루전(真如殿)의 편액인 "자천광복(慈天广覆)", 건륭 11년(1746년)에 쓴 건륭제의 어서 "법경심종(法镜心宗)", "상락아정(常乐我净)"이 롱푸사에 걸렸고, 이로써 롱푸사는 마침내 황실의 관심을 받으며 조정의 향화원으로서의 영광을 회복하게 되었다. 옹정 9년(1731년)에 롱푸사는 다시 중수되었다. 광서 27년(1901년) 10월 22일에 롱푸사의 종루, 꾸루, 웨이퉈전, 다숑바오전이 화재로 소실되었다. 밤샘을 하던 라마가 제사상 앞에서 잠이 들어 불상 앞의 등불을 넘어뜨리는 바람에 휘장에 불이 붙어 화재가 났다는 전설이 전해진다. 화재로 소실된 이후 롱푸사는 복구되지 못하고 줄곧 폐허로 남아 있었다. 비록 사원은 남아 있지 않지만, 롱푸사 묘회는 명성이 자갑하며, 더욱 주목할 만한 것은 롱푸사의 명칭도 오래도록 쇠퇴하지 않고 있다는 점이다.

4. 문화 거장의 역사적 흔적

시청구 부성문(阜成門)대가 궁문 앞 2조(條) 19번지에 위치하고 있는 루쉰(鲁迅)의 생가는 루쉰이 1924년 5월부터 1926년 8월까지 베이징에 머물렀던 곳이다. 1979년에 이곳은 베이징시문화재보호단위로, 2006년에는 국가중점문화재보호단위로 지정되었다. 루쉰은 1923년 10월 30일 일기에서 다음과 같이 기록하고 있다. "부성문 안에 도착해 집 세 채를 둘러 본 끝에 21호 문패의 방 여섯 개 옛집을 사기로 했는데 800원으로 흥정했다. 인테리어를 확인하고 측량을 마친 뒤 예치금 10원을 지불했다.(至阜成门内三条看屋, 因买定第廿一号门牌旧屋六间, 议价八百, 当点装修并丈量讫, 付定泉十元.)"루쉰은 바로 이곳에서 『야초(野草)』, 『화개집(华盖集)』의 전부와 『화개집속편 (华盖集續編)』,

『방황(彷徨)』, 『조화석습(朝花夕拾)』, 『무덤(坟)』 중 일부를 완성하고 200여 편의 작품을 번역했다. 현재 루쉰의 생가는 루쉰 박물관으로 개조되어 루쉰을 기리는 성지가 되었다. 각각 400㎡가 되는 서막홀(序幕廳)과 전시장은 지상과 지하에 설치되었고, 전시장 남쪽에는 넓은 녹지가 대문 북쪽까지 펼쳐져 있으며, 녹지의 중심에는 루쉰 동상이 있다. 박물관은 현재 1.08ha를 차지하고 건축 면적이 8,400m2이다. 2003년, 2007년, 2010년에 루쉰박물관에 루쉰의 생애에 큰 영향을 미친 헝가리 애국 민족시인 페퇴피 샌더(Petofi Sandor), 스승 후지노 겐큐로선생(ふじの げんきゅうろう), 미국 기자 아그네스 스메들리(Agnes Smedley)의 동상이 세워져 있다. 루쉰 박물관이 수집・보존하고 있는 루쉰 문물과 루쉰 관련 연구자료 등은 현재 중국에서 가장 많다. 여기에는 1956년에 쉬광핑(许广平)이 기증한 다량의 루쉰 원고, 묵적(墨迹), 일기, 서신 및 장서 전부가 포함된다. 전시실에는 수많은 사진, 그림, 실물이 전시되어 있는데 부지런하고 열심히 공부해 온 루쉰의 일생을 생생하게 보여 주고 있다. 또한 그의 모든 저서, 일기, 서신, 번역문, 루쉰이 일본에 유학했을 때 후지노 선생이 직접 수정한 의학 노트, 루쉰이 베이징에서 가르칠 때 사용한 강의 노트와 수필 도구 및 그가 소장하고 편집한 목판 화집, 그의 손 글씨로 쓴 족자 "매서운 눈초리로 대중의 질책에 맞서며, 기꺼이 머리 숙여 백성들의 소가 되리라(横眉冷对 千夫指，俯首甘为孺子牛)"라는 글, 그리고 붓, 안경, 옷과 모자 등 일부 일상용품도 전시되어 있다.

5. 역사의 전승을 담고 있는 건물

베이징대학교 홍루(紅樓) : 동청구 오사가 29번지에 위치하고 있는 홍루는 1961년에 국무원에서 국내 최초의 국가중점문화재보호기관 중 하나로 지정했다. 홍루는 원래 베이징대학교에서 가장 처음으로 지은 곳이다(第一院). 1916년에 베이징대학교 총장 후런원(胡仁源), 예과학장(预科学长) 쉬충친(徐崇欽)은 비국(필리핀)의품공사(比国仪品公司)와 대출계약을 체결하여 외화 20만 위안을 빌려다가 원래 한화원(汉花园) 학생 기숙사 동쪽에 예과학생 기숙사를 지었다. 1917년 9월에 붉은 벽돌로 지은 5층짜리 빌딩이 우뚝 섰는데 건물의 벽체와 지붕이 대부분 붉은색이었으므로 '홍루'라고 불렸다. 남향으로 앉은 홍루는 '공(工)'자 모양으로 되어 있으며, 지하실까지 총 5층이다. 붉은 기와지붕은 몸집이 크고 높으며 동서 면폭이 100m, 본체 깊이가 14m이며, 동서쪽에 있는 날개는 남북 길이가 모두 34.34m이고, 총면적이 1만m2이며, 벽돌과 목조 구조로 되어 있고, 건축양식은 단순화된 서양의 근대 고전 양식으로 되어 있다. 1919년에 '5·4운

▷ 베이징대학교 홍루

동‘이 발발하여 베이징대학교를 중심으로 한 3,000명 이상의 학생들이 홍루 북쪽의 큰 운동장에서 출발했다. '5·4운동' 이후 홍루 북쪽의 큰 운동장은 애국청년학생들의 모임과 활동의 중요한 장소가 되었으며, 일부 유명한 학생애국운동은 모두 이때부터 시작되었다. 이때부터 이곳은 북방혁명의 활동 중심지가 되었다. 1920년 3월에 베이징대학교 마르크스학설연구회가 비밀리에 설립되어 실제로 북방에서 마르크스주의를 선전하는 중심이 되었으며, 그 구성원은 대부분 '5·4운동'의 중추이자 열성분자들이었다. 10월에는 홍루 도서관 주임실에서 베이징공산당 초기조직이 정식으로 설립되었고, '공산주의 소조'라고 명명했다. 같은 해 말에 이곳에서 또 '공산당 베이징 지부(共产党北京支部)'가 설립되었고, 리다자오(李大钊)가 서기를 맡았다. 1921년에 중국공산당 제1차 전국대표대회가 열렸을 때 베이징의 초기 당 조직은 이미 리다자오, 장궈타오(张国焘), 덩중샤(邓中夏), 뤄장룽(罗章龙), 류런징(刘仁静), 까오쥔위(高君宇) 등 십여 명의 회원을 거느리고 있었는데 그들 대부분은 베이징대학교의 진보적인 교사와 학생이었다.

마오쩌동도 베이징대학교 홍루에서 근무했다. 이 곳에서 마오쩌동은 많은 혁명 청년들을 접했고, 많은 책을 읽을 기회를 가졌으며, 베이징의 명사 차이위안페이(蔡元培), 리다자오, 천두슈(陈独秀), 후스(胡适), 량수밍(梁漱溟) 등의 영향을 많이 받았다. 에드거 스노(Edgar Snow)는 『서행만기(西行漫)』에서 마오쩌동에 대해 소개할 때 "내가 리다자오 밑에서 국립 베이징대학교 사서로 일했을 때, 마르크스주의로 빠르게 발전했다"고 기록하고 있다.

국가도서관 원진(文津) 분관 : 시청구 원진가 7번지에 위치하고 있다. 1984년에 본관인 원진루(文津楼)는 베이징시문화재보호단위로 2006년에는 전국중점문화재보호단위로 지정되었으며, 베이징 최초의 대형 근대도서관 건물로 현재 국가도서관 고적관(古籍馆)으로 사용되고 있다. 국가도서관 원진 분관은 1929년 3월에 착공하여 1931년 6월에 완공되었고, 당시 국립베이핑도서관으로 명명했으며 7월 1일에 개방되어 독자와 만나게 되었다.

국립도서관 원진 분관의 부지 선정, 도서관 건설 등에 있어 관계자들은 많은 심혈을 기울였다. 이 건물은 기능적으로 중국 전통 건축물과 완벽하게 연결시켰다. 본관은 평면이 '왕(王)' 자형으로 되어 있고, 건축 면적은 13,000㎡이다. 남향으로 앉았으며 전루는 높이 5m인 지하 1층, 높이 7m인 지상 2층(동서 날개가 1층에 있음)으로 되어 있고, 각종 열람실로 사용되고 있다. 중루와 후루는 모두 서고로 지상 4층 철근 골조로 되어 있고, 각각의 철근 골조는 프리캐스트 슬래브(precast slab)를 통로로 하여 높이가 거의 2.3m이다. 중루 지하는 1층, 후루 지하는 2층으로 되어 있고 철근 콘크리트 구조이다. 외부조형은 청나라 궁궐식 대전을 본떠 한백옥(漢白玉) 수미좌석 난간에 녹색 유리기와 무전식 지붕으로 되어 있고, 두공(斗拱)과 양방(梁枋)에는 청록색 채색화를 그려 넣었으며, 기둥은 녹색을 입혔다. 전루와 양쪽의 날개는 고급스러운 나무로 만든 문과 창문을 달았고, 중루와 후루는 속이 찬 쇠창살을 설치했다. 『구도문물략(旧都文物略)』에서는 국립베이핑도서관을 이렇게 소개하고 있다. "부지 면적이 76무(畝)를 초과하고 건물이 웅장하며, 가옥과 누각이 넓고 막힘이 없다.(占地七十六亩有余, 门阁壮丽, 室楼轩敞)" 국립베이핑도서관은 당시 극동지역의 가장 선진적인 도서관 중 하나로 꼽혔으며 미국 국회도서관 못지않았다. 국립베이핑도서관을 건설하는 데 들어 간

240만 원이 넘는 은화는 반환된 경자(庚子) 배상금으로 해결했다. 도서관 설립 초기 장서는 송, 원, 명, 청의 4대 왕실 장서를 기반으로 계속 증가했다. 그중에는 사들인 꿰이안현(归安縣) 요근원(姚覲元)의 '지진재(咫进斋)'와 난링(南陵) 서내창(徐乃昌)의 '적학재(积学斋)'에 있는 개인장서도 포함된다. 1916년 4월에 북양정부 교육부는 (향후) 내무부에 접수 및 출판된 모든 도서는 경사도서관에 제출하라는 명령을 내렸다. 국립베이핑도서관은 당시 2회 8부를 설치했었는데 여기에는 전문적인 도서구입위원회가 포함되었다. 여러 가지 노력으로 국립베이핑도서관이 소장하고 있는 서적은 중국어·만문(滿文)·몽문(蒙文)·일문(日文)·서문(西文) 등 40만권 이상, 송·원·명·청 간본(刊本)·사본(寫本)·초본(抄本) 고적 3만권 이상, 금석탁편(金石拓片) 8000여점, 여도(興圖) 8000여폭, 그리고 기탁도서 6,000여종 3만여 권을 소장하게 되었다. 청더(承德)피서산장 원진각의 『사고전서』 등 귀중한 소장품도 포함되어 있었는데, 이는 원진각과 원진 분관이라는 이름이 얻어진 이유이기도 하다. 국립도서관 원분관은 고적의 바다일 뿐만 아니라, 고대 비각, 석조의 집결지이기도 하다. 관내에는 건륭 17년(1752년)에 세운 『건륭상유학습기사국어비(乾龙上谕学习骑射国语碑)』와 건륭 18년(1753년)의 『건륭어제시(乾龙御制诗)』와 건륭 39년(1774년)의 『문연각기(文渊阁记)』 등 비각이 있다. 이밖에도 원명원의 많은 유물이 이곳에 뿌리 내리고 있다. 원진 별관 입구에 있는 한 쌍의 큰 돌사자는 한때 창춘원(长春园) 대동문에서 진을 치고 있었고, 문 앞에 있는 한 쌍의 화표(華表)는 원명원 안유궁 앞에서 옮겨온 것이다. 선인들의 근면함과 지혜가 응축된 유물들이 원진관과 어우러져 있다.

중국지질박물관(中国地质博物館) : 광지사와 마주 보고 있는 국가급 박물관이자 아시아 제1의 지질학박물관으로 전신은 1916년에 설립된 옛 농상부(農商部) 지질조사소(地质调查所) 지질광물진열관이다. 현재 박물관 건물은 1958년에 완공되어 1959년 10월에 개관했으며, 1986년에 중국지질박물관으로 명칭을 변경하고, 3년간의 보수와 개조를 거쳐 2004년에 다시 개관했다. 건물은 총 7층으로 지하 1층, 지상 6층으로 되어 있으며, 총 높이는 약 36m이고, 건축 면적은 거의 11,000m2에 달하며, 전시 면적은 2500m2이다. 건축 평면은 'ㄴ'자 모양이며 동북쪽 모서리에 돌출된 부분에 사파정(四坡顶) 정방형 가옥이 있고, 뾰족한 꼭대기에 봉분이 설치되어 있으며, 적은 양의 철근 콘크리트와 대부분의 벽돌을 사용하여 벽돌에 하중을 가하는 구조로 되어 있다. 관내에는 지구, 광물암석, 보석, 선사생물, 배려와 고무 등 다섯 개의 전시실과 2개의 임시 전시실을 갖추고 있다. 전시 구역의 3층에는 고생물 화석 유지 전시 코너가 있고, 2층에는 관람객에게 암석, 광물 및 보석 상담 서비스를 제공하는 표본 상담 서비스 부서가 있으며, 1층 전시 구역에는 다양한 지질학적 특성을 가진 표본, 보석, 기념품 및 기탑 물품을 판매하는 관람객 서비스 부서가 있다.

중국지질박물관은 지질학의 다양한 분야를 포괄하는 20만 개 이상의 지질 표본을 소장하고 있다. 그중에는 국내외에서 유명한 국보급으로 꼽히는 현재 세계에서 가장 크고 잘 보존된 공룡화석인 대형 산동용(山东龙), 랴오닝 서부에서 발견된 조류의 기원 연구에 중요한 가치가 있는 원시조인 중화용조(中華龙鸟) 등 공룡계열 화석, 베이징인, 원모인(元谋人), 산정동인(山顶洞人) 등 저명한 고대인류 화석과 과학적 연구가치와 전시·관람 가치가 있는 어류, 조류, 곤충 등 진귀한 선사생물 화석이 있으며, 세계 최대의 '수정왕(水晶王)', 대형 형석

(萤石)과 방해석정족(方解石晶簇) 표본, 정교한 남동광(蓝铜矿), 진사(辰砂), 웅황(雄黄), 자황(雌黄), 백곡광(白鹄矿), 휘주광(辉铸矿) 등 특징적인 광물 표본이 있다. 그 외에도 다양한 종류의 보석, 옥석 등이 있다.

중국미술관(中國美術館) : 1958년에 건립되어 1962년에 완공되었으며, 본관은 복고풍 누각식 건축물이다. 꼭대기는 노란색 유리기와로 장식되어 있고, 둘레는 복도와 정자로 둘러싸여 있으며, 고전적 건축 특징이 뚜렷하다. 본관은 건축 면적이 18,000m2 이상이고 1~5층에는 17개의 전시장이 있으며, 총 전시 면적은 8,300m2이다. 중국미술관은 활발히 발전하여 미술관이 예술 진품을 소장할 수 있도록 양호한 토대를 마련해 주었다. 일부 수집가, 예술가들은 사회적 사명감과 예술을 대중에게 바친다는 신념으로 중국미술관에 아낌없이 기부하고 있다. 미술관은 거의 10만 점 이상의 다양한 미술작품을 소장하고 있는데 주로 신 중국 창건 전후의 작품을 위주로 중화민국 초기, 청나라, 명나라 말기의 예술가들의 걸작도 소장되어 있으며, 주로 근현대 미술의 우수한 작품들이다. 그중에는 20세기 중국의 전통회화에 중요한 영향을 끼친 화가의 작품도 있는데, 제백석(齐白石)의 작품만 410점이다. 그리고 중국의 유명한 미술가의 대표작품과 주요 미술전 수상작, 그리고 다채로운 민간미술작품들이 대거 포함되어 있다. 러시아, 우크라이나, 이탈리아, 프랑스, 캐나다, 이집트, 브라질, 한국, 일본 등 많은 외국 예술가들의 작품들도 소장되어 있다. 대외적으로 문화교류가 나날이 확대되는 상황에서 소장 범위가 계속 확대되고 있으며, 국제 예술품 수집은 이미 업무 범위에 포함되었다. 현재 4점의 피카소(Picasso) 작품과 수백 점의 아프리카 목조 및 기타 외국 미술품 수백 건이 소장되어 있다.

중국 미술의 성전(聖典)을 감상하려면 반드시 중국미술관에 가야 한다. 중국 미술의 발전과 향상으로 미술관의 면적은 이제 작아 보인다.

차오푸가에는 왕부(王府), 골목 및 사합원, 묘회, 오래된 상점(老字号, 역사가 깊고 전통이 있는 상호)와 베이징 최초의 현대적 의미의 병원인 중앙병원(현재는 인민병원 분원으로 바뀌었음), 베이징 지역 심지어 화뻬이 지역에서 최초로 건설된 수준원점(水准原点, 고도 측정을 할 때 사용되는 용어로, 지표면에서의 고도를 나타내기 위한 기준점을 의미)이 있다. 또한 길가에 세워진 몇몇 건축 소품, 건축 부재 심지어 일부 상점 문 앞의 외관에도 베이징 특유의 문화적 특징이 스며 있다. 차오푸가가 베이징 문맥의 거리라고 불리는 이유는 제왕문화, 황실문화, 종교문화, 시정(市井)문화, 상인문화, 5·4신문화(五四新文化), 신 중국의 문화가 한데 모여 있기 때문이고, 더욱이는 베이징의 역사 심지어 중국역사의 모든 변천이 차오푸가에서 큰 획을 그었고, 깊은 각인을 남겼기 때문이라고 하겠다. 이 거리에서 우리는 역사의 숨결과 맥박을 느낄 수 있다!

미윈(密雲)저수지의 맑은 물은 어떻게 보호되어 왔나?

베이징 『환경보호지(环境保护志)』는 미윈 저수지 보호의 전 과정을 기록했는데, 지금은 크게 관심을 받지 못하고 있다. 넋을 뒤흔들 정도로 그 과정을 소개한다면 다소 허황된 느낌이 들 수도 있다. 솔직히

▷ 미윈 저수지(『베이징지 · 수무지(北京志 · 北京志·水务志)』에 수록되어 있다)

▷ 미윈 저수지(『베이징지 · 수무지(北京志 · 北京志·水务志)』에 수록되어 있다)

말해서 저수지를 보존하는 것은 쉽지 않았다. 그 어떤 단어로 표현해도 지나치지 않다고 생각한다!

1980년대에 미윈현은 관광산업을 대규모로 발전시킬 것을 제기했다. 미윈은 산과 물이 있고 경치가 아름다운 천혜의 자연조건을 가지고 있으며, 관광산업을 발전시키면 저수지 건설로 인한 토지 감소와 인민생활의 빈곤과 같은 일련의 문제를 해결할 수 있었으므로 국무원 지도자와 관련 부서의 지지를 받았다. 그러나 베이징시 환경보호국(环保局)과 기획국(规划局), 공용국(公用局, 도시 급수 관리를 책임지는 부서) 및 기타 관련 부서는 베이징의 중요한 식수원의 깨끗한 수질을 보장하기 위해 반대되는 일련의 조치를 취했다. 10년이라는 긴 시간이 걸려 드디어 합의를 보았고 미윈 저수지는 맑은 물을 지키게 되었다.

(1) 관광산업을 발전시키는 데에 대한 건의

1981년 5월 28일에 베이징시 수자원관리부서는 관련 지도자의 지시에 따라 〈미윈 저수지 관광개발에 관한 보고서(关于开发密云水库旅游事业的报告)〉를 시정부에 제출하고 가능한 한 빨리 미윈 저수지 및 그 주변의 200㎢에 달하는 지역을 관광 명소로 개발하여 국내외 손님을 받아들임으로써 "천 명이 살고 만 명이 여행하는(千人住, 万人游)" 지역으로 건설하도록 제안했으며, 미윈 저수지 관광개발회사를 설립하고 특구를 설립하여 외빈 전용선을 개통하고 통행증을 면제할 것을 제안했다.

6월 17일에 신화통신의 「국내동태청상(国内动态清样)」에는 "미윈 저수지를 가능한 한 빨리 관광지로 만들기 위해 베이징시는 미운 저수지 관광개발회사 건설을 계획하고 있다(为尽快把密云水库建成旅游胜地, 北京市正在筹建密云水库旅游开发公司)"라는 제목의 기사를 실었다. "1980년 5월에 국무원 지도부가 미윈 저수지를 시찰할 때 베이징은 연합 운영의 방법을 택하여 종합적인 활용을 통해 그 목적을 달성해야 한다"고 지시했다고 이 기사는 언급했다. 이어 베이징시는 수리부(水利部)와 임업부(林業部) 책임자와 함께 저수지를 다시 한 번

조사하고, 저수지를 수(리(利)), 농(림(林)), 공(업(業)), 상(业) 및 관광 (산업)을 연합한 기업으로 만들기 위한 예비계획과 조치를 논의하고 연구했으며, 시정부의 지도하에 미윈 저수지 관광개발회사를 설립하 고 13개 단위가 공동으로 운영했다. 국무원 환경보호영도소조판공실 (国务院环境保护领导小组办公室), 이하 국환판(国环办)으로 약함) 주 임은 즉시 시 환경보호국에 신화통신의 보고를 주의 깊게 연구하고 의견을 제시해야 한다고 지시를 내렸다.

(2) 관광산업을 발전시키면 안 된다는 건의

베이징시 환경보호국은 베이징시 지하수원이 날로 감소하고 수질 이 나날이 악화되고 있는 상황에서 미윈 저수지와 징미(京密) 수로는 베이징시의 주요 식수원이 될 수밖에 없을 것으로 판단했으며, 또한 국내외에서 대규모의 관광 오염이 발생했다는 사실에 근거하여 시계 획국, 상수도공사(自来水公司) 등 7개 단위와 함께 5개 팀을 구성하여 국내외 관련 자료를 검토하고, 미윈 저수지 상황을 조사하여 "공공수 원으로 사용되고 있는 국외의 모든 호수는 엄격히 보호되지 않는 곳 이 없으며, 국내의 모든 관광개발지는 수원이 오염되지 않은 곳이 없 다"는 결론을 내렸다. 7월 15일에 베이징시 환경보호국은 베이징대학 교, 칭화대학교, 의학과학원위생연소(医科院卫研所), 베이징시 기획 국, 베이징시 위생방역소(卫生防疫站), 베이징시 상수도공사 등 10개 단위의 전문가와 교수로 구성된 조사팀을 구성하여 논증한 결과 '미 윈 저수지가 곧 베이징의 주요 식수원이 될 것이며, "천 명이 살고 만 명이 관광하는 지역으로 발전시킨다면, 반드시 수질과 주변 환경에 악영향을 미칠 것이므로 미윈저수지에서 관광개발을 추진하는 것은 적합하지 않다"는 데에 의견이 모아지게 되었다.

(3) 관광개발을 추진하는 것을 둘러 싼 논쟁

이 실사결과에 대해 환경보호국은 즉시 베이징시 정부에 보고서를 올렸다. 7월 말에 베이징시 농업담당 부시장은 특별회의를 열어 미윈 저수지 관광개발 문제를 논의하고 환경보호국에 수질오염 없이 관광개발을 실시할 것을 요구했다.

환경보호국은 대응책이 없으므로 관광개발을 포기할 수밖에 없음을 분명히 밝혔다! 그리고 8월 5일에 의견을 시정부와 국가환경관공실(國環辦)에 보고를 올렸다. 8월 27일에 〈베이징일보 내부 참고(北京日報内部参考)〉 제2734호에는 "시 환경보호국은 현재 미윈 저수지를 관광 기지로 개발하는 것이 적합하지 않다고 생각한다(环保局认为目前不宜把密云水库开发为旅游基地)"라는 제목의 기사를 실었다. 28일 완리(万里) 국무원 부총리는 베이징시 당위원회 서기 및 시장에게 "이 문제는 재검토할 가치가 있습니다"라고 말했다. 같은 날 국환판은 국무원에 〈미윈 저수지 관광지 개발에 대한 의견(对在密云水库开辟旅游基地的意见)〉을 제출했다. 8월 31일에 꾸무(谷牧) 국무원 부총리는 "최근 이 문제가 여러 번 보고되었으므로 주의를 기울여야 합니다. 관광개발을 잠시 중단하고 베이징에서 전문가를 구성하여 문제를 명확하게 입증한 이후 최종적으로 결정해야 한다고 생각합니다."라고 지시를 내렸다. 이 지시를 국무원 관련 지도자들이 모두 직접 심사했다. 12월 2일부터 22일까지 베이징시 건설위원회(建委)는 미윈저수지 관광기지 개설 여부에 대해 100명에 가까운 전문가를 구성하여 논증을 진행했는데 의견이 첨예하게 대립되었다. 다수의 전문가들은 미윈저수지 주변 관광개발을 찬성하고 소수의 전문가들은 단호히 반대하여 합의에 이르지 못했다. 결국 미윈 저수지의 관광개발은 잠시 보류되었다.

1983년 7월에 국무원의 승인을 받은 〈베이징 도시 건설 종합 계획(北京城市建设总体规划方案)〉은 "화이루(怀柔)와 미윈저수지는 베이징의 주요 식수원이며, 관정(官厅)저수지는 베이징의 하천·호수 및 지하수의 중요한 공급원이므로 엄격하게 보호해야 한다. 저수지 주변과 상류 하천 양쪽에 보호 범위를 설정하고 수원림을 조성하며 수상 활동을 제한하고 저수지로의 오염배출을 엄격히 금지하며, 물 가까운 지대에 건축 금지구역 및 방목 금지구역을 지정해야 한다. 징미와 영정하의 두 수로 역시 오염 배출을 엄격히 금지해야 한다."고 명확히 제시했다. 이 계획이 발표된 이후 미윈저수지에 대한 엄격한 보호 규정이 마련되었지만, 미윈현은 4000만 달러를 투입하여 저수지 하류에 백하강(白河) 교외공원을 건설함으로써 미윈으로 놀러 오는 관광객들의 수요를 충족시키겠다고 했다. 환경보호국은 공원건설은 부정적인 결과를 초래할 것이라며 결정을 내리기 전에 환경영향보고서를 작성하여 시정부에 보고할 것을 시정관리위원회(市政管委)에 제안했지만, 이 제안은 접수되지 않았다. 1984년에 백하(白河) 교외공원이 착공되어 미윈저수지 주변에 대형 놀이터가 등장하기 시작했고, 그리 길지 않은 시간 동안 관람용 관람차(摩天轮)가 저수지 옆에 우뚝 서게 되었다. 사태가 심각해지자 환경보호국은 〈모든 사람들의 행동을 규제하기 위한 지역 규칙〉을 제정할 것을 제안했다.

1984년 8월 26일에 중앙지도부는 미윈을 시찰할 때 관광개발에 신경써야 할 뿐만 아니라, 오염을 방지하기 위한 엄격한 조치가 필요하다고 지시를 내려 이는 마치 관광개발을 위한 강심제 주사를 놓은 것과 같이 관광개발은 불가피하게 되었다. 8월 29일에 환경보호국은 "저수지 수원보호가 시급하다(关于保护水库水源迫在眉睫)"는 시정부 환경보호 전문가 자문단의 의견을 베이징시 과학위원회(市科委)와 시정관리위원회에 보고하여 미윈과 화이루 저수지가 수도의 중요한 식수원이므로 효과적으로 보호되어야 하며, 과학적 연구를 수행하여 관계자들이 대책을 세우도록 과학적인 근거를 제공해야 한다고 제안했다. 9월 22일에 환경보호국과 계획국은 공동으로 초안한 〈베이징시 미윈 저수지, 화이루저수지 및 징밀 수로의 수원 보호 관리를 위한 잠정 조치(北京市密云水库·怀柔水库和京密引水渠水源保护管理暫行办法)〉를 시정부에 제출했다. 그러나 12월에 『베이징일보(北京日報)』는 제1면의 잘 보이는 곳에 "미윈저수지를 베이징의 베이다이허(北戴河)로 건설한다"는 기사를 실었다. 이때 학자들과 전문가들이 움직이기 시작했다. 12월 30일에 시정부 환경보호 전문가 자문단 전원이 〈수도 식수원 보호와 미윈, 화이루 관광개발에 대한 의견 보고서(保护首都饮用水源和在密云·怀柔开发旅游的意见的报告)〉를 시정부에 전달하여 관광객 수량이 고도로 집중되고 소비가 높아짐에 따라 생활형 오염이 비교적 두드러지게 되므로 수도의 식수 기능을 보장한다는 전제하에 다른 활동을 적절하게 수행함으로써 미래를 생각하지 않고 눈앞의 이익에만 집중하는 것을 방지해야 한다고 제안했다. 12월 31일에 환경보호국, 공용국, 기획국은 관광이 무연산업이라고 하지만, 오염이 없는 것은 아니므로 해외에서는 이미 '관광 오염'이라는 단어가 생겨났다고 하며, 미윈저수지는 앞으로 베이징시의 주요 식수원이 되겠지만 현재도 저수지의 유기 오염이 크게 증가했고, 수질이 오염된 이후 수이창(水厂)의 처리비용이 엄청나게 늘었음에도 불구하고 일부 바이러스 및 병원체는 여전히 처리할 수 없어 수질을 직접적으로 위협하고 있으므로 다른 적절한 장소에서 관광개발을 진행할 것을 제안했다. 1984년에 미윈저수지 관광객은 거의 백만 명으로 급증했고 피크일에는 만 명을 넘어섰으며, 저수지 주변에 22개의 불법 건축물이 건립되었다. 따라서 수질이 해마다 저하되고 저수지 댐 앞의 화학 산소 요구량, 암모니아 질소, 아질산염, 대장균 등 오염물질이 해마다 증가하고 있었는데 이는 모두 식수원의 수질기준을 초과했다.

1985년 3월 14일에 환경보호국은 화이루저수지의 개발이 환경에 영향을 미친다는 14개 단위와 25명의 전문가의 의견을 시정부에 보고하고 미윈과 화이루 저수지가 수도의 주요 식수원이 될 것이므로 기타 기능은 이 주요 기능을 따라야 하며 엄격하게 보호되어야 한다고 하면서 관광개발은 베이타이상(北台上) 저수지 및 홍라사(红螺寺) 등 지역으로 이전할 것을 제안했다. 이와 반대되는 의견으로 4월 19일에 『베이징일보』는 잘 보이는 곳에 "관광산업을 발전시켜, 여러 개의 산업이 함께 발전하도록 해야 한다"라는 기사를 실었고, "미윈현이 자원의 장점을 발휘하여 산업구조를 조정해야 한다"는 부제를 달았으며, 이미 여러 국가 및 지역의 외국상인과 수십 개의 국내 단위가 미윈현과 협정을 체결했거나 관광시설을 공동으로 건설하기 위해 협상 중이라고 보도했다. 4월 22일에 3명의 부시장은 미윈저수지현장에서 업무를 수행하면서 저수지 환경보호 및 관광개발 문제를 연구하고 해결했다. 회의에서는 미윈저수지가 베이징의 중요한 식수원이므로 반드시 오염되지 않도록 조치를 취해야 하며, 저수지 및 주변 경관지역에서 관광산업을 발전시키기 위해서는 매우 신중한 태도를 취해야 한다고 했다. 또한 환경보호국이 주도가 되어 5월 말까지 2개의 저수지, 1개의 수로에 대한 '수원보호관리방법'을 수정하여 시정부에 보고해야 한다고 했다. 5월 31일에 시정부는 국무원에 〈미윈 및 화이루저수지의 환경보호 및 관광개발 문제해결에 관한 보고서(关于解决密云·怀柔水库环境保护和开展旅游问题的报告)〉를 제출하고, 식수원에서 관광산업을 발전시키기 위해서는 매우 신중한 태도를 취해야 하며, 비 관광지역으로 지정하고 엄격하게 관리해야 한다고 했다. 6월 2일에 완리 부총리는 "동의하나 특히 오염된 향진기업(乡镇企业)은 상류에서 운영할 수 없으며, 허뻬이성(河北省) 차오백하(潮白河)의 발원지로 이동시켜야 한다. 이 사실을 허뻬이성에 전달하고 베이징시 정부 보고서를 중앙 지도자들에게 보내어 심사하도록 해야 한다."고 지시를 내렸다. 이로써 당중앙위원회, 국무원, 베이징시 지도자들이 의견 일치를 보게 되었다. 6월 14일에 만리 부총리는 미윈저수지를 시찰하고 장샤오커(江小柯) 환경보호국 국장을 불러 "누군가 당신에게 불만이 있다고 들었습니다. 오늘 당신을 만나자고 한 것은 당신들을 지지하기 위해서입니다. 당신들이 견지하는 것은 옳으나 엄격하게 관리해야 합니다. 미래 세대를 책임지려면 반드시 관리해야 하고 저수지의 물을 잘 다스려야 합니다. 앞으로 수량이 부족하면 당신을 찾지 않겠지만, 물이 오염되면 당신을 찾을 것입니다! 베이징시 인민대표대회 상무위원회의 자오펑페이(赵鹏飞) 주임에게 알려 반드시 관리 규정을 만들어야 합니다."라고 말했다. 그는 또한 베이징시와 미윈현 지도자들에게 이곳의 물은 먼저 인민들에게 공급되어야 하며, 다음으로 공업과 농업에 사용되는 물이라고 하면서 베이징시는 물이 중요하므로 수원이 떨어지고 오염되어서는 절대 안 된다고 했다. 같은 날 베이징시 환경보호국은 미윈현 환경보호국으로부터 미윈저수지 관리처와 베이징시 정보회사(信息公司)가 저수지 3호 부(副) 댐에 건설한 리조트가 기본적으로 완공되어 곧 손님을 맞이할 것이라는 소식을 전달받았다. 베이징시 환경보호국은 현장조사를 실시한 이후 6월 18일에 시급히 시정부에 보고하여 즉시 작업을 중단하고 지형을 복원할 것을 요구했다.

(4) 저수지가 보전되었다

　1985년 6월 28일에 시정부는 제28차 시장(市長)회의를 개최하고 〈베이징시 미윈저수지, 화이루저수지 및 징밀 수로 보호 · 관리에 관한 잠정 조치(北京市密云水庫 · 怀柔水庫和京密引水渠水源保护管理暫行办法)〉에 원칙적으로 동의했으며, 8월 1일부터 시행하기로 결정했다. 이 조치에서는 두 개의 창고와 하나의 수로 및 그 주변을 비 관광 지역으로 지정하고 수자원 보존과 관련이 없는 모든 건설공사와 수상 스포츠 및 오락 활동을 금지한다고 규정했다. 시장회의에서는 두 개의 저수지와 하나의 수로로 되었은 수원을 오염으로부터 보호하는 문제에 대해 베이징시 환경보호국, 수리국, 기획국, 공용국 및 기타 관련 부서와 미윈현 · 화이루현에서는 반드시 공통된 인식을 가지고 중앙 지도자의 지시에 따라 처리해야 한다고 강조했다. 또한 저수지 3호 부 댐의 리조트는 불법 건축물이므로 즉시 철거하기로 했다. 8월에 미윈저수지 관리처는 유람선 200여 척을 모두 저수지에서 철수시키고, 관광 및 수상 레크리에이션 활동을 중단시켰으며, 댐에 있는 여관, 식당, 매점 등 상업시설을 폐쇄하고 3호 부 댐의 개장을 앞둔 리조트를 철거했다. 베이징시 기획국과 환경보호국은 미윈 저수지 1급 보호구역에서 국가와 베이징시 소속 불법 건축물을 공동으로 조사하고 처벌했다. 미윈현과 화이루현은 각각 수원보호영도소조 및 판공실을 구성하여 관리를 강화하고, 해방군이 나서서 저수지 댐을 지키고, 홍수가 났을 때는 댐을 폐쇄하며, 보호구역의 오염된 기업을 폐쇄 · 중단시키고 오염된 향진기업 건설을 중단하도록 했다. 9월 28일 제8기 베이징시 인민대표대회 상무위원회 제23차 회의에서 〈베이징시가 '중화인민공화국 수질오염 방지법' 조례를 시행하는 데에 관한 규정(北京市实施' 中华人民共和国水污染防治法' 条例)〉을 심의 통과시켰고, 10월

11일에 공포 시행하였다. 이 조례에서는 '식수원 오염 방지(防止饮用水源污染)'라는 장이 별도로 제시되어 있고, "미윈저수지, 화이루저수지 및 징미(京密) 수로 보호구역에서의 직간접적인 오염 행위는 일체 금지한다"고 했다. 나악 베이징시정부에서 제정한 〈두 개의 저수지 하나의 수로 관리방법(两库一渠管理办法)〉을 반드시 엄격히 지켜야 한다고 명시했다. 1986년 5월 9일에 베이징시정부는 제20차 시장회의를 개최하여 미윈저수지 시엉좡네이호(溪翁庄内湖) 관광구에 대한 기획국의 종합계획을 토론했다. 베이징시의 심각한 물 부족문제로 싱가포르의 식수원 보호경험을 참고하여 회의는 미윈저수지의 호수를 2차 보호구역에서 1차 보호구역으로 변경하여 엄격하게 보호하기로 했다.

위의 내용들은 30년 전에 있었던 일이다. 지금 돌이켜 보니 얼마나 중요한지 실감하게 된다. 남수북조(南水北调, 창장강의 물을 수자원이 부족한 화뻬이지역으로 끌어 들여 물 부족 현상을 극복하려는 사업)를 통해 미윈저수지에 물을 끌어들인 이후 이 물이 베이징의 생명수가 되면서 현재 미윈저수지는 인적, 물적, 기술적 방어의 3가지 안전망을 확고히 구축하여 옛날에 걱정했던 문제들은 이미 역사가 되었다.

이밖에 몇 가지 덧붙여야 할 것은 저수지를 보호하기 위해 취한 조치 가운데 중요한 역할을 한 사람은 베이징시 환경보호국 국장으로 있었던 장샤오커(江小柯)이다. 그녀는 엄청난 용기와 직업정신을 갖고 있었는데 그러한 책임감과 사명감은 그녀를 앞으로 나아가게 했다. 그 어떠한 칭찬도 지나치지 않다. 또한 그녀와 의견이 달랐던 각급 지도자들의 공심(公心)에서 나온 양보와 퇴각에 매우 감탄한다. 이 또한 그들의 책임감과 사명감을 보여 주는 것이다. 상상해 보라. 시간이 흐르고 상황이 변하면서 이러한 사람들이 다시 나타날 수 있을지를.....

베이징 역사 속의 물난리 기록

동서고금의지지(地誌)는 재이(灾异, 자연 재해와 드물게 보이는 자연현상)에 대한 기술이 풍부하고 나라를 다스리는 데 중요한 자료가 되어 왔다. 통계에 따르면 청나라 옹정 2년(1724년)부터 1995년까지 270여 년간의 연간 강수량은 1959년이 1,406mm로 가장 많았고, 동치 8년(1869년)이 242mm로 가장 적었으며, 6배 가까이 차이가 났다. 원나라 지원(至元) 8년(1271년)부터 신 중국이 창건하기 직전인 1948년까지 297건의 홍수가 발생했는데, 문헌에는 대부분 "알갱이 하나 수확하지 못했다.", "기근으로 인해 살던 곳을 버리고 구걸하러 다녔다.", "굶어 죽은 시체가 곳곳에 널렸다.", "수재민을 구제했다.", "세역면제(蠲免税役)" 등 표현을 발견할 수 있다.

원나라 때의 수해 : 원 8년(1271년)부터 지정(至正) 28년(1368년)까지의 98년 중 48개 년에 걸쳐 대도지역에서 다양한 규모의 홍수가 발생했는데, 이는 평균 2년도 안 되는 사이에 홍수가 한 번 발생한 셈이었다. 저명한 학자 축가정(竺可桢)이 저술한 『중국 대륙 5천년의 기후변화(中国大陆五千年气候变迁)』에 따르면 수해가 많았던 이유는 이 시기가 5천년에 가까운 중국 대륙의 기후변화 과정 중 네 번째 단계인 온난기(溫暖期)와 온난기에서 네 번째 한랭기(寒冷期)로 천천히 이행하는 시기였기 때문이라고 한다. 이 시기의 대표적인 재해로는

지원 9년(1272년) 6월 임진(壬辰)날 밤에 경사(京師)에 큰 비가 내려 많은 벽과 가옥이 파손되었고, 또 많은 사람들이 압사당했으며, 23년(1286년) 9월에 태묘가 비로 인해 파괴되었다. 또한 비 때문에 대도성의 성벽도 역사상 여러 차례 훼손되었다. 천력(天曆) 2년(1329년) 6월 26일부터 7월 3일까지 일주일 동안 폭우가 계속되어 수도의 루현(潞縣, 지금의 통주) 등 지역이 수해를 입었다. 더 심각한 수해는 원통(元統) 원년(1333년) 6월에 폭우가 쏟아지면서 대도지역에 수심이 복사뼈까지 깊어져 40만 명이 넘는 사람들이 기아에 빠져 원조를 기다렸다. 『원사(元史)』의 기록에 따르면, 원나라 때 훤하(渾河, 영정하)의 제방이 범람해 재난을 일으킨 횟수는 무려 22차례나 되고 어떤 해에는 11월과 12월, 심지어는 다음 해의 정월, 2월 및 3월까지 홍수가 계속 발생했다고 한다.

명나라 때의 수해 : 홍무(洪武) 원년(1368년)부터 숭정 17년(1644년)까지의 276년 동안 베이징지역의 수해는 104건으로 3년마다 한 번씩 홍수가 난 셈이다. 『명영종실록(明英宗实录)』에 따르면 정통(正統) 4년(1439년)에 봄철에 비가 적게 오고 가뭄이 들더니, 5월 중순 이후 갑자기 큰비가 내렸는데, 황혼부터 날이 밝을 때까지 계속 내렸고 6월 중순까지 비가 그치지 않았다. 크고 작은 하천의 수위가 급격히 높아져 수해가 났다. 훤하는 샤오툰챵(小屯厂, 지금의 펑타이구[丰台区] 샤오툰 근처) 일대에 있는 서쪽 둑이 무너지고 물이 넘쳐나 완핑(宛平), 량샹(良乡) 등 현이 침수되었다. 북 운하는 통주에서 즈꾸(直沽, 지금의 톈진)까지 총 31곳의 제방이 물에 휩쓸려 부서지고 강을 따라 있는 민가와 밭이 물에 잠겼다. 경성 안팎의 크고 작은 도랑이 넘쳐 3,390칸의 관사와 민가가 파괴되었고, 21명이 사망했으며 창

안가는 노숙자로 붐볐고, 덕승문(德勝門) 등 성벽도 빗물에 부서졌다. 이번 수해는 훤하와 북 운하 유역, 완핑, 량샹, 다싱(大興), 통주 및 도시 인근지역에서 영향을 많이 받았고, 조금 멀리 떨어져 있는 미윈, 핑구(平谷), 룽칭주(隆庆州, 현재의 연경구[延庆区]) 등 지역에도 수해를 입었다는 기록이 있다.

청나라 때의 수해 : 순치 원년(1644년)부터 선통 3년(1911년)까지의 268년 동안 베이징에서는 평균 2년에 한 번꼴로 128개 현에 걸쳐 다양한 규모의 홍수가 발생했다. 홍수로 인해 밭과 농작물이 피해를 입는 작은 규모의 수해가 있는가 하면 가옥이 붕괴되고 침수되며 사람과 가축이 유실되는 경우도 있었다. 또한 일부 도로가 물에 의해 차단되고 역병이 발생하며 백성들이 집을 잃었다. 청나라 때 총 128건의 수해가 발생했으며, 이 중 5건은 대형 수해였다. 차례로 순치 10년(1653년), 강희 7년(1668년), 가경 6년(1801년), 광서 16년(1890년)과 19년(1893년)에 일어났다. 1차와 2차는 15년, 2차와 3차는 133년, 3차와 4차는 89년 간격으로 수해가 일어났으나, 4차와 5차는 3년 간격에 불과하다. 이 다섯 번의 수해는 평균 간격이 60년이다. 그중 순치 10년(1653년) 윤 6월에 계속되는 폭우로 도성 안팎의 빗물이 도랑을 형성했다. 집들이 무너지고, 목재 · 계피 · 쌀 · 보석 등과 같은 물품이 손실되었고 …… 더 심각한 것은 일부 사람들이 전복된 물체에 눌려 죽었다는 것이다. 베이징성 근교와 현에서는 홍수가 농지와 농작물을 침수시키고, 사람들의 집을 파괴했으며, 모든 곳에서 수많은 사상자를 냈다. 이는 수십 년 만에 유례없는 이변이었다. 광서 16년(1890년)에 5월 말부터 6월 중순까지 베이징성은 계속된 폭우로 인해 집집마다 비가 새고 벽마다 기울어진 상태였다. 폭우로 영정하 제방이 3차례

붕괴되어 홍수가 발생하여 전체 베이징성에 영향을 미쳤다. 강희 7년 (1668년)에 훤하가 넘쳐 정양문, 총원문(崇文門), 헌우문, 치화문(지금의 조양문)으로 직적 흘러들었고, 가경 6년(1801년)에 강물이 불어나고 …… 우안문관(右安門關) 부근도 며칠 동안 물에 잠겼으며, 광서 16년(1890년)에 노구교의 수심이 약 한 자 정도로 깊어졌고 …… 영정하는 수십 길이나 터지면서 …… 시난문(西南門, 즉 유안문)으로 물이 흘러 들어와 며칠 동안 성문이 폐쇄되었다.

중화민국시기의 수해 : 베이징 역사 전문가인 우원타오(吳文濤)는 39년 동안 총 19개 현이 수해를 입었고 평균 2년에 한 번씩 수해가 난 셈이라고 통계를 낸 바가 있다. 그중에서 중대 혹은 특대의 수해는 6건으로 수해 연도의 거의 1/3을 차지하며, 전체 연도의 1/6 이상을 차지하였다. 1939년에는 특대 수해가 발생했다. 그해 7월 이전까지 심각한 가뭄이 발생했고, 7월 10일 이후부터 한 달 이상 폭우가 계속되었다. 7-9월 사이 총 강수량은 113,712mm로 베이징 서북부에 실측 자료가 있는 이래 가장 높았으며, 차오바이(潮白), 북 운하, 영정하 및 다청하(大淸河) 수계까지 비가 오는 바람에 이들 하천의 수위가 계속 상승하여 큰 홍수를 일으켰다. 영정하의 최고 홍수 유량은 4,390m3/초, 차오백하는 15,000m3/초로 100년 동안 보기 드물었을 뿐만 아니라, 역사적으로도 최대 규모의 홍수였다. 쥐마하(拒马河)는 3800m3/초, 북 운하는 1670m3/초로 50년에 한 번 이상 볼 수 있는 규모였다. 영정하는 7월 25일과 26일에 노구교 아래부터 잇따라 붕괴되어 량샹, 방산, 따싱 서남부에 홍수가 났다. 방산과 량샹의 침수면적은 310km2에 달했고, 5만 가구가 피해를 입었으며, 2만 가구 이상이 재산이 탕진되고 많은 사상자가 발생했다. 징한(京漢)과 징진(京津) 철도도 끊겼다. 차오백하 홍수로 징꾸(京古) 철도 대교 및 도로가 파괴되어 교통이 모두 중단되었으며, 미윈 현성 소재지와 쉰이 쑤좡대갑(苏庄大闸, 당시 베이징에서 가장 큰 하천 차단 수문)이 파괴되어 북운하 홍수와 연결되었다.

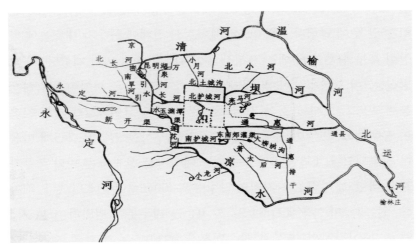

▷ 베이징의 하천 지도

중화인민공화국이 창건된 이후의 수해 : 큰 수해는 20여 차례 있었다. 1952년 7월 21일에 방산, 문터우꺼우, 하이뎬, 창핑, 화이루 등 현(구)에 폭우가 내렸는데 최대 일일 강우량은 263mm(싼자뎬)로 경작지 891무(畝)와 가옥 464채가 파괴되었으며, 탄광 채굴지역은 72곳이 붕괴되었다. 1956년 7월 하순과 8월 상순에 폭우가 많이 내렸는데, 호우는 7월 29일부터 8월 6일까지 집중적으로 내렸다. 베이징시의 침수 면적은 264만 무에 달했고, 통현(通縣), 따싱, 쉰이, 량샹 등지에서는 총 190만 무가 피해를 입었다. 8월 3일에 문터우꺼우구의 왕핑커우(王平口)에는 하루 435.4mm의 비가 내렸고, 이번 폭우로 농경지 침수 면적이 52만 무(그중 수확이 불가능한 농경지는 15만 무)에 이르렀고,

가옥 16,000여 채가 붕괴되어 11명이 사망하고 24명이 다쳤다.

1959년 연간 강수량은 평년보다 131% 높았고, 여름 강수량은 평년보다 156% 높았다. 6월부터 9월까지 총 1회의 폭우가 발생했는데, 일일 강수량이 100mm 이상인 폭우가 7회, 일일 강수량이 200mm 이상인 초대형 폭우가 2회 발생했으며, 베이징시의 침수 피해 농지는 217.5만 무에 달했다. 8월 6일에 베이징시 전체에 폭우가 내렸는데 방산현 후루파(葫芦垡)에는 24시간 동안 410.7mm의 비가 내렸다. 따싱, 방산, 쉰이, 교양, 통현 및 기타 현(구)의 12개 작은 하천이 범람하여 붕괴되었고, 도시 곳곳의 거리에는 많은 물이 고여 42,000채의 가옥이 붕괴되고, 43명이 사망했으며, 58명이 부상을 입었고, 245개 마을이 침수되었다. 1963년 8월 초순에는 베이징시 전체에 큰 비와 폭우가 계속 내렸고, 집중호우 지역의 강수량은 400mm 이상에 달했다. 쥐마하, 원유하, 다스하(大石河) 및 그 지류는 대부분이 범람하여 붕괴되었고, 베이징시의 농경지 침수면적은 993,000무에 달해 생산량이 100,000무 이상 감소했다. 교외의 69개 마을이 홍수로 고립되었고, 967가구가 강제 이주되었다. 도시와 농촌지역의 가옥이 8,484채 붕괴되어 총 35명이 사망했으며, 420마리의 큰 가축과 돼지·양들이 죽었다. 왕푸징 남구 등에 물이 50㎝ 이상 고여 시내교통이 마비되었다. 징광(京广), 징바오(京包), 펑사(丰沙), 징청(京承) 등 철도 간선 및 일부 단위의 전용선은 누적 210시간 운행이 중단되었으며, 교량·배수로 및 노반(路基)이 82곳 파괴되었다.

1969년에는 홍수기간 동안 강우량이 집중되고 강도가 높았으며, 일부 산악지역에서 홍수가 났고 산사태가 발생했다. 8월 10일 화이루, 미윈, 펑꾸, 통현에 폭우가 내렸는데 화이루현의 짜오수린(枣树林)은 하루 264mm의 강우량을 기록했으며, 같은 날 밤 유리먀오(琉璃庙),

치펑차(奇峰茶), 시좡(西庄), 빠따오하(八道河) 등 4개 향에서 산에 홍수가 났고, 산사태가 발생하여 8명이 사망하고, 토지 4,074무와 가옥 169칸이 파괴되었으며, 큰 가축 89마리와 돼지 290마리가 홍수에 떠내려갔다. 미윈현 스청향(石城乡) 롄화반춘(莲花瓣村)은 심각한 피해를 입었다. 향 전체에서 59명이 사망하고 22명이 부상을 입었으며 대부분의 경작지가 파괴되었다. 징청철도 교각이 홍수의 충격으로 기울어지면서 양쪽 노반이 무너져 354호 열차 머리와 화물칸이 기울어져 전복되고, 기관사와 화부(가치 따위의 보일러를 때는 사람), 승무원 10여 명이 다쳤다. 베이징시의 경작지 963,000무가 홍수 피해를 입었고, 총 159명이 사망했다. 8월 20일에 베이징시 대부분 지역에 폭우가 내렸고, 최대 일일 강수량은 158.9mm였으며, 화이루현 허팡커우(河防口) 인근 지역 26곳에서 산사태가 발생했다.

1972년 7월 26일부터 28일까지 베이징시 전역에 폭우가 내렸는데, 화이루현의 짜오수린, 치펑차, 유리먀오, 사위(沙峪) 등지에 엄청난 폭우가 내렸다. 짜오수린의 최대 일일 강우량은 479mm에 달했고, 사위의 시간당 강우량은 114mm에 달해 산에 홍수가 났으며, 많은 곳에서 산사태가 발생했다. 불완전한 통계에 따르면 총 39명이 사망하고 343마리의 가축이 죽었으며, 26,000무의 경작지가 파괴되었고, 42만 그루 이상의 나무가 뽑혀 떠내려갔으며, 가옥 944채가 무너지고, 46,200근의 곡물이 떠내려갔다. 교통과 통신이 두절되고, 연경현 사하이샹(四海乡)에서 산사태가 발생하여 13명이 사망하고 5명이 부상을 입었으며, 1,905채의 가옥이 떠내려갔고, 트랙터 등 다양한 농업기계 71대가 유실되었다. 28일 오후 동즈문에는 261.1㎜의 비가 내렸고, 동청구에는 가옥이 400채 무너졌다.

1986년 6월 26일부터 27일까지 베이징시에 폭우가 내렸는데 일일 강우량은 152mm였다. 비가 새는 가옥이 11,000채 이상이었고, 동사베이가(東四北大街)에 한 가옥이 무너져 2명이 압사당했다. 8개의 시내버스 노선이 막히고, 69개의 시외버스 노선의 운행이 중단되었다. 징통(京通) 철도의 산사태로 기관차 2대가 파손되고 노반이 5km 파괴되어 60시간 이상 운행이 중단되었다. 7월 3일 베이징시 대부분 지역에 폭우가 내렸는데 최대 일일 강우량은 101.5mm(미윈현 판쯔파이(番字牌))였고, 빗물이 새는 가옥이 8,989채였으며, 도로 붕괴로 10시간 동안 교통이 중단되었다.

1991년 6월 10일에 미윈, 화이루, 핑꾸, 쉰이, 연경 등 현에 폭우가 내렸는데, 미윈현과 화이루현의 북쪽 경계에 있는 산악지역에 폭우가 집중되었고, 미윈현 사허당(四合堂)의 일일 강수량은 372.8mm이었다. 총 95개 향에서 다양한 정도의 홍수가 발생했다. 화이루, 미윈, 연경 3현의 산간지역에서 산사태가 발생하여 28명이 사망했고, 미윈현 서북부 산악지역의 교통·전력 및 통신이 모두 중단되었다. 베이징시의 수해 농지는 38만 무 이상이었고, 127,000 무는 수해를 입었으며, 그중 5만 무 이상이 수확이 불가능했다. 1,513채의 가옥이 붕괴되어 4,000칸 이상의 방이 파손되었으며, 토지 80,000무, 과수 348,000그루, 기타 나무 100만 그루 이상, 농촌 도로 517km, 전력 공급 라인 100km, 대구정(大口井, 얕은 층 또는 얕은 깊이로 매장된 대수층 지하수를 수집하는 원통형 구멍) 88개, 기정(机井, 동력 기계를 사용하여 펌프를 구동하여 물을 끌어 올리는 우물) 281개 및 양수장(扬水站, 펌프를 사용하여 물을 끌어 올려 밭에 관개하는 작업장) 12곳이 파괴되었다.

1994년 7월 12일·13일 및 8월 13일에는 베이징시 전역에 집중호우가 쏟아졌는데, 일부 지역은 폭우와 특대 폭우가 쏟아졌다. 7월 13일에 최대 강우량은 382mm(통현 쉬신장쥉[徐辛庄])에 달했다. 베이징 시의 수해 곡물 밭은 100만 무, 채소밭은 16만 무, 과수 30,000 무였고, 7명이 사망하고 1명이 실종되었으며, 10,000개 이상의 가옥이 붕괴되었고, 농촌 도로 178km, 교량 176개, 토지 5400무, 양어장 20,000무 이상, 가금류 축사 7,000개 이상, 야채 하우스 2,000무와 온실 20,000무 이상이 파괴되었다. 징청 철도를 따라 10개 이상의 지역에서 산사태가 발생했고 노반이 붕괴되었으며, 교량이 파괴되었고, 296시간 동안 철도운행이 중단되었다.

베이징 지역의 수해 상황을 보면 1990년대 중반 이전에는 가옥의 붕괴가 중요한 위험요소였다. 골목길 사합원(四合院)의 민가는 오래되었고 대부분 석회, 흙벽돌, 기와로 되어 있어 지형이 낮으면 물이 들어가 수해를 이겨 내기 어렵다. 이에 베이징시 정부는 "집이 덜 무너지고 사람이 죽지 않는 것이 인민을 위한 것"이라는 홍수기간의 요구사항임을 제기했다.

2000년대 들어 2012년 7월 21일부터 22일 8시까지 베이징과 그 주변지역은 61년 만에 가장 강한 폭우와 홍수를 겪었다. 이번 폭우로 8월 6일 베이징에서 79명이 숨졌다. 베이징시 정부가 개최한 재난상황 보고회의 데이터에 따르면, 이번 폭우로 주택이 10,660채 붕괴되었고, 160만 2,000명의 이재민이 발생했으며, 116억 4,000만 원의 경제적 손실이 발생했다. 이번 재산 손실의 주요 원인은 많은 차량이 물에 잠겼기 때문인데, 징강아오(京港澳) 고속도로에서만 120대 이상의 차량이 침수되었다. 베이징시 당위서기 궈진룽(郭金龍)은 후기 홍수 방지작업에서 "사람이 죽지 않고, 차가 물에 잠기지 않도록 해야 한다"고 요구했다. "집이 덜 무너지고, 사람이 죽지 않도록 해야 한다"에서 "사람이 죽지 않고, 차가 물에 잠기지 않도록 해야 한다"로 바뀐 점은 시대적 특성을 보여 주기도 한다. 변함없는 것은 생명을 중요시한다는 것이었다.

지리지에 기록된 옛 베이징의 '역병' 방역기록

2020년에 우리는 잊을 수 없는 전염병을 경험했다. 역사적으로 베이징의 선조들도 전염병의 습격을 받은 적이 있고 역병과 싸웠던 경험이 있다.

1. 옛날의 전염병 상황

베이징 역사에 기록된 전염병은 참혹했다. 원나라 대도는 역사상 규모가 가장 큰 도시로 인구가 많았는데 역병에 대한 기록은 끊이지 않았다. 황경(皇慶) 2년(1313년)부터 지정 24년 4월(1364년 5월)까지의 52년 동안 대도에서는 해마다 역병이 돌았다. 대도의 리정문(丽正门), 순청문(順承门), 핑저문(平则门), 허이문(和义门), 쑤칭문(肃清门), 젠더문(健德门), 안정문(安贞门), 광시문(光熙门), 총런문(崇仁门), 치화문(齐化门), 원밍문(文明门) 등 11개 문에는 영락없이 굶어 죽은 백성의 묘소가 있었다. 지정 24년(1364년)까지 만해도 10여만 명의 유해가 묻혔다. 어떤 역병이 그렇게 끔찍한 비극을 초래했는지는 현재 확인할 수 없다.

명나라 이후에 돌았던 심각한 전염병은 일반적으로 서역(鼠疫, 즉 페스트) 및 천연두와 관련이 있었다. 명나라 때 경사에는 서역이 유행했다. 숭정 16년(1643년) 7월에 경사에 대규모의 전염병이 발생했는데 많은 사람들이 역병에 감염되어 종기가 부어오르고 독이 든 증상을 보였으며, 이로 인해 경성에는 시체가 널려 있었다. 역병은 명나라 말기, 청나라 초까지 계속되었고, 숭정 17년(1644년)에 이틈왕(李闖王, 즉 이자성(李自成))의 군대가 유방량(刘芳亮)의 인솔 하에 황하를 건너 평양부(平陽府)를 거쳐 로안(潞安)을 점령하고 2월에 경성에 돌아 왔다. 7월이 되어 대규모의 전염병이 발생했는데, 서혜부(사타구니)와 겨드랑이에 종괴가 생기고 기침에 피가 섞여 나오며 약물이 효과를 보지 못하고 즉시 사망했다. 그해 경성 안팎의 사람들은 모두 역병에 시달렸다. 귀천과 연령을 가리지 않고 감염되면 곧 사망하고 완충할 시간이 없었다. 성안에 있는 주문(九門)의 시체는 20만구나 되었다. 그 후 1768년, 1895년, 1908년에도 서역이 유행했는데, 선통 2년(1910년)에 동뻬이(東北)에서 첫 번째 서역이 유행했을 때 선양(瀋陽)의 한 노동자가 베이징으로 전염병을 옮겨왔다. 그는 1월 8일에 베이징으로 갔고, 12일에 발병하여 14일에 사망했다. 그 뒤로 베이징에 서역이 유행하여 113명이 사망했다. 경사에서는 천연두가 유행한 적이 있는데, 순치 18년(1661년)에 천연두가 유행했다. 순치제는 바로 천연두로 죽었다. 콜레라는 1821년에 영국 사람이 인도에서 베이징으로 들여왔는데 1946년까지 17차례 발생한 바가 있다.

　중화민국 이후 현대의학의 유입으로 전염병에 대한 명확한 이해가 생겼고, 전염병을 정확하게 판단할 수 있게 되었다. 서역과 천연두 외에도 베이핑에서는 중화민국 4년(1915년)에 성홍열(猩紅熱, scarlet fever)이, 중화민국 10년(1921년)에는 유행성(流行性) B형 뇌염이 유행했다. 중화민국시기 이질(bacillary dysentery)은 해마다 다양한 규모로 유행했으며 중화민국 26년(1937년)에는 1,070명의 환자가 발병하고 721명이 사망했다. (장)티푸스는 중화민국 15년부터 21년까지

(1926년~1932년) 베이징에서 유행했으며, 발병률은 100/10만~300/10만 명에 이르고 사망자는 10/10만~30/10만 명으로 추정된다. 유행성 B형 뇌염도 한때 베이징에서 사망률이 높은 질병이었는데, 중화민국 29년(1940년)에 1건의 사망자의 뇌 조직에서 처음으로 바이러스가 분리되었고, 그 후 발견되는 환자가 나날이 증가하여 중화민국 37년(1948년)까지 총 242명의 발병자와 111명의 사망자가 발생했는데, 중화민국 37년(1948년)에 총 131건으로 71명의 사망자가 발생하여 치사율이 54.20%에 이르렀다. 1949년까지 조사 가능한 전염병으로는 간디스토마(Clonorchis sinensis), 렙토스피라(Leptospira), 앵무병(ornithosis), 브루셀라병(brucellosis), 탄저(anthrax), 구제역, 광견병, 세균성 이질, 척수회백질염(tephromyelitis), 성병, 결핵병 등 20여 종이 있었다.

2. 옛날의 전염병 상황 보고제도

청 정부 때부터 전염병 상황 보고제도가 시작되었다. 선통 3년(1911년)에 전염병 상황 보고 율령이 반포되었는데, 각 관할구역에서 전염병이 있든 없든 반드시 5일에 한 번씩 보고해야 하며, 시, 주, 현 이상의 지역에서는 전염병으로 인한 사망자수를 보고해야 한다고 명시했다. 중화민국시기부터 전염병은 제도화 관리에 들어갔다. 중화민국 17년(1928년)부터 중화민국 34년(1945년)까지 〈전염병 예방 및 통제에 관한 조례(传染病防治条例)〉를 5회 개정했다. 중화민국 17년(1928년)에 중화민국 정부는 〈전염병 예방 및 통제에 관한 조례〉를 공포하고, 전염병에 감염된 환자(또는 감염 의심 환자나 전염병으로 사망한

자)의 친족 및 접촉자를 의무적 보고자로 확정하여 환자 발견 후 24시간 이내에 관할 보건당국에 보고하도록 했으며, 또한 보갑장(保甲长;, 송나라 때부터 있었던 군사관리 호적관리제도로 가구단위로 세대장을 설정하고, 10가구는 갑[甲]으로 정하고 갑장[甲长]을 두고 10갑은 보(保)로 보장[保長]을 둠), 경찰 및 의사, 간호사는 감염 환자(또는 감염 환자의 시신)를 발견한 이후 24시간 이내에 관할 보건당국에 보고해야 한다고 규정했다.

3. 역병 퇴치를 위한 조치

(1) 천연두를 막는 종두(种痘)

중국은 늦어도 16세기 이전 또는 더 이전에 종두를 사용하기 시작했다. 청나라 옹정 5년(1727년)에 유무곤(俞茂鲲)은『두과김경부집해(痘科金镜赋 集解)』에는 "소문에 따르면 종두법의 기원은 명나라 용경 연간(1567년~1572년)에 저국부(宁国府) 태평현(太平县)으로 거슬러 올라 갈 수 있다. 종두법의 창시자의 성은 더 이상 고증할 방법이 없지만, 신비한 이인단가(异人丹家)에서 물려받은 것으로 이후 전국적으로 퍼지기 시작하여 지금까지도 많은 사람들이 사용하고 있으며, 그중 저국(宁国, 오늘날 안훼이성 경계에 설치한 남송시기의 부[府]) 사람이 가장 많다.(闻种痘法起于明朝용庆年间(1567年~1572年)宁国府太平县, 姓氏失考, 得之异人丹家之传, 由此蔓延天下, 至今种花者, 宁国人居多.)"라고 기록되어 있다. 강희 34년(1695년)에 장로(張璐)는『장씨의통(张氏医通)』권12에서 "처음 종두를 하는 방법은 다른 약은 없고, 천연두에 걸린 아이의 얼굴에 있는 두포 딱지 액체를 훔쳐 내어

솜에 발라 환자의 콧구멍에 밀어 넣는 방법이다. 여성은 오른쪽 콧구멍에, 남성은 왼쪽 콧구멍에 넣는다. 7일이 지나면 몸의 기혈이 통하고, 체온이 다소 올라가며 붉은 반점이 적게는 몇 개, 많아도 1,200개에 불과하다. …… 전반적으로 잘 다루면 두포가 잘 생기는 것은 당연한 이치이다. 두포 표지에 있는 액체를 훔칠 수 없다면 두포 딱지로 인해 생긴 욕창에서 액체를 채취할 수도 있고, 두포가 없으면 훔칠 수도 있고, 다른 어린이가 입고 있는 옷을 사용하여 착용해도 천연두를 유발할 수 있다.(原其种痘之苗, 别无呑药, 惟是盗取痘儿标粒之浆, 收入棉内, 纳入鼻孔, 女右男左, 七日其气宣通, 热发点见, 少则数点, 热发点见, 少则数点, 多不过一二百颗……大抵苗顺则顺, 必然之理, 如痘浆不得盗, 痘痂亦可发苗, 痘痂无可窃, 则以新痘儿所服之衣, 与呑儿服之, 亦能出痘.)"라고 기록되어 있다. 인두(人頭)를 접종해 천연두를 예방하는 기술은 중국인이 발명한 것으로 많은 문헌에서 확인되고 있으며 베이징도 16세기 이전에 인두를 접종했다. 선통 원년(1909년)에 〈종두 관리 규칙(管理种痘规则)〉을 공포했다. 규칙에는 "우두(牛痘) 접종을 시작하는 사람은 반드시 순찰 경찰서에 가서 신고해야 하며, 접종을 시작하기 전에 승인을 받아야 한다. 매월 접종을 완료한 후 지정된 양식에 따라 보고해야 한다. 두묘(痘苗)는 반드시 새로 만든 두장(痘漿)을 사용해야 하며, 전해진 두장을 사용하는 경우 아픈 소아에게서 채취해서는 안 된다. 두장을 전달할 때 소아의 몸에 손상을 주어서는 안 된다. 종두를 하는 모든 장소는 선당(善堂)이나 의사를 막론하고 모두 순경 관리의 검사를 받아야 한다.(凡开局种牛痘者须赴巡警官署禀报, 俟批准后始行开种. 每月种完后须照规定表式禀报. 痘苗须用新制痘浆, 如用传浆时, 不得取有病小儿之浆. 传取痘浆时不得有损小儿之身体. 所有种痘处无论善堂或医生均应受巡警官吏之检查.)"

고 규정되어 있었다. 중화민국 24년(1935년)에 베이핑시 정부는 종두규칙을 공포했는데, 규칙에는 종두를 받는 사람은 반드시 등록해야 하고 면허를 받아야 하며, 종두는 일률적으로 무료라고 명시했다.

(2) 역병의 유행을 차단하는 조치

원나라 지정 24년(1364년)에는 대도에서 역병이 유행하여 수많은 사망자가 발생했다. 역병의 확산을 피하기 위해 시체를 깊이 묻었는데, 역사적 기록에 따르면 죽음에 임박하거나 갑자기 죽은 사람들의 시신을 샘물 발원지까지 파고 묻었으며, 총 20만 구 이상의 전염병 사체가 매장되었다. 청나라에서 서역이 유행했을 때 청 정부는 기인(旗人, 청나라의 팔기제도에 속한 사람들의 총칭) 중의 서역 감염자와 성내 감염자는 이주시키도록 명령했다. 사실 이는 주민들이 환자와의 접촉을 피할 수 있도록 하기 위한 서역 환자에 대한 격리 조치였다. 중화민국 21년(1932년)에 베이핑 4구 셴와이가(宣外大街) 159번지에서 천연두 환자가 발견되었는데, 발병을 적시에 차단하기 위해 시 경찰국은 가구를 폐쇄하고 주변 거리와 교통망을 폐쇄 조치하였다.

(3) 감독관리 체제의 구축

동치 연간에 우두국(牛痘局)이 설립되었고, 선통 3년(1911년)에 전염병예방국과 검역소가 설립되었다.

식품위생을 보장하기 위해 선통 원년(1909년)에 〈음식물영업관리규칙(管理飮食物營業規)〉과 〈사이다영업관리규칙(汽水營業管理規則)〉을 공포하여 이에 근거하여 경찰청에서 경찰을 파견하여 음식점, 식당, 술집, 호텔 및 육류·식품 노점에 대한 위생감독을 실시했다. 중화민국 5년(1916년)에는 〈식품위생규칙(食品卫生規則)〉을 공포하여 경찰청에서 경찰을 파견하여 식품위생을 감독한 다음 경찰청에 위생부를 설치하여 관리를 강화했다. 중화민국 14년(1925년)까지 베이핑시 위생사무소에서 처음으로 보건경찰을 파견하여 식품위생과 안전을 감독했고, 이때부터 보건의료진이 위생식품 검사 및 감독의 책임을 수행하게 되었다.

공공장소의 위생을 보장하고 역병의 유행을 방지하기 위해 선통 3년(1911년)에 〈분뇨관리요강(管理糞便簡章)〉을 공포했다. 중화민국 22년(1933년)에 베이핑시 정부는 도로 청소를 위해 청도반(清道班)을 설치했다. 중화민국 23년(1934년)에 베이핑시 위생국은 〈공공오락사업장의 위생관리규칙(管理公共娱乐营业场所卫生规则)〉을 공포하여 극장, 영화관, 놀이장 및 곡예장, 찻집, 평서장(评书场), 극장 및 기타 곡예장과 공공 오락사업장에 대해 관련 위생요구사항을 제시했다.

식수위생은 역병을 예방하는 중요한 연결고리이다. 중화민국17년(1928년) 6월 16일에 베이핑시 정부는 〈식수 우물 관리규칙(管理饮水井规则)〉을 공포하여 식수를 얻기 위해 우물을 파는 사람은

▷ 1935년 베이핑 위생사무소에서 예방접종주사를 놓는 장면(원본은 『베이징지 · 시정권 · 위생지(北京志 · 市政卷 · 卫生志)』에 수록되어 있음)

구멍을 뚫기 전에 위치·방법 및 도면을 관할 보건국 또는 공안국에 제출하여 승인을 받아야 한다고 명확히 규정했다. 또한 굴착이 완료된 이후 관할 보건국 또는 공안국에 보고하고 전문 인원을 파견하여 검사·테스트하도록 해야 하며, 우물에 대한 규정은 상당히 구체적이어야 한다고 규정했다. 즉 우물 벽은 오수가 우물에 침투하는 것을 방지하기 위해 단단하고 불 침투성 물질로 건설되어야 하며, 우물의 깊이는 최소 10m 이상, 깊은 우물은 66.6m 이상이어야 하고, 우물은 반드시 덮어야 하며, 우물 난간은 지면으로부터 오염되지 않도록 바닥보다 0.66m 이상 높아야 하고, 모든 우물은 화장실과 도랑에서 벗어나 50m밖에 굴착해야 한다는 것이었다. 역사적으로 베이징은 역병과 수없이 싸웠으나, 전쟁이 계속되는 상황에서 효과적으로 통제할 수 없었다. 중화인민공화국이 창건된 이후 많은 역병이 멸종하기 시작했다. 호랑이 이야기만 해도 얼굴빛이 달라졌던 서역이 더 이상 유행하지 않았고, 1950년 6월 이후에는 천연두가 사라졌으며, 1954년에는 회귀열(relapsing fever)이 사라졌다. …… 물론 역병과의 싸움은 여전히 진행 중에 있다.

베이징 화장실의 변천

화장실은 고상한 자리에 내놓을 만한 것이 못 되지만, 사람들에게 없어서는 안 될 필수품이며, 『북경지·시정권·환경위생지(北京志·市政卷·环境卫生志)』에서 별도로 기록하고 있다.

▷ 1936년 베이핑 전염병 병원 소독팀이 소독하는 장면 (원본은 『베이징지 · 시정권 · 환경위생지(北京志 · 市政卷 · 环境卫生志)』에 수록되어 있음

▷ 1935년 베이핑시 도시 식수 우물을 소독하는 장면(원본은 『베이징지 · 시정권 · 환경위생지(北京志 · 市政卷 · 环境卫生志)』에 수록되어 있음)

1. 화장실 역사에 대한 추적

중국역사에서 화장실과 관련한 고서의 자세한 설명은 거의 없다. 왕치쥔(王其钧) 선생은 『중국의 전통화장실에 대한 연구(中国传统厕所研究)』에서 현재 알려진 최초의 실제 규모의 화장실은 장쑤성(江苏省) 쉬저우시(徐州市) 주리구(九里区)의 궤이산(龟山)에 있는 한나라 무덤의 화장실이라고 했다. 이는 서한(西漢) 제6대 초양왕(楚襄王) 유주(刘注, 기원전 128년~기원전 116년)의 부부합장 무덤으로 지금으로부터 2000여 년에 만들어졌다. 평지에 장방형의 돌 두 개를 놓고 두 돌 사이에 구덩이가 있어 사람이 돌을 밟기 편하도록 했다. 이는 지금의 웅크리고 앉는 화장실과 큰 차이가 없다.

베이징에는 언제 화장실에 대한 기록이 있었는지 고증할 길이 없다. 13세기 중엽에 원세조가 대도를 제왕의 거처로 삼은 이후 집을 짓기 시작했고, 대지와 강과 늪지를 화장실로 사용하던 유목민족의 습관도 이로 인해 변화를 가져 오게 되었다. 명나라 이후 베이징 주민들의 가정용 화장실의 위치는 풍수학적 요소를 주입했는데, 사합원으로 대표되는 주거 구조에서 화장실은 마당의 서남쪽 모퉁이에 지었다. 사실 풍수지리적 요소에 근거하지 않더라도 베이징은 봄과 여름에 동남풍이 많이 불어 화장실을 저택 서남쪽 모퉁이의 바람이 부는 곳에 배치하는 것이 위생적이다. 이러한 가정용 화장실은 벽돌을 쌓거나 나무판자를 조립하거나 짚으로 울차리를 만들어서 지었고, 문, 창문, 지붕, 파리 방지시설 및 탈취시설이 없는 구렁텅이(死坑)로 된 건조한 화장실이었다. 고관 귀족의 자택 화장실은 주인과 하인이 혼용하지 않았고, 일부 주인 전용 화장실에는 구덩이 없이 오줌통(溺器)과 변기통(恭桶)을 사용했다. 명나라 때 재상을 지낸 엄숭(严嵩)의 오줌통은 모두 금과 은을 사용하여 여성의 형상으로 만들었지만, 내부는 비어 있고 밀가루와 같은 색상의 옷과 같았으며, 엄숭을 다르던 언무경(鄢懋卿)은 측상(厕床, 고대 변소에서 쓸 수 있는 전문 좌기)을 문금(文锦, 문채가 얼룩덜룩한 직물)으로 덮었고, 백금으로 용변 도구를 장식했다고 한다. 명나라 만력 초부터 명나라 말기까지 경사(京師)의 집과 집의 거리는 점점 좁아져 많은 주민들이 가정용 변소를 짓지 않고 변기를 사용했다.

베이징성에는 변소가 매우 적었다. 청나라의 전인거사(前因居士)가 『일하신구(日下新讴)』에서 기록하기를 "거리에 빈 공간이 없어지자 누군가 변소를 짓기 시작했다. 문밖에는 폭이 예닐곱 자 정도 되는 커다란 포화(布画)가 걸려 있고, 그 위에는 신선이나 여러 가지 색채의 이야기가 그려져 있다. 길을 따라 향기로운 사다리 모양의 주칠(朱漆)한 네모난 고가(高架) 받침대가 설치되었고, 꼭대기에는 '깨끗한 변소' 라고 적힌 간판이 세워졌다. 점포 안에는 작은 구덩이가 둘러져 있는데, 1인당 하나씩 사용할 수 있도록 판자로 나누었다. 1푼(文)을 지불하면 종이 두 장을 제공한다. 이는 그야말로 편리한 운영 방식이다. (大街……无地可遗, 于是有设茅房者. 门外高张大幅布画, 宽六七尺, 上绘神仙或杂色故事. 当街列一朱漆四方高架, 状如香梯, 顶面立一方牌, 标曰'洁净茅房'. 其铺内一室则环列小坑, 以板界隔, 人各一坑. 与钱一文, 给纸两片. 诚方便经营也.)" 건륭제 56년(1791년)에 베이징에 간 조선인 김사룡(金士龙)도 그의 저서 『연행일기(燕行日记)』에서 베이징 유리창에 있는 유료 변소에 대해 기록하고 있다. "유리창에는 십여 개의 변소가 있는데, 그 안에는 정갈한 작은 탁자가 놓여 있고, 탁자 위에는 뜨거운 부용 향기가 풍기며, 네 벽에는 춘화도(春和圖)가 붙여져 있어 사람들이 변소에 오면 즐거움을 느낄 수 있었고,

변소를 사용하는 비용은 3푼이다.(琉璃厂有溷厕十余间，厕中置净几，几上熱芙蓉香，其四壁贴春和图，使人登厕，则其价必收三文.)이 흥미로운 글들은 가장 일찍이 유료 변소에 대해 기록한 글들이다.

수도인 베이징은 명나라 때 궁정에 총 5개의 변소가 있었으며, 이는 모두 관련 사료에 근거하여 검증할 수 있는 것들이다. 문연각(文淵閣) 근처에 각료(阁僚)들을 위한 변소가 하나 있었고, 자금성 건청문(乾清门) 담장 안의 남쪽에 있는 반 칸인 '동쪽 이중벽(夹墙)'과 '서쪽 이중벽'에는 궁중 후비들과 내관들을 위한 두 개의 변소가 있었으며, 융종문(隆宗门) 밖에 있는 자녕궁(慈宁宫) 동소문(东小门) 내의 문서방(文书房, 칙고[敕诰] 등 모든 기밀문서를 주관하는 궁중 기관), 지녕궁 남사예감처(南司礼监处)에 내시를 위한 변소가 각각 하나씩 있었다. 자금성의 문연각에는 각료들이 많았으나 그들을 위한 변소에는 자리가 너무 적어 변소를 이용하고 싶을 때 빈 자리가 없어서 '납핍(内逼, 갑자기 변이 마려운 것)'의 난처한 경우가 많았다. 명나라 황제와 황후·후궁은 변을 본 다음 야잠사(野蚕丝)로 짠 비단을 사용했다고 한다. 비단 견직물은 쓰촨(四川) 지방정부가 전례에 따라 바친 것으로 모든 비단은 궁정에서 사용했고, 사용한 다음 버렸으므로 버릴 때마다 은량을 낭비했다. 명효종(明孝宗)은 비단을 버리는 것이 아까워 종이로 대신하도록 명했다고 한다.

청나라 때 궁중 변소를 '징팡(净房)'이라고 불렀는데, 청나라의 '징팡'은 명나라보다 많았다. 양심전(养心殿) 뒤편의 서쪽 방에 두 개의 '징팡'이 있었고, 동쪽 방에도 하나가 있었으며, 후비들의 침전에도 '징팡'이 있었다. 청나라의 '징팡'에는 구덩이가 없이 요강과 변기가 마련되어 있었다. 황후가 사용하는 요강은 대부분 은이나 주석(錫)으로 만들었으며, 모양이 우아하고 무늬가 밝으며 장식이 화려했다. 청나라 말기 서태후의 변기는 단향나무로 조각되었고, 외벽은 커다란 도마뱀으로 장식되어 있었으며, 도마뱀의 두 눈에는 루비 두 개가 박혀 있었고, 입에는 휴지를 물고 있었으며, 배(腹中)에는 단향나무 가루가 들어 있어' 변이 떨어지면 단향나무 가루가 변을 감싸 냄새가 나지 않았다. 단향나무 가루는 사용 후 버려지고 새것으로 바꿨다. 광서 29년 2월(1903년 3월)에 서태후는 서릉(西陵)에 참배한다는 명목으로 서행(西行) 화차(火車)를 탔다. 탑란천(陶兰泉)은 북양대신 위안스카이와 회의 대신 성선회(盛宣怀)의 지시를 받고 화차에다 서태후를 위한 임시 호화스런 변소를 설치했다. 변소에 마련된 변기는 "밑에 황사를 저장하고, 그 위에 수은을 넣어 변이 수은(水銀)에 떨어지면 흔적도 없이 사라지도록 특수하게 설계되었다. 수은과 황사는 사용 후 바로 버렸으므로 버릴 때마다 적지 않은 은량이 낭비되었다.

근대 이전에 베이징에는 공중변소가 매우 적었다. 청나라 때 베이징성은 황성 주변, 남해, 중해(中海), 북해의 황실 원림 근처 및 적수담(積水潭)에 공중변소를 지을 수 없다고 명확히 규정했다. 당시 내성에는 관공서 전용 변소 3개와 개인이 지은 공중변소 5개뿐이었다. 개인이 지은 공중변소는 모두 3척의 흙벽으로 막혀 있었고, 지붕, 문, 전등, 칸막이, 청소 시설이 없는 초라한 변소였다. 관공서 전용 변소에는 지붕, 문, 창문이 있었으나 칸막이가 없었고 파리 및 냄새 방지시설이 없었다.

1912년부터 1933년까지 베이징시에는 627개의 공중변소가 있었고, 관공서 전용 변소, 자치방(自治坊) 전용 변소 및 개인이 지은 변소 등 세 종류가 있었다. 그중 개인이 지은 것은 470개로 공중변소 총수의 75%를 차지했다. 1947년부터 1949년까지 중화민국 정부는 변소에 대해서도 일련의 개조 및 관리를 실시했는데, '불합격' 공중변소에 대해 '금지' 조치를 취하여 거리의 공중변소를 원래의 600개 이상에서 510개로 줄였다. 그중 83개는 관공서 전용 변소로 공중변소 총수의 16%~27%를 차지했다.

2. 베이징의 변소 혁명

1949년부터 1963년까지 베이징시 인민정부는 개인이 지은 공중변소, 관공서 전용 변소를 철거·재건했고, 문, 창문, 지붕, 간단한 파리 방지 장비를 갖춘 공중변소를 지었다. 1964년부터 1974년까지는 개인 주택 변소('가정 변소'라고 약칭함)를 개조하여 85,000개의 변소를 철거하고, 2,879개의 새로운 공중변소를 지었다.

오랜 세월이 흐르며 베이징의 대부분의 변소는 낡고 파손되었으며, 악취가 심하고 지저분하기 그지없었다. 1984년 2월 14일에 홍콩 명보(明報)는 〈베이징의 공중변소는 더럽고 여름에는 악취가 진동하며 겨울에는 인분이 솟아오른다(北京公厠脏, 夏天臭气熏, 冬天粪冒尖)〉라는 제목의 기사를 실어 "베이징에는 공중변소가 즐비한데 관리가 매우 열악하고 지저분하며 겨울에는 인분이 얼고, 여름에는 악취가 진동한다"라고 하며, 베이징의 변소가 낡고 지저분하며 수가 적고 분포가 불합리하다는 점을 지적했다. 1979년 3월 9일에 베이징일보사에서 편집 인쇄한 〈내부참고(內部參考)〉에는 빠따링(八达岭) 유람구에는 공중변소가 없어서 일본인 여성 관광객이 용변을 볼 곳이 없게 되자 사람들이 막아 교대로 용변을 보았다는 내용의 문장을 실었다. 이 두 사례는 당시 베이징의 공중변소 상황을 형상화한 것이었다.

1981년 이후 베이징시는 불합리한 공중변소 배치, 불충분한 수량,

부족한 위생시설 등의 문제를 해결하기 위해 공중변소 건설 및 개조를 계획적이고 단계적으로 착수했다. 1983년에 공중변소 건설은 주요 도로와 번화한 지역에 중점을 두었는데, 연간 198개의 공중변소가 새로 건설 및 재건되어, 환경위생부에서 관리하는 공중변소는 6,635개에 달했다.

1984년에 베이징은 변소를 주제로 한 시장회의를 개최하여 중요한 관광 명소, 주요 거리 및 핵심 지역에 완전한 장비를 갖춘 고급 공중변소를 건설하기로 했다. 회의에서는 실내 높이는 3.7m이어야 하고, 난방, 채광 및 환기 장비가 있어야 하며, 조명은 아름답고 우아해야 하고, 너비 1.8m인 재래식 도자기 변기를 설치해야 하며, 문과 칸막이가 있고, 큰 걸이식 소변기, 수마석(水磨石) 또는 대리석 칸막이를 설치하며, 적외선 감지 스탠드 세면대, 손세정제 기계 및 적외선 감지 손 건조기를 갖춰야 한다고 규정했다.

이러한 고급 공중변소는 1985년부터 1987년까지 건설되었으며, 노동인민문화궁 남문 동쪽, 베이징역 동쪽, 중산공원 남문 서쪽 등 총 3개가 완공되어 개방되었다. 1988년에 완공되어 개방된 것은 역사박물관 서문 북쪽, 역사박물관 서문 남쪽, 시즈문(西直門) 입체 교차교, 북해 공원 동문, 공주분환도(公主坟環島), 원명원 남문, 향산 광장, 군사박물관 서쪽 등 총 8개였고 1989년에 완공되어 개방된 것은 화뻬이루(华北楼) 옆, 야오장(姚江) 골목, 완서우사(萬壽寺) 맞은편, 바자오(八角) 지하철역, 훙링진(红领巾) 공원 등 총 5개였으며, 1990년에 완공되어 개방된 것은 노동자체육관 서쪽, 왕푸징 백화점빌딩 남쪽, 베이징전시관 광장, 시즈문가 86번가 옆, 적수담, 신난따가(新南大街) 21번가 옆, 인민대회당 남쪽, 헌우문 서쪽, 전문젠루(前门箭楼) 동쪽, 전문젠루 서쪽(남화장실) 전문젠루 서쪽(여화장실), 정양문 1호, 정양문

3호, 주바오시가(珠宝市街), 올림픽체육관 동문, 중관촌(中关村) 깡루(崗樓), 런민대학교(人民大学) 맞은편, 꾸청북리(古城北里), 창핑현, 자전거 경기장 북분, 이화원 동문, 이화원 원창각(文昌阁) 남쪽, 이화원 런서우전(仁寿殿) 남쪽의 22개였다.

베이징시 통계국에 따르면 베이징의 하루 평균 외부 인구는 330만이고, 비장기(非長期) 거주자와 공공장소에 있는 베이징 시민을 합치면 하루 평균 400만 명 이상에 달했다. 따라서 베이징의 주요 가도에서는 평균 15,000명이 하나의 공중변소를 사용하게 된다. 그중 시단, 왕푸징, 전문과 같은 번화한 상업지역에는 평균 10만 명 이상이 하나의 공중변소를 사용했다. 시단북가(西单北街) 남구에서 펑성골목(丰盛胡同)까지 총 1.5km인데, 그곳에는 100개 이상의 상점이 있으며, 하루에 5만 명 이상의 쇼핑객이 유동하고 있지만, 공중변소는 1개뿐이었다. 이 변소는 저녁 6시부터 7시까지 분당 7명, 점심 12시부터

▷ 1950~60년대의 변소

오후 2시까지 분당 15명이 사용했다. 변소를 이용하려고 문밖에서 줄지어 기다리는 사람들이 적게는 십 수 명, 많게는 수십 명이었다. 이러한 상황에 직면하여 베이징시 환경위생국 및 관련 부서는 공중변소의 신축 및 재건 노력을 강화하면서 주요 거리, 번화한 지역 및 관광지에 높은 건설 표준과 완전한 내부 위생시설을 갖춘 고급 공중변소를 연속적으로 건설했다.

21세기에 들어서면서 베이징의 공중변소는 업그레이드 및 개조 단계에 들어섰다. 2001년 4월에 베이징시 시정관리위원회는 〈베이징시 공중화장실 설계 및 건설 기준(北京市公共厕所设计建设标准)〉을 제정하여 "베이징시의 공중변소는 문명, 위생, 편의, 적용(適用), 절수(節水) 및 방취(防臭)의 원칙에 따라 기획, 설계, 건설 및 관리해야 한다"고 규정했다. 즉 대·소변실과 세면실은 별도로 설계하고, 변기는 주로 재래식을 설치하되 좌식 변기를 보조적으로 설치하고, 1회용 용지를 비치해 두며, 변기에 물을 내리고 손을 씻을 경우 비접촉식 도구를 사용하도록 하며, 변소에는 시설이 완비되어 유지·보수가 편리해야 하고, 변소 내 공간은 합리적으로 배치되고, 채광 및 공기순환이 좋아야 하며, 선진적이고 신뢰할 수 있는 절수 장비를 사용해야 하고, 합리적인 환기 장비가 설치되어야 한다는 것이다.

2001년부터 베이징시의 호텔, 식당, 공항, 기차역, 시외버스 정류장, 대형 쇼핑 장소, 대규모 오락 장소, 경기장 및 기탑 창구식(窓口式) 서비스 단위의 모든 공중변소는 2급 이상 기준을 적용하고 일률로 대중에게 개방하도록 했다. 시내의 도로, 대규모 공공건물, 공공장소 및 아파트 단지를 건설하거나 재건하는 경우 반드시 공중변소 지원 문제를 해결해야 했다. 2004년 베이징시 정부는 새로 건설된 공중변소를

▷ 1990년대의 공중변소(원본은 『베이징지 · 시정권 · 환경위생지(北京志 · 市政
　卷 · 环境卫生志)』에 수록되어 있음)

베이징에는 관심을 갖게 하는 곳이 많은 만큼 그에 관한 이야기도 많이 있다.

〈대중 생활과 직접적인 관련이 있는 중요한 사건(直接关系群众生活方面的重要实事)〉 중 하나로 지정했다. 이어 2005년은 베이징 공중변소 관리의 해(北京公厕管理年)로 1년 동안 1,959개의 공중변소를 새로 건설하고 재건했다. 공중변소 리모델링 과정에서 환경보호 및 에너지 절약을 추진하여 절수 및 에너지 절약, 친환경이라는 취지 아래 거품 절수 소변기, 중수 재활용, 생물학적 탈취 등 선진적 기술을 적용하고 에너지 절약 조명등을 설치하여 공중변소의 물 소비, 전기 소비, 악취가 크고 쉽게 막히는 등 문제를 해결했다. 따라서 공중변소의 품질이 향상되고 기능이 확장되어 많은 공중변소는 '공공위생간(公共卫生间)' 또는 '공공세수간(公共洗手间)' 즉 공중화장실로 이름이 변경되었다. 2006년부터 베이징시 공중화장실의 신축 및 개축을 추진하면서 공중화장실 건설이 도시에서 농촌지역으로 점차 확장되고, 공중화장실 개축이 향진(鄕鎭)으로 진출하기 시작했다. 번화한 지역, 공원 및 대규모 행사에 사용되는 화장실의 요구를 완화하기 위해 베이징에는 이동식 공중화장실도 건설되었다. 조립식 화장실, 이동식 화장실, 자동차 화장실, 장애인 화장실이 베이징의 곳곳에 대량으로 등장하기 시작했다. 행정법규의 효력을 갖는 〈베이징시 공중화장실 관리방법(北京市公共厕所管理办法)〉도 등장했다. 이 관리방법에서 공중화장실은 외부적으로 완비하고 청결하며, 각종 시설과 장비가 마련되어 있고, 채광 및 환기가 양호하며, 위생이 유지되며, 규정에 따라 소독 처리를 하고, 화장실 내에 파리가 없고, 기본적으로 악취가 없으며, 바닥에 물ㆍ가래 자국이 없고, 담배꽁초ㆍ종이ㆍ쓰레레기 및 기타 잡동사니가 없어야 하며, 변기에 먼지ㆍ잡다한 물건ㆍ분뇨가 쌓이지 않고, 벽과 천장에 재ㆍ얼룩ㆍ거미줄 등이 쌓이지 말아야 한다고 규정했다.

2018년의 통계에 따르면 베이징에는 14,667개의 공중화장실이 있었다. 주택 및 성향 건설부(住房和城乡建设部)의 관련 규정에 따르면 성진(城鎭)에는 상주인구 2500~3000명당 공중화장실이 하나 마련되어 있어야 한다. 2018년에 통계한 숫자로 볼 때 이 규정에 부합된다. 이로써 베이징은 세계에서 공중화장실이 가장 많은 도시 중 하나가 되었으며, 기본적으로 화장실 사용 문제를 해결하게 되었다.

제4장

베이징과 관련된 신기한 이야기들

머리말

명·청 왕조가 베이징에 세운 제단은 지금까지도 남아 있다. 옛사람들은 천지, 나아가 만물에 대한 이해와 신념, 그리고 추구하는 것까지 장엄한 건축물에 쏟아 부었다. 건물의 색깔과 모양은 시간이 지나면 얼룩덜룩해지고 낡을 수 있고 원래의 목조도 썩어 부서질 수 있지만, 사람들에게 헤아릴 수 없을 정도로 많은 것을 남겨 준다.

이를 통해 우리는 어떠한 계발(啓發, 재능이나 정신 따위를 깨우쳐 열어주는 것)을 받을 수 있을까? 정치적인 것·사상적인 것·문화적인 것·사회적인 것 등 유형적인 건축물 그 자체를 훨씬 뛰어넘어 현재 우리가 추구하는 창조적인 사회상태·형식에 대해 참고할 만한 것이 많을 것이다.

유형적인 건축물 자체에도 수많은 현묘한 이치를 담고 있다. 우리는 그러한 이치에 대해서 알 수 없을지도 모른다. 그중에는 고대인과 하늘의 대화 형태, 만물에 대해 의탁하는 표현이 있을 수 있고, 후세들에게 전해주려고 하는 동양의 고국(古國)을 통치하고 관리하는 이론의 정수가 깃들어 있을지도 모른다. 21세기에야 우리는 비로소 선인들이 정교하게 설계한 천단(天壇)의 음향 현상 연구에 성공했다. 다양한 소리, 다양한 반응, 다양한 효과 등 이 모든 것은 과연 어떠한 이 넘을 보여 주고 있고, 누구에게 어떠한 정보를 전달하려고 하는 것인가? 혹자는 "인간 세상에서 속삭이는 말도 하늘은 우렛소리 듣듯 잘 알고 있다(人間私語, 天聞若雷)", "남과 잘 지내면 하늘이 안다(與人相善自有天知)"라고 한 말한 이도 있다. 이와 같은 황공한 무형의 이념들을 우리 조상들이 믿어 왔는데, 제단의 음향 현상은 무의식적으로 그 나름의 현묘함을 통해 세상에 경고하려는 것은 아닐까.

우리는 단순히 연구를 위한 것이 아니며, 선인들의 사상을 해석하려는 시도 또는 경박한 현 사회에서 새로운 것을 내세우려는 것은 더더욱 아니다. 오늘날 해결해야 할 문제는 다방면에 걸쳐 있으며, 현실적인 연구도 필요하다. 보호를 이유로 건축물을 파괴하는 문제, 찌꺼기를 보물로 간주하고 심지어 좋은 것과 나쁜 것에 무분별한 문화 계승에 있어서의 문제, 문화유산의 보호와 경제적 이익 및 지역 발전의 관계 파악, 계승과 혁신의 우선순위 등은 우리에게 어려운 과제로 남아 있다.

동호림(東胡林) 사람들은 아무런 이유 없이 떠난 것이 아니다

나의 본관은 베이징시 문터우꺼우구(門頭溝區) 자이탕진(齋堂鎭) 서호린촌(西胡林村)으로, 조상들은 명나라 때 산시(山西) 홍동(洪洞) 따화이수(大槐樹, 산시성 홍동현에 위치한 민속 성지)에서 옮겨왔다고 하지만 증거가 없으니 고증할 길이 없다. 어디 출신이냐는 질문을 받을 때가 많은데 그때마다 나는 무심결에 베이징 출신이라고 한다. 라오베이징(老北京)이냐고 물으면 "그럼요" 하고 대답하곤 한다, 거기

▷ '동호림인'의 생활 장면을 본 뜬 그림(문터우꺼우구 박물관에서 촬영)

에 더해서 농담으로 베이징에서 얼마나 오래 살았으며, 혹시 만인(滿人)들이 들어왔을 때 왔냐고 물으면, 조상께서 이곳에서 1만년이나 살았고, '동호림인'이 바로 우리 조상이라고 웃으면서 답하기도 했다.

동호림인 유적지는 문터우꺼우구 자이탕진 동호림촌의 서쪽에 위치하고, 서호린촌과 바로 인접해 있으며 서호린과 같은 마을이었다. 1966년 베이징대학교 지질지리학과(地質地理系) 학생들이 문터우꺼우구에서 인턴으로 일하던 중 '동호림인'의 유적을 발견하여 고대인류학과 베이징역사학에 큰 영향을 미쳤다. 1985년에 유적은 문터우꺼우구의 주요 문화재 보호단위(重點文物保護單位)로 지정되었고, 1995년에 베이징시는 지하 문화재 매장지(地下文物埋藏區)로 지정되었다. 2001년 7~8월과 2003년 9~10월에 베이징대학교 고고문박대학(考古文博學院)과 베이징시 문화재연구소(文物研究所)가 공동으로 고고학팀을 구성해 200㎡의 유적지를 두 차례 발굴했고, 2005년에는 세 번째 발굴을 실시해 커다란 발굴 성과를 거두었다.

동호림인 유적에서 발견된 유적은 묘지, 화당(火塘, 방바닥을 파서 둘레를 벽돌로 쌓고 그 안에다가 불을 피워 따뜻하게 하는 구덩이), 재구덩이(灰坑, 고고학 용어로 고대 인류가 남긴 유적의 하나) 등이 있다. 고인의 신변에서 광택이 나는 작은 돌도끼가 발견되었

▷ 출토된 '동호림인' 화석

고, 가슴과 배에 여러 개의 구멍이 뚫린 소라 껍데기가 흩어져 있었는데, 이는 고대 사람들이 생전에 착용했던 목걸이 장식품으로 보인다. 화당은 10여 개가 발견되었는데, 화당 안에는 동물 뼈와 잿더미가 있었고, 화당 바닥 사방에는 돌멩이가 배열된 듯 가지런하였으며, 대체로 반원 모양으로 쌓여 있는 것으로 보아 계절적 행사에 사용된 것으로 추정되었다. 여기에서는 석기, 도자기, 골기, 조개껍데기, 많은 돌과 붕편(崩片, 깨진 돌조각), 동물 뼈, 식물 과일 껍질, 소라와 조개껍데기 등 비교적 다양한 유물이 출토되었다. 특히 도자기 파편이 발견되었는데, 이는 항아리, 그릇 등 기물로 추측된다. 동호림인 유적에서 채취한 숯, 인골, 동물 뼈, 도자기 조각 등 다양한 표본에 대한 연대 측정을 통해 '동호림인'이 살았던 연대는 대략 11000년에서 9000년 전으로 신석기 시대 초기에 속한다고 하였다.

사실 동호림인 유적을 통한 가장 중요한 발견은 문화유적에서 인골 화석이 출토된 것으로 이는 성인 남성 2명과 소녀 1명으로 확인되었다. 소녀 유골의 목에는 작은 소라 껍데기로 꿰어 만든 목걸이, 손목

에는 소 갈비뼈로 만든 뼈 팔찌를 착용하고 있었다. 이러한 '동호림인' 의 발견은 사람들에게 무한한 상상을 가져다주었다.

'그(그녀)' 는 누구일까? 성인으로 나이가 많지 않다는 사실만 초보적으로 추측할 수 있을 뿐, 어떤 이유로 사망에 이르게 되었는 지는 알 길이 없다.

그들은 어디에서 왔을까? 베이징 저우커우뎬(周口店)의 산정동인(山頂洞人)에서 발전한 것일까? 아니면 그들의 후예일까?

그들은 왜 여기에 정착했을까? 우월한 지세가 산과 물이 모이는 독특한 생태와 기후를 만들었고 이러한 환경이 고대 인류가 살기에 적합했으며, 여기가 최초의 살기 좋은 도시였을지도 모른다.

이들은 어떻게 살았을까? '화당' 에서 불에 탄 사슴 뼈가 발견되었는데, 이는 1만 년 전 이곳에 울창한 숲이 자랐고 사슴 떼가 출몰했음을 말해 준다. 여기에서 발견된 소라 껍질과 조개 그릇은 당시 큰 강이 이곳을 지나갔음을 보여 주며, 이 강이 오늘날의 영정하(永定河)일 수 있을 것이다.

그들은 농업과 목축업을 발전시켰을까? 묘지에서 발견된 돼지의 견갑골과 이빨은 당시 동호림인의 '레시피' 속에 돼지도 있었을 것으로 추정되며, 야생과 사양 여부에 대해서는 아직 검증되지 않았다. 고고학 전문가들은 또 1만 년 전의 곡물을 선별하기 위해 600여 포대의 흙을 채취했고, 곡물 선별에 성공한다면 1만 년 전에 농사를 지었다는 사실을 증명할 수 있을 것이다.

동호림인 유적에서 발견된 많은 유물은 신석기시대 초기 '동호림인' 의 생활방식, 매장풍습 및 생산방식을 이해하는 데 중요한 가치가 있으며, 농업의 기원, 도자기의 기원 및 발전을 탐구하는 데 매우 중요한 의미가 있다. 이 유적에서는 다양한 종류의 동식물 유적(부선채

취표본[浮選采集標本, 광석을 분리하고 추출해 내는데 필요한 표본] 포함)이 출토되어 지금으로부터 1만년 전후의 동호림인의 생활과 생산 방식, 생활환경의 복원, 농업·가축의 기원 및 신석기시대 초기의 인간과 자연의 관계 등을 탐구하는 귀중한 실물자료를 제공해주고 있다. 잘 보존된 '동호림인' 유골의 발견과 연구(체질인류학 연구, 고병리학 및 유전학 연구를 포함)는 '베이징인―산정동인―현대인' 의 진화과정과 그 계보를 이해하기 위한 과학적 근거를 제공할 뿐만 아니라, 신석기 시대 초기 인류의 경제 방식, 음식 구조 및 환경변화가 인류 자신의 발전과 진화에 미치는 영향을 이해하는 데 중요한 과학적 가치가 있다.

동호림인 마을은 더 이상 연구를 위한 조건을 갖추고 있지 않다. 이 책에서는 다루지 않았지만, 2003년에 발굴된 '동호림인' 이 베이징대학교 고고문박(考古問博)대학 실험실로 옮겨져 보존하고 연구를 수행하는 과정에서 다음과 같은 이야기가 있었다고 한다.

발굴된 유골은 흙과 함께 운반되어야 하며, 원상태를 최대한 유지하기 위해 '상자' 로 운반해야 했다. 즉 시신을 그 밑에 있는 흙과 함께 파낸 뒤 통째로 포장 상자에 담아 운반한다는 것이다. 이는 과학연구의 일환으로 매우 엄숙한 일이다. 유골상자를 운반하기 전에 고고학자들은 고대 인류의 유골을 매우 정성스럽게 정리했다. 사진을 찍고, 약도를 그렸으며, 고고학적 발굴과정의 모든 세부사항을 사실대로 기록했다. 유해는 매우 취약하기 때문에 고고학자들은 안전을 위해 유골에 화선지를 씌우고, 그 위에 물을 뿌려 갈라지지 않도록 하는 한편 유골의 머리와 골반 등 쉽게 이위(移位)되고 부러지는 부분에 대해서는 석고로 보강했다. 과학적 요구에 따라 여러 가지 작업을 마친 뒤, 운반할 준비를 하고 있었는데, 이때 현지 주민들은 1만 년 전의 조상을 이렇게 함부로 옮겨 가는 것은 부적절하다고 하면서 의식을 치를 것을 권했다. 이에 운송을 책임진 사람들이 우리 베이징대학교는 100년이라는 역사를 자랑하는 학부로 의식을 거행하는 것은 미신적인 활동이라고 하며 현지인들의 요구를 무시했다. 흙덩어리와 유골을 합쳐 약 200㎝, 폭과 두께가 100㎝도 넘지 않았으나 기중기를 두 차례 교체했어도 현지인들의 반대에 부딪쳐 시신을 옮길 수 없었다. 어쩔 수 없이 현지인들을 불러 현지의 풍습에 따라 의식을 치렀고, 의식을 치른 후에 똑같은 장비를 이용해 차에 실었다고 한다. 10월 30일 동호림인의 유골이 베이징대학교에 무사히 옮겨진 것으로 기록되었다.

'천불(千佛)'·'만불(萬佛)' 건축 속의 부처님들

베이징에는 부처와 관련이 있어 첸퍼각(千佛閣), 완퍼루(萬佛樓), 텐퍼전(첸퍼殿), 완퍼당(萬佛堂)으로 불리는 고대 건축물들이 부지기수로 많은데, 이는 베이징의 독특한 문화의 구성 부분이 되었다. '천' 과 '만'은 숫자적으로 많다는 일반적인 뜻에 불과하지만, 부처의 조상(造像)과 관련해서는 다룰 설들이 상당히 많다는 의미이기도 하다.

1. 북해의 완퍼루

북해(北海)의 완퍼루는 이미 역사의 한 쪽가 되어 지나간 세월 속으로 사라졌다. 베이징의 완퍼루는 북해 공원 내 샤오시텐(小西天)에 위치해 있고, 폭 7칸, 높이 3층이다. 이는 건륭제가 어머님의 생신을 축하하기 위해 특별히 지은 것으로 문헌에 세산정(歇山頂)으로 기록되어 있다. 각 층은 모두 황색 유리기와에 녹색 전변(剪邊) 처리를 한 지붕으로 되어 있다. 정문에는 대련(對聯, 한 쌍의 대구[對句]의 글귀를 종이나 천에 쓰거나 대나무·나무·기둥 따위에 새긴 대구)이 있는데, 상련(上聯)은 "열 명이 함께 살면 수천 가지의 빛이 있다. 부처님의 힘은 상상할 수 없다.(十住人千光, 佛力不可思議)", 하련(下聯)은 "한 가지 성취에는 만사가 포함되어 있는데, 내가 듣기에 길하다 (一成该万有, 我闻如是吉祥)"라는 글귀가 적혀 있다. 부처님을 공경하는 것을 특징으로 하며, 지어질 때부터 내무부에서 대량의 금을 뿌려 금부처를 만들었던 것이다. 뿐만 아니라 위로는 경성(京城), 아래는 지방에 이르기까지 왕공대신(王公大臣)이든 지방의 문무백관(文武百官)이든 한(漢)·몽(蒙)·장(藏) 사찰의 스님과 라마까지 수례(壽禮)를 명목으로 금불(金佛)을 올려 '효심孝心'을 표했고, 건륭 34년(1769)에는 불상(佛像)을 만들고 선물하는 것과 관련된 상소문이 많았다. 건륭 34년(1769년) 3월 초에 아뢰기를 "본부는 대학사 상서를 협조하여 관공은 무량수불(無量壽佛, 아미타불) 45존을, 대학사 관리부 유공은 27존을, 상서 채공은 18존을, 좌시랑 사공은 18존을 조성하였다……(本部协办大学士尚书官恭造无量寿佛五九四十五尊, 大学士管理部务刘恭造三九二十七尊, 尚书蔡恭造二九共十八尊, 左侍郎四恭造二九共十八尊……)" 건륭 34년(1769년) 5월 15일 아뢰기를 "경성에 있는 왕공, 대신, 관리 등이 함께 조선(造成)할 것을 청을 올려 불상 오백오십구구[30] 총 5,031존을 만들었고, 이에 따라 청원하여 올리니 어람하기를 바라나이다. 다른 성의 대신과 관원에게도 이 사실을 고했으며, 이미 삼백이십팔구 총 2,952존을 계획하여 부처를 만들었

---

30) 뒤의 아홉은 앞의 숫자의 아홉 배라는 뜻이다.

다. (在京王公大臣官員等俱恳请成造，前来共造佛五百五十九九，计五千三十一尊，相应分析开单恭呈御览。至外省大臣官員，现在已有报到者计计造佛三百二十八九，共二千九百五十二尊。)" 건륭 35년(1770년) 4월 초이틀에 아뢰기를 "무량수불 제작과 관련하여 그동안 환관 등 내무 왕공 대신과 관원이 공동으로 청원하여 무량수불 1,634구 총 14,706존을 제작했습니다. 세부 사항은 이미 보고되었으나, 길이 멀어 아직 보고하지 못한 자들이 있으니 계속 보고되면 별도로 보고하도록 하겠습니다. (恭造无量寿佛事，前经奴才等将内务王公大臣官員等共请造无量寿佛一千六百三十四九，计一万四千七百六尊，节次汇奏，其路远未经报到者，俟陆续报到之时，另行汇奏。)"

완퍼루는 건륭 35년(1770년) 8월에 완공되었다. 내벽에는 불단(佛龕)이 벌집처럼 촘촘하게 쌓여 있고, 불단마다 순금의 무량수불(無量壽佛)을 모시고 있다. 모든 불상은 크기가 다르지만 규격과 무게는 정확한 기준이 정해져 있는데, 큰 불상은 588냥 8전, 작은 불상은 58냥 이하여서는 안 된다. 크고 작은 불상 모두가 8과 관련이 있는 이유는 건륭제가 어머니의 팔순 생신을 기리기 위해서였다. 완퍼루는 3층으로 되어 있는데, 불상의 개수가 모두 다르다. 1층에는 4,956구, 2층에는 3,048구, 3층에는 2,095구로 건축물의 이름 못지않게 총 10,099구의 불상이 봉안되어 있다. 건축물 안에는 작은 불상 외에 세 개의 동으로 만들어진 삼세불(三世佛) 전상이 있는데, 이 불상을 만드는 데 14만여 냥의 은이 들었다고 한다. 이 삼세불상은 모두 정제한 물품으로 태후의 생신을 축하하기 위해 바쳐진 것으로 수량이 매우 많으며, 완퍼루 외에 나머지 불상은 궁내의 다른 위치, 서쪽 교외 장춘원(暢春園)에 모셔져 있다. 완퍼루는 그 자체로 제작비가 만만치 않은 데다 만여 구의 금불까지 합치면, 그 경제적 가치를 가늠할 수 없을 정도로

값지다. 광서 26년(1900년) 8국 연합군이 중국을 침공해 베이징을 점령하고 북해 샤오시텐(小西天)은 일본군 사령부로 전락되었다. 그해 8월 연합군이 베이징에 쳐들어 와서부터 1901년 8월 연합군이 철수하기까지 1년 동안 완퍼루의 불상 1만 구가 일본군에 약탈당하고 건물도 훼손되었다. 오늘날 완퍼루에는 유적만 남아 있고, 옛날 완퍼루에 있던 1만 구의 금불은 어디론가 사라진 지 오래되었다.

2. 즈화사(智化寺)의 완퍼각(萬佛閣)

베이징시 동청구(東城區) 루미창(祿米倉) 골목에 위치한 즈화사는 명나라 영종 정통 9년(1444년)에 지어졌고, 원래 '토목보 변(土木堡之變)'의 주범인 왕진(王振)의 가묘(家廟)였는데, 명나라 영종(英宗)이 '바오언즈화사(報恩智化寺)'라는 이름을 하사하여 얻어진 이름이다. 즈화사에는 검정색 유리기와에 무전정(廡殿頂) 건축물인 종루(鍾樓)가 있는데, 아래층에는 루라이전(如來殿), 위층에는 완퍼각으로 이루어진 희소한 건축물이다. 가장 놀라운 것은 그 안의 조정(藻井, 수초를 그린 천정)이다. 현재 미국 필라델피아 미술관에 소장되어 있는데 이는 세인의 관심을 모으고 있다. 이 조정은 표면에 황금으로 가득하고 한복판에는 작고 건장한 단룡(團龍)이 고개를 숙이고 아래를 내려다보고 있다. 그 구조가 정교하고, 무늬가 복잡하고 화려하며, 고궁 난쉰전(南薰殿)의 궁궐에 비해 더 웅장하여 중국 건축예술의 일품이며, 중국 "궁궐 중의 최고"로 불린다. 이러한 조정 아래에 펼쳐진 완퍼각의 장식과 진설은 반드시 심상치 않을 것이다. 완퍼각 아래에 있는 루라이전에 들어 서면, 한가운데 나무로 된 팔각형 수미좌가 있고, 그

▷ 즈화사의 완퍼각

위에 석가여래 본존(本尊, 불교에서 말하는 신앙 대상의 중추가 되는 부처, 또는 공양 대상의 중심불)을 모시고 있으며, 4m 남짓한 높이로 왼손을 발에 가로로 얹어 선정(禪定)의 경지에 이르렀고, 오른손은 오른쪽 무릎을 가볍게 어루만지며 다섯 손가락을 펴고 항마(降魔)하고 있다. 불상의 얼굴은 풍만하고 눈은 빛나며 생기가 넘쳐나는데 몸체의 금장식은 500여 년이 지난 오늘날에도 여전히 눈부시게 화려하다. 좌우에는 범천(梵天)과 금강(金剛)이 불상을 지키고 있고, 두 조각상은 모두 나무로 된 불좌 위에 서 있는 듯하며, 옷차림은 섬세한 붓놀림으로 완성했는데, 역분첩금(瀝粉貼金, 고무와 흙가루를 섞어 만든 고형물이 들어있는 끝부분의 구멍이 뚫린 튜브를 이용해 색화 문양대로 용기[湧起]된 무늬를 그리고 그 위에 고무칠을 한 뒤 금박을 붙여 입체감을 살리는 채색화 공예)의 기술을 이용해 용, 봉황, 사자, 기린 등의 길한 동물 문양을 그려 넣었다. 가파른 계단을 올라 완퍼각에 이르면 눈앞에 펼쳐지는 광경에 감탄을 금치 못하게 된다. 중앙에 겹겹이 쌓인 연꽃잎 가운데 삼신불(三身佛)이 앉아 있는데, 그중 가장 놀라운 것은 상하 벽이 온통 불단으로 장관을 이루고 있다는 것이다. 전해진 바에 따르면 총 9,999개로 조각이 섬세하고 정교하며, 특히 칠금(漆金, 진흙과 금을 동불[銅佛]에 발라 마멸과 침식을 방지하는 목적을 달성하는 방법)하여 만든 소불상은 조형이 핍진(逼眞, 진실하여 거짓이 없다)하고 모습이 서로 달라 '완퍼각'라는 이름이 지어졌다고 한다. 즈화사는 완퍼각 내벽 불단 및 작은 불상 보호공정을 추진한 바가 있는데, 연구진은 만 구에 가까운 다양한 모습의 작은 불상에 대한 데이터 측량 및 지질 검사를 실시한 결과, 이는 명나라의 사찰과 거의 같은 시기에 만들어져 현재까지 보존되어 있는 것으로 확인되었으며, 이는 모두 명나라의 원물 조각으로 그 역사적, 예술적 가치가 높다는 것을 의미한다. 연대가 오래되어 완퍼각 내벽의 불단 및 불상에는 먼지가 두껍게 덮여 있고, 훼손·결실되어 불단과 작은 불상에 대한 제진, 복원, 보강, 방진 등의 보호조치가 필요한 것으로 보인다.

3. 제타이사(戒台寺)의 톈퍼각(千佛閣)

제탄사(戒壇寺)라고도 하는 제타이사는 수나라 개황(開皇) 연간에 창건(581년~600년)되어 1400여 년의 역사를 가지고 있으며, 요나라 고승들이 이곳에 계단을 짓고 사방승들이 와서 계단을 받들었기에 제탄사라고도 불렸으며, 전국 최대의 불교 계단을 가지고 있어 오랫동안 명성을 날리고 있다. 요나라 함옹(鹹雍)시대(1065~1074년)에 세워진 톈퍼각도 유명하다. 톈퍼각은 3중 추녀 누각식 목조 건물로 지붕은 옛 건물 중 최고 등급인 '우진각지붕(大五脊廡殿, 건물 사면에 지붕

▷ 중화민국 초기 제타이사와 톈퍼각

면이 있고 추녀마루가 용마루에서 만나게 되는 지붕' 형식을 이용했으며, 너비는 21m, 깊이는 24m, 높이는 30여 m이다. 처마(門額, 문미[門楣]의 윗부분)에는 청나라 건륭제가 쓴 "지광보조(智光普照)"라는 현판이 걸려 있고, 문 안의 영주(楹柱)에는 건륭제가 쓴 "금속현신광 인천자복, 유리개정역 색상증삼(金粟顯神光, 人天資福; 琉璃開淨域, 色相憑參)"이라는 영련(楹聯, 기둥이나 벽 따위에 장식으로 써서 붙이는 글귀)이 걸려 있다. 건축물의 한복판에는 비로자나불(毗盧遮那佛) 동상이 봉안되어 있고, 양쪽 벽돌담에는 유리벽이 장식되어 있다. 건축물은 상하 2층으로 되어 있는데, 층마다 좌우에 5개의 큰 불단이 놓여 있고, 큰 불단 안에는 28개의 작은 불단이 있고, 작은 불단 안에는 3개의 불단이 있으며, 그 안에는 10cm 높이의 나무로 만든 작은 불상이 놓여 있다. 총 1,680개의 작은 불상들이 있으므로 톈퍼각이라는 이름에 걸맞는다. 이 목조 불상들은 장엄하고 고풍스루며 시대적 특징을 지니고 있으나 안타깝게도 톈퍼각의 운명에 따라 종적을 알 수 없게 되었다. 톈퍼각은 오랜 시간 복원작업이 이루어지지 않았는데, 1965년에 철거되면서 당지에 보호 중에 있다. 옛 베이징 시민들은 "9월 9일(중양절)"에는 높은 곳에 오르는 풍습이 있는데, 제타이사의 톈퍼각도 한때 옛 베이징 시민들이 높은 곳에 올라 경치를 감상하기에 가장 좋은 곳 중 하나였다. 이곳에서 멀리 경성을 바라볼 수 있고, 가까운 곳에서 영정하를 내려다볼 수 있어 수광산색(水光山色)을 한눈에 담을 수 있다. 40년의 기다림 끝에 2016년에 톈퍼각이 복원되었는데, 같은 곳에다 옛 공법에 따라 복원했으므로 당시의 풍모를 잃지는 않았지만, 1000여 구의 작은 불상들이 소실된 것이 영원한 아쉬움으로 남아있다.

4. 방산(房山)의 완퍼당(萬佛堂)

지도를 보면 베이징 지역에 완퍼당이 두 곳 있는데, 하나는 문터우꺼우이고, 다른 하나는 방산이다. 방산 완퍼당의 아름다운 석각은 중국의 중요한 보물로 불린다.

이미 생산을 중단한 방산 탄광 광구에 위치하고 있는 방산 완퍼당은 허베이진(河北鎭) 경계에 속하며, '따리완퍼룽취안바오전(大曆萬佛龍泉寶殿)'이 그 전체적인 이름이다. 이 완퍼당은 들보 없이 세 칸의 벽돌 구조로 이루어졌고, 팔작지붕(歇山頂)으로 되어 있으며, 훼이퉁와(灰筒瓦, 점토를 사용하여 둥근 통모양의 기와로 궁궐이나 대저택 건축에 사용), 그리고 처마 밑에 대척 문수(吻獸, 용마루 끝에 있는 동물형상의 조각품), 한대(漢代)의 백옥석(白玉石) 아치형 문과 창문에 날짐승과 꽃이 조각되어 있는 부조(浮彫, 평면상에 형상을 입체적으로 조각하는 조형 기법)는 상당히 신경을 쓴 것으로 보인다. 완퍼당 문미(門楣, 처마)에는 사방에 연꽃잎을 조각한 석판이 박혀 있고, 석판에는 "대력고적민불용천보전(大曆古跡萬佛龍泉寶殿)"이라는 글귀가 적혀 있는데 대전은 산기슭을 등지고 있으며, 대전 아래는 유명한 공수동(孔水洞)으로 일찍이 푸른 강줄기와 함께 양쪽에 보리수나무가 늘어져 있었으나 지금은 그 모습이 훼손되었다. 대전 양쪽에는 요대(遼代)와 원대(元代) 때 세운 탑이 있다. 요나라의 고탑은 윗부분이 죽순 모양으로 되어 있고, 작은 불단이 탑 정상까지 빽빽하게 깔려 있으며, 불단 안에는 불상을 모시고 있고, 불단마다 그 아래에 머리를 밖으로 뻗은 벽돌로 조각된 짐승 머리(獸首) 또는 코끼리 머리(象頭)가 장식되어 있어 멀리 바라보면 꽃이 피어 있는 것 같다. 이 완퍼당은 중국에 현존하는 정확한 연대를 알 수 있는 최초의 화탑(花塔)이자 베이징에 남아 있는 두 개의 화탑 중 하나이다.

완퍼당의 보물은 대전 안에 있는데, 당나라 대력(大曆) 5년(770년)에 상감(鑲嵌)된 길이 23.08m, 높이 2.47m의 한대의 백옥 31점으로 새긴 '만보살법회도(萬菩薩法會圖)'의 거대한 부조가 하나로 연결되어 있는데, 그림 속 인물들의 모습이 각기 다르고 생동감이 넘쳐 얼핏 온 벽에 사람들이 북적거려 보이나 자세히 관찰하면 크기가 다른 보살과 여러 신들임을 알 수 있다. 완퍼당이라는 이름은 바로 이 석조(石雕)에서 유래한 것이다. '만보살법회도'의 조각 예술과 그 관상 가치는 감탄해 마지않을 수 없다. 당나라 대력 연간(766년~779년)에 룽취안사(龍泉寺)를 지을 때 '만보살법회도' 석조를 절 옆에 있는 암벽에 새겼었는데 명나라 만력 17년(1589년)에 완퍼당으로 옮겨졌다고 한다. 이 석조는 완퍼당의 정면과 양면의 산장(山牆, 'ㅅ'자형 지붕 가옥의 양측면의 높은 벽) 사이에 있다. 남쪽 산장을 향한 부조의 한복

▷ 방산의 완퍼당

판에는 석가모니 좌상이 조각되어 있는데, 엄숙하고 거수설법
(擧手說法)하고 있으며, 양쪽의 문수(文殊, 대승불교에서 최고의 지
혜를 상징하는 보살) · 보현(賢賢) 및 천왕(天王) · 신인(神人) 등이 호
유하고 있어 위엄을 잃지 않고 있다. 화면 속의 천왕 · 기악(伎樂)을
든 신들은 모두 정교하게 조각되어 마치 살아있는 것 같다. 화면의 양
쪽에는 사방의 부처가 모여 질서 있게 석조에 분포되어 산천운해(山
川雲海)에 출몰하고 있다. 정면의 불상은 출렁이는 상운(祥雲)과 파
도, 휘날리는 장번(長幡, 부처와 보살의 무한한 공덕을 나타내는 불구
의 하나)이 어우러져 장엄하고 강렬한 울림을 자아낸다. 기악천인(伎
樂天人)은 비파를 연주하고, 피리를 불고, 박판(拍板, 나무로 만든 박)
을 들고, 공후(箜篌, 고대 동양의 현악기)를 연주하고, 하늘을 날며 꽃
을 흩날리고 있어 마치 선악(仙樂, 전설상으로 전해지는 신선의 음악)
을 듣는 듯하다. 특히 인물들이 제각기 다른 모습을 하고 있고, 조각
이 섬세하고 생생하며, 얼굴 표정이나 상태가 의기양양하거나 전심으

로 자신의 역할을 하고 있고, 옷차림 또한 섬세하게 조각되어 예술적 감화력마저 강하여 이는 당대(唐代) 석조의 뛰어난 기예를 보여 주는 것으로 그 시대 석조예술을 대표한다고 하겠다. 현재 대전의 지붕은 여러 차례 복원되었다. 다른 부분은 여전히 당시의 구조를 보존하고 있으며, 돌로 만든 창살에 옛날의 먹 자국을 그대로 남겨 두어 옛날 사람들이 남긴 시구를 어렴풋이나마 읽을 수가 있어 지난날의 역사를 다시 떠올리게 해준다. 파하이사(法海寺)는 정교한 채색벽화로 유명하면서도 독특하다. 특히 여기에 새겨진 석조벽화는 경이롭다고 할 정도로 칭송할 만한데, 왜 그에 걸맞은 영향력을 얻지 못했는지 모르겠다. 지금은 전국문화재보호단위로 지정되어 문이 굳게 잠긴 채 가드레일까지 설치하여 개방하지 않고 있으니, 언제 더 많은 사람들이 그 경이로운 풍모를 느끼게 될 수 있을지는 모르는 상황이다.

사실 이 글을 남기게 된 진정한 이유는 완서우사(萬壽寺)에 있다. 명대에 지어진 완서우사는 원명이 쥐써사(聚瑟寺)였다. 명나라 만력 5년(1577년)에 황제의 어머니 자성(慈聖) 이태후(李太後)가 자금을 대

▷ 완서우사

고 사례감(司禮監)으로 있던 풍보(馮保)가 책임지고 지은 것인데, 이후 완서우사로 개명하고 황실 사찰이 되었다. 청나라 때 여러 차례 증축되었는데, 완서우사의 서쪽 길은 건륭제 때 행궁으로 바뀌어 점차 황실의 중요한 사찰로 승격되었다. 청나라 건륭 16년(1751년)과 26년(1761년)에 고종(高宗) 홍력(弘歷)이 두 차례나 이곳에서 모친상을 치렀다. 광서 20년(1894년)에 서태후가 완서우사 행궁을 중수했다. 이절에는 텐퍼각이 있는데, 흔히 완퍼루라 불렸는데 이는 서태후가 증축했다고 한다. 그러나 천불·만불이라 불리고는 있지만 누구도 이곳의 불상을 본 적은 없다. 이처럼 천불을 본 적이 없는 사람들이 많았는데, 완서우사가 베이징의 대운하 문화벨트에 들어가면서 첫 번째 대규모 복원이 이루어졌고, 이때 비로소 텐퍼각에 있던 부처의 진면목이 드러나게 되었다. 2019년에 텐퍼각을 포함한 완서우사 보수 공사가 대대적으로 이루어지는 과정에서 불전의 천장을 열게 되었는데, 이 때 그 속에 은밀하게 지어져 있던 각루(閣樓) 속에 불상이 빼곡히 모셔져 있었음을 알게 되었던 것이다. 이것이 바로 '천불'인데, 이들 부처는 바로 이처럼 은밀한 곳에 숨겨져 있었던 것이다. 서태후는 이곳에서 향을 피우고 예불(禮佛)을 했다고 전해지고 있다.

베이징에는 '천불', '만불'을 모시고 있는 건축물이 더 있는데, 그 위세는 위에서 소개한 것 못지않지만 여러 가지 이유로 간략하게 다룰 수밖에 없다. 쓰청구(四城區)의 완퍼사는 베이징시 쓰청구 다자란(大柵欄) 가도 완푸항(萬福巷) 안에 있다. '불(佛)'과 '복(福)'이 발음이 비슷해 이 골목 북쪽에 위치한 완퍼사에서 완푸샹이라는 이름이 유래되었다. 현재는 전전(前殿), 대전, 후전(後殿), 종고루(鍾鼓樓)의 유적만 남아 있으나 이 대전에는 수많은 불상들이 모셔져 있어 '만

불'이라 불렀다. 안타깝게도 이 불상들은 '문화대혁명' 때 파괴되었
고, 당시 불상에 넣어 두었던 선장본(線裝本, 인쇄된 면이 밖으로 나
오도록 책장의 가운데를 접고 등 부분을 끈으로 튼튼하게 묶어 만든
책) 경서와 고적들이 모조리 타버렸다. 완퍼사는 현재 일반 주민들이
거주하는 대잡원(大雜院, 북경 및 북방 일부 지방의 민가로 일반적으
로 사합원(四合院)에서 개축한 것)으로서 이용되고 있어 건축물 유적
이 점차 사라지고 있다. 문터우꺼우의 완퍼당은 마을 이름만 남아 있
고, 마을 서쪽에는 명대에 지은 완퍼사의 옛 터가 있는데, 완퍼당은
요나라 때 지어 명대에 와서 다시 개수(改修)되었다고 한다. 지금은
비록 절이 파괴되었지만 완전한 벽체와 몇몇 전우(殿宇) 유적들로부
터 당시의 정교한 공법을 알 수가 있다. 다만 완퍼당의 부처가 어떤
모습인지는 알 수 없을 뿐이다.

천단(天壇)의 신비로운 소리

천단은 기년전(祈年殿, 속칭 우량전(無梁殿)), 회음벽(回音壁), 삼음
석(三音石), 대화석(對話石), 환구단(圜丘壇, 즉 하늘에 제사지내는
대[祭天台])과 함께 5대 기이한 건축물의 하나로 국내외에 유명하다.
천단을 둘러싼 신기한 소리의 미스터리도 천단의 세계문화유산으로
서의 위상을 드러내고 있다.

1. 신비스러운 소리를 내는 곳

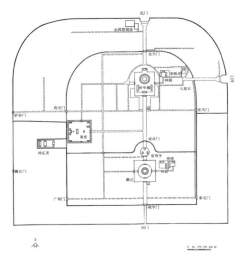

▷ 천단의 평면도

천단이라고 하면 사실 환구단을 말하는데, 동지 때 제천대전(祭天大典)을 거행하는 장소이다. 환구는 둥근모양(원구형)을 하고 있어 하늘(天)을 닮았고, 세 층의 단제(壇制)로 구성되었으며, 층마다 사면에서 내려오는 계단이 아홉 개가 있다. 맨 위층의 중앙에는 둥근 돌(圓石)이 있고, 그 바깥쪽에는 부채꼴 모양의 돌덩어리가 아홉 바퀴로 뻗어 나가 있으며, 중앙의 둥근 돌에서 가장 가까운 첫 바퀴는 돌덩어리가 9개, 바깥으로 나가면서 9의 배수로 증가하는 식으로 이루어졌다. 망주석(望柱, 중국 고대 건축물과 교량 난판과 차단판 사이의 짧은 기둥)과 난판(欄板, 난간 위의 두 망주 사이의 석판)도 모두 9 또는 9의 배수로 이는 '하늘(天)'을 뜻하는 숫자이다. 환구단의 중앙에 있는 둥근 돌이 바로 천심석(天心石)이다. 천심석 위에 서서 말을 하면 강한 공명 효과가 생기고, 귓가에 자신의 목소리가 울려 퍼지며, 천지가 맑게 느껴지고, 하늘과 땅이 자신의 마음을 감지하는 듯 하는 느낌이 든다. 아무도 없는 환구대(圓丘台)에서는 어느 쪽을 향해 외치든 메아리

▷ 환구(원구)형의 천심석

가 사방에서 울려 와 마치 많은 사람들이 사방에서 동시에 자신을 부르는 듯한 느낌이 들게 된다.

황궁우(皇穹宇)에 있는 회음벽은 남향으로 환구단 바깥 담(墻, 고대 제단 주위의 낮은 담) 북쪽에 자리하고 있으며, 남쪽에는 유리문 세 개가 설치되어 있고, 황궁우와 동서배전(東西配殿) 등 주요 건축물이 있다. 회음벽은 환구단의 제사 신위를 모시는 장소이다. 주변은 높이 약 3.72m, 두께 0.9m의 원형 담장으로 되어 있고, 동서배전 뒤편에 서서 담벼락 가까이 다가가 속삭이면 멀리 떨어져 있어도 상대방의 말소리가 선명하게 들려 '전성벽(傳聲牆)'으로 더 잘 알려져 있다. 1970년대에 미국 국무장관 키신저(Kissinger) 박사는 차오관화(喬冠華) 외무장관의 배동 하에 회음벽을 돌아볼 때 회음벽의 신비함을 칭찬하면서 '전성벽' 때문에 말이 잘 들려 여기서는 협상하는데 잘 이용할 수 있을 것이라고 농담까지 했다.

황궁우전 앞에 있는 복도에서 북쪽으로부터 세 번째 석판이 '삼음석

▷ 회음벽(回音壁)

▷ 황궁우(皇穹宇) : 『베이징지 · 세계문화유산권 · 천단지』에 수록되어 있다.

'이다. 손뼉을 한 번 쳤을 때 울리는 메아리 횟수는 석판의 위치에 따라 다르다. 첫 번째 석판에서는 한 번, 두 번째 석판에서는 두 번, 세 번째 석판에서는 연속적으로 세 번 울린다. 이는 세 개의 석판을 '삼음석'이라고 부르는 이유이다. 한편 세 번째 석판을 '삼음석'이라고 부르는 사람도 있다.

2. 이 기묘한 소리는 어떻게 해서 생기는 것일까?

이러한 기묘한 소리 현상은 일찍이 학자들과 음향전문가들의 관심을 끌었는데, 청말에서 중화민국 초기에 진량(金梁)이 지은 『천단지략(天壇志略)』에는 "황궁우(皇穹宇) 안에 울림이 생기려면 반드시 네 가지 조건이 필요하다"고 기록하고 있다. 첫째는 대전 문을 반드시 열어 두어야 하고, 둘째는 대전 문과 북쪽에 놓여 있는 불단 사이에 장애물이 없어야 하며, 셋째는 대전의 창문을 반드시 닫고 창호지를 발라야 하고, 넷째는 말할 때는 반드시 대전 앞 복도의 세 번째 돌 판에서 있어야 한다는 것이다. 1953년 중국과학원(中國科學院) 원사(院士) 탕딩원(湯定元) 선생은 「천단의 몇몇 건축물의 음향문제(天壇中幾個建築物的聲學問題)」를 발표하여 천심석·회음벽·삼음석의 세 가지 음향 현상의 형성에 대해 매우 통찰력 있는 과학적 추측을 제시했다. 진량이 제시한 바와는 달리 탕 선생은 천단의 발성 현상에 대해 비교적 과학적으로 해석했다. 사방으로 울려 퍼져 나간 천심석의 소리와 그 소리가 주변 난판을 통해 돌아오는 소리의 길이는 같아 마침 중심에 모이게 되고, 황궁우를 둘러싸고 있는 담은 치밀하고 표면이 매끄러워 음파가 벽체에 흡수되지 않고 반사되어 메아리가 생기나다는 것이다. 그러나 이는 과학적으로 측정되지 않았고 가설적인 설정에 기초하고 있다. 1993년에 천단 공원은 헤이룽장대학교(黑龍江大學)와 협력하여 데시벨측정기, 주파수 스펙트럼 분석 및 기록계 등 첨단 과학 기기와 현대 과학기술을 사용하여 천단 음향 건축에 대한 테스트와 연구를 수행하여 신뢰할만한 결론을 내렸다.

환구대의 면·난판·망주는 좋은 소리 반사체로 반사된 소리는 다시 천심석에 모인다. 천심석에서 난 소리의 일부는 연속적으로 반사되어 천심석에 바로 모이고, 일부는 정면의 난판·테이블·옆의 난판을 거쳐, 또 다른 일부는 담 중앙의 울퉁불퉁한 무늬를 통해 세 번 산란(散射)한 다음 천심석에 모이게 된다. 이처럼 연속적으로 메아리가 형성되지만 말소리와 메아리의 간격이 짧기 때문에 강한 공명음으로 들린다는 것이다.

회음벽은 산동성 린칭의 '징장전(澄漿磚, 운하를 끼고 있는 린칭 특유의 토질을 이용해 일련의 특수 과정을 거쳐 만든 벽돌)'을 갈아 절단하여 만들었기 때문에 소리를 전달할 수 있다. 징장전은 "두드리면 소리가 나고 절단하면 구멍이 없다." 이처럼 질감이 단단하고 벽면이 매끄럽고 평평하며, 곡선이 규칙적이기 때문에 좋은 음향 반사체로 손색이 없다. 한 사람이 북쪽을 향해 외쳤을 때, 그 소리는 북쪽 벽면에 의해 여러 차례 반사된 후 다른 사람에게 전달되지만, 남쪽을 향해 외치면 세 개의 유리문이 음파 반사를 차단해 소리를 듣기 어렵다.

회음벽의 원심부에 위치한 삼음석의 첫 번째 메아리는 두 개의 배전(配殿, 궁전이나 사원의 정전[正殿]의 좌우에 세워진 곁채)이 음파를 반사한 다음 그 음파가 겹쳐진 것이고, 두 번째, 세 번째 메아리는 회음벽에 의한 첫 번째, 두 번째 음파의 반사가 합쳐진 것이다. 사실 세 번째, 네 번째 반사도 이루어지나 소리가 너무 약해 귀로 구분하기 어려울 뿐이다. '일음석(一音石)'의 희미한 메아리는 음파가 회음벽에 의해 두 번 연속 반사되어 둔각삼각형 형태로 일음석으로 되돌아와 형성되는 것이다. '이음석(二音石)'의 두 메아리 중 하나는 음파가 동서 배전 벽에 반사된 후 이음석으로 돌아와 형성된 것이고, 다른 하나는 일음석의 메아리 형성 원리와 동일하다.

연구진은 이 과정에서 황궁우 내의 제3 음향 현상인 대화석도 발견했다. 대화석은 황궁우전 앞의 열여덟 번째 석판을 말하는데, 이 석판에 서 있는 사람은 동쪽 배전의 동북쪽이나 서쪽 배전의 서북쪽 모서리에 서 있는 사람과 대화할 수 있다. 소리가 담장에 의해 반사된 후 특정 위치에서 모이기 때문에 서로 만나지 못하는 사람들이 소리의 반사를 이용해 대화를 나눌 수 있게 된다.

3. 이 음향 현상은 의도적으로 연구해 낸 것일까?

신성한 곳인 천단의 이런 기묘한 음향 현상은 의도적으로 연구해 낸 것일까? 아니면 후세 사람들이 우연히 발견한 것일까?

환구(원구)는 명대 가정(嘉靖) 연간에 만들었고 그때부터 메아리가 울린다는 기록이 있다. 당시 원구를 지을 때 천심석을 '억조경종석(億兆景從石)'이라 명명했는데, 이는 황제가 이곳에서 황천상제(皇天上帝)에게 보우(保佑)를 빌었다는 뜻으로 그때 '억조'만큼 많은 백성들이 동행했고, 황제가 내리는 명은 하늘의 뜻이며, 백성들은 반드시 황제의 명을 받들어야 했다.[31] 황궁우의 담에도 메아리가 울리는지에 대한 기록은 없다. 다만 청나라 건륭제가 황궁우 순찰 중에 휴식을 취

---

31) 姚安, 「上天垂象億兆景從－天壇聲學建築的曆史考察」, 『紫禁城』(4), 1997, 38쪽.

하다가 회음벽의 메아리 소리를 우연히 들었다는 데에서 회음벽이라는 이름이 유래되었다는 이야기가 전해지고 있을 뿐이다. 명대의 원구가 메아리 울림 현상이 있다는 사실을 알게 되었으므로 청대 건륭제 때 환구를 증축하고 황통위를 개조할 때 이러한 현상을 심중하게 고려했을 것이다. 건륭제 때에 와서 건축 수준이 상당히 높아 공장(工匠)들은 회음현상이 있는 건축물에 대한 지식을 이미 갖추고 있었고 회음 효과에 대해 잘 알고 있었으므로 건축재료의 선택, 공사의 실시에서 모두 필요한 조치를 취하게 되었다. 원구와 황궁우가 동근 모양을 취하게 되면 반드시 메아리가 울리게 되고 이는 '상천수상(上天垂象, 자연이 보여 주는 징조)'과 '억조경종'이라는 통치자가 의도하는 바와 잘 맞아떨어지는 것으로 보아 이러한 음향현상은 의도적으로 연구해 낸 결과임이 틀림없다. 그러나 역사적 연구의 결론은 사료에 근거한 것으로, 건륭제가 환구와 황궁우를 개축할 때 의도적으로 울림 효과를 조성했다는 직접적인 근거는 찾지 못하고 있다. 지금으로서는 천단이 황제가 하늘에 제사를 지내는 장소로, 이곳에서 황제가 하늘과 교감하고 소통하면서 천지를 뒤흔드는 요란스러운 소리를 내는 것이 바로 황제가 제사를 올림으로써 얻게 되는 가장 이상적인 효과라는 추측을 할 수밖에 없다.

꾸야쥐(古崖居)의 수수께끼

연경 북부 장산잉진(張山營鎭) 서쪽 북산에 관광지로 개척된 '꾸야쥐'라는 곳은 수많은 수수께끼로 남아 있다. 도로를 따라 내려가다가 산길을 지나면 절벽에 촘촘하게 뚫린 석굴 군이 나타난다. 이 석굴들은 인공으로 만든 것으로 남쪽·북쪽·동쪽의 사력화강암(沙礫花崗岩, 모래와 자갈로 된 화강암) 암벽 위에 한 칸짜리, 두 칸까지, 세 칸짜리 동실(洞室)이 연속해서 규칙적으로 분포되어 있으며, 대체적인 통계에 따르면 총 90개라고 한다. 코스를 따라 계속 올라가면 동쪽 비탈의 절벽에도 30여 개나 있다. 이처럼 관람이 가능한 꾸야쥐 관광지에는 120여 개의 석굴이 있다. 이들 석굴 군은 다음과 같은 뚜렷한 특징이 있다. 첫째, 동실의 구조가 거주하기에 적합하다는 것이다. 석굴의 흔적과 내부의 배치를 볼 때 온돌, 굴뚝(煙道), 등대, 변기 등이 마련되어 있고, 석굴 밖에는 돌방아도 있으며, 천정이 낮아 앉을 수밖에 없는 석굴도 있다. 둘째, 모두 인공으로 뚫어 설계한 흔적이 뚜렷하다는 것이다. 석굴 군에 들어선 후 반드시 지나야 하는 첫 번째 석굴은 오늘날 아파트 단지의 경비실과 유사하다. 석굴들은 좌우로 연결되거나 하나의 석굴이 여러 칸으로 되어 있고, 매 칸의 문에는 지도리(돌쩌귀)가 있는 기둥 홈이 있다. 셋째, 동실 군의 위치가 독특하다는 것이다. 산 아래에서는 석굴의 흔적을 찾아볼 수 없으나, 동실 앞에는 원래 강물이 흐르고 산 남쪽에는 동서로 좁고 긴 평야가 펼쳐져 있었던 것을 알 수 있다. 최근 신문에 따르면 연경과 함께 북쪽의 동쪽 편 평형선에 있는 미윈구(密雲區)에서도 비슷한 '꾸야쥐'가 발견되었는데, 이 석굴들은 미윈부라오툰진(密雲不老屯鎭) 바이투꺼우(白土溝) 산 북쪽의 일운봉(一雲峰) 산 남쪽 기슭의 지맥(支脈)에 위치해 있으며, 동쪽과 서쪽의 가파른 계곡 사이의 세 절벽에는 인공으로 만든 단 칸 석굴이 네 개 있다. 크기는 다르나 모양은 비슷하다. "가장 큰 동실은 길이 5.2m, 폭 3m, 높이 2m이고, 가장 작은 동실은 높이 3m에 폭은 2m 미만이다. 동실 내부는 네 귀퉁이가 곧고, 흙 구들, 부뚜막에 남아있는 흔적(殘基), 연도, 기공(氣孔), 등불을 놓는 벽감(壁龕, 불상을 진열하는 작은 공간이 있으며, 동실 입구 바깥 처마에는 비를 막고 물을 흐르도록 설계되어 있다. 이 석굴은 모두 지상에서 몇m 떨어진 절벽에 위치하고 있는데 그 중 가장 높은 석굴은 지상에서 10m 남짓 떨어져 있고, 석굴 아래쪽에 계단이 있으나 계단이 경사가 심해 기어서 올라가야 하는 수밖에 없고, 그중 하나는 계단 없이 발만 디딜 수 있도록 발자국(脚窩)을 파놓은 통에 올라가는 것이 더 힘들다."[32] 주변에 수원이 있고 두 석굴의 절벽 밑에는 샘물이 있고, 샘물 옆에는 평지가 있다는 데에서 이 '꾸야쥐'는 연경 꾸야쥐와 비슷한 부분이 상당히 많다.

▷ 꾸야쥐

---

32) 李大儒, 「密雲新發現四處'古崖居'」, 『北京日報』, 1997년 6월 17일.

1. 꾸야쥐의 주민들은 누구였을까?

주민의 신원에 대해서는 '석굴'에 대한 연구에서 논란이 되는 부분이다. 기왕에 베이징 교외의 중요한 관광 명소로 개척되었다면 ' 안내 책자에서는 어떻게 소개하고 있을까?

"꾸야쥐를 판 시간과 관련하여 혹자는 원나라, 위(魏)나라, 또는 당나라와 요나라로 보는 견해가 있다. 이곳은 아마 산적(草寇)들의 산채(山寨), 변경 수비대가 주둔했던 곳, 아니면 전란을 피하기 위해 만들었거나 소수민족이 모여 살던 곳이었을 수도 있다. 대체적인 고증에 따르면 이곳은 당나라와 요나라의 해족(奚族)이 모여 살던 암채(岩寨)라고 한다. …… 옛 사람은 이미 황학을 타고 가버렸으니 지금은 텅 빈 꾸야쥐만 남았다." 이러한 표현은 사람들에게 상상의 공간을 던져 주었을 뿐만 아니라 전문가와 학자들의 사고와 연구로 이어지게 했다.

여기가 정말 산적들의 산채였을까? 산적 두목이 정신을 가다듬어 나라를 잘 다스릴 방법을 강구하다가 설계하고 지은 독립 왕국이었을까? 아니면 역사에서 잊혀 진 민족, 삶의 발자취를 감춘 민족, 정체 모를 민족이 살던 곳이었을까? …… 아니면 앞서 언급한 '해족'이 모여 살던 암채였을까?

(1) 해족의 암채라는 설이 어느 정도 권위를 갖는다

이 설의 주요 관점은 꾸야쥐는 해족, 더 정확히는 서해족(西奚族)이 남긴 거주지라는 주장이다. 온돌과 석실(石室)로부터 볼 때, 온돌은 중국의 둥뻬이 지역에서 유래한 것이고, 석실을 뚫어 거주하는 풍습은 더더욱 한족(漢族)의 주거습관이 아니라는 데에서 이들을 고대 동뻬이 지역에 살았던 소수민족과 관련이 있는 것으로 본 것이다. 그러나 고대 연경(燕京)지역, 특히 산난(山南)지역은 원래 여러 민족이 출몰하던 곳으로, 명대 가경제가 쓴 『융경지(隆庆志)』에서는 5대 때 해왕(奚王)이 거주하던 곳으로 기록하고 있다.

해족은 흉노족의 다른 종족이자 중국 고대의 유목민족으로 동뻬이지역 요락수(饒樂水, 지금의 내몽골 시라무뢴하(西拉木伦河)) 일대에서 활동해 왔으며, 『구당서(舊唐書)』에는 "거주하는 곳도 선비족(鮮卑族)의 고지, 즉 동호(東胡)의 변경지역이다. 경사(長安)에서 동북쪽으로 4천여 리 떨어져 있다. 동쪽은 거란(契丹), 서쪽은 돌궐(突厥), 남쪽은 백랑하(白狼河), 북쪽은 습나라(霫国)와 접한다. 영주(营州)의 서북쪽 요락수에서 기나라(其國)에 이르기까지 3만 명의 병사와 싸워 이겼다. 목축업으로 생계를 유지하며 강과 초원이 있는 곳을 찾아 옮겨 다녔다."[33] 당나라 정관(贞观) 연간(627년~650년)까지 해족의 침입이 지속되었으나 가끔은 조공을 하여 당나라와 대체로 평화로운 관계를 유지했다. 당나라 말기에 일어서기 시작한 북쪽의 거란이 해족에게 타격을 가하고 또 해족을 이용하는 수법을 병행하여 항복한 해족을 병역에 종사하게 했다. 『신오대사(新五代史)』의 기록에 따르면 "해인은 항상 거란의 변경을 지켰는데, 일이 가혹하고 잔혹하여 해왕 거제(去诸, 당나라 말기 해족의 귀족 수령)는 투항하여 서쪽의 꿰이주(妫州)로 옮겨 가 북산(北山)에 의지하여 사냥했다"고 한다.[34] 이로부터 해족은 거란의 잔혹한 통치에 불만을 품고 해왕 거제를 따라 거란을 떠나 꿰이주로 건너가 사냥으로 생계를 유지했음을 알 수 있는데, 꿰이주는 오늘날의 연경 일대이거나 연경구는 과거 꿰이주의 속지(属地)였음을 알 수 있다.

---

33) (후진(後晉)) 劉昫 외, 『舊唐書 · 北狄奚傳』, 제199권, 1975, 中華書局.

34) (송(宋)) 歐陽修, 『新五代史 · 四夷 · 奚傳』, 권74, 부록3, 1974, 中華書局.

당나라 말기의 꿰이주는 결코 태평스럽지 않았다. 해족은 여전히 강대한 적군의 위협을 받았고 영정하 이남은 유인공(刘仁恭) · 유수광(刘守光) 부자의 세력 범위에 속해 있었으며, 그들의 잔학무도함은 역사에 기록될 만큼 심각했다. 유수광은 정권을 독점하기 위해 아버지를 감금하고 대연(大燕)을 세운 다음, 원을 응천(應天)으로 고쳤으며, 화폐를 발행해 황제가 되었다. 해왕 거제가 거느리는 해족의 부하들이 지금의 연경이라는 곳에 와서 만난 강적은 바로 이 '대연'의 황제였을 것이다. 생존을 위해 "북산의 사냥과 인삼을 자주 채취하여 유수광에게 뇌물로 바칠 수밖에 없다"고 했다.[35] 요(遼)나라 천현(天显) 연간에 태조 야율덕광(耶律德光)은 천현 11년(936년)에 석경당(石敬瑭)을 진(晉)의 황제로 봉하여 연운십육주(燕云十六州)를 얻었고, 꿰이주까지 포함시켰다. 따라서 '발해서부민각환본토(发羡西部民各还本土)'라는 말이 생겼다.[36] 이로부터 '서해(西奚)' 또는 '서부해(西部奚)'라는 이름이 역사에서 사라졌다. 이렇게 보면 해족이 연경에서 머문 시간은 30여 년이었다.

이와 같이 해족들이 꾸야줘 일대에 살았다는 사실에 대한 문헌기록은 없다. 다만 여러 문헌에 의해 추정할 수 있을 뿐이다. 『신오대사』에는 "거제가 거느리는 민족은 농사를 잘 지었는데 그들은 해마다 변민(邊民, 한인[漢人]을 가리킴)에게 빌린 황무지에 검은 기장을 심었고, 가을이 되어 곡식이 익으면 수확을 하고 그것을 산속의 움에 보관했는데, 아무도 그곳을 모른다"고 기록하고 있다. 꿰이주 이남에는 평야가 있어 농경재배에 적합했는데, 바람은 차가워도 1모작은 가능했다. 게다가 이곳은 여러 세력이 서로 쟁탈하는 땅이었고, 유인공 부자의 통치는 잔혹했기에 인가가 드물어 해왕 거제에게 유리한 조건을 제공

---

35) 위의 책.
36) (원(元)) 脫脫, 『遼史 · 太宗紀』(상).

했던 것이다.[37] 물론 이는 가설에 불과하다.

(2) 해족이 꾸야쥐를 남겼다는 주장에 대한 반증

해족과 꾸야쥐의 연관성에 대해서도 서로 다른 견해가 있는데, 일부 의문점에 대해서는 더 이상 해석이 불가능하다. 꾸야쥐의 형태를 보면 다음과 같은 특징이 있는데 이러한 특징으로 볼 때 양자를 연결 지을 수 없다는 것이다. 첫째, 석굴은 모두 암벽 위에 뚫려 있고 그 숫자가 많으며 공사가 방대하여 엄밀하게 조직된 대규모의 노동을 통해서만이 완성될 수 있다. 이러한 노동은 체력뿐만 아니라 일정한 설계와 계획을 필요로 하기에 관련 지식을 배워야 가능하다. 둘째, 이와 같이 방대한 공사는 반드시 일정한 양의 철기로 만든 공구를 갖추어야 하며, 상당수의 철기 전문 장인이 필요하다. 셋째, 꾸야쥐는 경작지가 없고 목초지가 없는 산속에 위치하고 있어 농업이나 축산업에 적합한 조건을 갖추지 못했다. 또한 근처에서도 농업과 축산업과 관련된 생산시설을 찾아볼 수 없다. 주변 환경으로 볼 때 꾸야쥐는 수비가 용이하고 공격하기 어려운 흔치 않은 군사기지이다. 넷째, 꾸야쥐의 석굴들 중 뒷산의 동쪽 산 암석에만 약간 큰 석굴이 있고 나머지는 방이 작고, 온돌도 2인용 침대 크기이며, 부뚜막은 1m 정도이고, 말구유도 한 마리를 맬 수 있는 크기에 불과하다. 1인이 살고 1마리 말을 기르기에 적절할 뿐, 큰 석굴에 큰 온돌과 말구유가 있다고 해도 한 가정이 살기에는 적절하지 않다는 것이다. 다섯째, 뒷산의 석굴에는 제신(祭神)과 집회의 장소인 불단과 온돌이 있다. 이로 볼 때 이곳에 살던 사람들은 조직적인 삶을 살고 있었음을 알 수 있다.

위의 여섯 가지 분석으로 볼 때, 꾸야쥐에 살던 사람들은 농업과 축

---

37) 주요 관점은 趙其昌, 「北京延慶 "古崖居" ―西奚遺址探討」, 『北京文博』(2), 2002.를 참고했음.

산업에 종사하지 않았다. 말을 기르는 나그네로서 집회를 가지며 막강한 조직이 있는, 수비에 용이하고 공격하기 어려운 석굴을 뚫을 충분한 시간과 기술력을 가졌던 사람들이라고 할 수 있는데, 그들은 과연 누구였을까? 만약 해족이었다면 유목 위주의 낙후한 민족으로서 기술력이 분명히 도달할 수 없었을 것이다. 『신당서(新唐書)』에 기술된 해족은 "나무를 잘라 절구로 사용하고, 와정(흙으로 빚어서 구워 만든 솥)을 즐겨 썼으며, 차가운 물을 섞어 먹었다(斷木为臼, 瓦鼎为舒, 杂寒水而食)"고 한다. 설령 산을 뚫어 굴을 만드는 수준이 있었다고 해도 30년 정도밖에 머물지 못했을 해족들이 짧은 기간 동안 이렇게 큰 공사를 완성한다는 것은 너무 어려운 일이었다.

(3) 꾸야쥐는 민가가 아니었다

해족들의 거처가 아니었다면 토비들의 무장지대였을까?

토비들의 산채였다면 이곳에 오랫동안 진을 치고 잘 훈련되어 할거하던 무장정권이어야 마땅하지만, 꾸야쥐의 규모로 보면 석굴 전체가 질서정연하게 배열되어 있고, 앞뒤가 서로 호응하고, 어떤 석굴은 서로 통하고 있다. 이와 같이 세심하고 계획 있게 설계된 동굴은 토비에 의해 만들어졌다는 것은 불가능한 일이며, 우리 조상들이 남긴 역사적 문헌에도 간과하고 기록하지 않았을 리가 없다. 사실 주변의 생활환경으로 볼 때 농사를 짓고 가축을 기르기에 적절하여 해족이나 토비들이 산을 뚫어 정착할 정도로 살기 좋은 곳은 아니다.

그렇다면 가장 설득력 있는 추론은 이곳이 국가, 군대와 어느 정도 연관성이 있을 것이라는 것이다.

일찍이 북위(北魏) 때 중국의 유명한 지리학자 역도원(酈道元)이 지은 『수경주(水经注)』 권14에는 이렇게 기록되어 있다. "이 관(關, 옛날에 교통 요로나 험한 곳에 설치한 수비하는 곳)은 쥐양청(居庸界)에서 동남쪽으로 60리 떨어진 쥐용제(居庸界)에 있어서 붙여진 이름이다. 경시제(更始帝)는 사자를 상곡(上谷)으로 보냈고 경황(耿况, 동한[東漢]의 대신)이 쥐용관(居庸关)에서 사자를 맞이한 곳이 바로 이 관문이다. 이곳의 수원은 관산(關山, 높고 험한 곳을 두루 가리킴)에서 발원하여 남쪽으로 흘러 구관(旧关)의 아래쪽을 지나며, 시냇물 동쪽 기슭에는 돌로 만든 3층 석실이 있는데 문과 창문이 부채 모양이며 개울물 속의 돌로 되어 있어 외부로부터 막아주었으므로 사실상 고대 관문의 봉화대였다.(关在沮阳城东南六十里居庸界, 故关名矣. 始使者入上谷, 耿况迎之于居庸关, 即是关也. 水导 源关山, 南流历故关下, 溪之东岸有石室三层, 其户牖扇扉, 悉石也, 盖故关之隓以矣.) 역도원은 466년에 태어나 527년에 죽었는데, 그의 기술로 미루어 이 '석실'은 '옛날(故) 쥐용관의 봉화대'라고 볼 수 있는데 그렇다면 이 '옛날'이라고 하는 시기는 언제였을까? 역도원이 이 글자를 썼으니, 분명 그가 살았던 북위 이전인 한대(漢代)이거나 훨씬 이전일 것이다. 여기에서 언급한 쥐용제는 한나라 때 상고군(上古郡)에 속해 저양(沮阳)에 부치(府治, 명청시대 한 부[府]의 최고 행정관서의 소재지)를 두고, 저양은 지금의 허뻬이성(河北省) 화이라이현(怀来县) 관청 저수지 난다구청촌(南大古城村) 북쪽에 있었는데, 글에 묘사된 동쪽 기슭의 삼층석실은 문과 창문은 모두 돌로 되어 있어 오늘날 우리가 알고 있는 꾸야쥐와 거의 비슷하지만, 시간이 지나면서 석창과 석문은 더 이상 존재하지 않을 뿐이다. 역도원의 기술에서 가장 핵심은 '관지후대(关之候台)'라는 네 글자로 이 석실들은 관문을 지키는 봉화대 군대를 위한 것임을 확실하게 알려준다. 사실 역도원의 『수경주』에 기록되어 있지 않더라도, 이처럼 거대한 착암구혈(鑿岩构穴) 공사는 거대한 군사조직과 일정한 경제력이 없으면 지속적으로 진행하기 어렵다. 중국 건축학회 건축사학분회(中国建筑学会建筑史学分会) 이사장인 양훙쉰(楊鴻勛) 교수도 현지답사를 통해 인근 봉화대를 발견해 일치된 결론을 내렸다. 『수경주』에는 이러한 기록이 있었음에도 왜 관심을 받지 못했을까? 『수경주』에 실려 있는 "시냇물의 동쪽 기슭에 3층 석실이 있었다"는 내용은 현재의 위치와 맞지 않았기 때문이다. 이는 당시의 지형이나 역도원의 기술 오류와 관련이 있을 수 있다. 그리고 주둔 병력의 장소에 대한 추가 분석도 참고할만하다. 예를 들어, 꾸야쥐를 답사할 때 사람이 살 수 없는 높이의 석굴이 다수였기에 소인국(小人國) 거주설이 제기되기도 했다. 이러한 주장은 이 석굴들은 대부분이 대기 중인 장병들의 보급품을 보관하는 데 사용되었음을 확인시켜 준다.

꾸야쥐는 당시의 상황을 확인할 수 있는 많은 정보를 제공해 주고 있다. 이러한 석실의 내부구조로 볼 때 베이징(지금의 지역 개념) 주민을 포함한 당시 북방 주민들은 이미 온돌, 유등(油燈) 등 일상적인 생활 시설을 비교적 널리 사용하고 있었으며, 특히 온돌은 그 당시에는 둥뻬이 지역 주민들만이 누리는 사치스러운 풍습이 아니었다는 것이다. 그렇다면 『구당서·고려전(旧唐书·高丽传)』에 "(고려)의 풍속은 겨울(冬月)에 긴 구들을 만들어 아래에 불을 때어 따뜻하게 한다"고 기록되어 있는 바와 같이 온돌로 난방을 하는 풍습도 이들 지역에서 동북부로 전파되었을지도 모른다. 농경 위주의 정착민족이 온돌을 사용한 시기는 여기저기 옮겨 다니는 유목민족보다 먼저였을 것이고, 어쩌면 온돌의 발명자는 둥뻬이의 여진인(女眞人)이지 고려인이 아닐 수도 있다.

베이징의 특별한 옛 탑들(古塔)

1. 옛 탑이 가장 많은 곳은 단연 윈쥐사(云居寺)이다

나는 윈쥐사를 좋아해서 가끔 들르곤 하는데, 이곳에 있는 고탑들은 아주 유명해서 견줄 데가 없다고 할 수 있다. 윈쥐사와 석경산(石經山)에는 당·요(遼)·청의 고탑 16기(基)가 보존되어 있으며, 사찰과 석경산 정상에 분포되어 있다. 그 탑들은 당나라의 탑 7기(당나라 탑의 수가 전국의 3분의 1을 차지한다고 함)와 요나라의 탑 5기, 청나라의 탑 3기, 당나라의 탑으로 추정되는 탑 1기이다.

그중 7개의 당나라 탑은 건축 조형 예술과 조각 예술, 서예 예술의 측면에서 가치가 높다. 탑들은 시안(西安)의 샤오옌탑(小雁塔)과 윈난(雲南) 따리(大理)의 첸쉰탑(千尋塔)과 흡사하여 당나라의 전형적인 건축 풍모를 보여 주고 있다. 그중 5개는 7층 첨탑(塔檐)으로 석판(石板)을 탑체(搭砌, 가로세로로 몰타르를 가득 채워 위아래가 어긋나고 안팎이 맞닿아 있도록 쌓는 방법)하여 중공(中空, 속이 빈 것) 형태로 만들었고, 처마는 앞뒤 첩삽(叠涩)구조로 되어 있다. 당나라 석탑은 탑 안에 감실이 있고 감실 안에 탑이 있는 형태로 되어 있어 베이징의 당나라 석탑 건축양식을 연구하는 귀중한 실물(實物)이다. 석탑의 각 부분은 정교하고 곧게 조각되어 있으며, 비례가 균형이 잡혀 있다. 감실 양측의 금강역사(金剛力士)는 생동감이 있고 위엄이 강건하며, 불단 정면에 부조되어 있는 불상과 협시(脇侍)보살상의 체형은 풍만하고 부드러우며, 하나는 안쪽에 하나는 밖에, 하나는 굳세고 하나는 부드러운 것이 선명한 대조를 이룬다. 탑 벽에 정연한 글씨가 새겨

▷ 윈쥐사의 당나라 탑

져 있는 비문은 당나라의 서예 예술 풍격을 잘 보여 준다. 북쪽 탑의 주변에 있는 당나라 석탑 4기는 모양이 비슷하고 높이가 거의 같으며, 모두 한나라 백옥으로 조각한 것이다. 탑마다 몸체 1층 외벽에는 탑의 이름과 탑에 관한 칭송의 글이 새겨져 있다. 건축 연대에 따라 징윈탑(景云塔), 타이지탑(太极塔), 개원10년탑(开元十年塔), 개원 15년탑(开元十五年塔)으로 명명되었다. 석경산 정상에는 당나라 때 5개의 대(臺)가 세워져 있는데, 대 위에는 한나라의 백옥탑이 있다. 지금은 동대(東臺)와 남대(南臺)의 석탑만 남아 있고, 나머지는 산재된 탑좌와 탑정 뿐이다. 윈쥐사에는 요나라 때 탑 5기가 있는데 그중 완공탑(琬公塔)과 속미장석경탑(续秘藏石经塔)은 석탑이고 남탑(南塔)·북탑(北塔), 호랑이탑(老虎塔)은 벽돌탑이다.

2. 가장 먼저 영상을 남긴 고탑은 통주의 란등불탑(燃灯佛塔)이다

사실 베이징지역에 영상으로 남아 있는 고탑은 대운하 변두리에 세워져 있다. 카메라가 1840년경에 탄생했으므로 그 뒤로 20년쯤 지난 후, 펠리체 베아토(Felice Beato)라는 기자가 그 시대 희소했던 카메라를 들고 베이징에 침입한 영국-프랑스 연합군과 함께 운하를 따라 올라가면서 수많은 충격적인 광경을 보고, 그것을 카메라에 담았다고 한다. 운하를 따라 경성으로 북상하여 통주에 들어서면 이 란등불사리탑(燃灯佛舍利塔)을 볼 수 있다. 이 탑으로 통주를 알아 볼 수 있다. 대운하 옆에 우뚝 솟아 있는 란등불사리탑의 건립연대와 기능에 관해서는 많은 설화가 전해지고 있는데, 어떤 것은 아직까지 해독하기 어렵다. 탑의 건립연대에 대해서는 북조(北朝) 양태평(梁太平) 2년(557년), 당태종(唐太宗) 정관 7년(633년)으로 보는 견해도 있고, 일부 고서에는 요나라의 유물로 기록하고 있다. 다행히 1987년 복원공사 과정에서 새로운 증거가 나왔는데, 13층 아궁이 벽돌조각에는 "높고 웅대한 고탑이 진의 루(潞)라는 고을 능 옆에 서 있는데, 이 탑은 주당 사람들이 건립한 것이다(巍巍古塔镇潞陵，时赖周唐人建立)"라는 글귀가 적혀 있으므로 전문가들은 북주(北周)의 건물로 간주하고 있다.

란등탑의 불상인 사리자(舍利子, 석가의 10대 제자 중 한 사람)는 어느 층에 두었는지에 대해서는 여전히 수수께끼로 남아 있다. 청나라 강희 18년에 통주지방에서 대지진이 발생하여 등대가 심하게 파손되었다. 현지(县志, 한 현의 역사·지리·풍속·인물·산물 등을 기재한 지방지)의 기록에 따르면, 당시 많은 사람이 탑 안에 숨겨져 있던 십여 개의 사리자와 부처님 치아(佛牙) 한 개를 보았다고 한다. 사리자와 부처님 치아는 재건된 후 다시 탑신(塔身)의 '천궁(天宮)'에 넣어 두었는데, 천궁이 탑의 어느 층에 있는지에 대한 기록은 없다. 그 안에 사리자와 불아가 있는지 역시 알 수 없는 일이다. 1980년대에 탑을 복원했는데, 그때 13층까지 복원했으므로 천궁이 13층에 없다는 것만은 확실하다.

란등탑 아래는 바다와 연결되어 있고, 쇠사슬에 두 마리의 염어정(鲶鱼精, 전설 속의 요괴 같은 고기)이 묶여 있다는 전설도 있다. 즉 염어정이 소동을 자주 일으켜 아무도 진압할 수 없었기에 청나라 대학사(大學士) 기효람(紀曉嵐)을 불러 염어정을 묶어 놓았더니 바람과 파도가 잔잔해지고 물난리가 사라졌다는 이야기다. 탑신 가까이에서 잘 들어 보면 가벼운 바닷바람 소리가 들릴 것이다.

사실 이 고탑은 대운하와 밀접하게 연결되어 있는데, 사람들이 운하를 따라 천 리를 달려 고생 끝에 멀리 물속의 탑을 보았을 때, 그들은 이미 통주에 도착하여 경성에 가까워졌다는 사실을 알게 되었다고 한다. 대운하가 세계문화유산으로 지정되면서 "탑으로 통주를 알아보다(一支塔影认通州)"라는 말이 더 널리 전해졌고, 통주의 위상도 달라져 베이징의 제2의 중심지가 되었다. 이제는 "탑으로 베이징을 알아 보다(一支塔影认北京)"라고 할 수 있지 않을까 싶다.

3. 금나라의 은산(銀山) 탑림(塔林)도 탑으로 유명한 명승지이다

창평구(昌平区) 서우동산(壽東山) 아래에 있는 고탑은 산속에 우뚝 솟아 있고, 뒤의 절벽이 가파르고 철청색을 띠었기 때문에 '테삐인산(鐵壁銀山)'이라 불리는데, 이곳은 당나라 때부터 명승이 불법(佛法)을 설파하는 도장이었다. 요나라·금나라 때 은산에는 사찰과 암자가 72개 있었는데, 그중 가장 큰 절이 연수사(延寿寺)로 법화사(法華寺)라고도 불렸으며, 금나라 천회(天會) 3년(1125년)에 건립되었고, 은산의 탑림은 이 절 고승들의 묘탑(墓塔)이었다. 또한 요나라, 금나라, 원나라, 명나라 때 고승, 비구, 비구니들의 영탑(灵塔)도 은산 곳곳에 많이 분포되어 있어 그 수가 헤아리기 어렵다. 명나라 이후 은산의 많은 사원이 점차 쇠퇴하고 탑림이 오랫동안 복원되지 않아 훼손되고 붕괴된 것이 많으며, 전쟁을 겪으면서 묘탑의 수가 급격히 감소했다. 현재 금나라 5기의 대탑(大塔)과 원명 때의 소탑(小塔) 10여 기만이 남아 있다. 이 다섯 개의 금나라 대탑은 모두 벽돌구조로 수미식(须弥式) 기좌(基座, 건축물의 기반이 되는 평면), 탑신(塔身), 탑두(塔斗), 탑찰(塔刹)로 구성되어 있다. 탑신의 1층은 남쪽 벽 문을 마주하고 있으며, 미심(楣心)에는 탑 이름이 새겨져 있다. 중앙에 있는 탑은 '우국불각 대선사영탑(祐国佛觉大禅师灵塔)', 서남쪽에는 있는 탑은 '고의행대선 사탑(故懿行大禅师塔)', 동남쪽에 있는 탑은 '회당우국대선사탑 (晦堂祐国大禅师塔)', 서북쪽에 있는 탑은 '원통대선사선공영탑 (圆通大禅师善公灵塔)', 동북쪽에 있는 탑은 '허정선사실공영탑 (故虚静禅师实公灵塔)이고, 동북쪽 탑의 좌측에는 '공주적조영오대 사독영차탑(公主寂照英悟大师独营此塔)', 우측에는 "대안 원년(1209 년) 9월 23일 공필(功毕)"이라는 명문이 새겨져 있는데, 건립된 탑 중 에서 이 탑만이 유일하게 연도가 적혀 있다. 다섯 탑의 위치와 조각 양식으로 볼 때 중앙에 있는 탑이 가장 먼저 세워졌고, 다음 소목(昭 穆, 신주를 배열하는 방식의 일종) 순으로 동남, 서남, 동북, 서북의 네 탑이 세워진 것으로 보인다. 동남쪽 회당(晦堂)에 묻힌 회당 스님의 이름은 홍준(洪俊)이며, 금나라 천회 초기 남쪽에서 왔고, 대정(大定) 초년에 아직 살아있었다면 중앙의 불각탑(佛觉塔)은 금나라 초기에 건립되었다고 봐야 한다. 서북쪽의 원통탑(圆通塔)는 대안 원년의 허 정선사탑(虚静禅师塔)으로 봐야 하는데, 단연 금나라 말기 또는 원나 라 초기에 속한다. 따라서 다섯 탑은 12세기 전반부터 13세기 초까지 890년 동안 건립했고, 여기에는 금나라 중도(中都, 금나라 도성)에 있 던 대연성(大延圣)의 여러 대 승려들이 묻힌 것으로 추정된다. 다섯 탑 중 중앙과 남쪽의 탑은 모두 팔각형 13층 밀첨탑(密檐塔)이고, 북쪽의 두 개는 육각형 7층 밀첨탑이다. 이 탑들의 1층은 황록색 유리기와로 덮였고, 유리 척수(脊兽, 중국 고대 한족 건축 지붕의 지붕 능선에 안치된 짐승)가 있다. 와척(瓦脊, 기와 등)에는 각각 역사(力士), 천왕(天王), 선인(仙人), 대붕(大鵬), 금시조(金翅鳥) 등이 장식되어 있다. 그중에서 가운데의 불각선사탑(佛觉禅师塔)이 가장 높다. 가장 아름다운 조형은 남열 서쪽에 있는 의행대사탑(懿行大师塔)으로, 탑의 기좌는 수미좌와 두공구란평좌(斗拱勾栏平座构)로 구성되어 있으며, 수미좌는 사자머리 · 보병(寶瓶) 등의 무늬가 조각되어 있고, 잘록한 허리 부분은 청색 벽돌을 겹쳐 쌓았으며, 탑신에는 8면에 나무를 모방한 벽돌로 조각한 창문을 설치했고, 문권(门券, 아치형 문)에는 각각 비천(飛天)을 조각하고, 팔방(八方)은 벽돌로 조각한 원주(圓柱)가 있으며, 처마가 13개이고, 각 모서리에는 수척(垂脊) · 척수 · 소수(小兽)를 배치했으며, 처마 모서리에는 구리 방울을 매달았다. 탑 처마는 위로 가면서 점점 좁아지는데 그 모양이 풍만하고 강력하여 권살(卷杀, 중국 고대 건축물을 지을 때 끝부분을 완만한 곡선이나 꺾은 선으로 만들어 외관을 풍만하고 부드럽게 보이게 하는 방법)을 이루며, 탑 꼭대기는 보월(宝月) 보살의 계보(承珠) 탑찰로 되어 있다. 나머지 4기의 대탑은 세부 조각에 약간의 변화가 있으나 대체로 동일하다.

또한 10여 기의 원 · 명시기 묘탑 중 원대의 벽돌 탑 2기는 작지만 독특한 특징을 가지고 있다. 하나는 밀첨식으로 되어 있다는 것인데, 처마 밑의 벽돌에 아치를 새겼고, 탑면이 모두 안쪽으로 구부러진 곡선으로 되어 있다. 다른 하나는 밀첨 누각과 복발식이 어우러진 탑이라는 점이다.

탑림은 중국 북부지역의 불교발전사와 불교 건축기술 연구에 중요한 역사적 가치를 지닌다. 그리하여 1958년에 창핑현문화재보호단위(昌平县文物保护単位)로 지정되었고, 1988년에 전국중점문화재보호단위(全国重点文物保护単位)로 승격되었다.

▷ 은산의 탑림

4. 옥천산의 탑은 정교함이 있다

청나라 때 가장 대표적인 적인 탑은 옥천산 정명원의 사찰 속에 우뚝 솟은 4개의 탑이다. 이 탑들은 옥천산 주봉·측봉·고개·산중턱에 각각 자리 잡고 있으며, 탑은 누각식·밀첨식·금강좌식으로 되어있고, 벽돌로 만들었으며, 모두 한나라 백옥석으로 조각한 것도 있고, 유리벽돌과 기와로 쌓은 것도 있다. 또한 탑신 전체가 순백색인 것이 있는가 하면 황백색이 어우러진 것도 있고, 눈부신 황색·녹색·청색·남색이 어우러진 알록달록한 것도 있다. 색깔이 다채로운 이 몇 개의 웅장한 건축물은 옥천산으로 하여금 '탑산'이라는 독특한 이름을 얻게 했다.

옥천산 정상은 샹옌사(香岩寺)인데, 그 한복판에는 높이 솟은 7층 보탑을 옥봉탑(玉峰塔), 사리탑, 정광탑(定光塔)이라고도 한다. 이는 정명원 16경 중 하나인 '옥봉탑 그림자(玉峰塔影)'를 보여주기도 한다. 옥봉탑는 전강(鎭江) 금산(金山) 묘고봉(妙高峰) 강천사(江天寺) 자수탑(慈寿塔)를 본떠 건륭 24년(1759년)에 건립되었다. 탑신은 7층이고, 탑의 중앙은 석탑의 중심이며, 외층은 녹색 벽돌로 쌓았다. 층마다 탑의 중심을 감싸는 공간이 있고, 회전식 계단이 있어 탑의 가장 높은 층까지 올라갈 수 있다.

묘고사(妙高寺)와 묘고탑(妙高塔)은 옥천산 북쪽 봉우리에 있다. 봉우리 꼭대기에 건륭 36년(1771년)에 절을 세웠는데, 우시(无錫) 금산(金山) 묘고봉을 본떠 지은 것이므로 묘고사 마당 한가운데에 미얀마식 금강좌불탑을 세우고 이를 묘고탑이라 불렀다. 보통 사찰에 지은 불탑과는 달리 이 탑은 미얀마전쟁의 승리를 기념하기 위해 세운 기념비적인 의미가 있는 건축물이다. 건륭 중엽에는 윈난 국경과 미얀마 목방(木邦)의 토사(土司, 중국의 서부 및 서남부의 여러 성에 두었던 일종의 지방관) 사이에 갈등이 생겨 건륭 32년(1767년)부터 미얀마에 군대를 파견하기 시작했다. 미얀마가 항복하고 청나라 조정에 신하로 공물을 바쳤으며, 청나라 군대가 미얀마 목방에서 철수할 때 목방의 불탑을 베이징으로 가져갔다. 건륭제는 미얀마의 승리를 기념하기 위해 목방탑을 본떠 묘고사에 탑을 세운 것이 바로 묘고탑이다. 묘고탑의 건축양식은 매우 독특하다. 바닥은 높이 약 2m의 네모난 벽돌 받침대로 네 벽에는 네 개의 권문(아치형 문)이 있고, 안에는 십자

▷ 옥천산의 위펑탑

로 관통하는 권정(券顶, 윗 부분은 거의 반원에 가까운 아치형이며 이러한 구조는 하중에 강하고 장식 효과도 좋음)으로 이루어졌다. 받침대 위에는 벽돌로 만든 가드레일이 있고, 다섯 개의 미얀마식 불탑이 세워져 있다. 가운데 주탑은 팔각형으로 4개의 권문을 정방향으로 두었으며, 문에는 짧은 처마가 가려져 있다. 탑좌에도 팔면에 가드레일이 세워져 있다. 탑좌 가운데에는 원구형의 복발(그릇을 엎어놓은 모양 같다고 하여 붙인 것으로 스투파의 안다, 즉 반구형 돔을 형상화해 놓은 것)과 층층이 축소된 8층 상륜과 구리로 도금한 탑찰(탑의 가장 높은 곳에 위치하며, 탑의 가장 높은 부분을 보여주는 표지)이 있다. 네 개의 작은 탑은 원기둥 모양의 단층 정각식(亭阁式) 탑이다. 탑신은 청나라 말기에 훼손되었고, 묘고탑의 윗부분은 둥근 덮개로 꼭대기의 중앙부에는 원구형인 13단의 상륜이 세워져 있고, 상륜 위에는 구리를 도금한 원구형 탑찰(搭刹)이 있다. 이 다섯 개의 탑은 꼭대기가 모두 원구형으로 가늘고 뾰족하며 쇠뿔처럼 생겨서 '추자탑(锥子塔)'이라 불린다.

북봉의 묘고탑과 주봉의 옥봉탑은 각각 베이징 서쪽에 높이 서 있고, 남북으로 멀리 떨어져 서로 호응하고 있어 아름다운 운치를 더해주고 있다.

옥천산 서남쪽 고개 정상에는 담장으로 둘러싸여져 있는 마당이 있고, 마당 북쪽에는 7단 8면으로 된 한나라 백옥석탑이 있는데, 벽돌 한 장 나무 하나 없이 모두 청백석으로 쌓여져 있다. 석탑은 팔각형의 한나라 백옥석판 위에 우뚝 서 있다. 석판에는 파도가 조각되어 있고, 파도 속에는 용과 바다사자·해마 등 바다짐승이 용솟음치고 있다. 석판 위는 팔각형의 탑기가 있고, 탑기의 면마다 날개를 펴고 날아가는 봉황과 나뭇가지를 휘감은 시계풀이 조각되어 있다. 탑기 위에는 허리를 졸라맨 팔방 석판 수미좌에 부처 석가모니 '팔상성도도(八相成道圖)'를 새긴 8폭의 불교이야기 문양이 새겨져 있다. 화면에는 석가모니를 비롯해 제자, 모예부인, 시녀, 마왕 등의 인물과 동물의 모습이 생동감 있고 섬세하게 묘사되어 있다. 티베트 화장(华藏, 불교어로 연화장세계[华華藏世界]의 약칭) 하이탑(海塔)은 옥봉탑보다 크지는 않지만, 산 아래에서 바라보면 그 모습이 아름답고 장관이며, "돌로 이루어지지 않은 것이 없고, 조각이 안 된 돌이 없으며, 조각마다 기이하지 않은 것이 없는" 거대한 석조예술 작품이다.

옥천산 서쪽 기슭에 높이 솟아 있는 성원사의 유리탑(琉璃塔)은 누각식과 밀첨식이 어우러진 오색유리로 된 돌탑이다. 유리탑에 대한 애정이 남달랐던 건륭제는 황원(皇苑) 중 장춘원(长春园)의 법혜사(法慧寺), 만수산의 화승각(花承阁), 정의원의 소묘(昭廟)에도 비슷한 탑을 건립했다. 그는 또 〈다보불탑송(多宝佛塔颂)〉이라는 시의 서문에서 "오색유리가 보탑을 이루었는데, 이 탑은 8면에 7층이고 높이가 50척이 넘는다. 황금빛과 푸른빛이 어우러진 채색 비취가 뒤섞여 있고, 처마의 방울이 겹겹이 연결되어 있으며, 서까래와 두공(斗拱, 대들보를 지탱하는 각목주)과 창문은 나무 하나 사용하지 않았고, 황금지붕과 옥석 받침대와 천불서상(千佛瑞像)으로 충분히 갖추어져 있다. 연화좌에 앉으면 지금 탑 안에 있는 듯하다. 상륜은 장엄하고 높이 솟아 고상한 도리를 보여 준다. 주계석전(周稽釋典)에는 이 탑을 다보불탑(多宝佛塔)라 명명했다." 만수산 유리탑송의 서문으로 성원사 유리탑을 묘사하는 것은 매우 적절하다고 하겠다.[38]

5. 현대인의 걸작—보야탑(博雅塔)

베이징에는 다양한 시대에 건립된 각양각색의 탑이 헤아릴 수 없이 많은데, 탑을 건립한 이유에 대해 종교적으로 모두 설명하기는 어렵지만, 현재로서는 실제 역할과 경관적 효과가 강한 것으로 보인다. 베이징대학에도 현대에 와서 건립한 탑이 있는데, 보야탑이라는 우아한 이름을 지었다. 이 탑은 원래 물탑(水塔)이었으나, 오늘날 경전의 아름다운 경관을 그린 '탑호도(塔湖图)'가 바탕이 되어 세워졌다. 이 탑은 사용기능, 예술조형, 환경조화의 세 가지가 합쳐진 걸작으로 옌원(燕园, 베이징대학교의 별칭)에서 건립한 신의 한 획으로 칭송받고 있다.

주계령(朱启铃)과 전문(前門) 지역의 개수(改修)

전문이라고 하면 정양문(正陽門)을 말하는데, 내성의 남쪽 담 한가운데에 있는 성문으로 베이징 내성의 정문이다. 원나라 다두성과 명나라 베이징성은 초기에 '리정문(丽正门)'이라 불렸다. 원나라 다두의 '리정문'은 지금의 인민영웅기념비 앞에 있다. 명나라 영락 17년

---

38) 張寶章, 『京華通覽 · 玉泉山靜明園』, 2018, 北京出版社, 63쪽.

(1419년)에 원나라가 남쪽 담 이남으로 도성을 옮겨 중건할 때에도 가운데 벽문을 '리정문'이라 했고 공사는 영락 19년(1421년)에 준공되었다. 정통 원년(1436년)에 성루를 중건하고 옹성과 전루(箭楼), 갑루(闸楼)를 증축했으며, 정통 4년(1439년)에 완공하여 정양문으로 개칭했다.

1. 지리지에 기술된 전문(前門)

베이징에서 가장 규모가 큰 성문인 정양문(正陽門)의 성루, 옹성, 전루(箭樓), 갑루(匣樓)는 다른 성문에 비해 모두 크다. 성루는 성대(城臺, 일반적으로 고대 도시에는 성을 둘러싸고 있었고, 도시를 드나드는 성문에는 성루를 많이 설치했는데, 성루 앞의 담이 성대였음)가 13.20m이고, 성대의 안쪽 윗면은 너비가 49.85m, 바깥쪽 윗면은 너비가 88.65m이고, 안쪽 성대의 밑면은 너비가 53.88m이며, 바깥쪽 성대의 밑면은 너비가 93m이다. 성대의 대기는 깊이가 31.45m, 받침면은 너비가 26.50m이고, 안쪽 권문은 높이가 9.49m, 폭이 7.08m이며, 바깥쪽 권문은 높이가 6.29m, 폭이 6m이다. 성대 안쪽에는 마도(馬道) 한 쌍을 두었고, 폭은 각각 4.85m이다. 성루는 면폭이 7간, 연랑(連廊, 원래 중국 고대 건축형식의 하나로, 건물과 건물 사이의 연결 구조물을 말함)은 너비가 41m, 깊이가 3간에 모든 간의 총 너비가 21m인 3중 헐산정으로 된 누각식 건물로, 지붕에 회통와(灰筒瓦)에 녹색 전변처리를 했고, 녹색 유리기와에 척수(脊獸)를 장식했으며, 주홍색 기둥에 금화채화가 그려져 있다. 1층은 홍악(红垩)으로 만든 벽돌 구조의 벽이고 명간(明间, 고대 건축물 가운데 네 개의 처마 기둥 안에 있는

▷ 베이징대학교의 보야탑

공간) 및 양측은 목방문(木方門)이 있으며, 2층의 밖에는 회랑이 있고, 세 번째 명간은 앞뒤로 능화(菱花, 마름꽃) 무늬의 문창이며, 양측의 차간(次間, 명간 양쪽으로 건축 풍습에 따르면 명간은 일반적으로 다른 각 칸보다 약간 크다)은 홍악으로 만든 벽돌 구조 벽이고, 성루와 성벽을 합치면 40.96m이다. 옹성은 평면이 직사각형이고, 남북길이가 108m, 동서 폭이 88.65m로 북쪽의 두 모서리가 남쪽의 성원(城垣, 고대 중국의 도시를 둘러싼 성벽)과 이어졌고, 남쪽의 두 모서리는 동글게 처리했다. 옹성의 성벽 모양, 형제(形制)는 성원과 약간 닮았다(1915년 6월 16일~12월 9일 철거). 옹성의 남쪽에 있는 전루는 정통 원년(1436년)에 건립되었는데, 전루 성대의 남쪽은 옹성에서 10m 가까이 돌출되어 있다. 전루는 성대 높이가 약 12m이고, 가운데는 권문이 있고 성문과 마주하고 있으며, 문동(門洞, 대문 안에 꼭대기의 비교적 긴 복도)에는 '천근갑(千斤閘)'이 설치되어 있다. 전루 면폭은 총 7간, 너비가 약 54m, 깊이가 20m이고, 북쪽에는 포하(抱廈, 건물의 앞이나 뒤에 지은 작은 집으로 청나라 이전에는 '귀두옥[亀头屋]'이

▷ 2017년 정양문 밖의 거리 모습

라고 불렀음)가 5칸, 너비가 42m, 깊이가 12m이다. 전루는 총 깊이가 32m이고 포하는 목방문 세 개가 있으며, 그 양쪽 위쪽에 화살창이 한 개씩 있다. 전루는 중첩식 혈산정으로 회통화에 녹색 전변 처리를 했으며, 녹색 유리 기와 척수가 장식되어 있고, 총 높이는 38m이다. 전루의 남쪽, 동쪽, 서쪽에는 화살창이 있고, 남쪽의 4층은 층당 13개의 구멍이 있으며, 동쪽과 서쪽의 네 층마다 네 개의 구멍이 뚫려 있다. 포하의 두 구멍을 합치면 총 86개의 구멍이 있다. 갑루는 옹성의 동서쪽에 있는데, 옹성의 권문을 열면 안에 '천근갑'이 설치되어 있고, 권문에는 갑루를 쌓았으며, 갑루는 면폭이 3간이고, 단층 혈산정으로 회통와에 녹색 전변 처리를 했으며, 녹색유리 척수가 장식되어 있다. 갑루의 외측 정면에는 화살창이 2열로 총 12개의 구멍이 뚫려 있고, 내측 정면은 목방문이 있으며, 양쪽에 작은 사각창을 하나씩 두었다. 옹성 안에는 성문 동쪽에 관음묘, 서쪽에 관제묘(關帝廟, 1967년 철거)가 세워져 있었고, 옹성 밖에는 동서 양쪽에 허바오샹(荷包巷)이 있었는데, 모두 상점들로 꽉 차 있었다. 전루 앞의 해자 위에 단권석 아치교를 건립하고 교면을 세 갈래로 나누었는데 가운데는 어로(御路, 임금이 통행하는 길)이다. 다리 남쪽에 육주오층의 '정양교(正陽橋)'라는 패루(우패루[五牌樓], 베이징 경내에 있는 고대 건축물)가 있다. 1955년 철거된 우패루는 2001년 원형이 아닌 건물로 재건축되었다.

전문에 대해 수없이 많은 복원 작업이 이루어졌는데, 정양문의 옹성, 성루, 전루, 갑루는 명나라 정통 원년(1436년)에 중수·증축된 이후 역대 왕조마다 다양한 규모로 복원했다. 만력 38년(1610년)에 전루가 화재를 입었다가 중수되었다. 청나라가 명나라의 구제(舊制)를 이어 받아 건륭 45년(1780년)에 전루가 화재를 입은 이듬해에 복구작업을 진행했는데, 화재 후의 권동(券洞, 수직 하중을 가할 때 좋은 하중지지 특성 외에도 장식 및 미화 역할도 함)을 그대로 사용하기 위해 복원했으나 권동에 균열이 생겨 재공사에 들어가게 되는 바람에 감독대신(督工大臣) 영렴(英廉) 등이 공사 재료의 반에 해당하는 봉급을 일시 정지했다고 한다. 도광 29년(1849년)에 전루가 화재를 입었으나 아편전쟁으로 인해 청나라의 인력과 물력이 부족하여 전루를 재건하기 위해 필요했던 은 6만 8천 8백냥에 해당하는 3장 4척이 넘는 큰 목재를 마련할 능력이 없어 서교의 장춘원(长春园)에 있는 '구경삼사(九经三事)' 전의 대들보를 떼어내어 복원하게 되었고, 공사는 함풍원년(1851년)에 완공되었다. 광서 26년(1900년)에 의화단(义和团)이 정양문 밖에 있는 노덕기양약방(老德记洋药房)에 불을 질렀는데 상가로 불이 옮겨 붙어 전루와 동서 허바오상이 불에 탔다. 같은 해에 8국연합군의 포화로 전루가 파괴되고 성루가 파손되었다. 광서 26년 8월 초 3일 밤(1900년 9월 27일)에 성루는 영국군 소속 인도병사들이 추위를 피하기 위해 불을 지폈다가 전부 타버렸다. 광서 29년(1903년)에 위안스카이와 천삐(陈璧)는 정양문 성루와 전루를 중수하라는 지시를 받았으나, 시공부에 보관되어 있던 각 성문 공사 관련 기록물이 서양병사들에 의해 모두 소실되어 숭원문(崇文门)을 모방하여 확대 보수할 수밖에 없었는데, 숭원문 전루도 8국 연합군에 의해 소각되어 선무문(宣武门) 전루를 본떠 보수공사를 진행했다. 성루와 전루를 재건하는 데 필요한 대량의 목재는 위안스카이의 부하인 산동포정사(山東布政使)와 조창(漕仓, 조미를 예치한 창고) 사무를 겸하고 있었던 장광젠(張廣建)이 산동(山東)에서 마련했으며, 〈정양문공사주고(正阳门工程奏稿)〉에는 정양문 성루와 전루를 재건하는 데 총 43만 3천 냥의 은이 사용되었다고 기록되어 있다.

2. 전문 지역의 개조

명·청 시대에 전문 밖이 번화해졌는데, 특히 청나라 말기에는 따자란(大柵欄) 근교가 번화한 상가로 발전하여 내성에서 외성으로 들어가는 통로는 전문 옹성의 수문을 지나야 했고, 정양문의 정문은 황제가 순시하거나 천단, 선농단(先農坛)에 제사를 지낼 때만 열었다. 평소에는 차와 말, 행인들이 20여m 길이의 옹성문 구멍을 뚫고 양쪽 갑문으로 드나들 수밖에 없었기 때문에, 한 번 성을 나가는 데 시간이 오래 걸리기도 했다. 1901년 징펑(京奉)철도와 징한철도가 정양문 끝까지 통하게 되었다. 베이징 안팎의 도시를 드나드는 사람뿐만 아니라 전국 각지에서 기차를 타고 베이징으로 오는 여행객들도 문동(門洞)을 뚫어야만 성내로 들어갈 수 있었다. 베이징을 왕래하는 객상이 많아지면서 전문지역의 상업도 나날이 번창하기 시작했다. 현재 성업 중인 따자란 근교 외에도 당시 정양문 성벽 밑에는 노점상들이 상당히 많았다. 시내를 나가는 사람, 들어오는 사람, 물건을 파는 사람, 물건을 사는 사람, 막 기차에서 내리는 사람, 기차 시간에 쫓기는 사람들이 정양문을 물샐틈없이 막아 교통 혼잡의 상황은 거의 해결이 되지 않고 있다.

이런 상황에 직면하여 1914년 내무총장 겸 베이징시정독판(北京市政督办)을 맡고 있던 주칭링(朱啓鈐)은 위안스카이 총통에게 〈경사전삼문성원공사정(修改京师前三门城垣工程呈)〉을 제출하여 이 지역의 상황을 개조할 것을 건의했다. 그 내용은 구체적으로 아래와 같다.

첫째, 옹성을 철거한다. 정양문 옹성의 동서 월벽(月墻, 고대의 이중 성벽 중 외곽 성벽-)을 뜯어내고, 동서 월벽이 겹치는 곳에서 동서

▷1950년대의 전문거리

로 문을 내어 즉 월벽 자리에 도로를 개축하여 출입할 수 있도록 한
다. 또 시청화스교(西城化石桥) 부근에 성동(城洞)을 한 곳 더 쌓고 다
리를 놓아 성 안팎의 교통로를 단축시킨다.

둘째, 전루를 장식한다. 옹성 정면의 전루는 중수한 후 숭고하고 거
대한 모습이 남아 있으나, 옛 건축이 격식에 맞지 않은 부분이 있어,
개량하여 도로를 추가로 건설하고 석급(石級)을 설치하여 돌난간을
보호하며, 난간 밖에 나무를 심어 사람들이 구경할 수 있도록 한다.

셋째, 환경을 미화한다. "전루의 안쪽과 정양문 밖에 있던 공터는
교통로선을 제외하고 모두 잔디를 깔고 화목을 심으며 돌난간을 세워
쇠사슬로 연결하여 전루와 하나가 되도록 하여 훗날 기념건축물을 지
을 장소로 남겨 둔다."

넷째, 장마철 고인 물 문제를 해결한다. "정양문은 지대가 낮고 여
름에 물이 고이기 쉬우므로 새로 낸 좌우 성문 아래에 도랑을 만들 계
획이며, 중화문(中华门) 앞의 돌 울타리 안에서 시작하여 해자로 통하
게 하여 물이 빠지도록 한다.

다섯째, 가옥을 철거하고 토지를 징수하여 교통문제를 철저히 해결한다. 옹성의 동서 양면을 둘러싸고 있던 정양상가의 무역이 교통을 방해하므로 즉시 철거해야 한다. 현재 경찰청이 가격을 협상하여 이전하도록 한 상태이다. 이밖에 정양문 동서 성원 부근의 내외의 각 관청과 민가, 곳곳을 측량한 후 교통에 지장이 있다고 판단되는 것은 〈부동산수용 임시규정(收用房地暫行章程)〉에 따라 일률적으로 이양하도록 명령하여 공익을 도모한다.

여섯째, 수로를 준설하여 주변 환경을 개선한다. "경사 안팎의 수로와 도랑은 오랫동안 진흙으로 막혔으므로 측량대를 조직하여 부분별로 현지 측량을 진행했다. 이에 따라 수로와 도랑을 곧게 파고 약간 남쪽으로 방향을 틀며 강북에 공터를 내어 교통부에서 관할하도록 하여 동서 기차역 확충을 위해 미리 준비한다.

개조 비용을 해결하기 위해 주계령은 다음과 같이 덧붙였다. "이번 건설 공사 및 토지 소용에 필요한 자금을 해결하기 위해 교통부가 전문 동서역에 대해 조사를 실시했다. 교통부가 주관하는 정문의 동서

▷ 중화민국 시기의 정양문 우패루

두 기차역을 놓고 볼 때, 두 기차역이 모두 시발역이고 국가 교통시스템에서 중요한 위치를 차지한다. 현재 각 노선 간의 연계 운송이 빈번하고, 특히 세계와의 왕래가 잦다. 따라서 모든 역의 시설 및 관련 건축물은 시급히 개조해야 하며, 기존 상황으로 인해 만족해서는 안 된다. 이번 공사를 통해 도로 상황이 개선되고 교통이 편리하며 경관이 미화되고 공간이 확장될 것이다. 모든 시설은 직간접적으로 이 두 역과 관련되어 상당한 이익을 얻게 될 것이다. 예비 자금 계획은 징펑과 징한에서 각각 은화 20만 원을 예산에 할당하고 프로젝트의 필요에 따라 분할하여 자금의 효과적인 사용을 보장해야 합니다."

주계령은 청나라 광서 연간의 거인(擧人)으로, 경사대학당(京師大學堂) 역학관 감독(译学馆监督), 베이징 외성 경찰 청장(北京外城警察厅厅长), 내성경찰총감(内城警) 등 직무를 맡은 바가 있으며 신해혁명 이후에는 북양정부교통총장(北洋政府交通总长), 경도시정독판(京都市政督办), 내무총장, 대리국무총리(代理国务总理) 등 직무를 맡았다. 그의 경력으로 볼 때 서양 유학 경력은 없는 것 같지만, 중국 전통문화에 대한 애정이 남다름을 알 수 있다. 1930년에 그는 중국영조학사(中国营造学社)를 조직하여 사장을 맡은 이후로 고대 건축에 대한 연구를 시작했다. 중국영조학사는 건축문화유산을 연구하는 중국 내 최초의 학술단체로 중국의 고대 건축물 보호와 전승에 계몽과 추진 작용을 했으며, 훗날 중국 건축계에 영향을 준 전문가들이 모두 이 학사와 관련이 있다.

전문 및 관련 개조 공사의 시행은 시행자인 주계령에게 엄청난 압력을 가했고, 스스로도 "모든 것은 신정(新政)에 따라야 할 절차가 없고 명확한 계획이 없어 힘들다"고 했다. 정양문을 개조한다는 소식이 전해지자 경성은 소란스러워졌고, 각종 반발이 끊이지 않았다. 어떤 사람들은 주칭링을 "나쁜 고제(古制)로 공사를 할 것이라고 하여 이는 관가의 물품과 재산을 침범하는 행위이다", "좋은 토목을 제멋대로 가지고 논다"며 심지어 풍수를 파괴했다 하여 시행하기도 전에 갖가지 장애를 만들었다.

이 공사의 핵심은 전문 개조로 상징적 의미가 있었다. 위안스카이는 은호(銀鎬)를 제작하여 대통령 명의로 주계령에게 수여하는 등 꿋꿋한 태도를 보였다. 나무 손잡이에 은띠를 두르고, 은띠에는 "내무총장 주계령이 대통령령을 받들어 정양문을 중수하기에 1915년 6월 16일에 이 은호로 고성의 첫 번째 벽돌 한 장을 제거함으로써 교통이 영편할 수 있도록 한다.(内务总长朱启钤奉大总统命令修改正阳门, 爰于1915年6月16日用此器拆去旧城第一砖, 俾交通永便"는 문구가 새겨져 있다.

1915년 6월 16일에 주계령은 비를 맞으며 기공식을 주재하고 위안스카이가 하사한 은호로 성벽의 첫 벽돌을 밀어 내었다. 공사의 구체적인 설계와 시공은 독일 건축가 로트케젤(Curt Rothkegel)이 맡았다.

공사를 거쳐 정양문 옹성과 옹성 위에 있던 갑루는 철거되었고, 옹성과 남쪽 성원이 만나는 곳인 정양문 성루의 양쪽에 각각 폭 9m, 높이 8m의 문동 2개를 냈으며, 원래 옹성 터에는 폭 20m, 양쪽으로 2개의 인행 도로가 건설되었다. 새로 개벽한 동굴문 아래에 800m의 숨은 도랑이

▷ 전문 전루의 서양식 창동권

새로 건설되었고, 중화문과 해자 사이에 두 개의 숨은 도랑이 건설되어 여름철 빗물이 집중될 때 방류 및 배출에 용이하도록 했다.

정양문과 중화문 사이의 바둑판 가를 허물고 석판 바닥을 깔았으며, 중화문 안의 무너진 천보랑(千步廊)을 헐고, 도로를 제외한 빈 공간을 개조하여 석란·가로등·녹지·분수 등을 지었다.

옹성 성벽이 철거된 후 정양문 전루는 성문 밖에 홀로 남게 되었다. 로트케젤은 전루 동서 양측에 월대 2개를 증축하고, 그 아래에 82보 돌계단을 쌓았으며, 계단의 연결 부위에 담을 만들었다. 월대 앞 양쪽에는 지그재그로 길을 내고, 전루 사방에 시멘트 툇마루와 가드레일을 만들어 전루의 환형 통로 및 조망대로 사용하도록 했으며, 전루와 옹성이 만나던 곳에 반월형 서양식 문양을 조각했다. 전루 1, 2층의 화살창에는 시멘트를 추가해 빛을 차단하도록 했고, 곁채 양쪽에는 화살창을 4개씩 추가했으므로 전루에는 화살창이 총 94개인데 모든 화살창을 유리창으로 바꿨다. 전루의 내부 역시 많이 개조되었는데, '국산품진열관(国货陈列馆)'으로 지었던 것을 극장·영화관으로 사용했다. 전루 남쪽 정양교(正阳桥)의 삼로석교(三路石桥)는 가운데의 어로를 관통시키고, 서양식 창동권(窗洞券)과 단벽의 거대한 시멘트 부조를 증축함으로써 중국 고전풍에 서양적 정취가 가미되어 정양문 동서양풍의 기차역 건물 조형과 조화를 이루게 되었다.

공사 용은 징펑철도와 징한철도 건설비용에서 각각 은화 20만 원을 떼어 해결했다. 공사 과정에서 징펑철도와 징한철도를 동서 옹성 아래로 각각 연장함으로써 8만m3의 흙을 기차에 실어 동볜문(东便门)과 시볜문(西便门) 일대로 직접 운반하여 철도 양쪽의 움푹 들어간 곳을 평평하게 깔았다. 이로써 공사 진행 속도가 빨라져 운송비를 아낄 수 있었을 뿐만 아니라, 철도 노선을 보강해 농경지를 넓히는 등 일거수일투족의 결과를 가져오게 되었다. 정양문의 옹성과 갑루의 벽돌과 목재는 중앙공원 이시재(一息斎), 훼이잉루(绘影楼), 원밍관(春明馆) 등의 보수·증축에 사용되었다. 같은 해 말에 공사가 끝났는데 철거 보상비 78,000원을 포함하여 총 298,000원 이상의 비용이 소요되어 예산보다 4분의 1 이상 절약되었다. 공사가 완료된 후 개축된 정양문 지역은 교통이 편리해졌고, 두 개의 철도로 인해 길이 막히던 상황은 완화되었으나, 오래된 정양문 옹성은 영구히 사라졌으며, 오래된 전루에 서양식 건축요소가 가미되어 적지 않은 비판을 받게 되었다. 『베이징의 성벽과 성문(北京的城墙和城门)』이라는 책을 쓴 스웨덴의 시런룽(喜仁龙, Osvald Siren)은 첸루 개조를 놓고 "원래의 풍모와는 전혀 동이 닿지 않는 식(风马牛不相及)으로 새롭게 개조되었다", "전문을 개조하는 과정에서 첸루의 개축이 가장 뼈아팠던 것은 사실이며, 이러한 개축은 그야말로 실제적인 가치나 이유를 찾을 수 없다", "옹성, 옹성문, 옹성 옛터의 모습을 운 좋게 보았던 사람들은 이렇게 많은 옛 건물들이 철거되는 것을 보고 안타까워했으나, 위생·교통의 관점에서 볼 때 용납할 수 없었던 것도 사실이었다"고 했다.

전문이 우리에게 남긴 인상은 지금까지 기술한 바와 같으나, 베이징성의 정문으로 전문에 관한 이야기는 아직 많이 남아 있다. 1900년 이후 정양문 성루와 동쪽 성벽은 미군 병영과 대사관의 경계가 되었고, 미군은 정양문 성루와 성벽에서 보초를 섰다. 중화민국 이후에는 국경일(10월 10일) 단 하루만 베이징 정부군이 정양문에서 보초를 설 수 있게 되어, 중국 인민들이 큰 굴욕을 느꼈다. 여러 차례의 교섭 끝에 베이징 정부와 미군은 1919년 10월 31일에 정양문 성벽을 같은 해 11월 1일에 반환하기로 합의했다.

1949년에 베이핑이 해방된 이후 해방군의 베이핑 입성식은 영정문

(永定门)에서 들어와 정양문 전루를 사열대로 삼아 군정 수장이 입성한 부대를 사열하고, 동교민항(东交民, 베이징시 동청구에 위치하며, 중국 13세기 원나라의 전성기에 지어졌음)의 외국인이 주둔할 수 있는 대사관을 거쳐 "중국 인민은 이때부터 일어섰다(中国人民从此站起来了)"라는 상징적인 의식을 거행했다.

핑진갑(平津閘)의 어제와 오늘

2018년의 가장 추운 날, 나는 운 좋게도 핑진갑을 고찰하게 되었는데, 흐린 날씨와 향수의 심경은 나에게 조마조마함을 더했다.

이곳의 통혜하(通惠河)는 까오뻬이뎬(高碑店) 하수처리장과 인접해 있어 저수지처럼 넓고, 멀리서 바라보면 수문이 호수 중심에 가까운 듯하다. 수면의 남쪽에는 이름난 고비점촌이 있다. 고대 수문, 고대 마을 및 현대 도시의 하수처리장은 오늘날 이 운하의 상징이 되었다.

1. 아무리 허름해도 노갑와(老闸窝)가 최고다 — 핑진갑

이는 핑진갑에 대한 현지인들의 평가이다. 원나라 경항대운하의 최북단인 통혜하의 옛 수문인 핑진갑은 이 운하의 세 번째 수문으로 원나라 29년(1292년)에 완공했으며 곽수경(郭守敬)이 설계 감독하여 만든 것이다. 『일하구문고(日下旧闻考)』에는 다음과 같이 기록하고 있다. "경성의 대통교(大通桥)는 지세가 통주보다 40척이나 높고, 댐에 물을 축적하고 분산하고 옮기는 데 사용되었다. 경풍(慶豊), 평진(平津)의 여러 수문은 원나라 때 만들었고 명나라 때에도 고치지 않았다.(京城大通桥地势较通州高四十尺, 全资闸坝蓄泄河水以济运, 庆丰 • 平津诸闸创自有元, 明代因之弗改.)"[39]

　원나라 때 운하의 배가 큰 도시로 순조롭게 도착하도록 '절수행주(節水行舟)' 하는 방식으로 10리마다 수문을 하나 만들고 각 수문에 다시 상하 수문을 만들어 조선(漕船, 조운[漕運]에 사용된 선박)이 원활하게 상행할 수 있도록 했다. 『원사·하거지(元史·河渠志)』에는 가장 바쁠 때 이 운하를 통해 운반된 조량(漕粮, 옛날에 조세로 징수하여 조운하던 곡류)이 하루 4,600섬에 달한다고 기록되어 있다. 당시 배가 꼬리에 꼬리를 물고 성황을 이루었으며, 배에는 조곡뿐만 아니라 물자도 있었고, 한때 베이징성(원나라의 수도) 건설에 필요했던 목재, 석재, 벽돌과 기와도 대부분 이 강에서 운반되어 온 것이다. 원나라 『석진지(析津志)』에 "평진갑삼재교정지(平津闸三在郊亭地)"라고 기록되어 있는 것으로 보아 이 수문을 교정압(郊亭闸)이라고도 불렀음을 알 수 있다. 명나라 가정(嘉靖) 7년(1528년) 어사(御史) 오중(吳仲)이 통혜하를 수리할 때 평진의 중간 수문을 폐하고 상수문과 하수문을 남겼는데, 이 두 수문은 7화리(七華里) 떨어져 있었다. 평진 상수문과 경풍갑(慶豊匣)은 15화리 떨어져 있었는데 『신원식략(宸垣识略)』에 "경풍의 지형이 평진보다 1장(丈)이나 높아 물이 급하니, 평진을 열어 놓으면 경풍갑 전체를 볼 수 있다"[40] 라고 기록되어 있는데, 평진 상수문을 열면 경풍 수문의 바닥까지 드러나는 것으로 15리가 되는 평진 상수문이 수로 수송에 상당히 중요하다는 사실을 알 수 있다. 평진 상·하 두 수문이 닫히면 두 수문 사이의 물이 모두

---

39) (청대)於敏中 외, 『日下舊聞考·郊姻』, 1983, 北京古籍出版社, 1513쪽.
40) (청대)吳長元, 『宸垣識略』, 1983, 北京古籍出版社, 249쪽.

▷ 핑진갑(平津閘)

막혀 7리 수면은 잔잔해진다. 역사 문헌에 기록하기를 초기의 수문은 목문(木門)을 사용하다가 원나라 연우(延佑) 연간(1314년-1320년)에 석문으로 개축했다고 한다.[41]

　핑진 수문 중수에 대한 기록이 있는 역사 문헌이 다수 남아 있다. 『명선종실록(明宣宗实录)』에는 "선덕(宣德) 7년(1432년) 정월에 대흥현(大兴县) 평진 수문을 중수했다.", 『명영종실록(明英宗实录)』에는 "정통 4년(1439년) 10월에 대흥현 평진 수문을 중수했다. 13년(1448년) 3월에 대흥현 평진 대수문, 중수문, 소수문을 수리했다."라고 기록하고 있다. 이로부터 파손된 강둑의 제방은 원래의 모습을 그대로 유지하고 있다는 것을 알 수 있다. 수문은 모두 돌로 둘러쌓았고, 수문 양쪽의 수문 받침대는 최초의 청석도 있고, 후에 끊임없이 수리하여 남겨진 대리석도 있으며, 또 어떤 것은 근대 이래 콘크리트로 부설된 것도 있다. 800년 간 겪어온 역사의 흔적이 그대로 남아 있다.

　통혜하는 역사적으로 여러 차례 진흙에 의해 막혀 준설되었고, 여

---

41) (청대) 於敏中 외, 『日下舊聞考·郊壔』, 1983, 北京古籍出版社, 1512쪽.

▷ 핑진갑의 교석

러 차례 홍폐되어 지금은 부서진 평진갑의 상수문만 남아 있다. 수문의 벽체에는 수문의 문짝을 넣을 수 있도록 두 개의 돌 홈이 대칭으로 뚫려 있다. 수문은 원래 참죽나무로 만든다고 한다. 평진 수문도 참죽나무로 만들었는데, 시간이 지나면 쉽게 썩었기에 통혜하를 준설하면서 모든 수문을 석재로 바꿨다고 한다. 수문의 북쪽 벽에는 교관석(绞关石)이 기슭에 비스듬히 받쳐져 있고, 돌 꼭대기에는 통나무, 로프 등을 뚫고 갑문을 여닫을 수 있도록 그릇 크기의 굵고 둥근 구멍이 뚫려 있다. 현재 수문은 남아 있지 않고, 새로 올린 나무다리뿐인데 교각(桥墩, 다리의 하부구조를 이루는 부분을 말함) 아래에 수문의 기반이 어렴풋이 보인다. 세월을 거치면서 씻긴 큰 돌의 색깔이 약간 노랗게 변해 있으나, 돌과 돌 사이의 이음매가 촘촘히 붙어 있고 여전히 가지런하게 맞물려 있다. 다리 남쪽에는 평진갑의 수문을 올리는 교관석과 수문을 받쳐 주는 대형 석재(石材), 당시 길에 깔았던 돌이 일부 남아 있어, 이들의 용도와 연대를 대략적으로 확인할 수 있는데, 여기에는 대운하 및 수문이 겪었던 역사의 흔적이 남아 있다.

노갑와(老闸窝)는 단연 수문 아래에 있는 물을 가리킨다. 당시 이 수문으로 수많은 조선을 경성으로 보냈고, 또한 각 지역의 물질적·문화적인 유대의 역할을 해 왔다. 한 마디로 "하늘이 나은 이 지역, 요괴와 신이 보물로 여기고 사랑하며, 산과 바다가 기이하여, 구하지 않아도 스스로 오고, 모으지 않아도 스스로 모인다(天生地产, 鬼宝神爱, 人造物化, 山奇海怪, 不求而自至, 不集而自萃)."[42]

2. 까오뻬이뎬(高碑店)에 위치한 핑진갑은 '까오뻬이뎬 수문'이라고도 불린다

핑진갑은 천년고촌인 까오뻬이뎬에 위치하고 있다. 『베이징시 교양구 지명지(北京市朝阳区地名志)』를 찾아보면 요나라 때 이미 마을을 이루었고, 한때 까오미뎬(高米店)이라고 불렸으며, 마을의 옛 비석에는 "제화문 밖 고밀점 신중(齐化门外高蜜店信众)"이라는 글귀가 새겨져 있다.[43]

언제부터 까오뻬이뎬이라고 불렀는지는 이미 고증할 길이 없다. 이곳은 특수한 지리적 위치, 편리한 교통, 까오뻬이뎬 부두의 상업적 역할로 인해 상인들이 밀집되어 있었으며, 강변 부두에는 찻집, 술집, 노점, 작업장이 즐비했다. 경제가 발전함에 따라 민간 문화도 함께 활성화되었는데, 까오뻬이뎬 수문 근처에 명나라 때 건립한 용왕묘, 청나라 때 건립한 장군묘는 까오뻬이뎬 일대의 중요한 상징이 되었다.

"물이 깊지 않아도 용이 있으면 영험한 물이 된다(水不在深, 有龙则灵)"라는 말이 있듯이, 용왕묘는 통혜하 강변에 있었을 것이 틀림없고, 그 구체적인 위치는 핑진갑 유적지의 서남쪽이며, 명나라 가정

---

42) (원대)黃仲文, 『大都賦』, (명대)沈榜, 『宛署雜記』 권17, 1982, 北京古籍出版社, 189쪽.

43) 朝陽區地名志編輯委員會, 『北京市朝陽區地名志』, 1993, 北京出版社, 522쪽.

▷ 핑진갑 옆의 용와묘

40년(1561년)에 세워졌다. 명나라와 청나라 때 이 용왕묘는 조정과 조
사(漕司, 조세촉구, 돈과 곡물의 출납, 상납 및 조운 등의 사무를 처리
하는 관서 또는 관원을 관리하는 관리)가 용신을 모시는 중요한 묘사
(庙祠, 중화민족이 조상이나 선현에게 제사를 지내는 장소)였다. 이
용왕묘는 매우 영험하여 매년 용이 고개를 드는 날인 음력 2월 2일이
되면 마을 사람들은 조운 부두에 모여 비바람이 순조롭기를 빌었고,
향화(香火)의 홍행을 기원했다고 한다. 안타깝게도 1960년대에 소실
되어 마당에 가정 연간에 세워진 옛 비석만 남아 있다가, 2011년에 원
래의 자리에 재건했다. 현재 용왕묘는 면적 588㎡에 산문(山門), 정전,
배전 등 3개의 벽돌과 나무 구조 건축물을 갖추고 있다. 재건할 때 고
대 건축물을 모방하여 벽은 청색 벽돌을 사용했고, 벽돌을 갈고 꿰매
어 고풍스러움을 유지했다. 용왕묘 북쪽의 후신다오(湖心島) 유적지
에 장군묘를 다시 세웠다. 청색 벽돌과 통기와로 이루어진 단칸 단층

건물에는 계단이 7개이고, 절 안에는 삼국시대 관우가 모셔져 있으며, 양쪽에는 관평(关平)과 주창(周仓) 두 장군이 시립(恃立)하고 있다. 청대에 이르러서는 이미 "장군"이 그 지위와 영향을 나타내는데 부족했기 때문에 관제묘(关帝庙)라 부르지 않은 것으로 보인다.

용왕묘, 장군묘, 핑진갑(까오뻬이뎬)를 합쳐 '일갑양묘(一闸两庙)'로 불리며, 까오뻬이뎬촌에 짙은 문화적 향기를 더해 주었다. 오늘날 까오뻬이뎬촌은 고전가구, 전통문화, 민속관광, 레저와 오락이 어우러진 새로운 형태의 커뮤니티로 자리 잡았다. 마을 전체에는 500여 개의 고전 가구 및 기타 상가가 운영되고 있으며, 마을의 연간 경제 총수입은 30억 원 이상으로 문화 특색이 있는 유명한 마을로 거듭나게 되었으며, "베이징에서 가장 아름다운 마을", "수도 문명 마을", "전국 문명 마을" 등 많은 명예로운 칭호를 수여 받아 대운하 주변의 길한 명소로 발전했다.

3. 까오뻬이뎬의 하수처리장은 운하의 환경보호에 기여했다

까오뻬이뎬 하수처리장은 베이징과 대운하에 특별한 기여를 했다. 베이징은 대도시로서 하수처리가 줄곧 큰 문제로 간주되었다. 까오뻬이뎬은 통혜하의 하류에 위치하고 있어 베이징성 하수처리의 대부분을 차지하고 있다. 까오뻬이뎬은 베이징의 대부분 지역과 동부의 대부분 지역을 포함하며 면적이 총 106.82km2이고 인구는 250만 명 이상이다. 면적이 68ha인 까오뻬이뎬 하수처리장은 통혜하 남쪽 기슭에 있는 까오뻬이뎬촌 남쪽에 있으며, 하수시스템 총괄관인 통혜하 북쪽 하수간선을 수용하고 있다.

▷ 까오뻬이뎬 하수처리장

1956년에 베이징시는 까오뻬이뎬 하수처리장 건설 계획을 세우고 1959년에 건설을 시작했다. 대체로 1950년대 후반의 임시 간이 1급 처리 공장 건설, 1970년대 중간 시험 공장 건설, 1990년대 대형 처리 공장 건설의 세 단계를 거쳤다.

1950년대 후반의 임시 간이 1급 하수처리장 건설 작업은 1960년에 완성되었고, 매일 20만㎥의 하수를 처리할 수 있었다. 그때의 공장 면적은 13ha, 유역 면적은 60km2였다. 당시 까오뻬이뎬 하수시스템의 일일 최대 수용 오수량은 40만㎥였는데, 그중에 산업 오수가 40%를 차지했고, 하수 농도가 높지 않아 처리장의 설계 유량은 초당 4㎥였으며, 방류수는 농경지 관개에 사용할 수 있었다.

1970년대 이후 까오뻬이뎬 하수시스템은 지속적으로 그 범위를 확장하고 하수량을 증가시켜 일일 평균 하수 유량이 약 60만㎥에 도달했다. 그러나 동부 교외 공단의 200개에 가까운 기업에서 배출하는 산업 폐수가 유입되어 하수량이 증가했을 뿐만 아니라, 수질이 극도로 악화되어 당시 통혜하의 악취가 진동하는 상황에서 대형 하수처리장이 탄생하게 되었다.

까오뻬이뎬 하수처리장 1단계 공사는 1990년 12월에 정식 착공되었다. 이 하수처리장은 매년 동교공업단지에 20만㎥에 가까운 공업용 재활용수를 공급하고 농업에 약 30만㎥의 관개용수를 공급했으며 비관개철에는 오수를 통혜하로 배출하여 통혜하 하류의 수질을 개선하는 데 사용했다. 하수처리장에서 나오는 400t 정도의 일일 슬러지케익은 농업과 조경·녹화를 위해 비료를 제공했으며, 매일 배출되는 2만여㎥의 메탄가스는 3만여 kw/h의 전기를 만들어 공장 정상가동 전력량의 20%를 담당했다.

1999년부터 까오뻬이뎬 하수처리장의 일일 평균 하수처리량은 100만m2에 도달하여, 베이징의 연간 하수처리율 20% 목표 달성에 기여했다. 현재 이 공장은 베이징에서 가장 큰 하수처리장이며 중국에서 세 번째로 큰 하수처리장이기도 하다. 까오뻬이뎬 하수처리장의 2급 방류수는 바로 통혜하 하류로 방류할 수 있고 주로 시정잡용과 농업 관개에 사용되고 있으며 이는 베이징 올림픽 기간에 녹색 올림픽의 중요한 명소가 되기도 했다.

푸른색, 녹색 그리고 물이 함께 어우러져 우리가 희망하는 살기 좋은 도시로 거듭났다. 고대 운하가 젊음과 활력이 넘쳐나기를 기대한다.

베이징 최초의 시민공원인 중산공원(中山公園)

베이징 중산공원은 100주년을 맞이하게 되었다!
수도 베이징의 중심에 위치하고 있는 중산공원은 푸른 소나무와 잣나무, 빨간 벽과 녹색 기와, 정자와 누각으로 자신의 옛과 오늘, 특유의 도시정신, 민족정신을 보여 주고 있으며, 24헥타르의 작은 정원은 강산사직(江山社稷)을 수용할 수 있는 대천지를 보여 주고 있다. 중산공원은 우리에게 무엇을 남겼을까?

1. 서민의 승리를 남겼다

1918년 중산공원에서 혁명의 위대한 선구자 리다자오(李大釗)가 '1차대전'의 승리를 염두에 두고 「서민의 승리(庶民的胜利)」라는 유명한 연설을 한 바가 있다. 그는 연설에서 "민주주의의 승리는 곧 서민의 승리이다", "노동주의의 승리도 서민의 승리이다"라고 주장했고, "우리는 이러한 세상의 새로운 흐름에 대해 몇 가지 알아두어야 할 것이 있다. 첫째, 새로운 생명이 탄생하는 데는 반드시 수많은 고통과 위험을 감수해야 한다. 둘째, 이러한 흐름은 거부할 수 없고 반갑게 맞이할 수밖에 없다는 것을 알아야 한다. 어떻게 하면 그 흐름에 적응할 수 있을지, 그 흐름에 저항할 수 없을지 준비해야 한다"고 말했다. 《서민의 승리」는 마르크스주의를 중국에서 확산시키는데 촉진제 역할을 함으로써 이후의 5·4운동에 큰 영향을 미쳤다. 이는 중국에서 마르크스주의가 전파되기 시작했다는 징표이다.

사실 서민의 승리에서 중산공원은 승리의 표지이다.

그것은 무엇보다도 먼저 봉건왕조가 누렸던 황실의 금지지역인 제단을 시민이 자유롭게 들어갈 수 있는 공공공원으로 개척한 베이징의 첫 시민공원이자 100년 전 중앙공원이라는 점에서 서민들의 승리의 징표가 아닐 수 없다.

둘째는 리다자오는 "인민의 새로운 흐름은 맞이할 수 있을 뿐 거부할 수 없다"고 호소했다. 중국공산당이 중국 인민을 이끌고 수십 년의 피나는 투쟁을 한 끝에 마침내 더 위대한 서민의 승리를 맞이하게 되었고, 1949년에 오래된 베이징이 인민의 품으로 돌아오게 되었으며, 1949년 8월 9일부터 14일까지 중산공원 중산당(中山堂)에서 베이핑시 각계 대표 회의가 개최되었던 것이다. 이번 회의는 중국공산당이 각계각층의 인민을 단결시키고 정부와 인민과의 관계를 긴밀히 하며, 인민의 새로운 베이핑을 건설하기 시작했다는 사실을 상징한다. 중국공산당 중앙위원회 주석인 마오쩌둥(毛澤東)은 이 회의에서 "여건이 성숙되면 현재의 각계의 인민대표회가 인민대표회의 직권을 행사할 수 있고, 베이핑시의 최고 권력기관으로 승급하여 시정부를 선출할 수 있다. 베이핑의 경우 몇 달 뒤면 가능하다"고 말했다. 그는 남아 있는 국민당 반동파와 잠복한 간첩 외의 베이핑 인민들에게 단결하여 어려움을 극복하고 인민의 수도를 건설하기 위해 분투할 것을 호소했다. 중국인민혁명군사위원회 부주석 저우언라이(周恩来)도 이 자리에서 〈혁명을 끝까지 진행시키고 신 중국을 건설하자(将革命进行到底与建设신 중국)〉는 정치 보고를 했다. 중국인민해방군 총사령관 주더(朱德)는 회의에서 축하를 표시하고 베이핑시 각계각층의 인민들에게 생산의 재개 및 발전, 특히 공업생산의 재개 및 발전에 힘써 새로운 베이핑을 건설하기 위한 토대를 마련할 것을 호소했다.

1949년 11월 20일부터 22일까지 중산공원 중산당에서 시 제2차 각계 인민대표회의 제1차 회의가 개최되었다. 이는 인민대표대회의 직권을 집행하는 회의로 베이징시 지방최고 권력기관이 되었다. 회의는 펑전(彭真)을 주석으로, 류런(刘仁), 첸단성(钱端升), 량스청(梁思成),

위신칭(余心清)을 부주석으로 하여 베이징시 제2차 각계 인민대표회의 협상위원회 위원으로 선출했고, 네롱전(聶榮臻)을 시장으로, 장여우위(张友渔), 우안(昊晗)을 부시장으로 하여 베이징시 인민정부위원회로 선출했다.

2. 베이징 역사에 깊은 흔적을 남겼다

3000여 년의 건성사(建城史), 1000년의 건도사(建都史)가 있는 베이징은 1911년의 '신해혁명'으로 인해 수천 년의 봉건제제(封建帝制)를 끝내고 1949년에 새로 태어났다. 중요한 역사적 대목에서 중산공원은 지워지지 않는 흔적을 남겼다.

베이징은 요나라 때부터 수도로 건설하기 시작했는데, 요나라 역사가 남긴 것으로 잘 알려진 요나라 천녕사(天宁寺) 고탑 외에, 가장 많이 남아 있는 유적은 중산공원이다. 장관을 이루는 난탄문(南坛门) 밖에는 요백(辽柏, 기록이 남아 있는 베이징의 가장 오래된 측백나무) 7그루가 있는데, 이 고목들은 요나라 만수홍국사(万寿兴国寺) 유물로 지금도 그늘이 짙고 웅장하다.

중국에서 봉건사회가 한창이던 명·청시기 이곳에 제왕들이 땅과 오곡신(五谷神)에게 제사를 지내는 사직단을 많이 세웠다. "국가의 대사는 제사와 군사에 있다"라고 하여 사직(社稷)과 강산(江山)이 밀접하게 연결되어 있었던 것이다. 원래 '사'는 토지신, '직'은 오곡신을 의미했으나 '사직'은 후에 '인민'의 의미가 추가되었다. 신 중국이 창건된 이후 사직단의 바로 남쪽에 인민대회당을 지은 것은 아마도 이러한 전통을 전승하고 참고하고자 하는 깊은 뜻이 담겨 있는 것

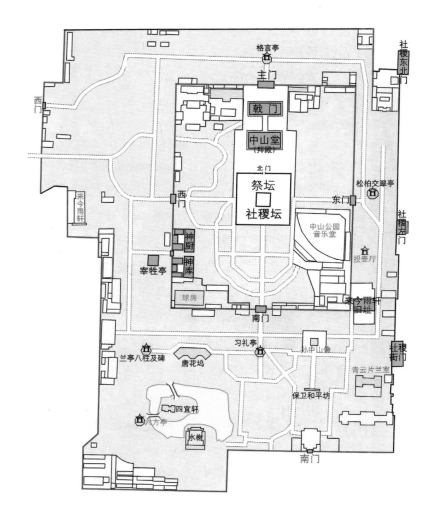

格言亭

主门

西门

社稷东北门

戟门

中山堂
（拜殿）

采今雨轩

北门

祭坛
社稷坛

松柏交翠亭

西门

东门

社稷左门

神厨

中山公园
音乐堂

神库

投壶厅

宰牲亭

球房

来今雨轩
旧址

南门

习礼亭

社稷街门

兰亭八柱及碑

唐花坞

孙中山像

青云片兰室

保卫和平坊

四宜轩

八方亭

水榭

南门

▷ 중산공원(사직단) 평면도

▷ 사직단의 요백

으로 보인다.

신해혁명으로 인해 봉건제제가 끝나고 '강산 · 사직'은 더 이상 황제 일가에 속하지 않았다. 1914년(중화민국 3년) 10월 주계령 내무총장이 사직단을 '중앙공원'으로 만들어 출입금지 구역이었던 황성의 땅이 일반 대중에게 개방된 것이 가장 대표적인 증표였다. 또한 신해혁명의 영도자 손중산(孫中山)이 베이징에서 병사한 후, 이곳에 영구를 잠시 안치했으므로 중앙공원은 혁명의 선구자와 관련을 맺게 되었다.

베이핑이 해방된 이후, 1949년 11월에 베이징시 제2차 각계 인민대표회의에서 협상위원회는 기방(妓女院) 폐쇄에 관한 안건을 제출했는데 〈기방 폐쇄에 관한 결의안(关于封闭妓院的决议)〉이 만장일치로 채택되었다. 네룽전 시장은 즉시 집행하겠다고 밝혔고, 시 공안국(公安局)에 당일 밤부터 작전을 시작하도록 지시했다. 다음날 총회에서 시 공안국장 뤄뤠이칭(罗瑞卿)은 총회에 보고하여, 시 공안국, 민정국

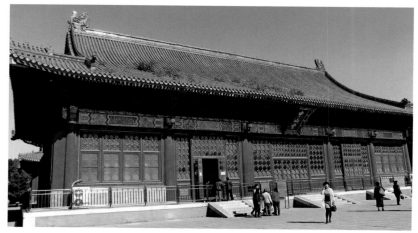

▷ 중산당(中山堂, 배전[拜殿])

(民政局), 위생국(卫生局), 부련(妇联) 등 부서에서 간경(干警, 공안간
부경찰의 준말) 2,400여 명을 동원하여, 밤새도록 작전을 벌인 끝에,
이튿날 새벽 5시까지 224개의 기방을 모두 폐쇄하였는데, 이는 베이
징 역사상 하나의 큰 사건으로 남게 되었다.

　1949년 8월에 열린 베이핑시 제1차 각계 대표회의부터 1957년 7월
에 열린 베이징시 제2차 인민대표대회 제2차 회의까지 모두 중산공원
중산당에서 열렸다. 해방 전의 중대한 결책, 주요 지도자 탄생은 모두
중산공원과 밀접히 연결되어 있었던 것이다.

3. 단묘원림(坛庙園林)의 대표이다

　내가 중산공원을 좋아하는 이유는 도시의 중심에 위치하고 있다는
점, 크지 않은 면적에 공원이 가지고 있는 요소를 모두 포함하고 있을
뿐만 아니라 특색이 두드러진다는 점 때문이다.

중산공원에는 사직단의 주체였던 제단, 그리고 단에 깔린 전국영토를 상징하는 오색토(중황·동청·남홍·서백·북흑)가 그대로 남아 있고, 단장 및 단장 둘레를 동·남·서·북의 방위로 덮은 청·홍·백·흑 4색 유리기와, 영성문(棂星门)·배전(拜殿)·극문(戟门)·재생정(宰牲亭)·신고(神库)·신주(神厨) 등 보조 건축물이 남아 있다.

정자식 누각, 돌을 겹겹이 쌓아 올린 산, 그윽하고 아름다운 곳으로 통해 있는 꼬불꼬불한 길, 울긋불긋한 꽃나무, 출렁이는 맑은 파도. 이 동방 원림은 "사람이 만들었지만 자연에서 피어난" 조경예술도 충분히 보여 주고 있다. 또한 회랑마다 정자로 연결되어 있는데 류원정(流雲亭)·란추이정(览粹亭)·이샤정(倚霞亭)이라는 회랑 이름만으로도 고전 원림의 참뜻을 맛볼 수 있다. 회랑의 북쪽에는 푸른 대나무가 무성하고, 대나무 그림자가 우아하며 아름답다. 회랑 앞에는 네모난 연못이 있고, 연못 위에는 이석교(以石桥)가 있으며, 다리 남북의 오솔길은 자갈이 깔려 있고, 그 옆에는 관상석이 세워져 있으며 벽도, 느릅나무, 정향, 해당 등의 꽃과 나무가 심어져 있어 동양 원림의 특징을 충분히 보여 주고 있다.

중산공원은 자금성(자금성)에 인접해 있고, 붉은 벽과 황금색 기와에 의해 더욱 범상치 않은 독특한 매력을 뿜어내고 있다. 금빛 찬란하고 장엄한 자금성 옆에서 정교하고 깜찍한 생기와 활력을 자랑하고 있다. 특히 직녀가 강에서 배를 띄우고 푸른 숲에서 잠깐 휴식을 취하는 모습이 선경(仙境)에 있는 듯한 느낌을 준다.

4. 공원만의 특색을 살린 건축 소품이 있다

감상할 만한 건축 소품인 탕화우(唐花坞)는 건축의 대가 량스청(梁思成)에 의해 지어졌다. 당화우는 원래 꽃을 전시하는 온실이었는데, 옛사람들은 온실의 꽃을 당화라 불렀고, 또 그 앞에 연못이 있었으므로 붙여진 이름이다. 탕화우의 본채는 육각형 중첨찬첨정(重檐攢尖亭)으로 되어 있고, 양옆의 유리온실은 특이한 기러기 날개 모양으로 배열되어 있다. 당화우에는 주더(朱德)가 심은 난(兰)이 있어 건물의 색채를 더하고 있다.

'보위화평방(保卫和平坊)'에 특히 유의할 필요가 있다. 이곳은 한나라 백옥 석재 구조로 되어 있고, 네 기동에 세 칸으로 이루어졌으며, 푸른 유리가 덮여 있는 건물로 소박하고 장중하다. 여기에는 궈뭐뤄(郭沫若)의 서책이 보관되어 있다. 1901년에 세워진 '보위화평방'은 원래 '커린더파이팡(克林德牌坊)'이라 불렀고 이는 중화민족의 굴욕의 증거였다. 1919년에 중산공원으로 옮겨져 '공리전승방(公理战胜坊)'으로 개칭되면서 제1차 세계대전 종전의 중요한 상징이 되었으나 이곳에 세워져 있는 것이 적절하지 않아 신 중국이 건립된 후 1952년 10월에 '보위화평방'으로 개칭되었다.

중산공원은 이미 100년을 넘기고 이제 두 번째 100주년을 맞이하게 된다. 우리는 생명을 소중히 여기는 것처럼 중산공원을 소중히 여겨야 한다. 세계적으로 유명한 고도인 베이징은 풍부한 역사문화유산을 보유하고 있다. 이 귀중한 역사문화유산을 계승하고 보호하는 것은 수도로서의 책임이다. 역사와 인민에 대해 책임진다는 정신으로 역사를 계승해야 하며, 도시개조·개발과 역사문화유산 보호와 이용의 관계를 잘 처리하여 양자가 상호 촉진하는 결과를 가져오도록 해야 할 것이다.

중산공원은 베이징의 금명함(金名片)으로 우리는 이를 보호해야 할

▷ 중산공원의 '보위화평방'

뿐만 아니라 그 역할을 발휘하도록 해야 한다. 중산공원에 애정을 품고 있는 사람들이 계속 중산공원을 깊이 사랑하게 해야 할 뿐만 아니라, 베이징 사람, 전국의 인민, 나아가 전 세계인이 중산공원을 알고 사랑할 수 있도록 해야 할 것이다.

　중국에서 중산공원으로 명명한 공원은 수없이 많다. 이들의 집합점을 찾아 장점을 살려 실크로드나 대운하처럼 세계문화유산에 등록시키고 다양한 방법을 통해 세계에 알려야 할 것이다.

베이징 고전 원림(園林)의 산과 물

　베이징의 자연지리는 베이징의 역사적 변천을 위해 기초를 마련해 주었다. 베이징은 서북쪽이 높고 동남쪽이 낮으며, 평원이 1/3을 차지하고 산지가 2/3를 차지한다. 그리고 베이징 북부의 쥔두산(军都山)은 옌산(燕山) 산맥에 속하고, 서산(西山)은 타이항산(太行山) 산맥에 속한다. 타이항산과 옌산은 남구 부근의 관꺼우(关沟)에서 만나 동남쪽으로 커다란 산굽이를 형성했는데, 산굽이로 둘러싸인 곳이 바로 베이징 평원이다. 베이징 평원은 반 밀폐 상태의 만(灣)을 닮았다고 하여 예로부터 '베이징만완(北京湾)'으로 불렸다. 옛사람들은 "유주(幽州, 오늘날 허뻬이성 일대)의 땅, 북쪽은 쥐용(居庸)을 베개로 하고, 서쪽은 타이항을 안고 있으며, 동쪽은 발해에 인접해 있고, 남쪽은 중원으로 구부러져 참으로 천부이 나라다"라고 베이징을 극찬했다.

　베이징의 자연지리 하면 주로 산과 물을 거론하곤 한다. 어떤 의미에서 보면 물은 베이징에 있어서 매우 중요하고 특징적이다. 베이징의 어머니 강으로 알려져 있는 영정하의 선상지(冲积扇, 골짜기 어귀에서 하천에 의해 운반된 자갈과 모래가 평지를 향해 부채 모양으로 퇴적하여 이루어진 지형)는 베이징의 발전을 위해 기반을 마련해 주었다. 옌지(燕薊, 당대와 5대 시기의 지명)에서 시작하여 베이징은 영정하의 선상지에서 발전하고 변화해 왔다. 연(燕)나라의 도읍 지청(薊城)에서 금나라의 도읍 중도(中都)에 이르기까지 모두 연화지(蓮花池, 베이징시 서남부 펑타이구와 하이뎬구[海淀區], 센우구[宣武區]의 경계에 있는 연못)의 물에 의존하여 점차적으로 발전해 온 것이다. 원나라 때 전국의 중심지가 된 이후, 금나라 중도의 연못이 전란의 심각한 피해로 수원이 턱없이 부족했던 점과, 조운 문제에서 실패한 점을 교훈으로 삼아 원나라 통치자는 궁성의 중심을 수원이 충분한 고량하(高粱河)로 옮기고, 금나라 중도의 동북 교외에 새로운 터를 택하여 대도성(大都城)을 건설했다. 이때부터 베이징의 시중심이 형성되었다.

원나라의 대도(大都)는 통혜하를 파고 진수이하(金水河)을 개통하는 두 가지 큰 공정을 거쳤는데, 위대한 과학자 곽수경이 주관한 이 두 공정은 고대 운송사상 위대한 성과로 평가되고 있으며, 이는 대도성의 수원문제를 해결하여 물을 풍족하게 했을 뿐만 아니라, 원림의 개발을 위한 천연적인 조건을 마련해 주었다. 후대의 역대 제왕들은 서부지역의 산수가 맑고 수원이 풍부한 자연환경을 탐내어 서산 일대에 황가원림(皇家园林)을 조성하기 시작했다. 초창기에는 일부 원림이 황실의 행궁이었는데, 점차 개인 원림과 사찰이 세워졌고, 서부 지역의 원림개발이 발달하면서 베이징의 원림개발에 중요한 토대를 마련해 주었다.

베이징의 산 하면 북쪽에 있는 옌산 산맥 외에 주로 서교 타이항산의 여맥인 서산을 가리킨다. 서산은 베이징의 서부를 둘러싸고 있는

산지의 총칭으로 타이산(泰山)의 존귀함도 없고 화산(华山)의 험난함
에도 미치지 못하지만, 끊임없이 기복이 심하고 들쭉날쭉 운치 있는
산봉우리는 마치 성벽처럼 경성을 감싸고 있어, 옛사람들은 '신경(神
京)의 오른팔'이라고 불렀다. 서산 봉우리는 지금의 방산, 문터우꺼
우, 석경산, 창핑 등 여러 지역과 연결되어 있다. 이 일대는 도시와 가
깝고, 주변에 췌이웨이산(翠微山), 핑퍼산(平坡山), 루스산(卢师山),
향산(香山), 서산의 여맥 및 허예산(荷叶山), 옹산(瓮山) 등을 끼고 있
어 산색이 웅장하고 사계절 경치가 다르며, 교통도 편리해 '베이징의
서화원(西花园)'이라고도 불리고 있다.

바로 이러한 자연지리가 남다르고 독특한 매력을 지닌 경성의 경관
을 만들어 낸 것이다.

1. 베이징 고전 원림의 유형

베이징의 원림은 보통 고전 원림과 현대 원림을 포함하는데, 그중
황가어원(皇家御苑), 단묘원림(坛庙园林), 사관원림(寺观园林), 사가
택원(私家宅园) 등을 일컫는 고전 원림은 중국에서뿐만 아니라 세계
적으로도 유명하다.

(1) 황가어원

베이징에 현존하는 황가어원은 대부분 명·청 시대에 세워진 것으
로, 베이징에 있어 특별한 영향을 미치고 있다. 청나라 초기 베이징으
로 수도를 옮긴 후 순치제, 강희제, 옹정제는 대내어원(大内御苑)을
제외하고 모두 명대 어원의 모습을 유지하면서 개축과 증축을 진행했

는데, 점차 행궁어원과 이궁어원(离宫御苑)에 중점을 두게 되었다. 먼저 서쪽 교외에 정명원(靜明園)을 개축하고, 칭화원(清花園)의 폐터에 창춘원(畅春园)을 지었으며, 강남의 조원(造园) 예술을 이용하여 원명원(圓明園)을 확장하고, 청더(承德) 피서산장을 신축했다. 이 궁궐 어원은 청나라 초 궁궐 조성의 업적과 원림 예술의 대표이다. 이후 향산 행궁과 워퍼사(卧佛寺) 행궁을 증축했다. 옹정제 말기에 이르러 서교에는 이미 4개의 어원과 많은 사원(赐园)이 집중된 특구가 형성되었는데, 이는 건륭제가 원림을 대규모로 확장하는 데 토대를 마련해 주었다.

건륭제 시대에 이르러 50여 년이라는 시간을 들여 신축 혹은 증축된 크고 작은 원림의 총면적은 1,500ha 이상이며, 황성(皇城), 근교(近郊), 원교(远郊), 기보(畿辅, 국도 부근의 지역) 청더 등지에 분포되어 있다. 원림의 규모가 크고 조원 예술이 절정에 달하여 역사적으로 찾아보기 힘들 정도다. 건륭제는 원명원을 두 차례 증축하여 명승지 12곳을 새로 짓고, 동쪽에는 장춘원(長春園)을 지었으며, 18곳의 건축물과 서양식 화원을 조성했고, 사저(赐邸) 춘화원(春和园)을 몇몇 개인 원림과 합쳐 기춘원(綺春園)으로 개축했다. 한편 강남 원림의 정수를 대거 흡수하고, 유럽과 다른 지방풍의 건축물을 모방하여 정명원, 정의원을 확장했으며, 사직문 밖에는 낙선원(乐善园)을 짓고 곤명호를 개척 개조했으며, 만수산 행궁을 기반으로 청의원(清漪園)을 조성했다. 건륭제와 가경제 때는 서북 교외의 황가원림의 전성기로 원명원·장춘원, 정의원, 정명원, 청의원 등 5개의 거대한 어원을 핵심으로 하는 황가원림이 형성되었으며, 이는 중국의 풍경식 원림을 한 곳에 모아 놓은 것으로 중화민족 원림문화의 결정체라고 하겠다.

(2) 단묘원림(坛庙園林)

청나라가 베이징을 도읍으로 정한 후, 명나라의 모든 옛 단묘(坛庙)를 그대로 사용하고 또 많이 증축했는데, 건륭 18년(1753년)에 기년전(祈年殿)이 완성되어 1911년까지 사용되었다. 베이징에는 천단(제사를 지낼 때는 원구(圜丘)라 함), 지단(제사를 지낼 때는 방택[方泽]이라 함), 사직단, 기곡단(祈谷坛, 디년전 안에 있음) 등 4개의 대사(大祀, 나라에서 지내는 제사 중에서 규모가 가장 큰 것)급 제단이 있고, 선농단(先农坛), 태세단(太岁坛, 태세전[太岁殿] 안에 있음), 천신단(天神坛), 지지단(地祇坛), 조일단(朝日坛), 석월단(夕月坛), 선잠단(先蚕坛) 등 7개의 중사(中祀)급 제단이 있다. 그리고 태묘, 공묘(孔廟), 역대 젱항묘(帝王庙) 등 3개의 대사급 묘가 있고, 스잉궁(时应宫, 용왕과 비신[雨神]에게 제를 지냄), 선인묘(宣仁庙, 바람신에게 제를 지냄), 소현묘(昭显庙, 우레 신에게 제를 지냄), 잉화묘(凝和庙, 구름

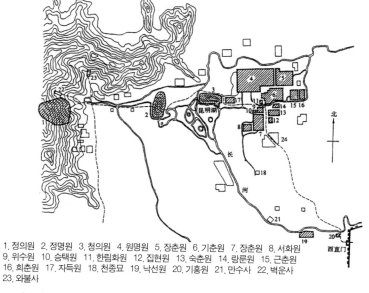

1. 정의원 2. 정명원 3. 청의원 4. 원명원 5. 장춘원 6. 기춘원 7. 장춘원 8. 서화원
9. 위수원 10. 승택원 11. 한림화원 12. 집현원 13. 숙춘원 14. 랑룬원 15. 근춘원
16. 희춘원 17. 자득원 18. 천종묘 19. 낙선원 20. 기훙원 21. 만수사 22. 벽운사
23. 와불사

▷ 건륭제 때 서교(西郊)의 주요 원림 분포도

신에게 제를 지냄) 등 4개의 중사급 묘가 있다. 이들 단묘 주변에는 그에 맞는 식물을 심어 독특한 원림 경관을 형성하고 있다.

(3) 사관(寺觀)원림

베이징의 사관원림은 진(晉)대에 만든 것이다.[44] 서진 영가(永嘉) 원년(307년)에 경성의 서쪽에 있는 담자산(潭柘山)에 최초의 사관원림인 가복사(嘉福寺)가 지어졌다. 원대부터 원 28년(1291년)까지의 통계에 따르면 대도에는 묘가 15개, 절이 70개, 원(院)이 24개, 암자가 2개, 궁이 11개, 관(觀)이 55개 있었고, 명나라 영락 연간에 지은 『순천부지(順天府誌)』에는 절이 111개, 원이 54개, 누각이 2개, 궁이 50개, 관이 71개, 암자가 8개, 불탑이 26개 있는 것으로 기록되어 있다. 청나라 때에도 베이징에 불교, 도교, 이슬람교, 천주교 등 종교 건축물을 많이 지었다. 1957년 10월 28일에 베이징시 인민위원회는 〈베이징시 제1차 고대건축물 보호단위 및 보호방법(北京市第一批古建文物保护单位和保护办法)〉을 발표했는데 베이징시 원림 관련 부서에서 관리하는 사관원림으로는 십방보각사(十方普覺寺), 와불사, 벽운사, 대정각사(大正覺寺), 오탑사(五塔寺), 서산8대처(장안사[長安寺], 영광사[靈光寺], 삼산암[三山庵], 대비암[大悲庵], 용정당[龍正堂], 향계사[香界寺], 보주동[寶珠洞], 증과사[證果寺], 담자사[潭柘山]) 등이 있었다.

(4) 개인택원(私家澤園)

베이핑이 해방되기 전만 해도 명·청 시대의 사가택원이 100여 곳이나 있었고, 그중 예술적 가치를 지니고 있는 원림이 60여 곳 있었다. 1982년에 국무원은 궁왕푸(恭王府) 및 화원을 국가중점문화재보호기관(全国重点文物保护单位)으로 지정했고, 1984년에 베이징시 제3

---

44) 張雲濤가 「日下舊聞考·郊壇」, 『北京古籍出版社 (2010)』에서 다른 관점을 제기했음.

차 문화재보호단위에 사가택원을 추가하여 베이징시에는 총 3개의 택원이 국가중점문화재보호단위로 지정되었으며, 12개의 택원이 베이징시 문화재보호단위로 지정되었다. 그중 7개는 궁황푸화원, 가원(可园), 완롱구택(婉容旧居), 러산원 건축유적, 러자화원(乐家花园), 따원(达园), 베이신화가 112번지(北新华街112号) 택원(宅园) 등이다.

2. 베이징 원림 산수의 분포 이념

천인합일(天人合一)은 중국 고전 원림 산수 배치의 핵심 이념이다. 원림의 기획과 설계에서 첩삼리수(叠山理水, 낮은 지형을 높이고 수원을 끌어와 못을, 흙을 모아 산을 만드는 중국 조원의 기본 방법)의 방법을 견지했는데 이는 하늘과 인간이 화합을 이루는 것이다. 흔히 말하는 중국의 전통적인 조원 예술의 최고 경지는 사람이 만들지만 마치 자연적으로 조화된 것처럼 보이는 것으로, 이는 중국의 전통문화에서 말하는 '천인합일' 사상이 구현된 것이다. 구체적으로 말하자면 중국의 전통적 원림은 지형에 따라 산수를 만들고, 선경을 모방하며, 하늘을 옮기고 땅을 축소하여, 시적인 정취와 그림 같은 아름다움을 조성하는, 사람이 했다고는 생각할 수 없을 정도로 만든 정교한 예술이다. 산수를 개조하고 활용하여 조성한 이러한 정취는 인간이 추구하는 목표이기도 하다. 공자는 "인자요산(仁者樂山), 지자요수(智者乐水)"라고 했다. 중국의 전통문화에서 산수는 사람의 품격과 밀접하게 연결되어 있으며, 사람과 자연이 서로 어우러져 상생하기를 바라는 아름다운 염원을 구현하고 있다. 제한된 공간을 통해 무한한 의미를 표현하기 위해 사람들은 산수시와 산수화를 통해 산수에 대한 애정을 표현하고 초월성을 추구하며 자연과 조화롭게 공존하려는 의지를 표현한다. 고전 원림 조원 예술의 기본적인 지도사상은 "원래 지형조건과 재료에 맞게 적합하게 조성한다(巧于因借，精在体宜)"는 글귀로 요약할 수 있다.

부지 선정에서까지 상당히 까다로운데, '배산임수', '산하벨트(山河襟帶)'는 원림 부지가 갖추어야 하는 주요 조건이다. 즉 삼면이 산으로 둘러 싸여 있고 한쪽이 개방되어 있으며, 개방된 평지에 하천이나 연못이 있어야 한다. 한편 "산맥으로 둘러 싸여 있되, 남쪽이 개방되어 있어야 한다." 요약하면, 원림의 자연과 산수가 추구하는 것은 일종의 "기(氣)를 모아 흩어지지 않게 하는 '둘레' 형 공간 구조"이다. 베이징 원림 산수 배치의 기본 요구사항은 주로 다음과 같은 몇 가지가 있다.

첫째, 산수가 잘 어울려야 한다. 자연풍경을 종합적이고 생물학적 생태환경으로 간주하여 산은 물의 몸이고 물은 산의 영혼이며, 산과 물의 결합은 완전한 자연적 경관을 형성하므로 산수가 잘 어울리는지의 여부는 원림에 있어서 가장 중요하다고 하겠다.

둘째, 상지(相地, 땅의 생김새를 살펴 길흉을 판단하는 일)가 좋고 구조가 적당해야 한다. 산수의 모양은 매우 풍부하고 다양하지만, 결국 어떠한 산수와 지형을 조합할 것인지는 반드시 상지를 근거로 위치를 선택해야 하고 지형에 따라 적절하게 배치해야 한다.

셋째, 주경(主景)이 돋보이고 배경(配景)이 간결해야 한다. 인공 산수는 '상지'를 거쳐 가산(假山)의 위치를 확정한 다음 지형에 따라 주경과 조경의 관계를 결정해야 한다. 배치 시 먼저 원림의 기능에서 출발해야 하고, 지형적 특징과 결합하여 "세 가지를 멀리하는 원칙"에 따라 산들의 구체적인 위치를 배치해야 한다. 송(宋)나라 곽희(郭熙)

▷ 오탑사(五塔寺)

▷ 공왕부(恭王府)화원의 대문

베이징의 역사지리 이야기

는『임천고치(林泉高致)』에서 말하기를 "산을 멀다고 하는 것은 세 가지 뜻을 포함한다. 산 아래에서 산꼭대기를 올려다볼 때 산이 높고 멀다 즉 고원(高远)이라 하고, 산의 앞쪽에서 산의 뒤쪽을 바라볼 때 산이 깊고 멀다 즉 심원(深远)이라 하며, 가까운 산에서 멀리 보이는 산맥을 평평하고 멀다 즉 평원(平远)이라고 한다.(山有三远 : 自山下而仰山巅, 谓之高远 ; 自山前而窥山后谓之深远 ; 自近山而望远山谓之平远.)" 따라서 원림의 산은 멀리서 바라볼 때 기세와 위엄이 느껴져야 하고 가까이에서 바라볼 때 질감과 세세함이 느껴져야 한다는 것이다.

넷째, 산을 만드는 것 외에, 물의 유입과 배수의 문제를 잘 처리해야 한다. 산과 물의 조화로운 관계를 기술적으로 잘 해결해야 하며, 정교하여 자연적으로 조화된 것처럼 느껴지게 해야 한다.

이상은 원림을 지을 때 반드시 처리해야 하는 문제들이다.

청나라 건륭제는 북해의『탑산서면기(塔山西面记)』에서 원림의 산수에 대해 다음과 같이 말한 바가 있다. "실에는 고하가 있고, 유산은 굴곡이 있으며, 물은 파도가 있다. 그러므로 물이 파도가 없으면 맑아지지 않고, 산이 굴곡이 없으면 영을 불러오지 못하며, 실내가 높낮이가 없으면 정이 들지 않는다. 그러나 집안은 스스로 고하가 있다고 생각할 수 없으므로 산을 구성하면 그 재미가 더해진다.(室之有高下, 犹山之有曲折, 水之有波澜.故水无波澜不致清, 山无曲折不致灵, 室无高下不致情. 然室不能재为高下, 故因山以构者, 其趣 恒佳)" 산수와 건축을 결합하는 상호의존의 법칙은 서로가 돋보이고 상부상조하여 서로의 장점을 더욱 드러나게 해야 한다.

3. 베이징 황가어원의 산수배치 특징

청나라 황가어원 가운데 가장 중요한 것은 베이징 서부의 삼산오원, 즉 만수산(萬壽山)의 청의원(淸漪園, 지금의 이화원), 향산의 정의원(靜宜園), 옥천산(玉泉山)의 정명원(靜明園), 장춘원(长春园), 원명원(圓明園)이다.

(1) 청의원(淸漪園, 지금의 이화원[頤和園])

청의원(이화원)은 청나라 고종 건륭제가 서호 저수(蓄水) 공사를 본떠서 지은 대형 황가원림이다. 건륭 14년(1749년)에 서교의 강과 호수(河湖)의 수계를 대대적으로 정비했다. 먼저 서호를 옹산(甕山) 동쪽의 남북 방향에 있는 옛 제방까지 확장하고, 서호에서 파낸 흙을 쌓아 옹산 동남쪽에 산을 만들고 동쪽 기슭에 있던 용왕묘를 그대로 두어 호수 가운데 섬인 남호도(南湖島)가 되게 했다. 그 남쪽에는 작은 섬, 즉 봉황돈(凤凰墩)을 쌓았다. 그리고 서호 서쪽, 옥호(玉湖) 남쪽에 산

▷ 견심재

재해 있던 작은 하천을 이용하여 얕은 호수를 만들고 옥하(玉河) 서쪽 끝에 짧은 도랑을 파서 호수와 서호를 연결시켰다. 건륭 24년(1759년)에 옥천산의 정명원 옆에 고수호(高水湖)를 만들어 물을 위로 끌어 올림으로써 관개에 이롭게 했다. 서북쪽 끝에는 수로를 열어 북쪽으로 옹산 서쪽 기슭을 지나 북쪽으로 청하(淸河)와 접하게 하여 서호의 홍수 및 간수(干渠, 간선 수로) 역할을 하도록 했다. 간선 수로는 옹산 서쪽 기슭을 에돌아 지선 수로로 갈라져 동쪽으로 빠져나가고, 산의 북쪽 기슭을 따라 산재해 있던 시냇물을 하나로 합쳐 후계하(後溪河, 후호[後湖]라고도 함)라고 명명했다. 이로써 서호는 관개·저수·배수 등 다양한 기능을 겸비한 대형 수리 거점이 되었으며, 옹산과 서호는 수면을 떠받친 듯한 도산(島山)을 형성해 원림이 양호한 지형을 갖추도록 토대를 마련해 주었다.

건륭 15년(1750년)에 고종은 어머니의 생신을 축하한다는 명목으로 옹산 원징사(圓靜寺)를 폐하고 대보은연사(大報恩延壽寺)를 지었다. 이듬해 옹산을 만수산으로, 서호를 곤명호곤명호로 개칭한 뒤 만수산 남쪽 기슭에 청(厅)·정(亭)·대(臺)·루(樓)·각(閣)·헌(軒)·관(館)·사(榭)·랑(廊)·교(桥)를 건설했다. 건륭 16년(1751년)에 만수산 행궁을 청의원(淸漪園)으로 고쳤다.

청의원은 15년이 걸렸다. 건륭제는 재위 60년 동안 147차례 청의원을 방문했고, 1500여 편의 시편과 영련(楹联)을 남겨 후세들에게 산과 물의 관계에 대한 깊은 깨달음을 얻게 했다. "산 위의 불향각과 산 아래의 곤명호를 오랜 세월 마음껏 둘러보니 산과 호수는 은으로 조각하고 옥으로 장식되어 있다. 다리 동쪽의 곽여정(廓如亭)과 다리 서쪽의 용왕도(龙王岛)는 가로로 일렬로 늘어서 그 모습과 그림자가 진주가 한데 엮여 있고 미옥이 합쳐져 있는 것 같다 (山上佛香阁·山下

▷ 이화원의 위성 영상 (『북경지 · 세계문화유산권 · 이화원지』을 참조)

山上佛香阁·山下昆明湖，纵览千秋，山色湖光银雕玉饰；桥东廓如亭·桥西龙王岛，横牵一线，桥形岛影璧合珠联）"라는 영련이 그 중의 좋은 예이다. 또한 청의원의 일부 건축물은 산수 배치의 특징을 잘 보여주고 있다.

장랑(長廊) : 천보랑이라고도 불리는 장랑은 중국의 고전 원림의 건물 중에서 가장 긴 회랑이다. 장랑은 건륭 15년(1750년), 함풍 10년(1860년)에 영국·프랑스 연합군에 의해 전소되었다가 광서제 때 재건되었다. 장랑은 배운문(排云门)을 중심으로 동쪽에 유가정(留佳亭), 대어빙(對鸥舫), 기란정(寄澜亭)이 있고, 서쪽에 추수정(秋水亭), 어조헌(鱼藻轩), 청요정(清遥亭)이 있으며, 그중 유가정, 추수정, 기란정, 청요정은 모두 팔각형 모양으로 되어 있다. 서쪽의 어조헌 북루에는 짧은 회랑이 있고, 산과 호수와 연결되어 있어 마치 하나의 건축물과 흡사하다. 장랑은 산과 물이 일체를 이룬 걸작이다. 장랑의 지반과 장랑의 몸체는 만수산 남쪽 기슭의 지형을 따라 기복이 심하고 곤명호의 굴곡에 따라 방향이 바뀌고 있는데 4개의 팔각정은 바로 그 전환점에 놓여 있다. 전환점은 좌우의 경치로 사람들의 시선을 교란하도록 교묘하게 처리되어 긴 복도를 유람할 때 지반이 오르락내리락 높낮이가 있어도, 방향이 우회적이어도 사람들은 전혀 느끼지 못 한다.

배운전(排云殿) : 만수산 앞산 중부건물의 중축선(中轴线)에 있는 배운전은 만수산 앞의 가장 웅장한 건물 군이다. 이곳은 원래 명나라 원정사(圓靜寺)의 옛터로 청의원 때 대보은연수사의 대웅보전(大雄宝殿)이 있던 곳이다. 영국·프랑스 연합군에 의해 소각되었다가 광서 13년(1887년)에 배운전으로 개축되었다. 배운전은 산을 등지

▷ 장랑(長廊, 긴 회랑)

고 있으며 높은 곳에 있다. 대문 배운문(排云殿)은 면폭이 5간이고 문 앞에는 '운휘옥우(云辉玉宇)'와 '성공요추(星拱瑶枢)'라는 글귀가 새겨져 있는 큰 석패방이 있다. 문 옆에는 모양이 다른 12개의 태호석 (太湖石)이 놓여 있고, 배운문과 석패방 사이에는 한 쌍의 구리 사자가 있다. 태호석과 구리 사자는 모두 장춘원(长春园)의 유물이다. 배운문 안에는 금수교(金水桥)와 동·서 배전이 있는데, 동배전은 옥화 (玉华), 서배전은 운금(云锦)이라 명명했다. 금수교 아래에는 연못이 있고, 다리 북쪽에는 이궁문(二宫门)이 있으며, 이궁문 안 북쪽에 웅장하고 아름다운 배운전이 있다. 배운전은 방이 5개로 돌로 쌓은 월대 (月臺)에 지어졌다. 내전에는 복도(复道, 누각 안에 아래 위 이중으로 된 길)와 동서 협실(夹室, 고대 종묘의 내당인 동서 곁채 뒷부분, 5대조 이상의 원조의 신주가 숨겨져 있던 곳)을 가로지르며 총 21개의 방이 있다. 동서 양쪽에 각각 배전이 5개씩 있고 동쪽 방을 방휘(芳辉), 서쪽 방을 자소(紫霄)라고 명명했다. 두 배전에는 산으로 오를 수 있는 등산 회랑이 있는데, 후원의 이방(耳房), 덕휘전(德辉殿)과 연결되어 있다. 후원에 있는 두 방 사이에는 산을 끼고 돌로 쌓아 올린 높은 대가 있는데, 89단의 돌계단이 굽이쳐 올라 덕휘전으로 연결되어 있다. 배운전은 건물들 사이에 유랑(游廊, 몇 채의 건물을 연결한 긴 회랑)에 의해 통해 있고, 등산 회랑을 거쳐 불향각까지 직진할 수 있다. 배운전은 만수산과 하나가 되어 궁전이 산처럼 높아 보이고 산 아래는 바로 곤명호가 있어 멀리서 바라보면 호수가 연장되어 산과 물이 그 모습을 돋보이게 하는 듯하다.

불향각 : 만수산 앞산 중턱에 세워진 불향각은 높이가 41m이고 그 밑에는 높이 29m의 포산(包山) 위에 지은 정방형 대기가 있는 3층

의 4중 중첨(重檐) 찬첨정(攢尖頂) 누각으로 원림의 중심에 높이 솟아 있으며, 산에서 가장 높은 건축물이다. 이곳의 경관을 평가하자면 불향각은 산을 끼고 있어 웅장하고 만수산은 누각으로 인해 수려하다고 할 수 있는데 서산의 군봉(群峰)을 병풍으로 하고 있고, 가까이에는 옥천산이 있어 소나무와 잣나무가 짙푸르고 유난히 무성해 보이며 기세가 비범하다. 불향각이 마주하고 있는 곤명호는 이 화면을 마침 그대로 담아냈고, 그 모습이 맑게 갠 하늘과 이어져서 사람들의 마음을 편안하게 해 준다. 중국 조원가들의 흥미진진한 원을 꾸미는 기법인 차경(借景, 자연경관을 건축 속으로 끌어들여 마치 외부의 경관이 건축의 일부인 것처럼 활용하는 동아시아 전통 건축기법)이 이곳에서 완벽하게 적용되고 구현되었다고 하겠다.

소주가(蘇州街) : 만수산 뒤에 있는 소주가는 산과 물이 어우러져 매력적인 건축물과 함께 원림 예술을 더 높은 경지로 끌어올렸다. 소주가의 산을 말하면 "먼 산, 가까운 산, 토산(土山), 석산"이 있다고 하겠다. 먼 산은 만수산을 '차경'으로 삼았다는 뜻으로 소주가는 만수산 아래에 있는 거리이다. 삼공교(三孔橋) 위에 서 있거나 가음헌(嘉蔭軒) 찻집 서창청(西敞厅)에서 머리를 들어 서쪽을 바라보노라면, 옥천산이나 서산 군봉이 그 차경이 된다. 가까운 산은 주로 양안의 언덕에 높이 쌓여 있는 토구(土丘, 흙더미)를 말하는데, 마치 높은 두 산 사이에 수로가 생긴 듯하다. 토산은 건륭제가 후호(後湖)를 팔 때 조원의 필요에 따라 파낸 흙을 양안에 쌓아 크고 작은 황토 언덕을 만들어 이루어진 것이다. 석산은 양안의 황토 비탈이 단조롭지 않도록 새로운 변화를 주기 위해 만든 것인데, 다리 서쪽에 있는 '회방당(绘芳堂)'과 건너편에 있는 '묘각사(妙觉寺)' 두 곳에 각각 청석을 사용하여 두 개의 가산을 쌓아 노란색 토산과 어울리도록 했다. 한편 후호의 전체 길이가 1,000여 m인데 소주가가 차지하는 300여m 수로가 바로 후호의 중심부이다. 조원가들은 이 후호와 소주가 간의 수로를 꼬불꼬불하게 조성하여 홍취를 더하게 했다. 중국 원림의 수경(水景)은 가능한 한 끝없는 공허함을 피해야 할 뿐만 아니라, 해안가의 실제 풍경을 물에 반사되도록 하여 새로운 경관을 만들어야 했다.

(2) 향산(香山, 정의원)

베이징 서북쪽 교외에 위치한 향산 정의원은 산지 원림으로 여기에는 맑은 샘이 있어 샘물이 흐르는 소리를 들을 수 있고 마실 수도 있다. 또한 산을 따라 산의 모양과 수맥을 활용하여 만들었다는 데서 그 특징이 돋보인다. 원림 전체는 산언덕을 따라 건설되었고 내원(內園), 외원(外園) 및 별원(別園) 등 세 부분으로 이루어졌다.

내원 : 동남쪽 중턱의 기슭에 있는 내원은 주요 명소와 건축물이 밀집되어 있는 곳으로 여기에는 궁과 향산사(香山寺), 홍광사(洪光寺) 등 두 개의 대형 사찰이 있으며, 그 사이에 근락암(瑾珞岩) 등 자연경관이 산재해 있다. 내원의 서북쪽 지역은 드넓은 연기나무 밭이라 늦가을마다 숲이 온통 단풍으로 물들어 정의원의 핵심 경관을 이룬다.

감로사(甘露寺)라고도 불리는 향산사는 금나라 대정(大定) 26년(1186)에 지어졌는데, 세종이 대영안사(大永安寺)라는 이름을 하사했다고 한다. 고종의 시『향산사(香山寺)』의 서문을 통해 금나라 때 이곳은 "5층의 궁궐로 화려하게 꾸며 있었고, 아래에서 바라보아도 층수를 헤아릴 수 있는 대형 사찰"이었음을 알 수 있다. 서쪽으로 들어

▷ 향산의 젠신재

가면 남북으로 종고루(鍾鼓樓)가 있고 그 가운데는 계단(戒坛 , 승려
가 계[戒]를 받는 단[壇])이다. 2층 정전은 방이 7개 이고, 전 앞에는 석
병(石屛)이 있다. 정전 뒤에는 대청이 있고, 3층은 '안계관(眼界宽)'
이라 명명했으며, 그 뒤에는 육방루(六方楼)로 상·중·하 세 층으로
이루어졌고, 층마다 고종의 어서(御書)가 적혀 있는 현판이 걸려 있으
며, 최상층에는 광명연계(光明蓮界), 중층에는 무왕법륜(无往法轮),
하층에는 향림(香林)이라는 글귀가 적혀 있다. 마지막 층은 '산전루
우(山巅楼宇)'라고 명명했고, 상·하 두 층으로 이루어졌으며, 각각 6
개의 방이 있다. 감로사는 건륭 11년(1746년)에 향산사로 개칭되었다.
향산사는 현재 재건되어 옛터에 향산사패루(香山寺牌楼), 향운입좌패
루(香云入座牌楼), 천왕전(天王殿), 원령응현전(圆灵应现殿), 첨복향
림각(簷葍香林阁), 수월공명전(水月空明殿), 청하기일루(青霞寄逸楼
), 등산 회랑 등 20여 개의 고대 건축물과 계단, 용도(甬道, 원림의 소
로), 담장, 가산(假山), 번간(幡杆, 당간과 같은 것으로, 기도나 법회

시 깃발을 세워두는 깃대) 등의 구조물을 복원했는데, 당시의 규모가 얼마나 컸는지를 짐작할 수 있다. 명나라의 유동(刘侗)이 쓴『제경경물략(帝京景物略)』에서는 향산사를 다음과 같이 칭송했다. "경사의 경상 가운데서 향산사는 제일 먼저 유람해야 한다(京师天下之观, 香山寺当其首游也)." 이로부터 향산사의 색다른 특징을 알 수 있다.

외원과 별원 : 외원은 향산의 높은 산간지역으로 면적이 넓고 15개의 명소가 흩어져 있으며, 경치에 따라 조성된 작은 원림 건축물이 다수로 자연경관을 즐기기에 가장 좋은 곳이다. 별원은 정의원 북쪽에 있고 여기에는 소묘(昭廟)와 정응당(正凝堂)이 있다. 부용관(芙蓉冠) 동쪽에 있는 종경대소지묘(宗镜大昭之庙, 소묘의 이전 이름)는 건륭 45년(1780년)에 티베트 판첸(班禅, 티베트 불교에서의 활불)이 베이징에 와서 축복을 빌기를 위해 지은 티베트식 건물이다. 문 앞에는 유리 패방이 있고, 문 안에는 전전(前殿), 3층으로 된 백대(白臺), 정전(正殿), 4층으로 된 홍대(紅臺)가 있다. 대전 앞에는 비정(碑亭, 비석을 비바람으로부터 보호하기 위해 세운 정자), 묘 뒤에는 팔각형의 7층 유리 탑이 세워져 있다. 정응당은 소묘의 북쪽에 있는데 견심재(見心齋)의 핵심 건축물로 뒷산에는 돌이 많고 소나무가 푸르다. 견심재는 강남의 정취가 있는 작은 정원으로 바깥쪽에는 동근 담장이 있고, 그 안에는 푸르고 맑은 원형 연못이 있으며, 샘물은 석룡(石龍)의 입에서 연못으로 뿜어져 나오고 있고, 연못을 따라 회랑이 있다. 연못 서쪽에는 견심재라는 세 글자가 새겨져 있는 세 개의 정자가 있고 동쪽은 지어정(知鱼亭)이다.

향산은 베이징의 서산 산계의 일부로 주요 봉우리인 향로봉(香炉峰)은 해발이 557m로 일반적으로 귀견수(鬼见愁, 산봉우리가 높아서 귀신조차 꺼린다는 의미)라고 불리며, 경계가 탁 트여 동쪽의 넓은 평야를 내려다볼 수 있다. 유명한 향산의 단풍과 노송은 일찍이 금나라 때 시로 널리 알려졌다. 원호문(元好問)의 『중주집(中州集)』에 수록된 주앙(周昂)의 시 「향산(香山)」에서는 "산과 들의 숲과 조정과 도시의 모든 것이 막막하고 혼란스러우나, 단풍과 노란 꽃은 온 들판에 가득하다. 들녘의 강은 자신과 정이 든 듯, 큰 소나무는 세상이 즐거운 듯 해가는 줄 모른다네.(山林朝市两茫然, 红叶黄花自一川, 野水趁人如有约, 长松阅世不知年.)"라고 표현했다. 금나라 명창(明昌) 시대부터 전해 내려온 연경8경(燕京八景)의 하나인 '서산적설(西山積雪)'은 바로 이 일대의 서산을 가리킨다.

(3) 옥천산(玉泉山, 정명원[靜明園])

이화원 서쪽에 있는 옥천산은 서북쪽으로 말의 안장 모양을 하고 있다. 옥천산은 깊이가 1,300m, 동서 가장 넓은 곳이 약 450m이고 주봉 해발이 100m이다. 기암과 유동(幽洞)이 가득하고 시냇물과 샘물이 흐르는 옥천산은 명당으로 불린다. 명나라와 청나라 시기 궁에서 사용하는 물은 모두 옥천에서 운반되어 민간 용수 공급원 중 하나가 되었으며, 원나라와 명나라 이후 이곳은 베이징 교외의 유명한 관광명소였다.

옥천산은 샘으로 인해 얻어진 이름으로 산 바위틈에서 샘물이 솟아올라 명나라 이전부터 '옥천수홍(玉泉垂虹)'이라는 말이 전해져 '연경팔경'의 하나로 꼽히게 되었다. 청나라 건륭제는 이 샘의 수질을 검증하기 위해 자주 이곳을 방문했는데 ' 전국의 유명한 샘물을 채취하여 옥천산의 샘물과 비교하도록 명했다고 전해진다. 그 결과 제남(濟南)의 진주천(珍珠泉), 무석(无锡)의 혜산천(惠山泉), 항주(杭州)의 호

포천(虎跑泉), 소주의 호구천(虎丘泉) 등은 1말(小斗) 당 질량이 1냥 2 리 이상이었고, 옥천산의 샘물만이 1말 당 질량이 1냥에 불과해 물이 가볍고, 수질이 우수하며, 순후하고 달콤하여 건륭제는 천하제일천이 라는 칭호를 하사하고 기념으로 '옥천박돌(玉泉趵突)'이라는 글자를 써 줬다고 한다.

옥천산의 동남쪽은 옛 영정하(永定河) 선상지(扇狀地)의 하류로 지형이 낮고 평지에서 샘이 솟아나 호수로 합류했다. 금나라 사람 조저(趙著)는 비문에서 "연성(燕城) 서북쪽 30리 지점에 옥천이라는 샘이 있는데, 샘물이 산에서 솟아나고 흐르는 물은 패옥과 부딪치는 듯한 맑은 소리를 내며 물빛은 섬세한 백련과 같고, 샘물과 호수는 맑고 넓어 백경의 풍경을 볼 수 있다. 그리고 샘물이 긴 강에 합류하여 흐드러지게 흐르는데 그 끝을 아는 사람은 아무도 없다. …… 산에는 또 관음각(观音阁)이 있는데, 옥천이 솟아나고, 동굴 문에 '옥천'이라는 글자가 새겨져 있어 매우 달짝지근하여 임금님께 올려 마시게 한다.(燕城西北三十里有玉泉, 泉自山而出, 鸣若杂佩, 色如素练, 泓澄百顷, 鉴形万象. 及其放乎长川, 浑浩流转, 莫知其涯 ……山有观音阁, 玉泉涌出, 有'玉泉'二字刻于洞门, 泉极甘冽, 供奉御用.)"라고 기록되어 있다. 옥천산 주변에는 많은 샘이 솟아나며 총칭하기를 옥천이라 했다.

(4) 북해(西怨)

북해는 요나라 때부터 건설했고, 금나라 때 계속 건설하여 그곳에 태녕궁(太宁宫)을 지었다. 원나라 세조 쿠빌라이(忽必烈)는 태녕궁 경화도(琼華島)를 중심으로 대도를 건설했고, 경화도와 해당 호수를 황성에 편입시켰으며, 만수산, 태액지(太液池)라는 이름을 하사했다.

▷ 북해 바이타산 사면의 기비

명나라는 공식적으로 베이징으로 수도를 옮겼고, 만수산, 태액지는 자금성 서면의 어원이 되었으며, 이를 서원이라 불렀다. 명나라 때 남쪽으로 수면을 개척하여 삼해(三海)의 형국을 형성했다. 청나라는 명나라의 서원을 그대로 유지하고 건륭제 때 북해를 대대적으로 재건하여 이후의 규모와 구조를 갖추도록 기반을 마련했다. 북해의 설계는 중국 황실 원림에서 흔히 사용하는 '일지삼산(一池三山)'의 기본 원리를 답습했다. 경화도는 '봉래'를, 단성(团城)은 영주(瀛州)를, 중남해의 서산대(犀山台)는 방장(方丈)'을, 북해의 수면은 태액지를 상징한다. 전체적인 배치는 자연 산수와 인문 원림의 예술적 융합을 보여주며, '경도춘음(琼岛春阴)'과 '태액추풍(太液秋风)'의 '연경팔경'을 모두 갖추고 있다. 주요 경관은 경화도, 단성 및 북안의 관광지인데, 그중 경화도는 백탑이 솟아 북해의 표지가 되었다. 호수를 둘러 싼 수양버들은 호복전(濠濮涧), 징신재(静心斋), 천왕전, 콰이쉐당(快雪堂), 구룡벽(九龙壁), 오용정(五龙亭), 천복사(阐福寺), 소서천(小西

天) 등 많은 명소를 가리고 있다. 건륭제는 『탑산북면기(塔山北面记)』에서 다음과 같이 적은 바가 있다. "남쪽을 보면 막힌 산이 보이고, 북쪽을 내려다보면 파란만장한 창해가 보이는데, 그 모습은 금산강의 기개를 갖추고 있다.(南瞻崒堵, 北俯沧波, 颇具金山江天之概.)" 의란당(漪澜堂) 시난각(西暖阁)에는 다음과 같은 대련이 있었다. "사방의 물결은 요동치는 옷소매처럼 반짝이고, 세 봉우리는 엷은 안개에 싸여 마치 영주를 보호하는 듯하다.(四面波光动襟袖, 三山烟霭护瀛洲.)" 여기서 영주는 해상의 선산 중 하나로 선인들이 사는 곳이다. 의란당의 뒤쪽 처마에도 '수사봉호(秀写蓬壶)'라는 글귀가 적혀 있다. 명인들의 시구에서도 "그 옥경의 빛이 반짝이는 것은 마치 경도가 눈앞에 있는 것 같으며, 아름다운 풍경은 마치 선객이 봉래에서 연회를 하는 것 같다.(玉镜光摇琼岛近, 悦疑仙客宴蓬莱)"라는 글귀를 발견할 수 있다. 북해 원림 예술의 정수는 바로 선경을 조성한 데 있었다.

4. 베이징 단묘(壇廟)원림의 산수 분포 특징

여기에서는 천단을 예로 들어 베이징 단묘 원림의 산수 배치 특징을 간략하게 설명하고자 한다.

천단은 원구와 기곡(祈谷)의 총칭으로 베이징성의 남쪽, 동성구 영정문가(永定門街) 동쪽에 위치하고 있으며 면적은 약 273ha이다. 천단은 명나라 영락 18년(1420년)에 건립되었고 청나라 건륭제와 광서제 때 중수되었으며, 명나라와 청나라의 황제가 하늘에 제사를 지내 비를 내리고 오곡의 풍성함을 기원하는 장소로 사용되었다. 천단은 내부와 외부 두 층의 담벽으로 구성되었는데, 남쪽이 네모나고 북쪽이 둥글다. 이는 둥근 하늘과 네모난 땅을 상징한다. 핵심 건축물은 내부에 있다. 원구단은 남쪽, 기곡단은 북쪽에 있는데 두 단은 모두 남북 축에 놓여 있고, 가운데는 벽이 있다. 원구단 내에는 원구단, 황궁우(皇穹宇) 등이 있고 기곡탄 내에는 기년전, 황건전(皇乾殿), 기년문(祈年门) 등이 있다. 천단에서 가장 눈에 띄는 건축물은 기년전인데, 그 규모와 독특한 모양이 기년전의 위상을 돋보이게 한다. 여기에는 산이 없기 때문에 산형수계는 관계가 없다고 봐야 하지만, 천단 단지에는 물이 있다. 재궁(齋宮) 주변의 해자가 바로 그 물이다. 재궁은 명나라와 청나라 때 황제가 절에서 치재(致齋, 제관이 된 사람이 사흘 동안 몸과 마음을 깨끗이 하고 부정한 일을 멀리함)를 하는 곳인데, 종종 3일을 묵어야 했으므로 천단 중의 황궁이라고 할 수 있다. 따라서 해자는 성을 보호하는 역할을 할 뿐만 아니라, 재궁을 돋보이게 하는 역할도 해야 했으므로 재궁은 자금성만큼 화려하지는 않지만 여전히 장엄하고 엄숙함을 지닐 수 있었다.

5. 베이징 사관원림의 산수 분포 특징

중국 고전 원림은 개인원림, 황실원림 및 사원원림으로 구분된다. 그중 사원원림은 다른 원림 마찬가지로 시적·공간적 변화, 차경 등 특징을 추구할 뿐만 아니라, 의경(意境, 주관적인 것과 객관적인 것이 상호 융합하여 나타내는 것)과 선의(禪意)를 더 중요시한다는 데에서 차이를 보이기도 한다.

(1) 담자사(潭柘寺)

담자사는 산에 용담 천수가 있고, 산 아래에 귀한 산뽕나무 숲이 있어 얻어진 이름이다. 전당은 산세에 따라 지어졌고, 도량이 넓으며, 높은 담으로 둘러 싸여 있다. "앞은 넓고 광활하며, 뒤에는 의지할 곳이 있고, 좌우에는 산이 감싸고 있다"는 말은 담자사의 지리적 특성을 표현한 것이다. 산비탈의 고목은 하늘을 찌를 듯이 높고, 주변은 산들이 둘러싸고 있으며, 첩첩한 산봉우리에 빼곡한 송백은 짙푸르러 온통 푸른색으로 가득하며, 꼬불꼬불한 길이 그윽하고 아름다운 곳으로 통해 있다. 산문에 있는 '칙건수운선사(敕建岫云禅寺)'라는 여섯 글자는 강희제가 쓴 것이다. 건륭제의 시 "강은 굽이굽이 돌고 변덕스루며, 산골짜기 사이로 아주 좁은 하늘선만 보일 뿐이다. 울창한 관목과 잡초가 가파른 산 벽으로 덮여 있어, 등산을 하려면 고된 노력이 필요하다.(曲折千回溪, 微露一线天; 榛莽嵌绝壁, 登陟劳攀援.)"[45]는 담자사의 구불구불한 모습을 잘 표현하고 있다. 9개의 봉우리로 둘러싸인 산림에 위치하고 있는 담자사는 지형의 높낮이가 엇갈리고 주변 식물의 종류가 많으며, 환경이 조용하고 자연경관이 매우 좋다. 사찰 전체가 위치한 곳은 북쪽이 높고 남쪽이 낮으나 건축물은 지세의 높낮이에 맞춰 산문에서 중부의 비로각(毗卢阁)까지 점차 높아지고 있다. 편액, 가산(假山), 식물, 건축소품, 시문 등을 통해 담자사의 그윽한 원림 경관이 드러나고 있다. '백사여의수(百事如意树)'는 사찰에서 함께 공생하고 있는 두 그루의 측백나무와 감나무로부터 측백나무의 '백(柏)'자와 감나무의 '시(柿)'자를 취하여 지은 이름이다. '제왕수(帝王树)'에는 건륭제의 어봉(御封)으로 얻어진 고사가 있다. '담자사 10경'은 평원홍엽(平原紅葉), 구룡극주(九龙戏珠), 천봉공취(千峰拱翠), 만곡퇴운(万壑堆云), 전각의 남훈(殿阁南薰), 어정류배(御亭

---

45) (청) 於敏中 외, 『日下舊聞考·郊坰』 권150, 1981, 北京古籍出版社.

流杯), 웅봉찬일(雄峰捧日), 층만가월(层峦架月), 금병설랑(锦屏雪浪), 비천야우(飞泉夜雨) 등 독특한 경관 배치를 비교적 잘 그려 냈다. 부찰(富察) 돈숭(敦崇)은 『연경세시기(燕京岁时记)』에서 '담자사'를 다음과 같이 묘사했다. "절은 천산만령 속에 세워져 있고, 아홉 개의 봉우리로 둘러 싸여 있으며, 절 안에는 구불구불 흐르는 샘물이 절문 옆을 굽이쳐 흐르다가 멀리 사라졌다. 그곳에 은행나무가 있는데 흔히 '제왕수'라고 부르며, 높이가 10장이 넘고 너비가 수십 둘레에 달하며, 실제로 수천 년 동안 존재해 왔다. 은행나무 외에도 목련, 대나무, 소나무, 측백나무, 보리 등과 같은 다른 식물도 수백 년 동안 존재해 왔다. 이곳은 매우 신성한 경지이다.(庙在万山中, 九峰环抱, 中有流泉, 蜿蜒门外而没. 有银杏树者, 俗曰' 帝王树', 高十余丈, 阔数十围, 实千百年物也. 其余玉兰修竹、松柏菩提等, 亦皆数百年物. 诚圣境也.)"

(2) 대각사(大覺寺)

베이징 하이뎬구 양타이산(阳台山) 기슭에 위치하고 있는 대각사는 요나라 함옹(咸雍) 4년(1068년)에 세워졌으며 청수원(清水院)이라 불렀다. 금나라 때 대각사는 장종(章宗) 서산팔대수원(西山八大水院)의 하나였으며 영천사(靈泉寺)로 개칭되었다가 명나라 때 중건된 후 대각사로 이름이 바뀌었다. 맑은 샘, 고목, 목련, 우아한 환경으로 유명한 대각사 경내에는 1000년 된 은행나무, 300년 된 목련·사라수·송백 등 총 160그루의 고목이 있다. 대각사의 목련과 법원사(法源寺)의 라일락, 숭효사(崇效寺)의 모란꽃이 유명해 "베이징 3대 화훼사찰"로 불리고 있다. 사찰의 난향(蘭香), 천년 은행, 오랜 등나무와 기이한 잣나무, 서리측백, 영천샘물, 요나라의 고비(古碑), 탑을 감싸 안은 송백, 푸르고 맑은 연못을 합쳐 '대각사팔절(大觉寺八绝)'이라 부른다.

▷ 대각사 공덕지(功德池)

대각사는 산과 수계를 매우 효과적으로 활용했다. 사찰의 건축물은 서산의 양태산(陽台山)을 등지고 있는데, 양태산 산맥의 주봉은 해발이 1,278m로 주변에서 가장 높은 봉우리이다. 남쪽은 취봉삼림공원(鷲峰森林公园)과 인접해 있고 북쪽은 봉황령(凤凰岭) 관광명소로 식생피복률(살아 있는 식물과 지표물이 지표면을 덮는 비율)이 90% 이상에 달하며 산과 돌 그리고 수경(水鏡)은 각각 특색이 있고 풍경이 아름답다. 대각사는 동쪽을 향하고 있는데, 동쪽은 평야가 한눈에 내려다보여서 더욱 신기한 경관을 이루고 있다. 또한 사원의 방생 연못은 기능적 용도 외에 사원의 일풍경이 되도록 샘과 환경을 효과적으로 활용하여 산과 연못이 조화를 이루고 있다.

(3) 홍라사(紅螺寺)

화이루구 북쪽 홍라산(红螺山) 양지에 위치하고 있는 훙뤄사는 당나라 때 건립되어 다밍사(大名寺)로 불렸다가 금나라 황통(皇統) 초년(1141년)에 중건하여 자복사(資福寺)로 개칭되었으며, 홍라산 남쪽 기슭에 위치했다 하여 홍라사라 불렀다. 명나라 정통 2년(1437년)에 중수했고, 청나라 강희 33년(1694년)에 황제가 직접 사원에 임하여 확장한 이후 면적이 4㎢가 되었으며 이는 베이징 교외의 거찰(巨刹) 중하나로, 옛부터 "남쪽에는 푸퉈(普陀)가 있고, 북쪽에는 홍뤄(紅螺)가 있다"라는 말이 전해진다. 명나라 『회유현지(怀柔县志)』에는 홍뤄산에 대해 다음과 기록하고 있다. "홍뤄산은 현에서 북쪽으로 20리 떨어진 곳에 있으며 높이가 200인(仞. 1인은 성인의 팔 길이로 약 2장 갈이)을 초과하고 현에서 바라보면 마치 병풍과 같아서 매우 눈에 띈다. 산기슭에 '홍라천(紅螺泉)'이라는 샘이 있는데, 샘물에는 한 두리(두리는 고대 용기의 단위) 크기의 우렁이 두 마리가 있는데, 저녁에 이두 우렁이가 빛을 내뿜어 산 전체를 붉게 만든다. 그래서 이 산을 홍라산이라 부른다.(紅螺山在县北二十里，高两百余仞，自县望之俨如屏屏障，山下有泉曰'紅螺泉'，中有二螺大如斗，夕吐光焰山色为之殷红，故以名山.)"산 아래가 바로 홍라사인데 남향으로 되어 있고 산세에 따라 지어졌으며 삼면이 산으로 둘러 싸여 있고 나무가 우거져 하늘을 가리고 있어 멀리 바라보면 숲과 바다와 흡사하다. 서쪽의 진주천(珍珠泉)은 수심이 세 길이나 되고 물집이 끊임없이 땅속에서 솟아오르고 있어 햇빛을 받으면 알록달록한 진주와 같다. 당시 문인 예승(葉勝)은 '제홍라사(題红螺寺)'라는 시를 썼다. "홍라산의 절경을 바라보니 아름다운 경치가 밝고 천태만상이어서 화필로 다 그려내기가 어렵다. 산이 희미하게 보이고 떠오르는 아침 햇살과 함께 어우러졌고 초목이 울장하며 비 온 뒤 맑은 날이 보이기 시작한다. 홍라산은 제왕의 궁궐을 창과 칼로 둘러싸고 있는 장벽처럼 산성을 감싸고 있다. 회녕(怀宁)은 예로부터 많은 걸출한 인물들이 있었는데, 믿을 만한 것은 이 땅이 많은 걸출한 인재를 낳았다는 것이다.(仰止红螺秀色明, 千姿万态画难成. 峰峦隐见云初和, 草木葱茏雨乍晴. 峙若藩垣环帝阙, 森如剑戟拥山城. 怀宁自古多豪杰, 信是钟灵产秀英.)"[46]

6. 베이징 사가택원의 산수 분포 특징

(1) 작원(勺园)

작원은 명나라의 유명한 서화가 미만종(米万钟)(1570-1628)이 만력 연간에 지은 것으로 '미씨삼원(米氏三园)' 중 가장 유명한 곳이다. 청나라 초기에 작원의 옛터에 홍아원(弘雅园)을 지었는데, 강희가 현판을 썼다고 한다. 건륭제 때 영국 특사 조지 매카트니(George Macartney)가 황제를 만났을 때 이곳에 머물렀다고 한다. 후에 정친왕부(郑亲王府)가 되었고, 가경제 때 집현원(集賢園)으로 개명했다. 황제가 원명원에 임했을 때 이곳은 신하들이 궁에 들어가 당번을 서고 퇴근하던 장소였다. 1860년 집현원과 원명원은 영국·프랑스 연합군에 의해 불타버렸다. 허우런즈(侯仁之) 선생은 『연원사화(燕园史话)』에서 작원의 경관에 다음과 같이 소개했다. "면적은 100무에 불과하나 개울물이 흐르고 호수와 잇닿아 있으며 산봉우리의 기복이 심하고 숲이 깊다."

(2) 가원(可園)

베이징시 동청구 디안문(地安門) 밖 마오얼(帽儿) 골목에 위치하고 있는 가원은 청나라 말기 광서 연간 대학사 원욱(文煜)의 저택 화원이

---

46) 懷柔縣志編纂委員會, 『懷柔縣志·附錄』, 2000, 北京出版社, 849쪽.

다. 가원은 앞뒤 두 개의 마당으로 이루어졌는데 첫 번째 대문은 마당 동남쪽 끝에 있고, 대문 서쪽에 도좌방(倒座房) 5칸, 전출랑(前出廊)이 있다. 입문 후 동쪽 통로로 가산을 지나야 하는데, 가산의 남쪽에는 오솔길이 있고, 끝까지 가면 북쪽으로 꺾인 동굴이 있으며, 동굴에는 '통유(通幽)'라는 글자를 새긴 돌조각이 있다. 동굴을 통해 북쪽 방과 동쪽 회랑의 열린 복도로 이어지는 두 개의 자갈길이 있다. 작은 아치형 돌다리를 건너서 오른쪽으로 가면 뜰이 나오는데, 정면의 한 가운데에 매우 정교하게 지어진 육각정이 있는 또 다른 가산이 있다. 가산 북쪽에는 'S'자 모양의 굴곡진 웅덩이가 있고, 웅덩이의 북쪽 중앙에는 화청(花厅) 5칸이 있으며, 앞뒤로 복도가 있고, 선반에는 소주 채색화가 가득 그려져 있으며, 화청은 양쪽의 초수랑(抄手廊)과 연결되어 있다. 마당의 동쪽은 산행랑이고, 남반단(南半段) 상부에 정방형 모양의 정자가 서향으로 세워져 있다. 산행랑의 북반단 중부는 또 하나의 열린 복도와 연결되어 있다. 원림은 태호석, 일구(日晷, 해시계), 각석(刻石) 등으로 장식되어 있어 매우 쾌적한 느낌을 준다. 가원이라는 글자와 비문 원기(园记)는 관상석 아래에 박혀 있는데 전체 건축물의 주제를 보여 주는 부분이다. 이 원림은 처음에 소주의 졸정원(拙政园)과 사자림(狮子林)을 모방하여 지었는데 작지만 매우 마음에 들어 정원 주인은 이를 '가원'이라 명명했다고 한다. 이는 중국 북부의 사가택원(가정집 정원) 중에 비교적 잘 보존된 화원으로 예술적 가치와 역사적 가치를 갖는데 2006년에 국가중점문화재보호단위로 승격되었다.

(3) 쑹칭링(宋庆龄)의 고택

청나라 강희 연간에 대학사 명주저택(明珠府邸)으로 지어진 쑹칭링

▷ 쏭칭링 고택의 회랑

고택은 건륭제 때 화신(和珅)의 별원이었고, 가경제 때 친왕부
(亲王府)가 되었다가 청나라 말기에는 친왕부화원으로 사용되었는
데, 1960년대 초에 쏭칭링의 베이징 숙소로 개조되었다. 고택의 남쪽,
서쪽, 북쪽에는 모두 토산(土山)이 있고, 토산 안쪽에는 후해에서 끌
어 들인 흐르는 물이 정원을 한 바퀴 감싸고 있는데, 남호는 그중에서
가장 큰 호수이다. 호수 북쪽에는 청나라 때 건축물인 호량낙취
(濠梁乐趣), 창금재(畅襟斋) 등 왕부화원이 있으며, 건축물과 남호 사
이에는 잔디밭이 있다. 남호 남안에는 명대의 2층으로 된 건축물이 있
는데 이를 남루(南楼)라고 한다. 남산 동쪽에는 산정(扇亭), 서쪽에는
청우옥(听雨屋)이 있고, 고택 안에는 23그루의 주요 보호 고목이 있으
며, 남북을 관통하는 긴 복도가 있어 남루와 북쪽의 건축물이 연결되
어 있고, 새로운 문물창고는 서쪽의 큰 벽을 따라 세워졌다.

(4) 궈모뤄(郭沫若) 고택

쓰청구(西城区) 앞바다 서쪽 연변 18번지에 있는 궈모뤄의 고택은 원래 청나라 화신의 화원이었다가 공친왕(恭亲王) 혁흔(奕䜣)의 마초장, 마구간으로 사용되었었다. 중화민국 시기 공친왕의 후손들이 이곳을 다런당(达仁堂) 악씨(乐家)에게 팔아 저택으로 사용되었다. 1963년 10월에 궈모뤄가 이곳에 정착하여 1978년 6월 12일 사망할 때까지 그의 생애 마지막 15년을 이곳에서 보냈다. 가옥은 대형 사합원(四合院)으로 대문에 나무로 장식된 언덕이 있고, 이문(二门, 대저택의 대문 안의 문으로, 안마당과 바깥마당의 분계선이며, 또 수화문(垂花门)이라고도 함) 안에 있는 5칸의 북쪽 방은 작업실과 응접실, 동쪽 방은 침실이며, 동쪽과 서쪽에 사랑방이 각각 3칸씩 있다. 사방이 회랑으로 둘러싸여 있고 폐쇄식 복도가 있어 뒷마당으로 통해 있다.

베이징의 고전 원림은 유네스코가 선정한 "동양 원림의 고전"으로 중국, 나아가 세계, 전 인류의 공동 재산이며 이를 잘 보호하고 인류 전체에 공헌할 책임이 있다.

중관촌(中关村)의 신비, 여기서부터 시작되다

중관촌이라는 이름은 중국의 '실리콘밸리'의 대명사가 되었고, 국가자주혁신시범지역(自主创新示范区)으로 지정되어 지역적인 개념을 훨씬 초과했다.

중관촌은 영정하(永定河)의 옛길로 명나라에서 시작하여 명·청시기 궁내의 내시들이 노후를 보내고 임종을 지키는 곳이 되었고, 중화인민공화국이 창립된 후 국가과학연구기관·대학교 및 인재 밀집지역이 되었다. 1980년대 중반에 중관촌 지역에는 중국과학원 산하 과학연구원으로 대표되는 다양한 과학연구기관 138개소와 베이징대학교와 칭화대학교를 대표하는 많은 대학교들이 모이게 되었다. 중관촌은 중국에서 가장 지적이고 혁신적이며 역동적인 지역으로 거듭났으며, 국가과학기술혁신센터가 되는 데 필요한 인재, 기술, 정보 및 환경과 같은 기본 요소를 갖추고 있다.

중관촌은 어떻게 기적을 일으켰을까? 지방지에는 이러한 기적이 어떻게 반영되었을까? 여기에는 이야기들이 많다.

1. 맨 처음 새로운 일을 하려는 그를 응원한 사람들

1980년 10월에 미국 실리콘밸리를 두 차례 시찰한 천춘셴(陈春先) 중국과학원 물리연구소 연구원이 중국과학원와 베이징과학기술협회의 청중에게 방미 보고(访美报告)를 들려주면서 실리콘밸리 회사를 직접 차리겠다고 영웅적인 기개를 보여 주었다. 그는 국가의 지원을 받지 않고 국가의 편제를 차지하지 않는 2불(2不) 원칙과 자유 조합, 자체자금 조달, 자주운영, 손익에 대한 자체 부담이라는 4자(4自)의 원칙을 내놓았는데, 당시 중국 전역에는 이러한 원칙을 내놓은 전례가 없었다. 천춘셴이 회사를 차렸다는 소식을 먼저 물리소에 보내왔는데, 이는 결국 돌이 바다에 가라앉는 격이 되고 말았다. 천춘셴은 먼저 플라스마 학회의 부이사장 자격으로 '서비스부'를 설립했고, 베이징과학기술협회가 이를 승인하고 자금을 제공한 다음 공안국에서 공식 인감을 새기고 은행계좌를 개설했다. 1980년 10월 23일에 천춘

센 등은 물리소의 폐 창고를 치우고, '서비스부'라는 간판을 내걸었다. 이날 중관촌의 '회사 탄생일'이 공식 인정되었으나, 천춘셴이 과학기술팀을 타락시키고 공공 주택을 점유했다는 보고서가 물리소 지도자에게 전해졌다. 창고를 청소한 모든 사람이 5원을 더 받았다는 것이 그 증거이다. 그러나 천춘셴은 쉴 틈도 없이 미국으로 달려가 칩을 뒤집어 핵용합 전원 스위치를 만들었고, 그렇게 3만 원을 벌어서 취업 준비 중인 청년들에게 전자기술을 전수했다. 이는 훗날의 '전자'가 '황포군관학교'로 발전했다. 사람들은 서비스부가 돈을 벌었다는 사실에 놀랐고 천춘셴이 직원들에게 7-15원의 수당을 주는 것에 못마땅했다. 이때 중국과학원 물리연구소의 주요 지도자들은 서비스부가 자문 업무를 수행하고 보조금을 지급하여 과학기술 인력의 생각을 혼란스럽게 하고 과학연구 질서를 어지럽혔다고 여겨 이로 인해 서비스부에 대한 입건 및 조사, 명예훼손, 장부 확인 및 구속이 잇따랐다. 곧 서비스부의 수백 명이 와르르 흩어지게 되었다. 이때 베이징시 과학기술협회 자오치추(赵绮秋)는 서비스부의 상황을 신화통신 베이징 지국에 보고했고, 판산당(潘善棠) 기자는 서비스부에 가서 인터뷰를 하고 중앙정부에 상황을 보고했다. 1983년 1월 7일에 국무원 부총리 팡이(方毅)는 천춘셴과 관련된 "신화사내참(新华社内参)"이라는 보도에서 "천춘셴의 방법은 완전히 옳으며 장려되어야 한다"라고 밝혔다. 8일에 중국공산당 중앙정치국 상무위원 후치리(胡启立)는 다음과 같이 밝혔다. "천춘셴 동지는 새로운 국면을 개척하는 데 앞장서서 새로운 길을 개척할 수 있다. 과학연구 성과를 생산력으로 전환시킬 수 있는 한편 과학기술인력이 4대 문화에 기여할 수 있도록 기회를 제공함으로써 일부 과학기술인력이 먼저 부유해져 '철밥통'이라는 고정관념을 깰 수 있다. 물론 필요한 관리 방법과 정책 수립도 연구해야 하며 이 일은 과학기술협회에 위탁하여 강력하게 지원할 수 있는데 어떻게 할지에 대해서는 야오방(耀邦) 동지가 검토하기 바란다." 같은 날 후야오방 중국공산당 총서기는 "과학기술 영도소조에게 방침 및 정책을 연구하도록 요청할 수 있다"라고 지시했다. 1월 25일에 중앙인민방송국의 보도는 천춘셴이 '서비스부'를 설립한 것에 대한 중앙지도자들의 지시 정신을 반영한 것이고, 이어서 『경제일보(经济日报)』는 "연구원 천춘셴은 신기술 확산에 제동을 걸었다(研究员陈春先扩散新技术竟遭到阻挠)"라는 제목으로 눈에 띄는 위치에서 천춘셴과 그가 이끄는 서비스부의 경위를 보도하고 연속 시리즈를 보도하여 천춘셴과 서비스부를 공개적으로 지지하며 과학기술계의 개혁작업을 적극 지원해야 하며, 새로운 사물의 발전에 영향을 미치는 장애물은 단호히 제거해야 한다고 분명히 지적했다. 자춘왕(贾春旺) 중국공산당 하이뎬구 당서기와 베이징시 과학기술협회의 지원을 받아 천춘셴은 중관춘에 베이징시 화하신기술개발연구소(华夏新技术开发研究所, 약칭은 '화하소')를 설립하여 시스템의 장벽을 완전히 돌파했으며 천춘셴이 소장을 맡았다. 화하연구소는 설립 1년한지 만에 15개 국가계획 외의 기술프로젝트 개발을 완료했고, 연구소에서 개발한 ESS-1형 급속저장인두(快速储能烙铁)는 국가공석제품이다. 또한 DHL-25형 케이블누설계(电缆查漏仪) 및 신호발생기(号发生器)를 성공적으로 개발하여 한 무선공장에 양도하여 60만 원 이상의 생산액을 창조했고, 화하연구소 산하에 중간시험 위주의 화하전기공장을 설립했으며, 기술무역을 위주로 하는 베이징시 화하전기기술서비스부는 공업자동화, 스마트계기, 고정밀 정전류 정전압원, 플라즈마 기술, 컴퓨터 응용 등 여러 분야에서 응용 연구개발을 전개했고, 기술무역 일체화의 형태를 갖추게 되었다. 이후 사업실패, 무역분쟁, 불법구류 등 숱한 시련을

▷ 중관촌 제1민영과학기술기구 창시인—천춘셴(오른쪽)

겪으면서 부를 축적하지 못했을 뿐만 아니라 직장을 버리고 '싸하이 (下海, 1978년부터 덩샤오핑의 개혁개방 정책에 의해 직장인들이 사표를 던지고 창업을 시작하는 일)' 하는 바람에 체제 내 복지혜택까지 잃게 되어 모든 처지가 처량하게 되었다. 2004년 8월 10일에 70세가 된 천춘셴이 세상을 떠났다. 그는 "후세들에게 빛을 물려 주겠다"는 유언을 남기고 각막을 기증했다. 시대의 얼음을 깨뜨린 이 중관촌의 1인자는 부유하지는 않았지만, 뛰어난 용기와 지혜로 중관촌의 앞길을 밝혀 주었다. 국경절 70주년을 맞아 추대된 공훈의 모범인물 중에서 그를 가장 높이 추대했는데, 당연히 신 중국 건설과 발전에서 탁월한 공헌을 한 대표로는 그가 충분하다고 생각한다. 너무나도 아쉽다!

2. 전자상가에서 신기술산업개발구로 발전하기까지

천춘셴은 먼저 지원을 받아 다수의 과학기술인력을 사회로 진출시켜 사업을 하게 함으로써 중관촌 지역에 '전자상가'를 형성케 하도록 했다. 그러나 그 발전과정은 결코 순탄하지만은 않았다.

하이뎬구 위원회의 태도는 명확했다. 1983년부터 1987년까지 중국 공산당 하이뎬구위원회 서기 자춘왕(賈春旺), 장푸썬(張福森) 그리고 구위원회는 과학기술인력의 기업 설립을 지원하기 위해 구(區)위원회, 구(區)정부 일부 지도자들이 회의를 개최했으나 회의록을 작성하지 않고 문서를 제출하지 않았으며 "한 가지 일에 대해서 한 가지 의제"로 즉 어떤 상황이나 문제에 대해서 하나의 주제 또는 사안을 하나씩 다루고 결정하는 원칙을 견지하면서 언제든지 과학기술 기업이 직면한 어려움을 연구하고 해결했다. 1984년부터 1987년까지 국가과학기술위원회는 민간 과학기술기업 인력의 출국문제에 대해 특별사안으로 처리하기로 결정했다. 쏭젠(宋健) 국무위원 겸 국가과학기술위원회 주임은 "국가, 집단, 개인이 함께 과학기술사업을 시작하는 새로운 국면 형성"을 강조했다. 1987년 3월에 중국과학원 저우광자오(周光김) 원장은 신기술개발회사(그룹) 또는 컨소시엄을 중점적으로 지원하고 제품이 점차 국제시장에 진입하기 위해 노력해야 한다'고 분명히 제시했다. 이때부터 중국과학원에 회사 설립 붐이 일게 되었다. 1985년 10월 1일에, 베이징시 정부는 〈베이징 집단 및 개별 과학기술기관 관리에 관한 몇 가지 규정(北京市集体·个体科技机构管理若干规定)〉을 공포하여 "집단 및 개별 과학기술기관은 과학기술시스템 개혁에서 새로운 존재이며, 모든 구·현 정부와 각급 관련 부서는 이러한 기관에 지도와 지원을 제공하고 관리를 효과적으로 강화하여 과학기술산업의 발전에 더 나은 역할을 할 수 있도록 해야 한다"라고 지적했다.

▷ 1980년대의 중관촌

　1985년 3월에 중국공산당 중앙판공청 민원국은 중국공산당 베이징 시위원회 판공청에 보낸 편지의 요약본을 통해 중관촌 개발기술회사가 임립했음을 반영했고, 일부는 순전히 재판매와 투기로 막대한 이익을 취한 불법 조직은 중앙의 조사와 처벌을 받아야 한다고 했다. 이때 중관촌에서는 '도련님거리', '사기꾼거리'라는 말도 나돌았다. 중관촌이 어디로, 어떻게 발전하느냐가 관건이 되었다.

　1987년 말, 신화통신의 샤쥔성(夏俊生) 기자는 신화통신이 편찬한 〈신화사 내참(新华社内参)〉에 전자상가에 대한 4편의 조사 보고서를 연속적으로 게재하여 중국공산당 총서기의 관심을 끌게 되었다. 총서기는 중앙서기처에 조사를 지시하고 서기처 서기 루이싱원(芮杏文), 서기후보이자 중앙판공청 주임인 원자바오(温家宝)는 중앙판공청 조사실을 주도하여 국가과학기술위원회, 국가교육위원회, 중국과학원, 중국과학기술협회 및 베이징시 정부, 하이뎬구정부가 참여하는 합동 조사단을 구성하여 2개월 동안 중관촌 전자상가에 대한 조사를 실시

베이징의 역사지리 이야기

했다. 조사작업은 긴박하고 철저하며 상세하게 진행되었다. 조사연구 계획은 12월 14일에 막 승인되었고 12월 15일에 루이싱원(芮杏文)이 '중관촌전자상가'를 방문하여 과학기술기업 및 그룹을 방문하고 창업자와 대화를 나누었다. 17일에 루이싱원, 원자바오는 중난하이에서 회의를 열어 '중관촌전자상가' 공동조사팀 설립 방안을 연구하고 조사 작업을 실시하도록 결정을 내렸으며, 조사 작업은 실제 사실에 중점을 두고 사실관계를 추구하며 효과에서 출발하여 사전에 틀을 갖추지 말고 주로 방법 및 정책을 연구하도록 강조했으며, 조사 결과를 중앙 의사 결정으로 전환하고 서기처의 지도자가 직접 일부 조사 활동에 참여하고 몇 가지 중요한 세미나를 주재하도록 했다.

1987년 12월 21일부터 1988년 2월까지 조사팀은 은퇴 후 '샤하이(下海)'를 선택한 과학기술인, 과학기술 기업가 그리고 공상, 세무, 재정, 은행 및 기타 부서 책임자 및 하이뎬구 관련자를 초청하여 12차례에 걸쳐 세미나를 개최했다. 1988년 1월 6일 오전 원자바오는 중난하이에서 심포지엄을 주재하여 '전자상가' 과학기술 기업가의 보고, 의견 및 제안을 청취했으며, 1월 15일에 루이싱원은 2차 심포지엄을 개최하여 중앙 관련 부서에 중관촌 '전자상가' 과학기술 기업의 정책 및 환경 문제에 대해 논의하도록 요청했다. 조사 기간 동안 원자바오는 중관촌 지역을 4번 방문하여 고찰 및 조사연구를 진행하고 기업과 모든 관계자를 방문하여 상황을 알아보았다.

1988년 2월 1일에 원자바오와 조사팀은 조사보고서의 기본 요지를 확정하고 '중관촌전자상가' 기본 상황 분석, '중관촌 전자상가'의 과거, 현재 및 미래, 중관촌 기술형 기업 유형 분석, 중관촌 기술형 기업 운영체제 연구, '전자상가' 발전의 환경요인 연구, 기업문화 탐구, 중관촌 과학기술기업의 구조·규모 및 효익 분석, '전자상가' 과학기술

기업의 수익 분배, 중관촌 모델 연구 및 지식인 현황 조사 총 10건의 보고서와 26건의 사례를 정리하여 자료화했다. 2월 5일에 총보고서인 '중관촌전자상가' 조사보고서(이하 '조사보고서'라 함) 초안이 형성되었다. 조사보고서는 1980년 이후 중관촌에 설립된 과학기술기업을 높이 평가했고 5가지 경험을 제시했다. 첫째, 자체자금조달, 자유조합, 자주경영, 자부담의 '4자' 원칙은 과학기술기업의 활력의 원천이다. 둘째, 시장 지향적 경쟁체제 구축은 과학기술기업이 급속한 발전을 이룰 수 있는 중요한 요소이다. 셋째, 중관촌지역의 과학기술기업이 비교적 빠르게 발전할 수 있는 이유는 전 국민·집단·개인과 함께 지방정부, 대학교, 연구원 등이 함께 노력했기 때문이다. 넷째, 대기후(大气候)는 전제가 되고 소기후(小气候)는 보장적 역할을 한다. 당 중앙의 개혁, 개방 및 활성화를 위한 정책이 대기후가 되겠으나 소기후도 매우 중요하다. 지난 몇 년 동안 중앙기관의 지도자들이 '전자가'에 관심과 지원을 보냈고, 국가과학기술위원회, 중국과학원, 베이징시 정부가 정책적 지원을 제공했으며, 일부 대학교 관계자들도 지원에 동참했다. 특히 하이뎬구위원회, 구정부 및 관련 부서는 경영, 세무, 신용, 노동 및 인사관리 등에 있어 현행 정책의 범위 안에서 가장 큰 지원을 보낼 수 있도록 많은 조치를 취했다. 이러한 지원으로 형성된 소기후가 없었다면 '전자상가'의 번영은 논할 수 없다고 하겠다. 다섯째, 인재, 특히 새로운 유형의 과학기술기업가는 과학기술기업이 성공하기 위한 가장 중요한 조건이다. 이를 위해 조사보고서에서는 다음과 같이 제안했다. ① 중관촌과학공업단지(또는 신기술개발구)의 설립을 시범사업으로 고려해야 한다. ② 베이징시가 주도하고 하이뎬구, 중국과학원, 국가과학기술위원회, 국가교육위원회 및 기타 관련 단위가 참여하여 중관촌의 과학기술기업 조정위원회를 구성할 것을 제안하며, 기획, 조정 및 서비스를 제공하도록 한다. ③ 자금 문제를 해결한다. 하이테크 산업은 높은 수익을 창출할 수 있지만 많은 투자가 필요하다. 장기적으로 볼 때, 선진적인 자금 시장을 형성하고 벤처 회사를 설립해야 한다. 현재 모든 전문 은행은 과학기술 전용 대출 서비스를 제공하거나 중관촌 과학기술 투자회사를 설립할 수 있다. ④ 인재문제를 해결한다. 과학기술 인력이 중관촌의 과학 기술기업과 과학연구기관, 대학을 자유롭게 유동할 수 있도록 허용한다. 대학 및 과학연구기관의 과학기술 인력이 과학기술기업에서 이직하거나 시간제로 근무하도록 지원하고 장려하며 퇴직자의 인사관계는 하이뎬구에서 통합적으로 관리하며 근속 연한은 연동된다. ⑤ 과학기술기업(및 첨단기술기업)이 자체개발 및 자체제약에 도움이 되는 일련의 새로운 세율(稅率)을 연구하고 공식화한다. ⑥ 첨단기술 수출지향형 과학기술기업에 적합한 대외 서비스 시스템을 구축한다. ⑦ 베이징시 도시건설에 대한 중앙서기처의 4가지 지시 원칙에 따라 중관촌 지역을 통일적으로 계획하고 다양한 산업을 합리적으로 배치하며 공간을 합리적으로 사용하도록 한다. 과학단지의 풍경, 원림, 문화유적을 보호하고 생태환경을 보호함과 동시에 인민의 물질적 생산, 물질적 생활과 정신적 생산, 정신적 생활의 관계를 올바르게 처리하고 적절한 공공문화체육 및 오락시설을 만든다. ⑧ 베이징시와 하이뎬구의 공상, 은행, 세무, 물가, 노동, 인사, 우편 및 통신, 교통 관리, 공안 및 기타 사업부서는 개혁, 개방 및 활성화 정신에 따라 중관촌 지역의 과학기술기업이 계속 발전할 수 있도록 청신호를 켜고 소기후를 계속 조성하며 국가 최대의 싱크탱크 개발에 기여해야 한다.

조사보고서는 중앙서기처 지도자의 검토를 거쳐 7개 조사 단위와 관련 국가 부처의 의견을 수렴한 후, 1988년 2월 말에 원자바오가 수

▷ 지금의 중관촌 서구

정된 「중관촌전자상가 조사보고서」를 중국공산당 총서기에게 제출했다. 3월 2일에 총서기는 「중관촌 전자상가 조사보고서」에 대해 다음과 같이 평가했다. "이 조사보고서는 읽을 가치가 있으므로 중앙재경영도소조회의(中央財経領导小组會議) 내용을 인쇄 및 배포한다. 첫 번째와 두 번째 부분은 대체적인 상황과 경험을 정리한 것이고, 세 번째 부분은 과학공업단지(또는 신기술개발구) 시범사업으로서 중관촌이 해결해야 할 문제에 대해 몇 가지 원칙적인 정책적 제안을 제시했다. 네 번째 부분은 중관촌 전자상가의 경험을 소개하여 과학기술과 생산을 어떻게 결합할지에 대한 몇 가지 생각을 정리했다." 이 부분에서는 몇 가지 매우 중요한 관점을 제시하여 주목할 가치가 있다. 3월 7일에 중앙재경영도소조는 리펑(李鵬), 야오이린(姚依林), 톈지윈(田纪云), 장진푸(张劲夫), 안즈원(安志文), 두싱위안(杜星垣), 리둥예(李东冶), 저우젠난(周建南), 원자바오, 쑹젠(宋健) 등이 참석한 가운데 회의를 열었다. 회의는 '조사보고서'의 제안을 만장일치로 찬성하고 중관촌

과학기술 공업단지 설립에 동의했다.

1988년 3월 9일에 원자바오는 중앙합동조사단과 베이징시위원회에 중앙재경영도소조의 결정과 관련 지시 정신을 전달하고 "경험을 종합하여 첨단산업개발구 설립에 관한 조례를 제정해야 한다"고 밝혔다.

이는 중관촌의 출발과정이며, 중관촌의 발전을 위해 토대를 마련해 주었다.

3. 『중관촌 과학기술단구지(中关村科技园区志)』의 출판에 관하여

2008년은 중관촌 과학기술단지가 설립된 지 20년이 되는 해, 중국이 개혁개방 정책을 실시한 지 30년이 되는 해로 이 지서(志書)는 의심할 여지없이 2008년이 우리에게 주는 큰 선물이었다. 그동안의 역사와 관련된 일부 특정사건 및 핵심 인물을 어떻게 기술하느냐에 있어 출판 규정의 제한을 받게 되어『베이징지(北京志)』의 편집장, 중관촌 과학기술단지 건설의 직접적인 참여자, 하이뎬구 당서기를 맡았던 돤빙런(段柄仁) 선생은 매우 화가 나 있었는데 심지어 분개할 정도였다. 지서는 자료서로서 지서의 생명력은 진실하고 정확하며 완전하게 역사를 남기는 것에 있는 것으로 이는 역사에 대한 책임이자 미래에 대한 책임이라고 강조하면서 그는 이 지서가 역사를 존중하지 않는다면, 우리는 출판하지 않을 것이라고 밝혔다. 지서의 편찬 업무를 맡은 중관촌 관리위원회도 돤빙런 선생의 의견에 동의했으나 관련 규정을 위반할 경우 엄중한 처벌을 받아야 했기 때문에 출판 업무를 맡은 단위는 큰 부담을 느꼈다. 여러 가지 노력 끝에 이 지서는 역사의 원형을 그대로 기록하고 보존하는데 중점을 두고 기술적으로 처리하게 되

어, 후야오방(胡耀邦)의 이름까지 쓰지 않고, 당시 총서기의 이름을
중국공산당 중앙의 주요 책임자로 대체하여 출판하게 되었다.

후 기

  본서는 내가 지방지를 쓰기 시작한 이후 지방지 관련 자료를 이용하여 편찬한 베이징의 역사를 다룬 소책재로 드디어 출판하게 되었다. 지방지는 역사를 연구하는 금광으로, 열심히 발굴하기만 하면 지속적인 성과를 낼 수 있는 것으로, 나는 이 책을 통해 평생 혜택을 받을 수 있었다.

  지방지를 편찬하면서 부딪친 문제와 소감을 꾸준히 메모해 왔는데, 이전에는 느끼지 못했으나 30년ㆍ40년이 지난 이후 펼쳐 보니 어마어마한 그 가치에 놀라움을 금하지 못했다. 1982년에 대학을 졸업한 후, 베이징 광무국(矿务局)에서 베이징 탄광사를 편찬하면서 '요형들(窑哥们)'의 정신세계를 깊이 이해하게 되었다. 1990년에 베이징시 지방지판공실에서 근무하게 되었고, 베이징시 지서의 책임 편집자로 일하면서 도시건설종합계획, 건설, 관리 등 분야의 지서 편찬을 담당했다. 지서의 내용이든 현장체험 조사든 이를 위해 개인적으로 많은 노력을 기울였다고 생각한다. 그 과정에서 스승님과 같고 형제자매와도 같은 친구들을 많이 사귀었는데 초보자에서 발언권이 조금 있기까지 끊임없이 탐색하고 친구들과 서로 돕고 응원하는 과정을 거쳤다. 연구실 주임이 되었을 때, 나는 수많은 『베이징지』 편집장 및 부편집장과 밀접한 업무적 관계를 유지하고 있었는데, 이들은 대부분 베이징시 주요 위원회 사무국에서 영도 간부를 역임했던 적이 있어 스토리텔링적인 경력을 갖고 있었던 그들에게서 운 좋게도 많은 귀중한 정보를 얻게 되었다. 2006년에 지방지판공실의 부순찰원으로 근무하게 된 이후 돤빙런 편집장의 부하직원으로 일할 수 있는 기회가 많았는데, 그는 말과 행동으로 모범을 보여 주었다. 또한 베이징시 지방지에 기술된 범위 획정에 큰 영감을 받았고, 많은 정보를 얻게 되었는데 그중 일부는 거의 알려지지 않은 정보로 역사적 가치가 클 뿐만 아니라 후세에 남겨둘 필요가 있으며 자치(資治)와 교육에도 일정한 도움이 될 수 있는 것이었다. 이러한 내용은 모두 무의식중에 메모한 것으로 본서에도 더러 나와 있다. 본서에는 연구적 차원의 내용도 포함되어 있는데 어진 사람은 어질게 보고 지혜로운 사람은 지혜롭게 보듯이 타당하지 못한 부분도 피할 수 없겠으나, 진지한 자세로, 수십 년 동안 사지(史志) 연구 · 편찬 업무를 맡아 온 사람으로서 그동안 심혈을 기울여 만든 결과물을 독자들과 함께 하고자 한다.

본서를 출판하기까지 많은 분의 도움이 있었다. 우선 베이징 옌산출판사(燕山出版社) 샤옌(夏艳) 사장에게 감사드린다. 본서를 완성하도록 거듭 촉구했고 내용, 구조, 심지어 책 제목의 설정까지 건설적인 의견을 건네주었다. 본서는 베이징시 선전문화인도기금장려과제(宣传文化引导基金奖励 项目)에 선정되었는데 학문에 빈틈없는 오랜 벗인 리젠핑(李建平) 선생과 마젠눙(馬建農) 선생께서 본서를 검토하고 긍정적이고 높은 평가를 내려 주신 덕분에 많은 책 중에서 돋보이게 되었던 것이다. 또한 자료의 정확성을 위해 일부 당사자에 대해 추가적으로 자문을 구하고 관련 서적 및 문헌을 다시 검토하는 과정에서 동료 분들이 도움을 주었다. 오랜 기간 동안 지서를 편찬하면서 갖추게 된 진실과 사실을 추구하고, 과거·현재·미래에 대해 책임지는 직업적 자세가 본서의 곳곳에서 드러났으며, 필요한 부분에서 이름이 나오는 대목도 있다. 이밖에도 많은 동료들이 본서 편찬에 도움을 주었을 뿐만 아니라 오랜 기간 동안 큰 사랑을 보내 준 데 대해 깊은 감사를 표한다. 본서의 사진과 자료 중 일부는 리신(李欣), 쑹웨이주(宋慰祖), 루용주(卢永著), 왕라이수이(王来水), 한쉬(韩旭), 원창핑(袁长平), 왕옌(王岩), 왕런제(王韧洁), 탄하오(谭浩) 등 친구와 동료들이 제공한 것이며, 본서의 편집을 맡아 주신 류잔펑(刘占凤) 주임께도 사의를 표한다.

많은 작품은 출판되는 순간 후회 막급한 아쉬움이 남고, 있어서는 안 될 착오가 생길 수도 있다. 본서로 인해 아쉬움이 조금 덜했으면 좋겠고, 아울러 독자들의 많은 질책과 조언을 바란다.

저자
2020년 12월 2일